成语歌谣四百首

CHENGYU GEYAO SIBAI SHOU

高慎贵◎编

商務印書館国际有限公司

中国·北京

图书在版编目（CIP）数据

成语歌谣四百首 / 高慎贵编. -- 北京：商务印书馆国际有限公司，2019.1（2022. 2 重印）

ISBN 978-7-5176-0602-4

Ⅰ. ①成… Ⅱ. ①高… Ⅲ. ①汉语－成语－通俗读物 Ⅳ. ①H136.31-49

中国版本图书馆 CIP 数据核字（2018）第 236726 号

CHENGYU GEYAO SIBAI SHOU

成语歌谣四百首

编　　者 高慎贵
出版发行 商务印书馆国际有限公司
地　　址 北京市朝阳区吉庆里 14 号楼
佳汇国际中心 A 座 12 层
邮　　编 100020
电　　话 010-65592876（编校部）
010-65598498（市场营销部）
网　　址 www.cpi1993.com
印　　刷 三河市紫恒印装有限公司
开　　本 850mm×1168mm　1/32
字　　数 400 千字
印　　张 12
版　　次 2022 年 2 月第 1 版第 4 次印刷
书　　号 ISBN 978-7-5176-0602-4
定　　价 30.00 元

总 目 录

前 言

本书的读者对象是小学高年级学生和中学生，以及其他喜欢学习成语的朋友。中小学生精力充沛、记忆力强、善于背诵也喜欢背诵，需要适合他们背诵的歌谣类读物。我想，把成语编成有积极意义的歌谣，并做成中小学生喜欢的读物，这不仅可以帮助他们学习成语、丰富语汇、增长知识，还可以帮助他们养成良好的思想品德、掌握正确的学习方法，进而帮助他们树立正确的世界观、人生观、价值观。

成语是中华优秀传统文化的载体，是汉语词汇宝库中的精华。上至《周易》《尚书》《诗经》，中至春秋战国诸子散文及汉赋、唐诗、宋词、元曲、明清小说，下至近代、现代、当代文学，都有大量成语；上至老子、孔子，下经历代思想家、政治家、文学家，直到现当代各领域文化达人，都是中华成语的创造者、继承者和发展者。党和国家领导人，他们不但是运用成语的典范，而且首创了一批鲜活、富有表达力的成语，如“实事求是”“一分为二”“毫不利己，专门利人”“东风压倒西风”“外强中干”“一穷二白”“天天向上”“只争朝夕”“信誓旦旦”“积重难返”“正本清源”“摸着石头过河”“与时俱进”“五讲四美”“以人为本”“八荣八耻”“攻坚克难”“多难兴邦”“空谈误国，实干兴邦”“壮士断腕”，等等，极大丰富了成语宝库和全民文学语言。可以说，成语蕴含着从古至今哲人贤达的优秀思想和智慧，有着明确的褒贬善恶的态度，代表着中华民族文化基因中的价值观。

成语简练而内涵丰富，生动而富有魅力。首先，学习成语可以丰富语汇，增强文化素养，提高语文阅读能力，恰当运用可以增强语言表达力。如依仗别人的势力欺压人的意思，用“狐假虎威”四个字就表达清楚了；再如对主观思想跟客观实际相分离的错误，用“刻舟求剑”四个字就表达清楚了，而且生动形象。其次，学习成语可以增长智慧，甚至有益于优秀品质的形成。因为有很多成语是前人经验教训或智慧的总结，对后人极有教益。如“根深叶茂”包含着一个深刻的道理，做任何事情只有打好基础才能有好的发展；再如“一失足成千古恨”，告诫人们千万不可犯那些不可饶恕的错误，一旦犯错，抱憾终身；再如“骄兵必败”，对于克服骄傲自满情绪、戒骄戒躁是很有帮助的。

成语是人们长期以来习用的、简洁精辟的固定短语。汉语成语承载着博大精深的中华传统文化信息。成语运用得准确恰当，能增强语言的表达效果。因此不断积累并梳理学过的成语，也是语文学习的一项重要内容。成语是中小学语文教学的重要内容之一，可以从语文课文或课外阅读中学习成语，也可以通过“成语游戏”学习成语，而把成语编成歌谣集中学习，不失为一种好办法。

许多有成就的文学家、语言学家和著名主持人都有在青少年时代学习、背诵成语的经历。他们创作作品或担任主持，成语信手拈来，贴切生动，表达力强，深受读者和观众喜爱。熟练掌握大量成语无疑是他们取得成功的一个因素。但是背诵成语是一件很难的事情，对大多数人来说，很难像那些有成就的文学家、语言学家、著名主持人那样持之以恒。教育学认为，口诀法是行之有效的开发右脑的方法之一。把成语编成押韵的歌谣，可以激发学习兴趣，增强记忆力，克服死记硬背的苦恼，并对学习成语可以起到事半功倍的效果。

基于这种认识，编者选取常用成语 6 000 多条，把成语按标题加以串联，编成四字韵文，内容健康，有一定积极意义。每篇大致押韵，可读性强，便于学习和记忆，可以使学习者用最少的时间掌握最多的成语。每首歌谣后是对成语的简要注释，可以让学习者进一步了解成语的含义。书中成语按意义大致分为十四类：自然地理，社会，人物，事理，行为，文化、教育，军事，疾医、神道，言语，关系、交往，人性，感觉、心志，情势，状态。

希望这本书成为广大读者，特别是中小学生学习成语的有力工具，能起到激发兴趣、事半功倍的效果，并能帮助大家在成语类相关比赛中取得好成绩。把这么多成语编成歌谣，既要押韵，又要有积极意义，的确不是一件容易的事，其中不当之处在所难免，希望读者提出宝贵意见，以便修改。

高慎贵

编写说明

一、本书选取常见成语6000多条，编成成语歌谣400余首，每首有标题，由多个成语组成。

二、所编歌谣分为14类：自然地理，社会，人物，事理，行为，文化、教育，军事，疾医、神道，言语，关系、交往，人性，感觉、心志，情势，状态。

三、每首歌谣以标题为线串联有关成语，使之有一定意义，大致押韵。

四、每首歌谣的成语都予以解释，并按下列方式注释。

1. 按在歌谣中的次序依次注释。

2. 注释先注音后释义。释义先解词，再解释成语的意义，二者之间用“○”隔开。

3. 在其他歌谣中重复出现的成语，为便于查阅也予以注释。

4. 分辨正副条，正条注释，有副条的后注作“也作某某”。

五、为便查找，文后附成语音序索引。

分类目录

第一章 自然地理

第二章　社会

第三章　人物

第四章　事理

第五章　行为

第六章 文化 教育

第七章 军事

第八章 疾医 神道

第九章 言语

第十章 关系 交往

第十一章 人性

第十二章 感觉 心志

第十三章 情势

第十四章　状态

第一章　自然地理

1. 天地

其一

天高地迥，旭日东升，
晴空万里，海阔天空。

天高地迥 tiāngāo-dìjiǒng　迥：远。○形容天地广阔辽远。

旭日东升 xùrì-dōngshēng　旭日：初升的太阳。○早晨太阳从东方升起，一片光明。形容生机勃勃，充满活力的样子。也作“旭日初升”。

晴空万里 qíngkōng-wànlǐ　辽阔的天空一片晴朗，没有一丝云彩。形容天气非常晴朗。也作“碧空万里”。

海阔天空 hǎikuò-tiānkōng　空：空旷，什么东西也没有。○大海辽阔，天空无边无际。常比喻胸襟开阔。也比喻说话、写文章或想象没有拘束和限制。

其二

天高地厚，日月运行。
风和日暖，柳暗花明；
变幻无穷，捉摸不定，
天造地设，奥妙无穷。

天高地厚 tiāngāo-dìhòu　形容天地广阔。也形容恩德深厚。也比喻事情艰巨、复杂。

风和日暖 fēnghé-rìnuǎn　微风和煦，阳光温暖。形容天气晴朗暖和。

柳暗花明 liǔ'àn-huāmíng　暗：光线微弱，不明亮，这里形容枝叶浓密；明：鲜丽。○形容绿柳成荫、繁花似锦的景象。常比喻经过一番曲折后，出现了新的局面；或由逆境转变为充满希望、前途光明的顺境。

变幻无穷 biànhuàn-wúqióng　穷：穷尽。○变化多种多样，没有穷尽。形容变化极多。也作“变化无穷”。

捉摸不定 zhuōmō-bùdìng　捉摸：猜测，预料。○指猜测不到，不能确定。

天造地设 tiānzào-dìshè　造：创造；设：设置。○指事物自然形成而合乎理想。

奥妙无穷 àomiào-wúqióng　奥妙：深奥微妙。○指人们对事物不了解，而奇妙有趣之处很多。

2. 朝阳

喷薄欲出，东方朝阳，
光彩夺目，光芒万丈。

喷薄欲出 pēnbóyùchū　喷薄：有力向上涌的样子。○形容水涌起或太阳即将升出地平线的景象。也形容事物强有力地涌现出来。

光彩夺目 guāngcǎi-duómù　形容光泽色彩鲜明耀眼。也形容人或事物美好，引人注目。

光芒万丈 guāngmáng-wànzhàng　光芒：强光射出的光辉。○形容事物光辉灿烂、大放异彩。

3. 晴天

云开见日，烟消云散，
光天化日，碧海青天。

云开见日 yúnkāi-jiànrì　云开：指布满天空的阴云消散。○指云雾消散，太阳露出来。也比喻摆脱困境，光明已经到来。

烟消云散 yānxiāo-yúnsàn　像烟雾和云气一样消散。常比喻不好的事物、情绪等消失得无影无踪。也作“云消雾散”。

光天化日 guāngtiān-huàrì　光天：阳光普照的天，大白天；化日：太阳光，借指白昼。○指太平盛世。也比喻大家都看得很清楚的地方。

碧海青天 bìhǎi-qīngtiān　碧绿的海，蓝色的天。形容水天一色，旷远无边。

4. 月亮

花前月下，香气扑鼻，
风清月朗，月明星稀。

花前月下 huāqián-yuèxià　花荫前，月影下。指景色幽美的环境。多指男女谈情幽会的地方。

风清月朗 fēngqīng-yuèlǎng　微风清新，月光明亮。形容夜景美丽宜人。也比喻人品性高尚清白。

月明星稀 yuèmíng-xīngxī　月光明朗，星星稀少。形容月光非常明亮皎洁。

5. 星辰

众星捧月，星移斗转，
星临万户，明星璀璨。

众星捧月 zhòngxīng-pěngyuè　众多的星星围绕着月亮。比喻众人拥戴一个有威望的人。也作“众星拱月”。

星移斗转 xīngyí-dǒuzhuǎn　星辰移了位置，北斗转了方向。指季节或时代变换。也作“斗转星移”。

星临万户 xīnglín-wànhù　繁星照耀着千家万户。

6. 云

云山雾罩，云谲波诡，
云雾缭绕，云蒸霞蔚。

云山雾罩 yúnshān-wùzhào　山被云雾笼罩。形容云雾弥漫，使人看不清真面目。也形容说话故弄玄虚，使人不明真意。

云谲波诡 yúnjué-bōguǐ　谲、诡：怪异。○云彩和水波奇形怪状，千变万化。原形容房屋建筑形状各异，千姿百态。后形容世事千变万化或文章变化曲折。也作“波谲云诡”。

云蒸霞蔚 yúnzhēng-xiáwèi　蒸：升腾；蔚：聚集。○云雾蒸腾，彩霞聚集。形容景象绚丽多彩。也作“云兴霞蔚”。

7. 狂风暴雨

电闪雷鸣，狂风暴雨，
盆倾瓮倒，滂沱大雨。

电闪雷鸣 diànshǎn-léimíng　雷电交加，下大雨或即将下大雨的样子。比喻声势很大。

狂风暴雨 kuángfēng-bàoyǔ　急速猛烈的大风大雨。比喻猛烈的攻击、激烈的争斗、险恶的处境等。也比喻粗暴的方法态度。也作“狂风骤雨”。

盆倾瓮倒 pénqīng-wèngdǎo　盆瓮都倾倒过来。形容雨水急速下泻。

滂沱大雨 pāngtuó-dàyǔ　滂沱：雨下得很大的样子。○指下得很大的雨。

8. 小雨

和风细雨，连绵不断，
雨过天晴，花枝招展。

和风细雨 héfēng-xìyǔ　和风：温和的风，比喻不粗暴；细雨：小雨，比喻不猛烈。○指宜人的风雨。也形容方式和缓、细致，态度温和。

连绵不断 liánmián-bùduàn　连绵：连续不断的样子。○指事物连续不止，没有中断。

雨过天晴 yǔguò-tiānqíng　雨后天气转晴。也比喻形势由黑暗转为光明。

花枝招展 huāzhī-zhāozhǎn　招展：迎风摆动的样子。○花枝迎风摇摆。形容风景妩媚多姿。也形容女子打扮得十分俏丽。

9. 春天

其一

阳春三月，春回大地，
春光明媚，风和日丽。

春回大地 chūnhuídàdì　回：转。○春天来了，气候变暖，万物苏醒，充满生机。也比喻出现新气象。也作“大地回春”。

春光明媚 chūnguāng-míngmèi　明媚：鲜明可爱。○形容春天的景色艳丽美好。

风和日丽 fēnghé-rìlì　和：和煦；丽：明亮。○微风和煦，阳光明媚。形容天气晴好。

其二

春满人间，春和景明，
水木清华，郁郁葱葱，
根深叶茂，花红柳绿。

春满人间 chūnmǎn-rénjiān　生机勃勃的春意充满人间。

春和景明 chūnhé-jǐngmíng　和：温和，和煦；景：日光。○春风和煦，阳光明丽。

水木清华 shuǐmù-qīnghuá　清华：清澈秀丽。○池水清澈，花木秀丽。形容园林的池水山石清丽秀美。

郁郁葱葱 yùyùcōngcōng　郁郁：草木茂密的样子；葱葱：草木青翠的样子。○形容草木苍翠茂盛。也形容气象蓬勃繁盛。

根深叶茂 gēnshēn-yèmào　茂：茂盛。○根扎得深，枝叶就长得繁茂。比喻事物基础深厚，事业就会繁荣兴旺。

花红柳绿 huāhóng-liǔlǜ　花朵鲜红，柳树翠绿。形容春天艳丽的自然景象。也形容色彩缤纷艳丽。

其三

春花烂漫，鸟语花香，
莺歌燕舞，百花齐放。

鸟语花香 niǎoyǔ-huāxiāng　语：指鸟鸣叫。○鸟儿欢鸣，花儿散发着芳香。形容大自然的美好景象。多指春季美景。

莺歌燕舞 yīnggē-yànwǔ　黄莺在歌唱，燕子在飞舞。形容春光明媚，充满了生机与活力。也比喻气象升平或事业兴旺。

百花齐放 bǎihuā-qífàng　百花：泛指各种花。○各种花一齐盛开。泛指同一事情的不同做法或同类事物的丰富多彩。也比喻各种不同形式和风格的艺术自由发展。

其四

百卉千葩，春风送暖，
百卉含英，百花争艳。

百卉千葩 bǎihuì-qiānpā　卉：草的总称；葩：花。○各种花草。形容景象繁荣，多彩多姿。

春风送暖 chūnfēng-sòngnuǎn　春风送来温暖。常表示新春开始，有一个良好的开端。

百卉含英 bǎihuì-hányīng　百：形容多；卉：草的总称；英：花。○各种各样的花含苞待放。形容春回大地，花草争芳的美景。也比喻太平盛世众多有才识的人纷纷展露才华，大显身手。

百花争艳 bǎihuā-zhēngyàn　艳：鲜艳，艳丽。○各种花竞相开放，争妍斗奇。也比喻新生事物层出不穷，相互竞美。

其五

春暖花开，春意盎然，
繁花似锦，春色满园，
草长莺飞，生机盎然。

春暖花开 chūnnuǎn-huākāi　春季气候暖和，百花盛开。形容春天优美的景色。也比喻事物进展顺利的大好时机或环境。

春意盎然 chūnyì-àngrán　盎然：洋溢、充满的样子。○形容春天的气息十分浓厚。

繁花似锦 fánhuā-sìjǐn　繁：多而茂盛；锦：有花纹的丝织品。○各式各样的花，像彩色的锦缎。形容美好的景色或事物。

春色满园 chūnsè-mǎnyuán　春天的景色充满了整个花园。形容春天万物欣欣向荣的景象。也作“满园春色”。

草长莺飞 cǎozhǎng-yīngfēi　草木生长，黄鹂飞舞。形容江南暮春时的美丽景象。

生机盎然 shēngjī-àngrán　生机：生命力，活力；盎然：洋溢、充满的样子。○形容生命力蓬勃旺盛的样子。

其六

一元复始，万象更新，
春寒料峭，花气袭人。

一元复始 yīyuán-fùshǐ　元：一年的开始。○新的一年重新开始。

万象更新 wànxiàng-gēngxīn　象：事物或景象；更：改变，改换。○指一切事物或景象都变得面貌一新。也作“万物更新”。

春寒料峭 chūnhán-liàoqiào　料峭：形容微微的寒冷。○指初春时节天气依然带有寒意。

花气袭人 huāqì-xírén　花的香气扑面而来。

10. 夏天

赤日炎炎，汗流浃背，
挥汗如雨，流金铄石。

汗流浃背 hànliú-jiābèi　浃：湿透。○汗湿透了背上的衣服。形容满身大汗。

挥汗如雨 huīhàn-rúyǔ　挥：抹，洒。○流下的汗就像下雨一样。形容汗出得很多。

流金铄石 liújīn-shuòshí　金：金属；铄：熔化。○金属和岩石都熔化了。形容天气酷热。

11. 秋天

秋风扫落叶，秋高气爽，
春华秋实，丰收在望。

秋风扫落叶 qiūfēng sǎo luòyè　秋风过处，枯黄的树叶被一扫而光。比喻强大的力量把腐朽、衰败的事物一扫而光。

秋高气爽 qiūgāo-qìshuǎng　爽：凉爽。○秋日晴空明净，气候凉爽宜人。

春华秋实 chūnhuá-qiūshí　华：开花；实：成熟。○春天开花，秋天结果实。形容自然界的勃勃生机。比喻人有文采和德行。也比喻事物发展的渐进过程或因果关系。

12. 冬天

纷纷扬扬，白雪皑皑，
冰天雪地，滴水成冰。

纷纷扬扬 fēnfēnyángyáng　纷纷：多而杂乱；扬扬：飘飞的样子。○形容雪花、落叶等飘洒得多而杂乱。

白雪皑皑 báixuě-ái'ái　皑皑：形容霜、雪洁白。○形容积雪洁白的样子。

冰天雪地 bīngtiān-xuědì　冰雪漫天盖地。形容天气十分寒冷。也指非常寒冷的地方。

滴水成冰 dīshuǐ-chéngbīng　水滴下来就立刻结成冰。形容天气极其寒冷。

13. 中国

其一

地大物博，人才济济，
五湖四海，一望无际，
人稠物穰，物华天宝，
赤县神州，洞天福地。

地大物博 dìdà-wùbó　博：丰富。○疆域辽阔，资源丰富。

人才济济 réncái-jǐjǐ　济济：众多的样子。○形容有才能的人非常多。

五湖四海 wǔhú-sìhǎi　五湖：古人泛称分布于我国境内的几个大湖，如洞庭湖、鄱阳湖、太湖等；四海：古人以为中国四面有海环绕，中国在四海之内。○泛指四面八方，全国各地。

一望无际 yīwàng-wújì　际：边缘。○一眼看不到边际。形容空间极其辽阔。

人稠物穰 rénchóu-wùráng　稠：多而密；穰：丰盛。○人口稠密，物产丰富。形容十分繁荣昌盛。

物华天宝 wùhuá-tiānbǎo　物产的精华，天上的宝物。指极其珍贵的物品。

赤县神州 chìxiàn-shénzhōu　中国的别称。

洞天福地 dòngtiān-fúdì　道教指神仙居住之所。后泛指名山胜景或风景优美的地方。也作“福地洞天”。

其二

表里山河，龙盘虎踞，
城市村镇，星罗棋布，
天府之国，物产丰富。

表里山河 biǎolǐ-shānhé　表里：内外；山河：指太行山与黄河。○外有大河，内有高山。指地势险要。

龙盘虎踞 lóngpán-hǔjù　盘：屈曲盘旋；踞：蹲或坐。○龙屈曲盘旋，虎蹲踞。形容地势险要。也作“虎踞龙盘”。

星罗棋布 xīngluó-qíbù　罗：罗列；布：分布。○像群星那样罗列，像棋盘上的棋子那样分布。形容数量众多而又分布很广的样子。

天府之国 tiānfǔ-zhīguó　天府：天然的府库；国：地区。○指土地肥沃、物产丰富的地方。也特指四川省。

其三

泱泱大国，广袤无垠，
山重水复，青山绿水，
万里长城，天下第一。

泱泱大国 yāngyāng-dàguó　泱泱：气魄宏大。○气魄宏大的国家。

广袤无垠 guǎngmào-wúyín　广：东西的长度；袤：南北的长度；垠：边际，边界。○广阔得望不到边际。形容辽阔无边。

山重水复 shānchóng-shuǐfù　山峦重叠，河流曲折交错。形容重重山河阻隔。

青山绿水 qīngshān-lǜshuǐ　青色的山，绿色的水。形容美丽的风光。也作“绿水青山”。

万里长城 Wàn Lǐ Chángchéng　长城：我国古代修建的军事防御性工程，常用来比喻保家卫国的军队。○常用来比喻难以逾越的屏障或坚强雄厚的力量。

天下第一 tiānxià-dìyī　普天之下居第一位。指独一无二，再也没有能比得上的了。

14. 鱼米之乡

鱼米之乡，天南海北，
一马平川，漫无边际，
烟波浩渺，水天一色。

鱼米之乡 yúmǐzhīxiāng　盛产鱼类和稻米的地方。泛指河港交错、土地肥沃、物产富庶的地方。

天南海北 tiānnán-hǎiběi　一在天之南，一在海之北。形容相距遥远。也泛指相距遥远的不同地方。也形容谈话东拉西扯，漫无边际。

一马平川 yīmǎ-píngchuān　平川：地势平坦的地方。○形容地势宽广平坦。

漫无边际 mànwúbiānjì　漫：完全；边际：边缘。○形容遍及各处，无边无际。

烟波浩渺 yānbō-hàomiǎo 烟波：烟雾笼罩的江湖；浩渺：水面辽阔的样子。○形容江湖水面十分辽阔。

水天一色 shuǐ tiān yī sè 水和天相接，融为一色。形容水域辽阔。

15. 江山

江山万里，万水千山，
山明水秀，锦绣河山。

万水千山 wànshuǐ-qiānshān 万条河，千重山。形容路途艰险遥远。也作"千山万水"。

山明水秀 shānmíng-shuǐxiù 明：明媚；秀：秀丽。○山色明媚，水色秀丽。形容景色优美。

锦绣河山 jǐnxiù-héshān 锦绣：精美的丝织品；河山：国土。○像锦绣般美丽的国土。也作"锦绣江山""锦绣山河"。

16. 京都

人文荟萃，首善之区，
名震中外，文明之都。

人文荟萃 rénwén-huìcuì 人才和文物众多，并聚集在一地。

首善之区 shǒushànzhīqū 特指首都。也泛指最好的地方。也作"首善之地"。

名震中外 míng zhèn zhōng wài 名声在国内外都有极大影响。

17. 五岳之尊——泰山

东岳泰山，巍然屹立，
崇山峻岭，悬崖峭壁，
层峦叠嶂，峻峰耸立，
千岩竞秀，万壑争流，
目不暇接，风光旖旎。

巍然屹立 wēirán-yìlì 巍然：高大的样子；屹立：山势高耸直立。○形容山或像高山一样的东西高高耸立，不可动摇。也作"巍然耸立"。

崇山峻岭 chóngshān-jùnlǐng 崇、峻：高大。○高大的山岭。

悬崖峭壁 xuányá-qiàobì 悬崖：又高又陡的山崖；峭壁：陡峭的山崖。○险峻的山势。也作"悬崖陡壁""悬崖绝壁"。

层峦叠嶂 céngluán-diézhàng 峦：山峰；嶂：峭壁。○形容山岭重叠，绵延不断。

千岩竞秀 qiānyán-jìngxiù 岩：高峻的山峰；竞：比赛。○重峦叠嶂的景色竞相比美。形容山色秀美。

万壑争流 wànhè-zhēngliú 壑：指山间溪流。○很多条溪水从山谷竞相奔流而出。形容山水幽雅宜人。

目不暇接 mùbùxiájiē 暇：空闲。○眼睛来不及看。形容东西又多又好，眼睛看不过来。

风光旖旎 fēngguāng-yǐnǐ 风光：景色；旖旎：柔美。○形容景色柔和美好。

18. 长江

长江后浪推前浪，奔流不息，
汪洋大海，江海同归。

长江后浪推前浪 Cháng Jiāng hòulàng tuī qiánlàng 比喻人或事物不断地新陈代谢，更新发展。也作"长江后浪催前浪"。

奔流不息 bēnliú-bùxī 水流奔腾而不停止。

汪洋大海 wāngyáng-dàhǎi 汪洋：深广的样子。○指广阔无边的大海。也比喻浩大的声势。

江海同归 jiānghǎi-tóngguī 百海千江同归于大洋。指殊途同归。

19. 道路

四通八达，康庄大道，
曲径通幽，羊肠小道。

四通八达 sìtōng-bādá 四面八方都有路可通。形容道路通畅，交通发达。

康庄大道 kāngzhuāng-dàdào 宽阔平坦、四通八达的大路。比喻光明、正确的道路。

曲径通幽 qūjìng-tōngyōu 曲：弯曲；径：小路；幽：幽深僻静的地方。○弯曲的小路通往幽雅之处。形容风景幽雅别致。

羊肠小道 yángcháng xiǎodào 羊肠：羊的肠子，细长弯曲。○形容曲折又崎岖的山路。也作"羊肠小路"。

20. 边城

天涯海角，弹丸之地，
五方杂处，别有天地。

天涯海角 tiānyá-hǎijiǎo 涯：边际。○指极偏僻遥远的地方。也指彼此相隔极远。也作"海角天涯"。

弹丸之地 dànwánzhīdì 弹丸：弹弓所射出的铁丸或泥丸。○像弹丸那么小的地方。形容地方非常狭小。

五方杂处 wǔfāng-záchǔ 五方：东南西北中，泛指各方；处：居住。○各地方的人杂居在一起。也作"五方杂聚"。

别有天地 biéyǒu-tiāndì 天地：指境界。○另有一种境界。形容风景优美，引人入胜。也作"别有洞天"。

21. 荒凉之地

穷乡僻壤，不毛之地，
穷山恶水，赤地千里，
寸草不生，地广人稀，

荒无人烟，人迹罕至。

穷乡僻壤 qióngxiāng-pìrǎng　僻：偏僻；壤：土地。○指荒远偏僻的穷地方。

不毛之地 bùmáozhīdì　不毛：不生长草木。○指不生草木贫瘠荒凉的地方。

穷山恶水 qióngshān-èshuǐ　穷山：贫瘠的荒山；恶水：泛滥的河水。○指自然环境恶劣的地方。

赤地千里 chìdì-qiānlǐ　赤：光，空。○寸草不生的土地有千里之广。多形容天灾或战祸造成的荒凉景象。

寸草不生 cùncǎo-bùshēng　寸草：小草。○连一根小草也不生长。形容土地极端贫瘠。

地广人稀 dìguǎng-rénxī　土地辽阔，人烟稀少。

荒无人烟 huāngwú-rényān　荒：荒凉；人烟：指住户、人家。○十分荒凉，没有人家。也作“荒无人迹”。

人迹罕至 rénjì-hǎnzhì　迹：足迹；至：到达。○很少有人到过的地方，极其偏僻、荒凉。

22. 关山

关山迢递，不远万里，
千里迢迢，遥不可及。

关山迢递 guānshān-tiáodì　关山：关隘和山岭；迢递：遥远的样子。○关隘山岭相连，路途十分遥远。

不远万里 bùyuǎn-wànlǐ　不远：不以为远。○不以万里为远。指不怕路途遥远。也作“不远千里”。

千里迢迢 qiānlǐ-tiáotiáo　迢迢：遥远的样子。○形容路途很远。

遥不可及 yáobùkějí　距离遥远，难以到达。也指距离所追求的事物遥远，很难得到。

23. 美景

其一

湖光山色，诗情画意，
春兰秋菊，四时秀丽，
春花秋月，青山绿水。

湖光山色 húguāng-shānsè　湖中的风光，山中的景色。指山水相映的美好的自然景观。

诗情画意 shīqíng-huàyì　情：情趣；意：意境。○像诗歌绘画里所描摹的能给人以美感的意境。指自然景色幽美，耐人寻味。

春兰秋菊 chūnlán-qiūjú　春天的兰花和秋天的菊花。比喻各有特色，各有其美。也比喻各有专长和特点。

春花秋月 chūnhuā-qiūyuè　春天的鲜花，秋天的明月。指春天、秋天的美好景象。泛指美好的时光。

青山绿水 qīngshān-lǜshuǐ　青色的山，绿色的水。形容美丽的风光。

也作“绿水青山”。

其二

美不胜收，气象万千，
奇花异草，秀色可餐，
相映成趣，争奇斗艳，
令人神往，流连忘返，
其味无穷，蔚为大观。

美不胜收 měibù-shèngshōu　胜：尽；收：接受。○形容美好的事物太多了，看不完，接受不尽。

气象万千 qìxiàng-wànqiān　气象：景象，情景。○形容景象和事物丰富多彩，非常壮观。

奇花异草 qíhuā-yìcǎo　珍奇而罕见的花草。也作“奇花异卉”。

秀色可餐 xiùsè-kěcān　秀色：美好的景色或容貌；餐：吃。○形容女子姿容十分美丽或景色非常优美。

相映成趣 xiāngyìng-chéngqù　映：对照，映衬。○相互衬托着，显得很有情趣或别有意味。

争奇斗艳 zhēngqí-dòuyàn　百花竞相绽放，色彩斑斓多姿。指相互间争着以奇异、美丽取胜。也作“争奇斗妍”。

令人神往 lìngrénshénwǎng　令：使，让；神往：心里向往。○使人一心向往。

流连忘返 liúlián-wàngfǎn　流连：留恋不止；返：回，归。○原指迷恋于游乐，忘了归去。后多指留恋美丽的景色或美好的事物，舍不得离去。

其味无穷 qíwèiwúqióng　味：意味，韵味。○指意味深长，含意深刻，令人久久回味。

蔚为大观 wèiwéidàguān　蔚：荟萃，聚集；大观：盛大的景象。○事物丰富多彩，汇聚成盛大壮丽的景象。形容美好事物繁多。

24. 巨响

平地一声雷，震耳欲聋，
响彻云霄，地动山摇，
穿云裂石，石破天惊。

平地一声雷 píngdì yīshēng léi　平地里发出了一声雷响。比喻突然发生的重大事情。

震耳欲聋 zhèn'ěr-yùlóng　把耳朵震得快要聋了。形容声音极大。

响彻云霄 xiǎngchè-yúnxiāo　彻：贯穿，穿透；云霄：指高空。○响声高远，直达云天。形容声音十分响亮，好像可以穿过云层，直达高空。也作“响彻云际”。

地动山摇 dìdòng-shānyáo　大地和高山都在摇动。形容摇动剧烈或声势浩大。

穿云裂石 chuānyún-lièshí　穿透云天，震裂石头。形容声音高亢响亮。

石破天惊 shípò-tiānjīng　五色石破裂的巨响使上天为之震惊。原形容箜篌的声音高亢激越，惊天动地。后形容文章议论或突发的事件使人震惊。

25. 地震

其一

天崩地裂，墙倒房摧，
山呼海啸，洪水遍地，
翻江倒海，一泻千里，
其势汹汹，迅雷不及掩耳。

天崩地裂 tiānbēng-dìliè　崩：塌。○天塌下，地裂开。形容爆炸或倒塌声响巨大。也比喻事变重大或变动剧烈。也作“天崩地坼”“天崩地塌”。

山呼海啸 shānhū-hǎixiào　山风呼号，海水咆哮。形容声势或气势浩大。

翻江倒海 fānjiāng-dǎohǎi　把江海翻过来。形容波涛汹涌，水势浩大。也形容力量或声势极大。也形容闹得厉害，把事情搅得混乱不堪。也作“倒海翻江”。

一泻千里 yīxiè-qiānlǐ　泻：水急速地往下流。○形容江河奔腾直下，又快又远。也形容文笔、乐曲或言语等气势奔放。

其势汹汹 qíshìxiōngxiōng　汹汹：声势盛大的样子。○形容声势盛大凶猛。也作“气势汹汹”。

迅雷不及掩耳 xùnléi bù jí yǎn ěr　迅：快。○雷声来得非常快，使人来不及捂住耳朵。比喻来势迅猛或行动迅速，使人来不及防备。

其二

云谲波诡，变幻莫测，
地动山摇，山崩地裂。

云谲波诡 yúnjué-bōguǐ　谲、诡：怪异多变。○像云彩和水波那样奇形怪状，千变万化。原形容房屋建筑形状各异，千姿百态。后形容事物千变万化，难以捉摸。也形容文章变化曲折，错落有致。也作“波谲云诡”。

变幻莫测 biànhuàn-mòcè　变幻：没有规律地变化；测：预测。○变化多端，使人无法预测。

地动山摇 dìdòng-shānyáo　大地和高山都在摇动。形容摇动剧烈或声势浩大。

山崩地裂 shānbēng-dìliè　山崩塌，地裂开。形容自然界的巨大变化或巨大声响。也作“山崩地坼”“山崩地陷”。

其三

沧海桑田，风生水起，
汹涌澎湃，物换星移，
颠乾倒坤，翻天覆地。

沧海桑田 cānghǎi-sāngtián　沧海：大海；桑田：农田。○大海变桑田，桑田变大海。形容世事变化巨大。

也作“桑田沧海”。

风生水起 fēngshēng-shuǐqǐ　风从水面掠过，水面吹起波澜。形容事情做得有生气或事业蓬勃兴旺。

汹涌澎湃 xiōngyǒng-péngpài　汹涌：水浪奔腾上涌；澎湃：波浪互相撞击。〇原形容水势浩大，巨浪撞击的样子。后多比喻声势浩大，不可阻挡。

物换星移 wùhuàn-xīngyí　物换：景物改变；星移：星座位置随地球运转而递变。〇景象随着岁月的变迁而改变。多指时序或世事的变迁。

颠乾倒坤 diānqián-dǎokūn　乾、坤：天地。〇使天地颠倒过来。比喻彻底改变原来的局面。

翻天覆地 fāntiān-fùdì　覆：翻过来。〇使天地换了位置。形容变化巨大。也形容事情闹得很厉害。

其四

弹指之间，风云突变，
鬼神莫测，天塌地陷，
刹那间天昏地暗。

弹指之间 tánzhǐ-zhījiān　弹指：指一弹指。〇形容时间非常短暂。

风云突变 fēngyún-tūbiàn　风云：比喻动荡不安的局势。〇局势突然发生了重大变化。

鬼神莫测 guǐshén-mòcè　测：测度。〇鬼神都不能揣度。形容事物极其奥妙神奇。

天塌地陷 tiāntā-dìxiàn　天坍塌，地裂陷。形容巨大的自然灾害或巨大的声响。比喻重大变化或发生严重情况。

天昏地暗 tiānhūn-dì'àn　昏：天黑。〇形容乌云密布或黄沙漫天的景象。也形容政治腐败，社会黑暗。

其五

救死扶伤，义不容辞，
闻风而动，责无旁贷。

救死扶伤 jiùsǐ-fúshāng　扶：扶助。〇抢救生命垂危的人，照顾受伤的人。

义不容辞 yìbùróngcí　义：道义；容：允许；辞：推辞。〇道义所在，容不得推辞。

闻风而动 wénfēng'érdòng　闻：听见；风：风声，指消息。〇听到风声或消息就立即行动起来。形容行动很快。

责无旁贷 zéwúpángdài　责：责任；贷：推卸。〇指自己应尽的责任，不能推卸给别人。

第二章 社会

1. 原始社会

破天荒，开天辟地，
穴居野处，茹毛饮血，
钻木取火，刀耕火种，
三皇五帝，无为而治。

破天荒 pò tiānhuāng 天荒：从没有开垦过的土地。○指发生了从未发生过的事。

开天辟地 kāitiān-pìdì 古代神话传说中，天地本混沌一片，像个鸡蛋，盘古在其中孕育了一万八千年。忽然山崩地裂一声响，盘古出世。他脚踏的下方变成地，手托的上方变成天，中间的空间随他的身体增长而变大，成了后来的世界。○指前所未有，有史以来第一次发生的。也比喻创立丰功伟业。

穴居野处 xuéjū-yěchǔ 穴：洞；处：居住。○居住在洞穴里，生活在荒野。指原始人的生活状况。

茹毛饮血 rúmáo-yǐnxuè 茹：吃。○指原始人不懂用火，捕到禽兽后连毛带血地生吃。形容原始人或未开化的人不懂得用火时的生活状况。

钻木取火 zuānmù-qǔhuǒ 用钻子钻木头，木头因摩擦发热爆出火星而得火。相传是上古时燧人氏所发明。

刀耕火种 dāogēng-huǒzhòng 古代山地人在耕种时先把草木砍倒烧成灰做肥料，再就地挖坑下种。后泛指原始的耕种方法。

三皇五帝 sānhuáng-wǔdì 古代传说中的帝王。说法不一。三皇通常指伏羲、燧人、神农，五帝通常指黄帝、颛顼、帝喾、唐尧、虞舜。泛指远古时代的帝王。

无为而治 wúwéi'érzhì 无为：无所作为；治：治理。○顺应自然，不求有所作为而使天下得到治理。原指舜当政的时候，沿袭尧的主张，不加改变。后泛指以德化民。

2. 小康

其一

国富民强，安居乐业，

有章可循，有法可依。

国富民强 guófù-mínqiáng　国家富庶，百姓强大。也作“国强民富”。

安居乐业 ānjū-lèyè　指人民安定地生活，愉快地工作。

有章可循 yǒuzhāngkěxún　章：章程；循：遵循，依照。○有章程可遵照执行。

其二

夜不闭户，路不拾遗，
长治久安，平安无事。

夜不闭户 yèbùbìhù　夜晚不用关门。形容社会治安良好。

路不拾遗 lùbùshíyí　遗：失物。○东西掉在路上，没有人捡走据为己有。形容社会风气好。

长治久安 chángzhì-jiǔ'ān　国家长期太平安宁。

平安无事 píng'ān-wúshì　事：事故，指灾祸或其他令人忧愁的事。○平平安安，没有发生什么事故。

3. 富国强兵

富国强兵，国泰民安，
富国安民，攻坚克难，
兵精将勇，保国安民，
国计民生，息息相关。

富国强兵 fùguó-qiángbīng　使国家富有，使军队强大。

国泰民安 guótài-mín'ān　泰：安定，安乐。○指社会安定，人民生活安乐。

富国安民 fùguó-ānmín　使国家富足，使百姓安定。

攻坚克难 gōngjiān-kènán　攻坚：强攻顽敌及其坚固的防御工事；克难：攻克难关。○比喻集中力量解决很难解决的重大问题。

兵精将勇 bīngjīng-jiàngyǒng　兵士精锐，将士勇敢。形容军队勇猛善战。

保国安民 bǎoguó-ānmín　保卫国家，使人民生活安定。

国计民生 guójì-mínshēng　指国家经济和人民生活。

息息相关 xīxī-xiāngguān　息：呼吸时进出的气息。○呼吸相互关连。形容关系或联系极为密切。

4. 太平盛世

其一

政通人和，四海升平，
选贤任能，法正官清，
兴利除弊，精兵简政，
欣欣向荣，繁荣昌盛。

政通人和 zhèngtōng-rénhé　通：通达；和：和睦，融洽。○政事通达，人民和乐。形容国泰民安。

四海升平 sìhǎi-shēngpíng　四海：指全国各地，天下；升平：太平。○天下太平。

选贤任能 xuǎnxián-rènnéng　贤：贤能的人；能：有才干的人。○选拔贤能，任用有才干的人。

法正官清 fǎzhèng-guānqīng　法律公正，官吏清廉。形容政治清明。

兴利除弊 xīnglì-chúbì　兴：兴办；除：消除；弊：害处，毛病。○兴办有利的好事，革除有害的弊端。

精兵简政 jīngbīng-jiǎnzhèng　精简人员，紧缩机构。

欣欣向荣 xīnxīn-xiàngróng　欣欣：草木生机旺盛的样子；荣：茂盛。○形容草木生长茂盛。也比喻事业兴旺昌盛，蓬勃发展。

繁荣昌盛 fánróng-chāngshèng　昌盛：兴旺。○指国家或事业生机勃勃，兴旺发达。

其二

民惟邦本，本固邦宁，
众擎易举，众志成城，
物阜民安，天下太平，
好人好事，蔚然成风，
物美价廉，应有尽有，
家给人足，人寿年丰，
风调雨顺，五谷丰登。
民殷国富，海晏河清。

民惟邦本，本固邦宁 mínwéibāngběn，běngù-bāngníng　百姓是国家的根本，百姓安居乐业，国家太平兴盛。

众擎易举 zhòngqíng-yìjǔ　擎：往上托；易：轻易，容易。○许多人一起用力，就容易把东西举起来。形容大家齐心协力就会很容易把事情办成。

众志成城 zhòngzhì-chéngchéng　志：心之所向；城：城墙。○众人团结一致，就能形成一道坚固的城墙。比喻大家精诚团结，就能形成强大的力量，取得成功。

物阜民安 wùfù-mín'ān　阜：丰富，富足。○物产丰富，百姓安乐。

天下太平 tiānxià-tàipíng　社会安定，平静无事。

蔚然成风 wèirán-chéngfēng　蔚然：草木茂盛或盛大的样子。○形容某种事物逐渐发展流行，成为良好的风气。

物美价廉 wùměi-jiàlián　东西质量好，价格便宜。

家给人足 jiājǐ-rénzú　给：丰足。○家家物资充裕，人人生活富足。形容百姓生活安定，人民富足。也作“家给民足”。

人寿年丰 rénshòu-niánfēng　寿：活得很长；年：收成。○人健康长寿，农作物收成好。形容生活安乐美好。

风调雨顺 fēngtiáo-yǔshùn　调：均匀，合适。○风雨及时适度，有利农作物。形容年景好。

五谷丰登 wǔgǔ-fēngdēng 五谷：指稻、黍（小米）、稷（高粱）、麦、菽（豆），泛指农作物；丰登：丰收。○指年成好，粮食丰收。

民殷国富 mínyīn-guófù 殷：富足。○百姓和国家都很富有。

海晏河清 hǎiyàn-héqīng 大海平静了，黄河的水清了。形容天下太平。也作“河清海晏”。

5. 民主

言者无罪，闻者足戒，
问政于民，政务公开，
广开言路，坚持不懈。

言者无罪，闻者足戒 yánzhě-wúzuì，wénzhě-zújiè 足：足以。○说话的人没有罪过，无论提的意见正确与否，听话的人足以引为鉴戒，避免犯错。

问政于民 wènzhèngyúmín 政府通过各种方式直接听取普通百姓的建议和意见，以使政府的政策更加暖人心，合民意，有效果。

广开言路 guǎngkāi-yánlù 开：拓开；言路：提意见的途径。○指尽可能创造条件，拓开人们发表意见的途径。

坚持不懈 jiānchí-bùxiè 懈：松懈。○坚持到底，毫不松懈。

6. 人才

其一

人尽其才，物尽其用，
人才辈出，卧虎藏龙，
旷世奇才，顾盼自雄，
钟灵毓秀，人杰地灵。
人才济济，事业兴隆。

人尽其才 rénjìnqícái 尽：穷尽。○指每个人都能充分发挥自己的才能。

物尽其用 wùjìnqíyòng 尽：指充分发挥出；用：用处，作用。○让事物充分发挥它的作用。

人才辈出 réncái-bèichū 辈出：一批一批地出现。○指有才能的人不断地大量涌现。

卧虎藏龙 wòhǔ-cánglóng 比喻潜藏着杰出的人才。也比喻潜藏不露的人才。

旷世奇才 kuàngshì-qícái 旷世：空前；奇才：杰出罕见的人才。○空前的杰出人才。

顾盼自雄 gùpàn-zìxióng 顾盼：向左右看来看去；自雄：自以为了不起。○形容左看右看，自以为了不起的样子。

钟灵毓秀 zhōnglíng-yùxiù 钟：汇聚，集中；毓：孕育，产生。○指良好的环境产生优秀的人物。

人杰地灵 rénjié-dìlíng 杰：杰出；灵：灵秀。○指杰出人物出生或到过的地方往往成为名胜之地。也指杰出人物出于灵秀之地。也作“地灵人杰”。

人才济济 réncái-jǐjǐ　济济：众多的样子。○形容有才能的人非常多。

其二

举措失当，大材小用，
割鸡焉用牛刀，楚材晋用，
以貌取人，有眼不识泰山，
英雄无用武之地，纸上谈兵，
人才难得，潜龙勿用。

举措失当 jǔcuò-shīdàng　举措：举动，措施；失当：失误，不妥当。○指行动、措施不妥当。

大材小用 dàcái-xiǎoyòng　把大材料用在小处。多指埋没人才或对人才使用不当。

割鸡焉用牛刀 gē jī yān yòng niú-dāo　杀只鸡何必用宰牛的刀。比喻办小事情用不着花大气力。

楚材晋用 chǔcái-jìnyòng　楚、晋：春秋时代诸侯国名；材：人才。○原意是楚国所产的木材，却为晋国所使用。比喻楚国的人才为晋国所使用。后指人才外流，本国的人才却为他国所用。

以貌取人 yǐmàoqǔrén　貌：容貌；取：选取。○从外貌来判断人的品质、才能，或决定对他采取的态度。也作“以容取人”。

有眼不识泰山 yǒu yǎn bù shí Tài Shān　泰山：五岳之一，在山东省境内。○比喻见识太浅，有本领或有地位的人就在眼前却认不出来。

英雄无用武之地 yīngxióng wú yòng-wǔ zhī dì　用武之地：用兵之地，宜于作战的地方。○英雄没有领兵打仗的地方。比喻有本领无处施展。

纸上谈兵 zhǐshàngtánbīng　兵：打仗，军事。○在纸面上谈论用兵打仗。比喻只凭书本知识夸夸其谈，不能解决实际问题。也比喻空谈不能变为现实。

人才难得 réncái-nándé　有才能的人不容易得到。

潜龙勿用 qiánlóng-wùyòng　蛟龙隐伏而不为世所知。比喻人才埋没未被重用。

7. 救亡

天下兴亡，匹夫有责，
救亡图存，好事多磨，
多难兴邦，一波三折，
生于忧患，死于安乐。

天下兴亡，匹夫有责 tiānxià xīngwáng, pǐfū yǒuzé　天下：指国家；匹夫：平民百姓。○国家的兴衰存亡，每个人都有责任。

救亡图存 jiùwáng-túcún　救：拯救；亡：危亡；图：追求，谋求。○拯救国家危亡，谋求民族生存。

好事多磨 hǎoshì-duōmó　磨：阻碍，困难。○好事在最终成功、实现之前，往往会经历许多波折。

多难兴邦 duōnàn-xīngbāng　难：灾难；邦：国家。○指国家遭受许多灾难后，有时反能激发人民发愤图强，使国家强盛起来。

一波三折 yībō-sānzhé　波：书法中的“捺”；折：转换笔锋的方向。○原指写字笔画曲折多姿。后形容文章结构波澜起伏或事态发展波折多变。

生于忧患,死于安乐 shēng yú yōuhuàn，sǐ yú ānlè　忧患：困苦患难；安乐：安逸快乐。○艰难困苦使人或国家发愤而求得生存，安逸则会使人或国家沉沦而招致灭亡。

8. 困苦生活

其一

青黄不接，米珠薪桂，
民穷财尽，民怨沸腾。

青黄不接 qīnghuáng-bùjiē　青：青苗；黄：成熟的谷物。○庄稼还未成熟，陈粮已经吃完。比喻新旧接续不上或后继的人、财、物一时匮乏，供不上。

米珠薪桂 mǐzhū-xīnguì　珠：珍珠；薪：柴火；桂：桂树。○米贵得像珍珠，柴贵得像桂木。形容物价昂贵。

民穷财尽 mínqióng-cáijìn　人民生活穷困，国家财力耗尽。也作“民穷财匮”。

民怨沸腾 mínyuàn-fèiténg　百姓的怨恨情绪像开水一样翻腾起来。形容百姓的不满达到了顶点。

其二

民生凋敝，室如悬磬，
民不聊生，十室九空。

民生凋敝 mínshēng-diāobì　民生：百姓的生计；凋敝：衰落，困苦。○百姓的生计遭到破坏，生活极端困苦。

室如悬磬 shìrúxuánqìng　悬：挂；磬：古代一种用石或玉制的乐器，悬挂在架上供敲击。○屋子里像挂着的石磬一样，空荡荡的。原指国库空虚。后形容家境贫寒。

民不聊生 mínbùliáoshēng　指百姓失去生存的条件，没有办法活下去。

十室九空 shíshì-jiǔkōng　室：人家。○十户人家中，有九户无人。形容因灾荒、战乱等使百姓流离失所、家破人亡的凄凉景象。

9. 社会黑暗

其一

大权旁落，无法无天，
贪墨成风，草菅人命。
暗无天日，荼毒生灵，

积贫积弱，国步艰难，
水深火热，民不聊生。

大权旁落 dàquán-pángluò　指重大的权力落入奸人之手。

无法无天 wúfǎ-wútiān　法：法纪；天：天理。〇无视法纪和天理。形容人违法乱纪，肆意妄为。

贪墨成风 tānmò-chéngfēng　贪墨：贪财。〇贪图财利成为风气。

草菅人命 cǎojiān-rénmìng　菅：野草。〇把人命看得跟野草一样。指轻视人命，任意杀戮。

暗无天日 ànwú-tiānrì　天日：天空和太阳，比喻光明。〇形容非常黑暗，看不到一点光亮。也形容政治腐败，社会极端黑暗。

荼毒生灵 túdú-shēnglíng　荼毒：残害，毒害；生灵：生命，指老百姓。〇指残害百姓。

积贫积弱 jīpín-jīruò　积：长期积累而形成。〇指长期积累而形成的贫穷落后。

国步艰难 guóbù-jiānnán　国步：国家命运。〇指国家处于困难危急之中。

水深火热 shuǐshēn-huǒrè　形容生活处境异常艰难痛苦。也形容国家灾难深重。

民不聊生 mínbùliáoshēng　指百姓失去生存的条件，没有办法活下去。

其二

豺狼当道，一手遮天，
谄上骄下，风雨如磐。

豺狼当道 cháiláng-dāngdào　当道：在路当中。〇比喻坏人得势，朝政或大权操控于奸邪之辈的手中。也作“豺狼当路”。

一手遮天 yīshǒu-zhētiān　用一只手就能遮住天。形容倚仗权势，欺蒙世人。

谄上骄下 chǎnshàng-jiāoxià　谄：用卑贱的态度向人讨好。〇对上谄媚讨好，对下骄横欺压。也作“谄上傲下”。

风雨如磐 fēngyǔrúpán　风雨：刮风下雨，比喻危难和恶劣的环境；磐：大石头。〇急风骤雨如同大石头压在头顶。形容黑暗势力压迫沉重。

其三

焚书坑儒，昏天黑地，
混淆黑白，颠倒是非。

焚书坑儒 fénshū-kēngrú　焚：烧；坑：挖坑活埋；儒：读书人。〇焚烧书籍，活埋书生。指用残暴的手段实行文化专制。据《史记·秦始皇本纪》载，秦始皇曾下令焚烧秦记、医药、农事等以外的所有民间藏书，还曾坑杀过儒生四百六十多人。

昏天黑地 hūntiān-hēidì　形容天色昏暗不明。也形容社会黑暗混乱或人神志不清、糊里糊涂。

混淆黑白 hùnxiáo-hēibái　混淆：搅乱，使界限模糊。〇把黑的说成是白的，把白的说成是黑的。指故意制造混乱，使人辨不清真伪、好坏。也作"黑白混淆"。

颠倒是非 diāndǎo-shìfēi　是：对；非：不对。〇把对的说成错的，把错的说成对的。指故意违反事实，混淆是非。

其四

为富不仁，投机钻营，
唯利是图，混淆视听。

为富不仁 wéifù-bùrén　为富：追求发财致富；不仁：刻薄，心肠不好。〇原指一心谋求发财致富，就不讲仁义，不为别人着想。后指为了自己发财致富，心狠手辣，没有一点仁慈的心肠。

投机钻营 tóujī-zuānyíng　投机：利用时机谋取私利；钻营：设法巴结有权势的人以谋取私利。〇指利用一切时机，巴结奉承以谋取私利。

唯利是图 wéilìshìtú　唯：仅，只；是：代词，指代前面的"利"；图：贪图，追求。〇只贪图利益，不顾及其他。也作"唯利是求"。

混淆视听 hùnxiáo-shìtīng　视听：看到的和听到的，即事物真相。〇指捏造事实，蒙蔽真相，使人辨不清是非真假。

其五

风雨如晦，惨无人道，
腥风血雨，怨声载道。

风雨如晦 fēngyǔrúhuì　晦：夜晚。〇风雨交加使得天色昏暗，就像在夜里一样。形容社会黑暗，局势动荡。

惨无人道 cǎnwúréndào　惨：狠毒，残暴。〇残暴、凶狠到灭绝人性的地步。

腥风血雨 xīngfēng-xuèyǔ　腥：生肉。〇风里带着生肉味，雨点带着鲜血。形容战争杀戮或凶险的气氛。

怨声载道 yuànshēng-zàidào　载：充满；道：道路。〇怨恨的声音充满了道路。形容百姓普遍不满。

其六

文恬武嬉，天怒人怨，
官逼民反，众怒难犯。

文恬武嬉 wéntián-wǔxī　文：文官；恬：安逸；武：武将；嬉：玩乐。〇文官贪图安逸，武官沉湎于玩乐。指文武官吏都贪图享乐，不关心国家大事的腐败现象。

天怒人怨 tiānnù-rényuàn　上天震怒，百姓怨恨。形容作恶多端，引起公愤。

官逼民反 guānbī-mínfǎn　逼：逼迫；反：造反。〇官府逼压百姓，百姓被迫起来反抗。

众怒难犯 zhòngnù-nánfàn 犯：触犯。○众人的愤怒不可触犯。

其七

世风日下，不见天日，
污泥浊水，乌烟瘴气。

世风日下 shìfēng-rìxià 世风：社会风气；日下：一日比一日下降。○指社会风气一天不如一天。

不见天日 bùjiàn-tiānrì 看不到天空和太阳。比喻社会黑暗腐朽。

污泥浊水 wūní-zhuóshuǐ 浊：浑浊。○肮脏的泥土和浑浊的水。比喻腐朽、落后的东西。也比喻污蔑、诽谤损人清白的言论。

乌烟瘴气 wūyān-zhàngqì 瘴气：热带山林中的一种湿热毒气。○环境被乌黑的烟笼罩，充满瘴疠气息。形容环境嘈杂、秩序混乱或社会黑暗。

10. 腐朽

吃喝玩乐，花天酒地，
荒淫无度，纸醉金迷，
挥金如土，一掷千金，
酒色之徒，骄奢淫逸，
酒囊饭袋，浑浑噩噩，
风吹草动，一败涂地。

吃喝玩乐 chīhē-wánlè 指无所事事，一味追求享乐。

花天酒地 huātiān-jiǔdì 花：比喻美女，特指妓女。○形容沉湎在酒色之中，吃喝嫖赌。

荒淫无度 huāngyín-wúdù 度：节制，限度。○指迷恋酒色，生活放纵而无节制。

纸醉金迷 zhǐzuì-jīnmí 原形容使人沉醉的富丽堂皇景象。后形容生活奢侈豪华。

挥金如土 huījīn-rútǔ 挥：抛撒。○花钱就像抛撒泥土一样。形容极端挥霍浪费。

一掷千金 yīzhì-qiānjīn 掷：扔，投，指下赌注；千金：指许多钱。○原指赌博一注就投下千金。后形容挥霍无度。

酒色之徒 jiǔsèzhītú 指沉溺于吃喝和女色的人。

骄奢淫逸 jiāoshē-yínyì 骄横奢侈，荒淫无度。

酒囊饭袋 jiǔnáng-fàndài 囊：口袋。○比喻只会吃喝、不会做事的人。

浑浑噩噩 húnhún'è'è 浑浑：浑厚的样子；噩噩：严肃的样子。○原形容淳朴天真的样子。后多形容糊里糊涂，不明事理的样子。

风吹草动 fēngchuī-cǎodòng 风一吹，草就晃动。比喻轻微的动荡或变故。

一败涂地 yībài-túdì 涂地：肝脑涂地。○形容彻底失败或坏到不可收拾的地步。

11. 剥削

其一

弱肉强食，敲诈勒索，
巧立名目，巧取豪夺，
坐享其成，不劳而获。

弱肉强食 ruòròu-qiángshí　弱：弱者；强：强者。○原指动物界弱者的肉是强者的食物。泛指力量弱小的被力量强大的欺凌、吞并。

敲诈勒索 qiāozhà-lèsuǒ　依仗势力或抓住别人的把柄进行恐吓，用威胁手段索取财物。

巧立名目 qiǎolì-míngmù　名目：名称。○想方设法制订种种名目，以谋取不正当的利益。

巧取豪夺 qiǎoqǔ-háoduó　巧取：耍弄花招骗取；豪夺：强抢。○用欺骗的手段骗取或用蛮横的手段夺取。

坐享其成 zuòxiǎng-qíchéng　享：享受；成：成果。○指不出力却享受别人的劳动成果。

不劳而获 bùláo'érhuò　获：取得。○原指无须劳苦就能够获得。现指自己不劳动而占有别人的劳动成果。

其二

横征暴敛，苛捐杂税，
荒时暴月，诛求无已，
无孔不入，敲骨吸髓。

横征暴敛 héngzhēng-bàoliǎn　征：征税；敛：搜刮。○强征捐税，残酷搜刮民财。

苛捐杂税 kējuān-záshuì　苛：苛细，繁重；杂：繁杂。○指苛细繁重的捐税。

荒时暴月 huāngshí-bàoyuè　荒：五谷不收；暴：凶。○指年景不好的灾荒年月。

诛求无已 zhūqiú-wúyǐ　诛求：苛求，勒索；已：停止。○指勒索、榨取没完没了。也作“诛求无厌”。

无孔不入 wúkǒng-bùrù　孔：小洞。○一遇到空隙就钻进去。比喻利用一切机会四处钻营。含贬义。

敲骨吸髓 qiāogǔ-xīsuǐ　髓：骨髓。敲碎骨头，吸取骨髓。○比喻残酷地剥削和压榨。也作“敲骨取髓”。

其三

土豪劣绅，雁过拔毛，
鹊巢鸠占，民脂民膏。

土豪劣绅 tǔháo-lièshēn　土豪：地方上的恶霸；劣绅：行迹卑劣的绅士。○泛指横行乡里、仗势欺人的恶霸和地主豪绅。

雁过拔毛 yànguò-bámáo　大雁飞过也要拔根毛下来。原形容武艺高强。后多比喻利用手中的权力，从经手的事中捞取好处。

鹊巢鸠占 quècháo-jiūzhàn　喜鹊窝被斑鸠占了。原比喻女子出嫁，以夫家为家。后比喻强占别人的地方或位置。

民脂民膏 mínzhī-míngāo　脂：油脂；膏：脂肪。○指百姓用血汗换来的财富。也作“民膏民脂”。

其四

血盆大口，鱼肉百姓，
巧取豪夺，天理难容。

血盆大口 xuèpén-dàkǒu　盆：盆子。○血淋淋的如盆子般大的嘴。形容猛兽妖魔的大嘴。后多形容剥削者、侵略者贪得无厌的胃口。

鱼肉百姓 yúròu-bǎixìng　鱼肉：以……为鱼肉。○把老百姓当作鱼、肉。指压迫残害百姓。

巧取豪夺 qiǎoqǔ-háoduó　巧取：耍弄花招骗取；豪夺：强抢。○用欺骗的手段骗取或用蛮横的手段夺取。

天理难容 tiānlǐ-nánróng　指做事悖逆，违背正义，为天道所不容。也作“天理不容”。

12. 动荡

其一

沧海横流，兵连祸结，
洪水猛兽，哀鸿遍野。

沧海横流 cānghǎi-héngliú　沧海：大海；横流：水四处奔流。○海水泛滥，四处奔流。比喻政局不稳，社会动荡不安。

兵连祸结 bīnglián-huòjié　兵：战争；祸：灾祸；结：聚集。○指战争连续不断，灾祸又随之降临。也作“祸结兵连”。

洪水猛兽 hóngshuǐ-měngshòu　洪水：能酿成灾害的大水；猛兽：凶猛的野兽。○比喻为害极大的人或事物。

哀鸿遍野 āihóng-biànyě　哀鸿：哀鸣的大雁，比喻啼饥号寒的难民。○形容到处都是呻吟呼号、流离失所的灾民。

其二

满目疮痍，天灾人祸，
流离失所，饿殍遍野。

满目疮痍 mǎnmù-chuāngyí　疮痍：创伤。○眼睛看到的全是创伤。形容到处都是遭受严重破坏的残破景象。

天灾人祸 tiānzāi-rénhuò　天：自然。○指自然灾害和人为的祸害。

流离失所 liúlí-shīsuǒ　流离：流转离散；失所：失去安身的地方。○指因战乱灾荒，百姓被迫离开本乡本土，到处流浪，无处安身。

饿殍遍野 èpiǎo-biànyě　饿殍：饿死的人。○田野里到处都是饿死的人。

13. 改朝换代

其一

白云苍狗，风云变幻，
改朝换代，扭转乾坤，
物是人非，事过境迁，
人地生疏，隔世之感。

白云苍狗 báiyún-cānggǒu　苍狗：青黑色的狗。○天上的浮云一会儿像白云，一会儿又变得像黑狗。比喻世事变化无常。也作“白衣苍狗”。

风云变幻 fēngyún-biànhuàn　变幻：变化无常。○像风和云那样变幻不定。比喻局势动荡不定，复杂多变。

改朝换代 gǎicháo-huàndài　原指推翻旧王朝建立新王朝。泛指政权更替。也指时代变化很大。

扭转乾坤 niǔzhuǎn-qiánkūn　扭转：纠正或改变事物的发展方向或目前的状况；乾坤：象征天地、阴阳等。○比喻根本改变已经形成的局面。

物是人非 wùshì-rénfēi　景物依旧，而人事全非。多用来表示时过境迁，看见旧物怀念故人。

事过境迁 shìguò-jìngqiān　境：境况；迁：改变。○事情过去了，环境也改变了。

人地生疏 réndì-shēngshū　对人和地方都很生疏。指初到一个地方，对当地的人和环境很不熟悉。

隔世之感 géshìzhīgǎn　世：古代以三十年为一世，有时指一个时代。○指犹如隔了一个时代似的感觉。

其二

改天换地，大风大浪，
突如其来，猝不及防。
恍如隔世，变幻无常，
改换门庭，改弦更张。

改天换地 gǎitiān-huàndì　天、地：指大自然或社会。○使天地改变面貌。指彻底改造社会状况或大自然。也比喻巨大变革。

大风大浪 dàfēng-dàlàng　巨大的风浪。比喻社会的大动荡、大变故。

突如其来 tūrú-qílái　突如：突然。○出乎意料地突然到来或发生。

猝不及防 cùbùjífáng　猝：突然；防：防备。○事情突然发生，使人来不及防备。

恍如隔世 huǎngrúgéshì　恍：仿佛；世：古人以三十年为一世。○好像隔了一世。形容人事、景物、环境等发生很大变化。也作“恍若隔世”。

变幻无常 biànhuàn-wúcháng　变幻：没有规律地变化；常：常规。○事物经常变化，没有一定的规律。也作“变化无常”。

改换门庭 gǎihuàn-méntíng　门庭：指门第。○指改变门第，提高家庭的社会地位。也指另择新主，另寻依靠，以图新的发展。

改弦更张 gǎixián-gēngzhāng 改弦：改换琴弦；更张：重新上好琴弦。○调换乐器上的弦，使演奏的声音和谐。比喻改变一贯的制度、方针、政策或态度。

14. 改变

其一

朝令夕改，瞬息万变，
自相矛盾，变化多端，
朝秦暮楚，改头换面，
改弦易辙，摇身一变，
前倨后恭，随机应变。

朝令夕改 zhāolìng-xīgǎi 朝：早晨；夕：晚上。○早晨下的命令，晚上又改变了。指政令时常更改，使人无所适从。也形容主张、办法等经常改变。

瞬息万变 shùnxī-wànbiàn 瞬息：一眨眼一呼吸之间。○在一眨眼一呼吸之间就有很多变化。形容变化很多很快。

自相矛盾 zìxiāng-máodùn 矛：长矛，一种用于刺杀的武器；盾：用于防御兵刃的武器。○指言论、行为前后不一或互相抵触。

变化多端 biànhuà-duōduān 多端：指头绪多，项目多。○指变化多种多样。也作“变化万端”。

朝秦暮楚 zhāoqín-mùchǔ 朝：早晨；暮：晚上。○战国时期，秦楚两个大国相互对立，其他国家时而附秦，时而附楚。指人没有原则，左右摇摆，反复无常。

改头换面 gǎitóu-huànmiàn 原为佛教语，指众生在轮回中形变神不变。指改变面目、样子。比喻改正错误或改变现状。也比喻只改变形式，而实质内容不变。

改弦易辙 gǎixián-yìzhé 弦：乐器上发声的线；易：改变；辙：车轮的痕迹，这里指道路。○乐器改换琴弦，车子变更道路。比喻改变既定的方向、计划或态度等。

摇身一变 yáoshēn-yībiàn 身子一摇，就变了副模样。原指神话中的神、怪利用法术改变自己的形体。指坏人一下子改头换面出现。也指人很快改变了身份、立场、面目等。

前倨后恭 qiánjù-hòugōng 先前傲慢而后来恭敬，前后态度截然不同。

随机应变 suíjī-yìngbiàn 机：时机，情势。○指随着情况的变化，适时采取灵活的措施。

其二

化腐朽为神奇，变动不居，
人无回天之力，吉凶未卜。

化腐朽为神奇 huà fǔxiǔ wéi shénqí 化：转化。○把平庸的改变成奇妙的，把无用的改变为有用的。形容技艺、技能等杰出、高超。

变动不居 biàndòng-bùjū 居：止，停留。○事物不断变化，没有固定的形态。

回天之力 huítiānzhīlì 回天：挽回难以挽回的局势。○原指说话正确，论证有力，产生了极大的力量。后泛指能够挽回不易挽回的危局的巨大力量。

吉凶未卜 jíxiōng-wèibǔ 卜：预测，预料。○指事情的成败或人的祸福难以预料。

15. 浪子回头

改邪归正，痛改前非，
改过迁善，吐故纳新，
脱胎换骨，重新做人，
今是昨非，判若两人。

浪子回头 làngzǐ-huítóu 浪子：游手好闲、不务正业的游荡子弟。○指误入歧途的青少年改过自新。

改邪归正 gǎixié-guīzhèng 邪：不正当；归：回到。○改正错误，回到正路上来。

痛改前非 tònggǎi-qiánfēi 痛：彻底；非：错误。○彻底改正以前所犯的错误。

改过迁善 gǎiguò-qiānshàn 改正过失，转向好的方面。

吐故纳新 tǔgù-nàxīn 故：旧；纳：吸收。○道家的养生导引术。呼出浊气，吸进新鲜空气。后多比喻扬弃旧的、低劣的而吸纳新的、优良的。

脱胎换骨 tuōtāi-huàngǔ 原为道教修炼用语，指修道者得道以后脱凡胎而成仙胎，换凡骨而成仙骨。现比喻通过教育，思想得到彻底改造。

今是昨非 jīnshì-zuófēi 现在是对的，过去错了。表示悔悟之意。

判若两人 pànruòliǎngrén 判：明显有区别。○形容同一个人前后变化很大。

16. 变化

其一

层出不穷，千变万化，
今非昔比，急转直下。

层出不穷 céngchū-bùqióng 层出：接连出现；穷：尽。○接连不断地出现，没有穷尽。

千变万化 qiānbiàn-wànhuà 有千万种变化。形容变化无穷。

今非昔比 jīnfēi-xībǐ 昔：以前，过去。○现在不是从前所能比得上的。形容变化大。

急转直下 jízhuǎn-zhíxià 形势或情况突然发生转变，并且很快地顺势发展下去。也指顺势迅速转换话题或改变态度。

其二

变化莫测，夜长梦多，

变生肘腋，不可捉摸。

变化莫测 biànhuà-mòcè 指变化多端，不可预测。

夜长梦多 yècháng-mèngduō 比喻时间拖久了，事情可能发生各种不利的变化。

变生肘腋 biànshēngzhǒuyè 变：事变；肘：上臂与下臂相接处可以弯曲的部位；腋：胳肢窝。○指事变发生在内部或自己身边。

不可捉摸 bùkě-zhuōmō 捉摸：预料，猜测。○不能够猜测或无法预料。

17. 世态

歌功颂德，粉饰太平，
官官相护，歌舞升平。
世态炎凉，瓦釜雷鸣。
人情世故，不足为凭。

歌功颂德 gēgōng-sòngdé 颂扬功绩和恩德。多含讥讽意味。

粉饰太平 fěnshì-tàipíng 粉饰：粉刷涂饰，掩盖。○掩盖黑暗动乱的社会现象，装饰出太平盛世的景象。

官官相护 guānguān-xiānghù 护：袒护。○官员之间互相庇护。

歌舞升平 gēwǔ-shēngpíng 升平：太平。○唱歌跳舞，一片太平景象。含粉饰太平之意。

世态炎凉 shìtài-yánliáng 世态：社会上人对人的态度；炎凉：冷暖，比喻亲热和冷淡。○指一些人在别人得势的时候就巴结奉承，在别人失势的时候就冷淡疏远。

瓦釜雷鸣 wǎfǔ-léimíng 瓦釜：古代的一种陶制的锅，比喻庸才。○声音低沉的瓦锅发出像雷鸣一样的声音。比喻小人得势，喧嚣一时。也比喻拙劣的文章、音乐等到处流行。

人情世故 rénqíng-shìgù 人情：人之常情；世故：待人接物、处理人际关系的方式方法。○泛指为人处世的道理和经验。

不足为凭 bùzúwéipíng 足：足以，完全可以；凭：证据，依据。○不能作为凭证、根据。

18. 大锅饭

僧多粥少，一潭死水，
安于现状，死气沉沉。

僧多粥少 sēngduō-zhōushǎo 和尚多而粥少，不够分配。比喻有需要的人多而可供分配的东西少。也比喻职位少而求职的人多，不够分配。也作“粥少僧多”。

一潭死水 yītán-sǐshuǐ 潭：深水池；死水：不流动的水。○比喻死气沉沉，毫无生气的沉闷局面。

安于现状 ānyú-xiànzhuàng 安：习惯于；状：状况。○习惯并满足于目前的状况，不求进取。

死气沉沉 sǐqì-chénchén 沉沉：程度深。○形容气氛沉闷，毫无生气。

19. 复辟

其一

借尸还魂，死灰复燃，
卷土重来，沉渣泛起。

借尸还魂 jièshī-huánhún 迷信认为，人死后可将灵魂依附到别人的尸体上而复活。比喻已经消亡的事物又以另一种形式出现。

死灰复燃 sǐhuī-fùrán 死灰：冷却后的灰烬；燃：烧。○燃烧后余下的灰烬重新燃烧起来。比喻失去权势者重新得势。也比喻已经消失的事物又重新活动起来（多指坏事）。

卷土重来 juǎntǔ-chónglái 卷土：马奔跑时扬起尘土；重：又。○比喻失败后又重新恢复势力。也比喻消失了的人或事物重新出现。

沉渣泛起 chénzhā-fànqǐ 渣：渣滓；泛：浮。○沉在水底的渣滓又漂浮了起来。比喻已经消失的、腐朽的、陈旧的事物又重新出现。

其二

百足之虫，死而不僵，
垂死挣扎，丧心病狂。

百足之虫，死而不僵 bǎizúzhīchóng, sǐ'érbùjiāng 百足：虫名，即马陆，一种多节多足爬虫；僵：仆倒。○百足虫死了不会仆倒，还在蠕动。比喻势力强大的个人、家族、集团失势或衰败以后，其残余势力和影响仍然存在。

垂死挣扎 chuísǐ-zhēngzhá 垂：接近，临近。○行将灭亡之时做最后抵抗。

丧心病狂 sàngxīn-bìngkuáng 丧失理智，像发了疯似的。形容言行极其荒谬或为人残忍，可恶到了极点。

20. 人群

大千世界，芸芸众生，
人山人海，比肩继踵，
熙熙攘攘，川流不息，
浩浩荡荡，人来人往。

大千世界 dàqiān-shìjiè 指包罗万象、广大无边的世界。

芸芸众生 yúnyún-zhòngshēng 芸芸：众多的样子；众生：佛教指一切有生命的东西。○泛指一切生物。多指普通人。

人山人海 rénshān-rénhǎi 人群如山似海一般。形容聚集的人很多。

比肩继踵 bǐjiān-jìzhǒng 比：挨着；继：跟着；踵：脚后跟。○肩挨着肩，脚跟着脚。形容人很多，非常拥挤。

熙熙攘攘 xīxī-rǎngrǎng 形容人来人往，非常热闹。

川流不息 chuānliú-bùxī 形容往来的行人、车辆等很多。

浩浩荡荡 hàohàodàngdàng 形容水势汹涌浩大。也形容气势雄壮，规模宏大。

人来人往 rénlái-rénwǎng 形容往来的人很多。

21. 灭亡

其一

自掘坟墓，玉石俱焚，
天诛地灭，同归于尽。

自掘坟墓 zìjuéfénmù 掘：挖。○自己给自己挖掘坟墓。比喻自寻死路。

玉石俱焚 yùshí-jùfén 俱：全，都；焚：烧。○美玉和石头一起烧毁。比喻好的坏的一起毁坏。

天诛地灭 tiānzhū-dìmiè 诛：杀。○被天所杀，被地所灭。指为天地所不容。

同归于尽 tóngguīyújìn 同：一同；归于：趋向，走向；尽：尽头，指死亡或毁灭。○一同走向死亡或毁灭。

其二

五雷轰顶，天打雷劈，
五马分尸，食肉寝皮。

五雷轰顶 wǔléi-hōngdǐng 五雷：雷；顶：头顶。○雷电轰击头顶。比喻遭到猝不及防的沉重打击。用来诅咒人不得好死。

天打雷劈 tiāndǎ-léipī 遭到雷击。指受上天的惩罚。旧时发誓、赌咒的用语。也作“天打雷轰”。

五马分尸 wǔmǎ-fēnshī 即用五匹马拉的车分别套住人的四肢与头，然后赶马，将人撕裂开，是古代的酷刑之一。也比喻把完整的东西分割得很零碎。

食肉寝皮 shíròu-qǐnpí 寝：睡，这里指当褥子睡。○吃他的肉，剥下他的皮当褥子用。形容仇恨到了极点。

22. 胜利

走马上任，百战百胜，
攻无不克，战无不胜，
无懈可击，无隙可乘，
得胜回朝，绝处逢生，
衣锦还乡，无往不胜。

走马上任 zǒumǎ-shàngrèn 走马：骑马快跑。○旧指官吏上任就职。现泛指就任某项新职。

百战百胜 bǎizhàn-bǎishèng 形容每战必胜，所向无敌。

攻无不克 gōngwúbùkè 克：攻下。○没有攻占不下来的。形容百战百胜。也比喻做任何事情都能成功。

常与“战无不胜”连用。

战无不胜 zhànwúbùshèng　打仗没有不取得胜利的。形容力量十分强大，百战百胜，所向无敌。也比喻办任何事情都能取得成功。常与“攻无不克”连用。

无懈可击 wúxiè-kějī　懈：松懈，破绽，漏洞。○没有什么漏洞可以被人攻击。指十分严密，找不到漏洞。

无隙可乘 wúxì-kěchéng　隙：空子；乘：利用。○原指周密严谨。后指没有空隙可钻。

得胜回朝 déshèng-huícháo　朝：朝廷。○原指打了胜仗返回朝廷报功。泛指胜利归来。

绝处逢生 juéchù-féngshēng　绝处：死路。○在身处绝境的情况下得到生路。

衣锦还乡 yījǐn-huánxiāng　衣：穿。○穿着锦绣衣服返回故乡。指富贵后向家乡人炫耀。

无往不胜 wúwǎng-bùshèng　所到之处，没有不胜利的。指在各处都能取得胜利。

第三章 人物

1. 领袖

雄才大略，高瞻远瞩，
洞若观火，见微知著，
远见卓识，目光如炬，
天之骄子，豁达大度，
先知先觉，厚德载物，
黎民百姓，爱戴拥护，
众望所归，人心所向，
励精图治，大展宏图。

雄才大略 xióngcái-dàlüè 雄：杰出，出众；略：谋略。〇指有杰出的才能和远大的谋略。也作“雄才伟略”。

高瞻远瞩 gāozhān-yuǎnzhǔ 瞻：向上或向远方看；瞩：注视。〇登高望远。形容目光远大。

洞若观火 dòngruòguānhuǒ 洞：透彻。〇观察事物明白透彻，像看火一样。

见微知著 jiànwēi-zhīzhù 微：微小，指事物微小的迹象；著：明显，指事物的发展。〇看到事物的苗头，就能知道它将来的发展趋势或实质。

远见卓识 yuǎnjiàn-zhuóshí 见：见解；卓：高超。〇远大的目光，卓越的见识。

目光如炬 mùguāng-rújù 炬：火炬。目光亮如火炬。〇形容眼睛明亮，见解高明。也形容见识远大。

天之骄子 tiānzhījiāozǐ 骄子：宠儿。汉代匈奴人的自称，意为老天特别宠信的人，泛指北方强盛的少数民族。〇现指条件极其优越、特别幸运的人。也指有才能，非常勇敢或有特殊贡献的人。

豁达大度 huòdá-dàdù 豁达：胸襟开阔；大度：度量大。〇形容人胸襟开阔，气量宽宏，能够容人。

先知先觉 xiānzhī-xiānjué 比众人先认识，先觉悟。指能较早地认识到事物的发展变化的人。也指认识事理比一般人早。

厚德载物 hòudé-zàiwù 厚德：大德；物：指万物。〇以宽厚之德包容万物或以德育人。

黎民百姓 límín-bǎixìng 黎：众。

○指平民百姓。

众望所归 zhòngwàng-suǒguī 众望：众人的希望；归：归向。○大家一致期望的。形容威信很高，得到大家的敬仰和信任。

人心所向 rénxīn-suǒxiàng 向：对着，朝向。○为人们所向往、所拥护的。

励精图治 lìjīng-túzhì 振奋精神，想办法把国家治理好。

大展宏图 dàzhǎn-hóngtú 宏图：长远的设想，宏伟的计划。○大规模地实施宏伟的计划。多用于祝颂开创新业。也作"大展鸿图"。

2. 领导者

与民更始，砥砺奋进，
宵衣旰食，夙兴夜寐，
共商国是，共克时艰。

与民更始 yǔmín-gēngshǐ 更：更新；始：开始。○指与人民一起除旧布新，重新开始。

砥砺奋进 dǐlì-fènjìn 磨炼品行，奋勇前进。

宵衣旰食 xiāoyī-gànshí 天不亮就穿衣起床，天黑了才吃饭。形容勤于政事。

夙兴夜寐 sùxīng-yèmèi 早起晚睡。形容勤奋。

共商国是 gòngshāng-guóshì 国是：国家大计。○共同商讨国家大计。

共克时艰 gòngkè-shíjiān 团结一致，共同克服时下的困难。

3. 精英

其一

志士仁人，一往无前，
艰苦奋斗，卧薪尝胆。

志士仁人 zhìshì-rénrén 原指志行远大、道德高尚的人。现泛指爱国进步人士。也作"仁人志士"。

一往无前 yīwǎng-wúqián 一往：一直向前进；无前：前面没有东西能阻挡。○一直往前，无所阻挡。形容毫无畏惧，奋勇前进。

艰苦奋斗 jiānkǔ-fèndòu 指不怕艰难困苦，为了达到目标而努力。

卧薪尝胆 wòxīn-chángdǎn 卧：睡；薪：柴草。○睡在柴草上，吃饭前尝一尝苦胆。形容刻苦自励，发愤图强。

其二

发扬蹈厉，赤心报国，
奋发有为，建功立业。

发扬蹈厉 fāyáng-dǎolì 发扬：奋发昂扬；蹈：踩；厉：猛烈。○原指周初《武》乐举手顿足的舞蹈动作，象征姜太公望辅佐周武王伐纣时勇往直前的意志。后指奋发有为，意气昂扬。

赤心报国 chìxīn-bàoguó　赤心：忠心；报：报效。○以忠诚的心报效祖国。

奋发有为 fènfā-yǒuwéi　奋发：振作精神；有为：有所作为。○振作精神，有所作为。

建功立业 jiàngōng-lìyè　建立功勋和事业。多指为国家做出突出的贡献。

其三

以身许国，济世安民，
任重道远，忧国忧民，
济世之才，爱国如家。

以身许国 yǐshēn-xǔguó　许：答应；贡献。○把自己献给国家，尽忠报国。

济世安民 jìshì-ānmín　济：拯救；安：安定。○拯救社会，安定百姓。

任重道远 rènzhòng-dàoyuǎn　任：负担；道：路途。○担子重，路途远。指肩负的责任重大，而且要经过长期艰苦的努力。

忧国忧民 yōuguó-yōumín　指为国家百姓而操劳、担忧。

济世之才 jìshì-zhīcái　济：拯救；世：社会。○拯救国家于危难的才能。指在政治方面极有才华。

爱国如家 àiguó-rújiā　爱国就像爱自己的家一样。

4. 操劳国事者

其一

日理万机，拾遗补阙。
殚精竭虑，兢兢业业，
王佐之才，人才难得。

日理万机 rìlǐ-wànjī　理：处理；万机：繁多的政务。○每天处理纷繁的政务。多形容领导者政务繁忙。

拾遗补阙 shíyí-bǔquē　拾：拾取，指弥补；遗：漏洞；阙：通“缺”，缺点，过失。○弥补缺失，补充遗漏。

殚精竭虑 dānjīng-jiélǜ　殚、竭：尽；精：精力；虑：思虑。○费尽精力和心思。

兢兢业业 jīngjīngyèyè　兢兢：小心谨慎的样子；业业：担心害怕的样子。○原形容危惧的样子。后多形容小心谨慎，勤恳认真。

王佐之才 wángzuǒzhīcái　王佐：君王的辅佐，即辅佐君王成就王业的人。○辅佐帝王治理国家的才能。

人才难得 réncái-nándé　有杰出才能的人不容易得到。多指要爱惜人才。

其二

赤子之心，励精图治，
通宵达旦，夜以继日，
经天纬地，天下大治。

赤子之心 chìzǐzhīxīn 赤子：初生的婴儿。○形容纯洁、善良的心地。

励精图治 lìjīng-túzhì 振奋精神，想办法把国家治理好。

通宵达旦 tōngxiāo-dádàn 通宵：整夜；达：到；旦：天亮。○整整一夜直到天亮。

夜以继日 yèyǐjìrì 继：接着，连续。○用晚上的时间接上白天。形容日夜不停。

经天纬地 jīngtiān-wěidì 经、纬：织物的纵线和横线。○本指以天地为法度。后指谋划政事，治理国家。

5. 受人景仰者

座无虚席，济济一堂，
高朋满座，谦尊而光，
泰山北斗，出将入相，
生荣死哀，令人景仰。

座无虚席 zuòwú-xūxí 座：座位；虚：空。○所有的座位没有空的。形容观众、听众或出席的人很多。

济济一堂 jǐjǐ-yītáng 济济：人多的样子；堂：大厅。○形容许多人聚集在一起。

高朋满座 gāopéng-mǎnzuò 高：高贵；座：座位。○高贵的宾客坐满席位。形容宾客很多，济济一堂。

谦尊而光 qiānzūn'érguāng 指地位尊贵而又谦虚，其德业就会光大。

泰山北斗 tàishān-běidǒu 古时认为泰山为五岳之首，北斗星在众星中最明。比喻名望很高、众所景仰的人物。

出将入相 chūjiàng-rùxiàng 出外可做大将，入朝可为宰相。指人文武兼备，能担当重任。

生荣死哀 shēngróng-sǐāi 荣：光荣。○活着受人尊敬，死后令人哀悼。多用于称颂生前有卓著贡献的人。

6. 贵族

其一

荣华富贵，锦衣玉食，
山珍海味，钟鸣鼎食，
安富尊荣，封妻荫子。

荣华富贵 rónghuá-fùguì 指兴盛显达，富裕而高贵。

锦衣玉食 jǐnyī-yùshí 锦衣：彩衣，华丽的衣服；玉食：指珍贵的食物。○穿的是华丽衣服，吃的是珍馐美味。形容豪华奢侈的生活。

山珍海味 shānzhēn-hǎiwèi 山珍：山间所产的珍异食品；海味：海中所产的珍贵食物。○山野和海洋里出产的各种珍异的美味。泛指丰盛的美味菜肴。也作“山珍海错”。

钟鸣鼎食 zhōngmíng-dǐngshí 钟：打击乐器，通指一般乐器；鼎：盛物食器。○古代贵族高官奏着乐器，列着鼎器而食。形容生活极为奢侈豪华。

安富尊荣 ānfù-zūnróng 安定，富裕，尊贵，荣耀。原指达官显宦生活安定富足，地位尊贵。后指安于富贵，过着养尊处优的生活。

封妻荫子 fēngqī-yìnzǐ 荫：封建时代朝廷给予功臣子孙后代以入学或做官的权利。○妻子得到封号，子孙得到世袭的官爵。

其二

高楼大厦，雕栏玉砌，
达官贵人，皇亲国戚，
金枝玉叶，侯门似海。

高楼大厦 gāolóu-dàshà 厦：大房子。○高大豪华的房屋。

雕栏玉砌 diāolán-yùqì 雕绘的栏杆，玉石的台阶。形容富丽堂皇的建筑。多指宫殿。

达官贵人 dáguān-guìrén 达：显达。○指官大位高或身份显赫的人。

皇亲国戚 huángqīn-guóqī 皇帝的亲戚。指权大势重的人。

金枝玉叶 jīnzhī-yùyè 原指珍奇的树枝树叶。后比喻皇族子孙。也泛指出身高贵的人。也作“玉叶金枝”。

侯门似海 hóuménsìhǎi 侯门：公侯的门第，指显贵人家。○原指旧相识因地位悬殊而疏远隔绝，后多指高官的门庭宅院禁卫森严，不能随便出入。也作“侯门如海”。

7. 青年才俊

其一

怀瑾握瑜，白面书生，
风流倜傥，目光炯炯，
超凡脱俗，玉树临风。

怀瑾握瑜 huáijǐn-wòyú 瑾、瑜：美玉，比喻美德。○怀里装着瑾，手里握着玉。比喻人具有高尚纯洁的品德。

白面书生 báimiàn-shūshēng 白面：面孔白净。○泛指缺乏阅历和实践经验的读书人。

风流倜傥 fēngliú-tìtǎng 风流：英俊而有才华；倜傥：不拘束，洒脱。○指才气横溢、英俊潇洒而不拘礼法。

目光炯炯 mùguāng-jiǒngjiǒng 炯炯：明亮的样子。○形容眼睛明亮有神。

超凡脱俗 chāofán-tuōsú 凡：尘世；俗：世俗。○超脱世俗，不同凡响。

玉树临风 yùshù-línfēng 玉树：传说中的仙树。○比喻年轻男子姿容秀美，风度潇洒。

其二

美如冠玉，眉清目秀，
雄姿英发，风流人物。

美如冠玉 měirúguānyù 美得像帽子上装饰的珠玉一样。形容男子相貌英俊。

眉清目秀 méiqīng-mùxiù　形容人容貌清秀不俗气。

雄姿英发 xióngzī-yīngfā　形容人姿容威武雄壮，英气勃发。

风流人物 fēngliú-rénwù　多指才华横溢的杰出人物。

其三

风度翩翩，相貌堂堂，
神采奕奕，落落大方，
文质彬彬，神采飞扬，
神采焕发，温良恭俭。

风度翩翩 fēngdù-piānpiān　风度：美好的举止姿态；翩翩：优美自然的样子。○形容举止优雅自然，超逸洒脱（多指青年男子）。

相貌堂堂 xiàngmào-tángtáng　形容人的仪表端庄魁梧。

神采奕奕 shéncǎi-yìyì　神采：神情和风采；奕奕：精神焕发的样子。○形容人精神饱满，容光焕发，风采动人。

落落大方 luòluò-dàfāng　形容举止仪态潇洒自然，毫不拘谨。

文质彬彬 wénzhì-bīnbīn　文：文采；质：质地；彬彬：配合得当的样子。○原指文采和质朴兼备，配合得当。后形容人举止文雅，态度从容。

温良恭俭 wēn liáng gōng jiǎn　指温和、善良、恭敬、节制。儒家所提倡的待人接物的准则。后泛指态度谦和，举止温文尔雅。

其四

风华正茂，容光焕发，
雍容大方，风流潇洒。

风华正茂 fēnghuá-zhèngmào　风华：风采和才华；茂：旺盛。○风采和才华正旺盛。形容人年轻有为，才气横溢。

容光焕发 róngguāng-huànfā　焕发：光彩四射的样子。○脸上光彩四射。形容人身体健康，精神饱满振奋。

雍容大方 yōngróng-dàfāng　雍容：文雅大方，从容不迫；大方：（言谈、举止）自然，不拘束。○形容人神态文雅大方，言谈举止从容自然。

风流潇洒 fēngliú-xiāosǎ　风流：英俊而有才华；潇洒：自然大方，不拘束，洒脱。○形容人才气横溢，英俊洒脱。

8. 壮年

春秋鼎盛，年富力强，
三十而立，气宇轩昂。

春秋鼎盛 chūnqiū-dǐngshèng　春秋：年龄；鼎：正当。○指正处在壮年。旧多用来称君王年富力强。

年富力强 niánfù-lìqiáng　年富：未

来的年岁还很多，指年轻。〇指年轻，精力旺盛。

三十而立 sānshí'érlì 人在三十岁左右开始成熟，可以自立于社会并有所成就。

气宇轩昂 qìyǔ-xuān'áng 气宇：指仪表、气度；轩昂：精神饱满的样子。〇指人神采飞扬，气度不凡。

9. 学者

博古通今，学贯中西，
探赜索隐，才华横溢，
皓首穷经，出类拔萃，
钩玄提要，博物洽闻，
博学多才，博闻强记，
大家风范，实至名归。

博古通今 bógǔ-tōngjīn 博：广博；通：通晓。〇通晓古今。形容知识渊博。也作“博古知今”。

学贯中西 xuéguàn-zhōngxī 贯：贯通。〇通晓中国和西方的学问。形容学问渊博。

探赜索隐 tànzé-suǒyǐn 赜：深奥，玄妙；隐：隐秘。〇指探寻事物精微而隐秘的内涵和道理。

才华横溢 cáihuá-héngyì 横溢：充分显露。〇指才华充分显露出来。

皓首穷经 hàoshǒu-qióngjīng 皓首：满头白发；穷经：钻研经籍。〇从年轻到年老，头发都白了还在钻研经籍。形容一生勤学苦读。也作“白首穷经”。

出类拔萃 chūlèi-bácuì 出：超出；拔：高出；萃：原指草丛生的样子，引申为聚集在一起的人或物。〇形容品德才能出众，超出同类之上。

钩玄提要 gōuxuán-tíyào 钩玄：钩取精微的道理。〇指抓住精神实质，举出要义。

博物洽闻 bówù-qiàwén 指人知识面广，见闻多。

博学多才 bóxué-duōcái 博：广博。〇学问渊博，有多方面的才干。

博闻强记 bówén-qiángjì 见闻广博，记忆力强。

大家风范 dàjiā-fēngfàn 大家：指有身份地位的人家；风范：风度，气质。〇指有地位或有学识之家的特有气度。

实至名归 shízhì-míngguī 实：实际的成就；名：声誉。〇做出了实际的成绩，就会得到应有的声誉。

10. 智者

足智多谋，料事如神，
见多识广，莫测高深，
大智若愚，满腹经纶。

足智多谋 zúzhì-duōmóu 足：足够，多；智：智慧；谋：计谋，主意。〇富于智慧，善于谋划。

料事如神 liàoshì-rúshén 料：预料。

〇预料事情如同神仙。形容对事情估计得非常准确。

见多识广 jiànduō-shíguǎng 识：知识。〇形容阅历深，经验多，知识渊博。

莫测高深 mòcè-gāoshēn 无法揣测到底高深到了什么程度。指令人难以理解，无法知道其中的奥秘。多用于讽刺人故弄玄虚。也作"高深莫测"。

大智若愚 dàzhì-ruòyú 智：聪明，才智；若：好像；愚：愚笨。〇指智慧高的人不露锋芒，表面上看好像很愚笨。

满腹经纶 mǎnfù-jīnglún 经纶：整理过的蚕丝，比喻才能和本领。〇形容人有才学，有治理国家的才能。

11. 饱学之士

博览群书，学究天人，
学富五车，出类拔萃，
青出于蓝，后继有人，
后起之秀，后来居上。

博览群书 bólǎn-qúnshū 博：广博。〇广泛地阅读各种书。

学究天人 xuéjiū-tiānrén 究：研究；天人：天道、人事。〇有关天道人事方面的学问都通晓。形容人学问渊博。

学富五车 xuéfù-wǔchē 富：多；五车：指书多。〇形容读书很多，学识渊博。

出类拔萃 chūlèi-bácuì 形容人的品德才能出众，超过同类的人。

青出于蓝 qīngchūyúlán 青：靛青色；蓝：蓼蓝，可以提取蓝色染料的植物。〇青是从蓼蓝中提取出来的，但颜色比蓼蓝要深。比喻学生超过老师，或者后人胜过前人。

后继有人 hòujì-yǒurén 继：继承。〇指前人开创的事业有后人来继承。

后起之秀 hòuqǐzhīxiù 秀：优秀的人，杰出的人。〇指后来出现的或新近成长起来的杰出人物。

后来居上 hòulái-jūshàng 居：处在。〇指后来的胜过原来的，资格浅的反而居于资格老的之上。

12. 体育健儿

其一

生龙活虎，英姿飒爽，
龙腾虎跃，气宇轩昂，
身怀绝技，独擅胜场。

生龙活虎 shēnglóng-huóhǔ 形容人富有生气，充满活力。

英姿飒爽 yīngzī-sàshuǎng 英姿：英俊威武的风姿；飒爽：豪迈而矫健。〇形容人英武矫健，神采飞扬。也作"飒爽英姿"。

龙腾虎跃 lóngténg-hǔyuè 如龙飞腾，如虎跳跃。形容人姿态迅猛威武。也形容奋起行动，有所作为。

气宇轩昂 qìyǔ-xuān'áng 气宇：指仪表、气度；轩昂：精神饱满的样子。○形容人神采飞扬，气度不凡。

独擅胜场 dúshàn-shèngchǎng 独：独自；擅：占有；胜场：取胜的场地。○独自包揽竞技场上的胜利。形容技艺高超。

其二

虎背熊腰，彪形大汉，
豹头环眼，膀大腰圆，
使出浑身解数，勇往直前。

虎背熊腰 hǔbèi-xióngyāo 背宽如虎，腰壮如熊。形容人身体魁梧健壮。也作“熊腰虎背”。

彪形大汉 biāoxíng-dàhàn 彪：小老虎。○指身材高大结实的男子。

豹头环眼 bàotóu-huányǎn 脑袋像豹子头一样，眼睛环形。形容人相貌威武。

膀大腰圆 bǎngdà-yāoyuán 形容人高大粗壮，身体强壮。

浑身解数 húnshēn-xièshù 解数：武术的路数、架势。○指全身的本领。

勇往直前 yǒngwǎng-zhíqián 勇敢地一直向前进。形容不畏艰难险阻。

其三

虎头虎脑，意气风发，
龙行虎步，如虎添翼。

虎头虎脑 hǔtóu-hǔnǎo 形容健壮憨厚的样子。多指男孩或小伙子。

意气风发 yìqì-fēngfā 形容精神振奋，气概豪迈，奋发向上。

龙行虎步 lóngxíng-hǔbù 原形容帝王的仪态。现形容昂首阔步、雄壮威武的样子。也作“虎步龙行”。

如虎添翼 rúhǔ-tiānyì 像老虎添上翅膀。形容强者得到了有力的帮助而变得更加强大。也作“如虎傅翼”“如虎生翼”。

13. 绝代佳人

其一

沉鱼落雁，闭月羞花，
风华绝代，美玉无瑕。

绝代佳人 juédài-jiārén 绝代：指当代绝无仅有。○当世无双的美人。指姿容出众的女子。也作“绝世佳人”。

沉鱼落雁 chényú-luòyàn 鱼见了沉入水底，大雁见了从空中跌落。形容女子容貌非常美丽。也作“落雁沉鱼”。

闭月羞花 bìyuè-xiūhuā 闭：隐藏；闭月：使月亮躲藏起来；羞花：使花儿害羞。○形容女子容貌美丽。也作“羞花闭月”。

风华绝代 fēnghuá-juédài 风华：风采才华；绝代：当代独一无二。○指风采才华在当代独一无二。

美玉无瑕 měiyù-wúxiá 瑕：玉上的斑点。○像一块美玉没有一点斑点。形容完美无缺。

其二

千娇百媚，明眸皓齿，
楚楚动人，婀娜多姿。

千娇百媚 qiānjiāo-bǎimèi 娇、媚：美好。○形容女子姿容娇媚可爱，风情万种。

明眸皓齿 míngmóu-hàochǐ 眸：眸子，瞳仁；皓：洁白。○明亮的眼睛，洁白的牙齿。形容女子长得清秀美丽。也作“皓齿明眸”。

楚楚动人 chǔchǔ-dòngrén 楚楚：柔美的样子。○形容姿容秀丽，使人心动。

婀娜多姿 ēnuó-duōzī 婀娜：轻盈柔美。○形容姿态轻盈柔美。

其三

风姿绰约，豆蔻年华，
光彩照人，白璧无瑕。

风姿绰约 fēngzī-chuòyuē 绰约：体态柔美的样子。○形容女子体态柔美，神采飘逸。

豆蔻年华 dòukòu-niánhuá 豆蔻：一种草本植物，常用以比喻少女。○指少女十三四岁或十四五岁的时光。

光彩照人 guāngcǎi-zhàorén 形容人或事物十分美好，令人注目。

白璧无瑕 báibì-wúxiá 白璧：洁白的玉；瑕：玉上的小斑点。○洁白的玉器上没有一点斑点 。比喻人或事物完美无缺，无可挑剔。

其四

国色天香，倾国倾城，
窈窕淑女，玉貌花容，
亭亭玉立，出水芙蓉。

国色天香 guósè-tiānxiāng 国色：冠绝全国的美色；天香：天然的香气。○原指牡丹花色香不凡、香气迷人，为众花之冠。后多指女子美貌出众。也作“天香国色”。

倾国倾城 qīngguó-qīngchéng 倾：倾覆；城：城邑，指国家。○原指因君王迷恋女色之深而亡国。后形容女子极其美丽。也作“倾城倾国”。

窈窕淑女 yǎotiǎo-shūnǚ 窈窕：文静而美好；淑女：温柔善良的女子。○指美丽而有品行的女子。

玉貌花容 yùmào-huāróng 如花似玉的容貌。形容女子容貌美丽。

亭亭玉立 tíngtíng-yùlì 亭亭：高耸直立的样子。○形容女子身材细长秀美。也形容花木等形态挺拔。

出水芙蓉 chūshuǐ-fúróng 出水：露出水面；芙蓉：荷花。○露出水面的荷花。比喻美丽清秀的女子。

14. 美妇

徐娘半老，风韵犹存，
珠光宝气，雍容华贵，
浓妆艳抹，涂脂抹粉。

徐娘半老 xúniáng-bànlǎo 徐娘：指梁元帝的妃子徐氏；半老：中年。○原指徐妃虽已中年，犹尚多情。现泛指色衰而风韵犹存的中年妇女。也作“半老徐娘”。

风韵犹存 fēngyùnyóucún 风韵：优美的姿态。○形容中年妇女仍保有优雅动人的仪态。

珠光宝气 zhūguāng-bǎoqì 珠：珍珠。○形容妇女服饰华丽高贵，首饰光彩夺目。

雍容华贵 yōngróng-huáguì 雍容：温和、大方；华贵：豪华富贵。○形容人举止文雅，衣着华丽。

浓妆艳抹 nóngzhuāng-yànmǒ 抹：涂敷。○形容女子妆饰打扮得十分艳丽。

涂脂抹粉 túzhī-mǒfěn 脂：胭脂；粉：香粉。○指女子用脂粉打扮。也比喻为掩饰丑恶的真相而进行伪装和欺骗。

15. 少女

小鸟依人，小家碧玉，
绰约多姿，如花似玉。

小鸟依人 xiǎoniǎo-yīrén 依：依恋，依傍。○比喻少女或小孩的娇稚可爱。

小家碧玉 xiǎojiā-bìyù 指小户人家的美貌女子。

绰约多姿 chuòyuē-duōzī 绰约：女子体态柔美的样子；姿：姿色。○形容女子体态优美，姿色动人。

如花似玉 rúhuā-sìyù 像鲜花和美玉一样美好。形容女子容貌非常美丽。

16. 悍妇

河东狮吼，别有用心，
胡说八道，机关算尽，
无理取闹，胡搅蛮缠。

河东狮吼 hédōngshīhǒu 河东：古郡名。○比喻凶悍的妇女发怒。

别有用心 biéyǒu-yòngxīn 用心：居心，打算。○心中另有打算。指心里藏着坏主意或不可告人的企图。

胡说八道 húshuō-bādào 没有根据或不负责任地乱说一气。

机关算尽 jīguān-suànjìn 机关：周密而巧妙的计谋。○什么样的计谋都用上了。形容费尽心机。

无理取闹 wúlǐ-qǔnào 毫无理由地跟人吵闹或故意捣乱。

胡搅蛮缠 hújiǎo-mánchán 胡乱纠缠，蛮不讲理。

17. 子女

金童玉女，掌上明珠，
龙驹凤雏，芝兰玉树，
望子成龙，望女成凤，
耳提面命，玉汝于成，
出人头地，光宗耀祖。

金童玉女 jīntóng-yùnǚ　道家指侍奉仙人的童男童女。后泛指天真无邪的男孩女孩。

掌上明珠 zhǎngshàng-míngzhū　比喻受父母宠爱的儿女。

龙驹凤雏 lóngjū-fèngchú　龙驹：幼小的龙；凤雏：幼小的凤。○比喻英俊聪颖的少年。

芝兰玉树 zhīlán-yùshù　芝兰：香草名；玉树：传说中的仙树。○比喻优秀子弟或出众的人才。

望子成龙 wàngzǐ-chénglóng　望：盼望；龙：比喻俊杰。○指盼望儿子成为出类拔萃的人物。

耳提面命 ěrtí-miànmìng　提着耳朵告诫，当面教导。形容要求严格，教诲恳切。

玉汝于成 yùrǔyúchéng　玉汝：像对待玉一样珍爱你。○指使经过磨炼而有所成就。

出人头地 chūrén-tóudì　头地：一个头的距离。○指高人一等，超出一般人。

光宗耀祖 guāngzōng-yàozǔ　光：增光；宗：宗族，家族；耀：添荣耀；祖：祖上，祖宗。○指给家族增了光，给祖上添了荣耀。

18. 青年

朝气蓬勃，血气方刚，
志存高远，敢作敢当，
品学兼优，孺子可教，
头角峥嵘，栋梁之材。

朝气蓬勃 zhāoqì-péngbó　朝气：早晨的气象，比喻积极向上、努力进取的精神；蓬勃：旺盛的样子。○形容人蓬勃向上，充满青春活力。

血气方刚 xuèqì-fānggāng　血气：精力；方：正；刚：刚强，旺盛。○指年轻人精力正旺盛。也作“气血方刚”。

志存高远 zhìcúngāoyuǎn　指胸怀远大的志向。

敢作敢当 gǎnzuò-gǎndāng　当：承担责任。○敢于做事也敢于承担责任。

品学兼优 pǐnxué-jiānyōu　兼：都。○品德和学业都很好。

孺子可教 rúzǐ-kějiào　孺子：小孩子。○指年轻人有潜质，可以造就成才。

头角峥嵘 tóujiǎo-zhēngróng　头角：比喻青少年显露出来的气概与才华；峥嵘：卓越，非凡。○形容年轻有为，气概不凡。

栋梁之材 dòngliángzhīcái　能做房屋栋梁的木材。比喻能担负重任的人。

19. 老人

精神矍铄，炯炯有神，
细枝末节，记忆犹新。
颐养天年，含饴弄孙，
子孙满堂，天伦之乐。

精神矍铄 jīngshén-juéshuò　矍铄：精力旺盛，有神采。○指老年人精神饱满的样子。

炯炯有神 jiǒngjiǒng-yǒushén　炯炯：明亮的样子。○形容人的眼睛明亮有神采。

细枝末节 xìzhī-mòjié　细小的枝，末端的节。比喻事情或问题的细小而无关紧要的部分。也作“细微末节”。

记忆犹新 jìyìyóuxīn　犹：还。○对往事的印象还很清晰，好像新近发生的一样。指印象深刻。

颐养天年 yíyǎng-tiānnián　颐养：保养；天年：人的自然寿命。○指保养身体，延年益寿。

含饴弄孙 hányí-nòngsūn　饴：麦芽糖；弄：逗。○指老人家口里含着糖，逗弄孙儿。形容老年人悠闲的家庭生活。

天伦之乐 tiānlúnzhīlè　天伦：指父子、兄弟等亲属关系。○泛指家庭中亲人团聚时的欢乐。

20. 老前辈

其一

宝刀不老，老当益壮，
龙马精神，神清气爽，
身经百战，饱经沧桑。

宝刀不老 bǎodāo-bùlǎo　指虽年纪已老，但本领、技艺犹在。

老当益壮 lǎodāng-yìzhuàng　当：应该；益：更加；壮：雄壮。○年纪虽大但志气更高，干劲更大。

龙马精神 lóngmǎ-jīngshén　龙马：古代传说中像龙的骏马。○指精神矍铄如龙马。多用来指健旺的精神。

神清气爽 shénqīng-qìshuǎng　指人精神爽快，心情舒畅。也作“神清气朗”。

身经百战 shēnjīngbǎizhàn　身：亲身；百：形容多。○亲身参加过许多次战斗。比喻久经锻炼，富有经验。

饱经沧桑 bǎojīng-cāngsāng　饱：充分；经：经历；沧桑：沧海桑田，指大海变成桑田，桑田变成大海，比喻世事变化很大。○形容经历过许多世事变化。

其二

老骥伏枥，志在千里，
老马识途，轻车熟路。

老骥伏枥，志在千里 lǎojì-fúlì, zhìzài-qiānlǐ 骥：千里马；枥：马槽。○比喻人年纪虽老，仍然怀有雄心壮志。

老马识途 lǎomǎ-shítú 老马认识走过的路。比喻阅历深的人经验丰富，熟悉情况。

轻车熟路 qīngchē-shúlù 轻车：负载轻便的车。○驾着轻便的车走熟路。比喻对事情熟悉，做起来很省力。

21. 英雄人物

其一

德高望重，德才兼备，
英雄本色，可歌可泣。

德高望重 dégāo-wàngzhòng 德：品德；望：声望。○品德高尚，声望崇高。多用于称颂年长而名望高的人。

德才兼备 décái-jiānbèi 德：品德；才：才能；兼备：同时具备。○品德好，同时又有杰出才能。

英雄本色 yīngxióng-běnsè 本色：本来面目。○指英雄人物所具有的超出一般人的作风和品质。

可歌可泣 kěgē-kěqì 泣：小声哭。○值得歌颂，值得流泪。形容事迹英勇悲壮，感人至深。

其二

汗马功劳，丰功伟绩，
日月经天，江河行地，
惊天动地，无可比拟。

汗马功劳 hànmǎ-gōngláo 汗马：战马跑得出了汗，指将士征战劳苦。○原指在战争中立下战功。也泛指巨大的贡献。

丰功伟绩 fēnggōng-wěijì 丰：大；伟：显赫。○伟大的功劳和业绩。也作“丰功伟业”。

日月经天，江河行地 rì yuè jīng tiān, jiāng hé xíng dì 太阳月亮经历于天际，长江大河运行于大地。形容光明正大，永恒不变。

惊天动地 jīngtiān-dòngdì 形容声势或影响极大，令人震惊或感动。

无可比拟 wúkě-bǐnǐ 比拟：相比。○没有什么可以与之相比的。

其三

无名英雄，默默无闻，
立业建功，千古美谈。

无名英雄 wúmíng-yīngxióng 名：姓名。○指姓名不为世人所知的英雄人物。也指不计较个人得失，勤恳工作而有突出贡献的人。

默默无闻 mòmò-wúwén 形容没有名气，不被别人知道。

立业建功 lìyè-jiàngōng 建立业绩和功勋。多指为国家做出突出的贡献。

千古美谈 qiāngǔ-měitán 千古：年代久远；美谈：令人称颂的故事。○长久以来一直为人称颂的故事。指事迹感人至深。

22. 钦差大臣

其一

微服私行，明察暗访，
蛛丝马迹，一目了然，
秉公无私，义正词严，
明察秋毫，铁证如山，
除恶务尽，为期不远。

微服私行 wēifú-sīxíng 指帝王或官吏穿上平民的服装秘密出行，探访民情或疑难重案。

明察暗访 míngchá-ànfǎng 明里调查，暗里访问。指用多种方法细致地调查了解情况。

蛛丝马迹 zhūsī-mǎjì 蛛丝：蜘蛛吐出的细丝；马迹：灶马爬过留下的痕迹。○比喻不很明显但隐约可寻的痕迹和线索。

一目了然 yīmù-liǎorán 目：看；了然：明白，清楚。○一眼就看得很清楚。

秉公无私 bǐnggōng-wúsī 主持公道，没有偏私。

义正词严 yìzhèng-cíyán 义：道理；词：措辞。○道理正当充足，措辞严正有力。

明察秋毫 míngchá-qiūháo 明察：看清楚；秋毫：秋天鸟兽身上新长的细毛，比喻极微小的东西。○形容人目光敏锐，能洞察一切。

铁证如山 tiězhèng-rúshān 铁证：确凿的证据。○形容证据确凿，不可推翻。

除恶务尽 chú'è-wùjìn 恶：指坏人坏事；务：务必、必须。○消除坏人坏事务必干净彻底。

为期不远 wéiqī-bùyuǎn 为期：从时间期限长短上看。○指快到规定或算定的日子。

其二

社情民意，了如指掌，
身先士卒，除暴安良，
尚方宝剑，先斩后奏。

社情民意 shèqíng-mínyì 社会情况，人民的意见和愿望。

了如指掌 liǎorúzhǐzhǎng 了：明白，了解；指掌：指着手掌。○对情况的了解，就像把自己手掌上的东西指给别人看那样清楚。形容对事物了解得极为清楚。

身先士卒 shēnxiānshìzú 身：自己。○原指作战时将帅亲自上阵，冲锋在士兵前面。后也指领导带头走在群众前面。

除暴安良 chúbào-ānliáng 铲除残暴的恶人或恶势力，安抚善良的平民百姓。

尚方宝剑 shàngfāng bǎojiàn 皇帝御用的宝剑。特有皇帝所赐尚方宝剑的大臣，具有先斩后奏的权力。现多借指上级特许的权力。

先斩后奏 xiānzhǎn-hòuzòu 先把人杀掉，再向皇帝报告。也比喻先对某事做出处理，再向上级报告。

23. 正人君子

舍己救人，舍生取义，
埋头苦干，正人君子，
舍己为人，义无反顾，
广结良缘，四海之内皆兄弟。

舍己救人 shějǐ-jiùrén 舍己：牺牲自己。○不惜牺牲自己的生命而去拯救别人。

舍生取义 shěshēng-qǔyì 生：生命；义：正义。○原指生命和道义二者不能兼得时，就选择道义而舍弃生命。后指为正义事业而牺牲生命。

埋头苦干 máitóu-kǔgàn 专心致志、勤勤恳恳地工作。

正人君子 zhèngrén-jūnzǐ 正人：正直的人。○指品德高尚，行为端正的人。有时用来讽刺假装正经的人。

舍己为人 shějǐ-wèirén 为了帮助别人而牺牲自己的利益。

义无反顾 yìwúfǎngù 为合乎道义的事情而勇往直前，绝不回头。

广结良缘 guǎngjiéliángyuán 良缘：美好的缘分。○原为佛教用语，指广泛结成良好的缘分。泛指多做善事。

四海之内皆兄弟 sìhǎi zhī nèi jiē xiōngdì 四海：指全国各地或全天下；皆：都。○指天下人跟兄弟一样，亲如一家。

24. 能者

其一

能者多劳，多劳多得，
大显身手，一心一德。

能者多劳 néngzhě-duōláo 指能力强的人多做事多付出辛劳。多用于称赞或勉励。

大显身手 dàxiǎn-shēnshǒu 显：表现，显露；身手：本领。○充分显露自己的本领或充分发挥自己的聪明才智。

一心一德 yīxīn-yīdé 一德：信念一致。○指思想统一，行动一致。也作“一德一心”。

其二

德艺双馨，能者为师，
人不可貌相，海水不可斗量。

德艺双馨 déyì-shuāngxīn 德：德行；艺：艺术或技艺；馨：散布得

很远的香气，比喻人有美誉。〇指一个人的德行和艺术（技艺）都具有良好的声誉。

能者为师 néngzhě-wéishī 能者：能力强的人；为师：当老师。〇在某方面能力强的人就可以当老师。

人不可貌相 rén bù kě mào xiàng 相：观察并判断。〇不可仅凭外表相貌来判断一个人才能的高下优劣。

海水不可斗量 hǎishuǐ bù kě dǒu liáng 不能用斗去测量海水。比喻不能从人的现状而低估他未来的发展。

25. 孝子贤孙

勇挑重担，应付自如，
洁身自好，砥砺廉隅，
劳苦功高，载誉而归，
衣锦还乡，光耀门闾，
忠孝两全，敬老慈幼。

孝子贤孙 xiàozǐ-xiánsūn 指有孝心有德行的子孙。

应付自如 yìngfù-zìrú 自如：轻松从容。〇指处理事情从容不迫，轻松自在。

洁身自好 jiéshēn-zìhào 自好：自爱。〇保持自身清白，不与他人同流合污（含褒义）。也指只顾自己，怕惹是非（含贬义）。也作“洁身自爱”。

砥砺廉隅 dǐlì-liányú 砥砺：磨炼；廉隅：棱角，比喻品行端正。〇指磨炼自己，使品行端正。

劳苦功高 láokǔ-gōnggāo 付出艰苦的努力和辛劳，功劳很大。

衣锦还乡 yījǐn-huánxiāng 衣：穿。〇穿着锦绣衣服返回故乡。指富贵后向家乡人炫耀。

光耀门闾 guāngyào-ménlǘ 门闾：指门第。〇指为家族争光。

忠孝两全 zhōngxiào-liǎngquán 对君主尽忠，对父母尽孝，两者兼备。

敬老慈幼 jìnglǎo-cíyòu 老：年长的人；幼：儿童。〇尊敬长辈，爱护儿童。也作“敬老爱幼”。

26. 隐士

其一

一尘不染，窗明几净，
枕石漱流，餐松啖柏，
看破红尘，与世无争。

一尘不染 yīchén-bùrǎn 原为佛家用语，佛家以色、声、香、味、触、法为六尘，指佛教徒修行时不受外界六尘所玷污。泛指人品格高洁，没有沾染坏习气。

窗明几净 chuāngmíng-jījìng 几：小桌子。窗户明亮，小桌干净。〇形容房间里非常明亮整洁。

枕石漱流 zhěnshí-shùliú 头枕着石头，用流水漱口。指隐居山林的生活。

餐松啖柏 cānsōng-dànbǎi 啖：吃。

○吃松柏的果实。形容出家人超脱世俗的生活。

看破红尘 kànpòhóngchén 红尘：佛教称人世间。○指看穿了人世间的一切，对生活不抱任何希望。是一种消极的人生态度。

与世无争 yǔshì-wúzhēng 和世人没有争执。形容超然脱俗，为人达观。也指消极回避矛盾的处世态度。

其二

清心寡欲，淡泊明志，
心如止水，善始善终。

清心寡欲 qīngxīn-guǎyù 指保持内心清静，减少欲念。

淡泊明志 dànbó-míngzhì 淡泊：不追逐名利。○指甘于恬淡寡欲的生活以显示自己的志向情趣。

心如止水 xīnrúzhǐshuǐ 内心平静得像静止不动的水。形容心无杂念，不为外界欲念所动。

善始善终 shànshǐ-shànzhōng 有好的开头也有好的结尾。指处理事情从开始到结尾都很圆满。

其三

安贫乐道，梅妻鹤子，
返璞归真，仙风道骨。

安贫乐道 ānpín-lèdào 道：道理，学说。○安于贫穷，以学习和掌握圣人之道为乐。也作“乐道安贫”。

梅妻鹤子 méiqī-hèzǐ 以梅为妻，以鹤为子。形容清雅脱俗的隐居情怀。

返璞归真 fǎnpú-guīzhēn 返：回归；璞：未经雕琢的玉，比喻人的天真自然状态；真：纯真。○指去掉装饰，恢复原来的质朴状态。

仙风道骨 xiānfēng-dàogǔ 仙风：仙人的风采；道骨：得道者的气质。○形容人超凡脱俗的风度神采。

27. 奸邪之徒

其一

翻手为云，覆手为雨，
监守自盗，上下其手。

翻手为云，覆手为雨 fān shǒu wéi yún, fù shǒu wéi yǔ 比喻玩弄手段，反复无常。

监守自盗 jiānshǒu-zìdào 指看守财物的人盗窃自己监管的财物。

上下其手 shàngxià-qíshǒu 指玩弄手法，串通作弊。

其二

挑拨离间，阴谋诡计，
搬弄是非，图谋不轨，
彻头彻尾，歪风邪气。

挑拨离间 tiǎobō-líjiàn 挑拨：搬弄是非，引起纠纷；离间：从中挑拨，使不和睦。○搬弄是非，使不和睦，破坏团结。

阴谋诡计 yīnmóu-guǐjì 诡计：狡诈的计策。○暗中做坏事的狡诈的计策。

搬弄是非 bānnòng-shìfēi 把别人说的话传来传去，挑拨他人是非，制造矛盾，引起纠纷。

图谋不轨 túmóu-bùguǐ 图谋：暗中谋划；轨：应遵循的常规。○暗中谋划越出常规、法度的事。

彻头彻尾 chètóu-chèwěi 彻：贯通。○从头到尾，完完全全。

歪风邪气 wāifēng-xiéqì 指不良的作风和风气。

其三

看风使舵，见利忘义，
搬唇递舌，蛮横无理。

看风使舵 kànfēng-shǐduò 看风向转动舵柄。比喻依据形势变化而改变方向，见机行事（含贬义）。

见利忘义 jiànlì-wàngyì 指人见私利而忘记道义。

搬唇递舌 bānchún-dìshé 背地里说人长短，搬弄是非。

蛮横无理 mánhèng-wúlǐ 态度粗暴，不讲道理。

其四

仰人鼻息，笑里藏刀，
口蜜腹剑，胁肩谄笑，
摇尾乞怜，歪门邪道。

仰人鼻息 yǎngrén-bíxī 仰：依赖；鼻息：鼻腔呼吸的气息。○比喻依赖别人生存或看别人的脸色行事。

笑里藏刀 xiàolǐ-cángdāo 藏：隐藏。○比喻外表和气而内心险恶。

口蜜腹剑 kǒumì-fùjiàn 形容嘴甜心毒，狡诈阴险。

胁肩谄笑 xiéjiān-chǎnxiào 胁肩：耸起双肩装出恭敬的样子；谄：奉承。○耸起肩膀，满脸堆笑。形容巴结奉承别人的丑态。

摇尾乞怜 yáowěi-qǐlián 乞：求、讨；怜：怜悯、爱怜。○狗摇着尾巴，乞求主人爱怜。形容人卑躬屈膝地向主子或有权势的人讨好、献媚。

歪门邪道 wāimén-xiédào 指不正当的门路、方法和手段。也指坏主意。

其五

旁门左道，结党营私，
臭味相投，沆瀣一气，
煽风点火，营私舞弊。
行尸走肉，招摇过市。

旁门左道 pángmén-zuǒdào 旁、左：邪，不正。○原指非正统的宗教派别或学术派别。后泛指不正派的方法、途径等。也作“旁门外道”“左道旁门”。

结党营私 jiédǎng-yíngsī 营：谋求。

○结成小集团，谋求私利，干坏事。

臭味相投 chòuwèi-xiāngtóu 臭味：难闻的气味；投：迎合。○坏的思想作风、趣味等相同，很合得来。

沆瀣一气 hàngxiè-yīqì 沆瀣：夜间的水汽。○泛指气味相投的人结合在一起。

煽风点火 shānfēng-diǎnhuǒ 比喻煽动或唆使人闹事。

营私舞弊 yíngsī-wǔbì 营：谋求；舞弊：用欺骗人的方式做违法乱纪的事。○指为谋取私利而耍弄手段，做违法乱纪的事。

行尸走肉 xíngshī-zǒuròu 行尸：会走动的尸体；走肉：能走动而无灵魂的肉体。○比喻没有精神追求、庸碌无为、浑浑噩噩过日子的人。

招摇过市 zhāoyáo-guòshì 招摇：张扬，炫耀；市：闹市，指人多处。○故意从街市穿过，在公众中制造声势，炫耀自己，以引人注意。

28. 教唆者

其一

始作俑者，贪财好利，
诲淫诲盗，贪多务得。

始作俑者 shǐzuòyǒngzhě 始：开始；俑：古代用来殉葬的木制或陶制的偶人。○开始用俑殉葬的人。比喻某种坏事或恶劣风气的创始者。

贪财好利 tāncái-hàolì 贪恋财物，喜好私利。

诲淫诲盗 huìyín-huìdào 诲：诱导。○自己打扮妖艳，就会使别人有淫欲之念；财物掌管不严，就会使别人有盗窃之心。原指祸由自招。现指引诱别人去干坏事。

贪多务得 tānduō-wùdé 务：谋求，追求。○贪求多得，而且务必得到。原指学习知识的欲望与毅力都很大。后指贪心不足。

其二

害人不浅，误人子弟，
小恩小惠，拖人下水。

害人不浅 hàirénbùqiǎn 给别人的危害非常大。

误人子弟 wùrén-zǐdì 误：耽误。○指教育者因胸无才学、不负责任或方法不当而耽误了求学的年轻人。

小恩小惠 xiǎo'ēn-xiǎohuì 为笼络人心而给人以小的好处。

拖人下水 tuōrénxiàshuǐ 拉别人下水。比喻引诱人同流合污或陷入不利的境地。

29. 独裁者

其一

独夫民贼，排斥异己，
专横跋扈，强奸民意，
大权独揽，人民公敌，

千夫所指，众矢之的。

独夫民贼 dúfū-mínzéi　独夫：众叛亲离的统治者；民贼：残害人民的人。○指众叛亲离、残害人民的统治者。

排斥异己 páichì-yìjǐ　异己：与自己不合的人。○打击、排挤与自己意见不同或不属于本派系的人。也作“排除异己”。

专横跋扈 zhuānhèng-báhù　专横：专断蛮横；跋扈：霸道。○指霸道嚣张，蛮不讲理。

强奸民意 qiángjiān-mínyì　指统治者把自己的意志强加在民众头上，硬说是民众的意愿。

大权独揽 dàquán-dúlǎn　揽：把持。○独自把持处理重大事务的权力。

千夫所指 qiānfū-suǒzhǐ　遭到很多人的指责。形容触犯众怒。

众矢之的 zhòngshǐ-zhīdì　矢：箭；的：箭靶的中心。○众箭所射的靶子。比喻大家一起攻击的对象。

其二

颠倒黑白，反复无常，

顺我者昌，逆我者亡。

颠倒黑白 diāndǎo-hēibái　把黑的说成白的，把白的说成黑的。比喻故意歪曲事实，混淆是非。

反复无常 fǎnfù-wúcháng　反复：翻过来又倒过去；无常：无规律。○形容事物的情况或人的态度多变，难以捉摸。

顺我者昌,逆我者亡 shùn wǒ zhě chāng, nì wǒ zhě wáng　顺：顺从；昌：昌盛；逆：违逆；亡：灭亡。○顺从我的意志就生存和发展，违背我的意志就会遭到灭亡。

其三

只许州官放火,不许百姓点灯，

孤芳自赏，欺软怕硬。

只许州官放火,不许百姓点灯 zhǐ xǔ zhōuguān fàng huǒ, bù xǔ bǎixìng diǎn dēng　州官：宋代以后指一州的最高长官。○原指旧时的专制统治者可以为所欲为，而老百姓却没有任何一点正当行动的自由。后指自己任意而行，反而严格要求别人。

孤芳自赏 gūfāng-zìshǎng　孤芳：一枝独秀的香花。○把自己看作独秀的香花而自我欣赏。指自命清高、自我欣赏或自命不凡。

欺软怕硬 qīruǎn-pàyìng　欺负软弱的，惧怕强硬的。

30. 政客

朋比为奸，阳奉阴违，

卖官鬻爵，口是心非。

窃位素餐，权钱交易。

朋比为奸 péngbǐ-wéijiān　朋比：互相勾结；为：做；奸：奸邪不正的事。○指互相勾结在一起做坏事。也作“朋比作奸”。

阳奉阴违 yángfèng-yīnwéi　阳：表面；奉：遵从；阴：背后，暗里；违：违背，反对。○表面上遵从，暗地里违背。

卖官鬻爵 màiguān-yùjué　鬻：卖；爵：爵位，官位。○当权者出卖官职、爵位以聚敛财富。

口是心非 kǒushì-xīnfēi　嘴里说的是一套，心里想的却是另一套。指心口不一致。

窃位素餐 qièwèi-sùcān　窃位：占据高位；素餐：白吃饭。○指占据高位不作为。

31. 篡权者

其一

司马昭之心，路人皆知，

此地无银三百两，小人得志。

司马昭之心，路人皆知 Sīmǎ Zhāo zhī xīn, lùrén jiē zhī　司马昭：三国魏的大将军，费尽心机想篡夺曹魏政权。○司马昭心里想什么，大家都知道。指人所共知的野心。

此地无银三百两 cǐ dì wú yín sānbǎi liǎng　指做了某事又想要掩饰事实，结果反而暴露了真相。

小人得志 xiǎorén-dézhì　小人：地位低、人格卑劣的人。○道德卑劣的人得到重用或受宠。

其二

假戏真做，狼子野心，

弥天大谎，假手于人，

野心勃勃，窃据要津。

假戏真做 jiǎxì-zhēnzuò　戏是假的，但要演得逼真。指把假的事情当真的来做，以达到某种目的。也作“假戏真唱”。

狼子野心 lángzǐ-yěxīn　狼子：狼崽子。○狼崽子也有凶狠之心。比喻凶暴之人用心险恶，本性难改。

弥天大谎 mítiān-dàhuǎng　弥天：满天。○指天大的谎话。

假手于人 jiǎshǒu-yúrén　假：借助，利用。○借助别人的力量来达到目的。指利用他人来为自己做事。也作“假手旁人”。

野心勃勃 yěxīn-bóbó　勃勃：欲望强烈的样子。○形容对权势、钱财、名利等的欲望非常强烈。

窃据要津 qièjù-yàojīn　窃据：用不正当的手段占据；要津：原指水陆交通要道，比喻显要的地位或官职。○比喻用不正当的手段占据重要的地位或官职。

其三

指鹿为马，唯我独尊，

乱臣贼子，不得人心。

指鹿为马 zhǐlù-wéimǎ 指着鹿，说是马。比喻颠倒黑白，歪曲事实。

唯我独尊 wéiwǒdúzūn 唯：只有。○原为佛教称颂释迦牟尼的话。后形容人极端狂妄自大，目空一切。

乱臣贼子 luànchén-zéizǐ 乱臣：叛乱之臣；贼子：忤逆之子，儒家指不忠不孝的人。○旧指造反作乱，破坏社会秩序的人。

不得人心 bùdé-rénxīn 指得不到众人的拥护和支持。

32. 闲人

其一

脑满肠肥，大腹便便，
无所事事，目光短浅，
甩手掌柜，游手好闲。

脑满肠肥 nǎomǎn-chángféi 脑满：指肥头大耳；肠肥：指大腹便便。○形容养尊处优、无所用心的庸人。也作“肠肥脑满”。

大腹便便 dàfù-piánpián 腹：肚子；便便：肥胖的样子。○形容肚子肥大凸出的样子。

无所事事 wúsuǒ-shìshì 事事：从事某种事情。○没有什么事可做。指闲着不做任何事情。

目光短浅 mùguāng-duǎnqiǎn 目光：眼光；短浅：狭窄而肤浅。○眼光不远，见识狭窄而肤浅。形容缺乏远见。

甩手掌柜 shuǎishǒu zhǎngguì 甩手：扔下不管；掌柜：旧时称商店老板或负责管理商店的人。○指光指挥别人，自己什么事也不干的人。也指只挂名，不负责，也不做事的主管人员。

游手好闲 yóushǒu-hàoxián 游手：闲空着手；好：贪图；闲：安闲。○多指不务正业，游荡懒散，不肯劳动。

其二

无所用心，逍遥自在，
闲情逸致，自由自在，
兴致勃勃，优哉游哉。

无所用心 wúsuǒyòngxīn 用心：动脑筋。○指不动脑筋，对什么事都不关心。

逍遥自在 xiāoyáo-zìzài 逍遥：安闲自得；自在：舒适自由。○形容悠然自得，自由自在。

闲情逸致 xiánqíng-yìzhì 逸：安闲；致：情趣。○指悠闲的心情，安逸的兴致。

自由自在 zìyóu-zìzài 不受约束，不受限制，安闲舒适。

兴致勃勃 xìngzhì-bóbó 兴致：兴趣；勃勃：旺盛的样子。○形容兴趣浓厚，情绪很高。

优哉游哉 yōuzāi-yóuzāi　优、游：悠闲舒适的样子；哉：语气词。〇形容悠闲自得的样子。

33. 花花公子

其一

花花公子，对酒当歌，
花天酒地，及时行乐，
无所作为，怡然自得。

花花公子 huāhuā-gōngzǐ　指衣着华丽，不务正业，专讲求吃喝玩乐的富家子弟。

对酒当歌 duìjiǔ-dānggē　对、当：面对。〇饮着酒听着歌曲。指及时享乐。

花天酒地 huātiān-jiǔdì　花：比喻美女，特指妓女。〇形容沉湎在酒色之中，吃喝嫖赌。

及时行乐 jíshí-xínglè　指抓紧时机，尽情地寻欢作乐。

无所作为 wúsuǒzuòwéi　作为：做出成绩。〇不愿意努力做出成绩或没有做出成绩。指安于现状，不思进取。

怡然自得 yírán-zìdé　怡然：喜悦的样子。〇形容高兴而满足的样子。

其二

碌碌无为，自得其乐，
寻花问柳，寻欢作乐，
乐此不疲，悠然自得。

碌碌无为 lùlù-wúwéi　碌碌：平庸、无能的样子。〇平平庸庸，无所作为。

自得其乐 zìdéqílè　自己可以从中体会乐趣。形容满足、愉快的样子。

寻花问柳 xúnhuā-wènliǔ　原指游玩观赏春日美景。后多指狎妓嫖娼。

寻欢作乐 xúnhuān-zuòlè　寻：寻找。〇寻找快乐。指追求享乐，生活放纵。

乐此不疲 lècǐ-bùpí　因喜欢做某事而不知疲倦。形容十分爱好某事，沉浸其中。也作“乐此不倦”。

悠然自得 yōurán-zìdé　悠然：闲适自在；自得：自己觉得得意舒适。〇指悠闲从容，心情舒畅。

34. 骗子

江湖骗子，花言巧语，
坑蒙拐骗，欺三瞒四，
瞒天过海，移花接木，
买空卖空，偷梁换柱，
狗皮膏药，冒名顶替，
以假乱真，鱼目混珠。

江湖骗子 jiānghú piàn · zi　江湖：四方各地。〇原指流浪江湖，靠占卜、卖假药等骗钱谋生的人。后泛指招摇撞骗的人。

花言巧语 huāyán-qiǎoyǔ 原指辞藻华丽、铺张修饰而无实际内容的言语或文辞。后多指用来骗人的虚伪动听的谎言。也作“巧语花言”。

坑蒙拐骗 kēngmēng-guǎipiàn 坑：坑害；蒙：欺骗；拐：拐骗。〇指以各种手段坑害欺骗他人。

欺三瞒四 qīsān-mánsì 欺：欺骗。〇指用各种手段予以欺骗隐瞒。

瞒天过海 mántiān-guòhǎi 瞒：隐瞒。〇指用欺骗手段暗中做成某事。

移花接木 yíhuā-jiēmù 把枝条、嫩芽从一种花木嫁接到另一种花木上。比喻暗中更换人或物，以假乱真。

买空卖空 mǎikōng-màikōng 一种商业投机活动，交易者根据货物或证券的行情涨落，买进或卖出，买卖双方均无货物或现款过手，只是到期按进出差价结算盈亏，从中获利。也比喻在学术、政治或社会活动中的招摇撞骗、弄虚作假行为。

偷梁换柱 tōuliáng-huànzhù 比喻暗中玩弄手法改变事物内容，以假代真，以劣充优。

狗皮膏药 gǒupí-gāo·yao 一种外用的中医膏药，药膏涂在小块狗皮上，旧时江湖骗子往往假造此药骗人钱财。比喻骗人的假货。

冒名顶替 màomíng-dǐngtì 假冒别人的名义去做事。

以假乱真 yǐjiǎ-luànzhēn 乱：使混乱。〇用假的东西充当真的东西，使人真假难分。

鱼目混珠 yúmù-hùnzhū 混：掺杂，冒充。〇用鱼的眼睛冒充珍珠。比喻拿假的东西冒充真的东西。以次充好，或以假乱真。

35. 强盗

江洋大盗，蛇蝎心肠，
鸡鸣狗盗，顺手牵羊，
打家劫舍，坐地分赃。

江洋大盗 jiāngyáng-dàdào 江洋：江河湖海。〇泛指行凶抢劫的强盗。

蛇蝎心肠 shéxiē-xīncháng 形容人的心肠凶狠毒辣。

鸡鸣狗盗 jīmíng-gǒudào 指微不足道的技能。也指偷偷摸摸的行为。

顺手牵羊 shùnshǒu-qiānyáng 顺手牵走人家的羊。指乘便做事，不费力气。也指顺便拿走别人的东西。

打家劫舍 dǎjiā-jiéshè 打、劫：强行夺取；舍：住的房屋。〇强行进入别人家中抢夺财物。

坐地分赃 zuòdì-fēnzāng 坐地：就地；赃：赃物，指偷窃或贪污受贿得来的钱财、物品。〇原指盗贼固定在某处瓜分赃物。后多指匪首等自己不作案而分取同伙盗窃的赃物。

36. 纨绔子弟

其一

纨绔子弟，游手好闲，

狐群狗党，朽木粪土。
膏粱子弟，执迷不悟，
虚有其表，不堪造就。

纨绔子弟 wánkù-zǐdì　纨：细绢；绔：裤子。〇指衣着华丽、不务正业的富家子弟。

游手好闲 yóushǒu-hàoxián　懒惰成性，好逸恶劳。

狐群狗党 húqún-gǒudǎng　指勾结在一起的坏人。

朽木粪土 xiǔmù-fèntǔ　朽木：烂木；粪土：脏土。〇朽烂的木头，肮脏的泥土。比喻不堪造就的人或一些无用的东西。

膏粱子弟 gāoliáng-zǐdì　膏粱：肥肉和细粮，泛指美味佳肴，借指富贵人家。〇指生活奢华的富家子弟。

执迷不悟 zhímí-bùwù　执：坚持，固执；迷：沉迷，迷惑；悟：觉悟。〇固执地坚持错误而不觉悟。

虚有其表 xūyǒu-qíbiǎo　虚：白白地；表：外表。〇白白有一副好看的外表。形容外表好看，实际上不中用。

不堪造就 bùkān-zàojiù　堪：能够；造就：培养。〇指素质太差，难以培养成才。

其二

混世魔王，狐朋狗友，
呼朋引类，酒肉朋友，
势利小人，酒色之徒。

混世魔王 hùnshì-mówáng　原比喻扰乱世界，给社会带来危害的恶人。后泛指异常顽劣、不服管束的人。

狐朋狗友 húpéng-gǒuyǒu　指一些吃喝玩乐、不务正业的朋友。

呼朋引类 hūpéng-yǐnlèi　呼：召唤；类：同类。〇招引气味相投的人聚在一起。多指坏人勾结在一起。

酒肉朋友 jiǔròu-péngyǒu　只能一起吃喝玩乐而不能共患难的朋友。

势利小人 shìlì xiǎorén　势利：指根据钱财、地位而区别对待人的表现；小人：人格卑鄙的人。〇指以金钱、地位区别待人的人格卑鄙的人。

酒色之徒 jiǔsèzhītú　指沉溺于吃喝和女色的人。

37. 丧家之犬

无家可归，丧家之犬，
残杯冷炙，狼吞虎咽，
疾风暴雨，劈头盖脸，
泥塑木雕，心灰意冷。

丧家之犬 sàngjiāzhīquǎn　丧：原读 sāng，丧事。〇原指有丧事人家的狗，因主人忙于丧事而得不到喂养。比喻沦落不得志的人。后指无家可归的狗。比喻失掉存身之所，无处投奔的人。含讥讽意。也作

“丧家之狗”。

无家可归 wújiākěguī 归：返回。○没有家可回。多指人流离失所，无处投奔。

残杯冷炙 cánbēi-lěngzhì 残杯：喝剩下的酒；冷炙：放冷了的烤肉。○指别人吃剩下的酒食。

狼吞虎咽 lángtūn-hǔyàn 像狼和虎那样吞咽东西。形容吃东西又急又猛的样子。

疾风暴雨 jífēng-bàoyǔ 迅急的风，猛烈的雨。比喻激烈的斗争或猛烈的形势。

劈头盖脸 pītóu-gàiliǎn 劈头：正对着头；盖脸：加在脸上。○指某种动作正冲着头和脸。多形容来势凶猛迅急。

泥塑木雕 nísù-mùdiāo 塑：塑造。○用泥土塑造或木头雕刻的偶像。形容人举止呆板，神情木然。

心灰意冷 xīnhuī-yìlěng 灰心丧气，意志消沉。

38. 走狗

狗仗人势，摇尾乞怜，
溜须拍马，狐假虎威。
鸡零狗碎，煞有介事，
一犬吠形，百犬吠声。
吹毛求疵，欺人太甚。

狗仗人势 gǒuzhàngrénshì 仗：倚仗。○比喻奴才、走狗倚仗主子的势力欺压人。

摇尾乞怜 yáowěi-qǐlián 狗摇着尾巴讨取主人的怜爱。形容人卑躬屈膝，谄媚讨好，以求取别人的欢心。

溜须拍马 liūxū-pāimǎ 指谄媚奉承别人。

狐假虎威 hújiǎ-hǔwēi 假：凭借。○狐狸借着老虎的威风去吓唬其他野兽。比喻倚仗别人的势力来欺压或吓唬人。

鸡零狗碎 jīlíng-gǒusuì 形容事物零碎琐细，不成系统。

煞有介事 shàyǒu-jièshì 指装模作样，好像真有那回事似的。

一犬吠形，百犬吠声 yī quǎn fèi xíng, bǎi quǎn fèi shēng 一只狗看见人时叫起来，许多狗听到叫声也跟着叫。比喻不辨真假是非，随声附和。也作“吠形吠声”。

吹毛求疵 chuīmáo-qiúcī 求：寻求；疵：斑点，指毛病。○指故意挑毛病，找差错。

欺人太甚 qīréntàishèn 甚：过分。○指太欺负人了。

39. 贼人

不劳而获，做贼心虚，
贼喊捉贼，掩人耳目，
真相大白，水落石出。
尘埃落定，黑白分明。

不劳而获 bùláo'érhuò 获：取得。○原指无须劳苦就能够得到。现指自己不劳动而取得别人的劳动成果。也作“不劳而食”。

做贼心虚 zuòzéi-xīnxū 指做了坏事，因为害怕被人发觉而感到内心不安。

贼喊捉贼 zéihǎnzhuōzéi 做贼的人叫喊捉贼。比喻坏人为逃脱罪责，故意制造混乱以混淆视听，把别人说成坏人。

掩人耳目 yǎnrén'ěrmù 掩：遮掩。○把别人的耳朵和眼睛遮住。比喻用假象蒙蔽、欺骗他人。

真相大白 zhēnxiàng-dàbái 真相：原为佛教用语，指真实情况；大白：彻底弄清楚。○事情的真实情况彻底弄清楚了。

水落石出 shuǐluò-shíchū 水落下去，水中的石头就显露出来。原指枯水季节的一种自然现象。后比喻到了一定时候，事情真相就会暴露出来。

尘埃落定 chén'āi-luòdìng 尘埃：尘土。○飞扬的尘土全都落下。比喻事情有了结果或结局。

黑白分明 hēibái-fēnmíng 黑色和白色分得很清。比喻是非、善恶界限很清楚。

40. 有权有势者

其一

发号施令，炙手可热，
前呼后拥，生杀予夺，
威风凛凛，大权在握。

发号施令 fāhào-shīlìng 号：号令；施：施行。○发布命令，下达指示。

炙手可热 zhìshǒu-kěrè 炙：烤。○手一挨近就觉得热得烫人。形容权势大，气焰盛。

前呼后拥 qiánhū-hòuyōng 前面的吆喝着开道，后面的簇拥着保护。旧时常用以形容达官贵人外出时随从多，排场大。

生杀予夺 shēngshā-yǔduó 生：让人活；杀：让人死；予：给予（财物等）；夺：剥夺（财物等）。○指掌握对人的生命、财产任意处置的大权。

威风凛凛 wēifēng-lǐnlǐn 凛凛：严肃而可敬畏的样子。○形容威武雄壮，很有气派，令人生畏。

大权在握 dàquánzàiwò 指手中控制着政权或掌握着处理重大事情的权力。

其二

无冕之王，头面人物，
秘而不宣，面授机宜，
颐指气使，挥金如土。
说一不二，先斩后奏。

无冕之王 wúmiǎnzhīwáng 冕：旧指帝王的礼帽。○没戴王冠的帝王。

指在某一领域具有特殊权力、才能和地位的人物。

头面人物 tóumiàn-rénwù 头面：头部和面部，比喻显要位置。○指在社会上有较大影响和较高地位的人物。

秘而不宣 mì'érbùxuān 宣：公开说出。○守住秘密，不宣布，不泄露。也作“秘而不发”。

面授机宜 miànshòu-jīyí 面授：当面交待、交付或传授；机宜：对事务的随机应变之法。○当面传授事务的处理或应变的方法。

颐指气使 yízhǐ-qìshǐ 颐：腮帮；指：指挥；气：神情；使：指使。○动下巴示意，用腮帮的动向和表情变化来指挥人。形容有钱有势的人待人时的傲慢态度。

挥金如土 huījīn-rútǔ 挥：抛撒。○花钱就像抛撒泥土一样随便。形容极端挥霍浪费。

说一不二 shuōyī-bù'èr 形容说话算数，说到做到。也形容说什么就是什么，没有人敢违背。

先斩后奏 xiānzhǎn-hòuzòu 斩：杀；奏：报告。○原指古代奉命办案的官吏有时可先处决罪犯，再向皇帝奏闻。后比喻对某事先做断然处理，然后再报告。

41. 跳梁小丑

梁上君子，牛头马面，
偷偷摸摸，贼眉鼠眼，
上蹿下跳，偷鸡摸狗。

跳梁小丑 tiàoliáng-xiǎochǒu 跳梁：腾跃跳动，比喻作乱；小丑：卑鄙的小人。○指猖獗捣乱而又没有多大能耐的小人或坏人。

梁上君子 liángshàng-jūnzǐ 躲在屋梁上的窃贼。

牛头马面 niútóu-mǎmiàn 佛教指阴间阎王手下的两个鬼卒。后泛指各种凶恶的走卒或打手。

偷偷摸摸 tōutōu-mōmō 形容瞒着别人做事，不敢让人知道。

贼眉鼠眼 zéiméi-shǔyǎn 形容东张西望、鬼鬼祟祟的样子。也作“贼眉贼眼”。

上蹿下跳 shàngcuān-xiàtiào 比喻人到处活动。含贬义。

偷鸡摸狗 tōujī-mōgǒu 指偷窃的行为或不正经的勾当。

42. 小人

其一

害群之马，挑拨离间，
市井小人，招摇撞骗。

害群之马 hàiqúnzhīmǎ 危害马群的劣马。比喻捣乱生事、危害社会或集体的人。

挑拨离间 tiǎobō-líjiàn 搬弄是非，

引起纠纷，使人不和睦，破坏团结。

市井小人 shìjǐng-xiǎorén 市井：街市，市场。〇指城市里庸俗无大志的处于社会底层的人。

招摇撞骗 zhāoyáo-zhuàngpiàn 招摇：炫耀；撞骗：找机会行骗。〇假借各种名义，到处行骗。

其二

伤风败俗，过街老鼠，
油头滑脑，狡兔三窟，
鬼迷心窍，蝇营狗苟，
杀一儆百，敲山震虎。

伤风败俗 shāngfēng-bàisú 伤：损伤；败：败坏。〇指败坏社会风气。

过街老鼠 guòjiē-lǎoshǔ 比喻人人痛恨、厌恶的人。

油头滑脑 yóutóu-huánǎo 形容人轻浮狡猾，不诚实。

狡兔三窟 jiǎotù-sānkū 窟：洞穴，指藏身之处。〇狡猾的兔子有三个洞穴。比喻为了自身安全而设有多处藏身之地或多种避祸的策略。

鬼迷心窍 guǐmíxīnqiào 心窍：古人认为心脏有窍，能运思，指认识和思维的能力。〇比喻因迷恋某种事物而影响了正常的思维，犯起糊涂。

蝇营狗苟 yíngyíng-gǒugǒu 营：钻营；苟：苟且。〇像苍蝇一样到处钻营，像狗一样苟且求活。形容为了追求名利，不顾廉耻，到处钻营。

杀一儆百 shāyī-jǐngbǎi 儆：警戒。〇杀掉或处罚一个人以警戒众人。

敲山震虎 qiāoshān-zhènhǔ 比喻故意用某种动作或信号发出警告，制造声势，使对方害怕。

43. 闹事者

庆父不死，鲁难未已，
无理取闹，行若狗彘。

庆父不死，鲁难未已 qìngfǔ bù sǐ, lǔ nàn wèi yǐ 庆父：春秋时鲁庄公的弟弟；鲁：鲁国；难：灾难；未已：没有完。〇庆父一天不死，鲁国的祸乱便不会完结。比喻首恶不除，动乱不止。

无理取闹 wúlǐ-qǔnào 毫无理由地跟人吵闹。指故意捣乱。

行若狗彘 xíngruògǒuzhì 彘：猪。〇人的行为丑恶，如同猪狗。指人卑鄙无耻。

44. 瘪三

其一

其貌不扬，衣衫褴褛，
披头散发，獐头鼠目。

其貌不扬 qímào-bùyáng 不扬：不漂亮，不好看。〇指人的外貌平常或难看。

衣衫褴褛 yīshān-lánlǚ 褴褛：指衣服破烂。〇衣服破烂不堪。

披头散发 pītóu-sànfà 头发散乱地披着。形容仪容不整。

獐头鼠目 zhāngtóu-shǔmù 獐：一种动物。〇头像獐子那样又小又尖，眼睛像老鼠那样又小又圆。

其二

面目可憎，五短身材，
蓬头垢面，尖嘴猴腮。

面目可憎 miànmù-kězēng 憎：厌恶。〇面貌丑陋，令人厌恶。

五短身材 wǔduǎn-shēncái 五短：指肢体及躯干都很短小。〇指人身材矮小。

蓬头垢面 péngtóu-gòumiàn 头发蓬乱，满脸污垢。形容不修边幅或外表不整洁。也作“蓬首垢面”。

尖嘴猴腮 jiānzuǐ-hóusāi 猴腮：像猴一样的腮帮子。〇形容人面部瘦削，相貌丑陋。

45. 奸佞

邀功求赏，贪天之功，
自高自大，故步自封，
目中无人，人莫予毒，
唯我独尊，妄自尊大。

邀功求赏 yāogōng-qiúshǎng 邀：追求。〇把别人的功劳抢过来当作自己的，求取奖赏。也作“邀功请赏”。

贪天之功 tāntiānzhīgōng 把上天的功绩归于自己。后指抹杀别人的力量，把功劳算到自己身上。

自高自大 zìgāo-zìdà 自以为了不起，高人一等。

故步自封 gùbù-zìfēng 故步：原来走的步子；自封：把自己局限起来。〇指因循守旧，安于现状，不求进步。

目中无人 mùzhōng-wúrén 眼睛里没有别人。形容极其骄傲自大，看不起人。

人莫予毒 rénmòyúdú 莫：没有谁；予：我；毒：危害。〇再也没有人怨恨我、伤害我了。表示狂妄自大，目空一切。

唯我独尊 wéiwǒdúzūn 唯：只有。〇原为佛教称颂释迦牟尼的话。现形容人极端狂妄自大，目空一切。

妄自尊大 wàngzì-zūndà 毫无根据地高看自己。指自高自大，自以为了不起。

46. 侵略者

明火执仗，虎视眈眈，
蚕食鲸吞，明目张胆，
恃强凌弱，兵戎相见，
瓜剖豆分，明枪暗箭，
大好河山，沦为残山剩水，
弱肉强食，侵我半壁江山。

明火执仗 mínghuǒ-zhízhàng　明火：点着火把；执仗：拿着兵器。○公开抢劫或肆无忌惮地干坏事。

虎视眈眈 hǔshì-dāndān　眈眈：注视的样子。○形容贪婪而凶狠地注视。

蚕食鲸吞 cánshí-jīngtūn　蚕食：像蚕吃桑叶一样；鲸吞：像鲸鱼吞吃食物一样。○比喻逐步侵占或一举吞并。

明目张胆 míngmù-zhāngdǎn　明目：睁亮眼睛；张胆：放开胆量。○形容公开放肆，毫无顾忌（多指做不好的或不合法的事）。

恃强凌弱 shìqiáng-língruò　凌：欺凌。○依仗自己强大，欺压弱小。

兵戎相见 bīngróng-xiāngjiàn　戎：兵器的总称。○以武力相见。指发生武装冲突。

瓜剖豆分 guāpōu-dòufēn　剖：破开。○瓜果被刀子剖开，豆子从豆荚中分出。比喻国土被侵吞分割。也作“豆分瓜剖”。

明枪暗箭 míngqiāng-ànjiàn　比喻公开的攻击和暗中的伤害。

残山剩水 cánshān-shèngshuǐ　指衰败凋零的山水景色。也指遭到入侵后的残破的国土。

弱肉强食 ruòròu-qiángshí　原指动物中弱者被强者吞食。泛指弱的被强的欺凌、吞并。

半壁江山 bànbì-jiāngshān　江山：国土；半壁：半边。○指国家遇到外敌入侵后残存的或被占领的部分国土。也作“半壁河山”。

第四章　事理

1. 事出有因

其一

物以类聚，人以群分，
一物降一物，事出有因，
祸福相依，弃旧图新，
先进思想，深入人心。

事出有因 shìchū-yǒuyīn　出：出现，发生；因：原因。○事情的出现是有其原因的。

物以类聚，人以群分 wùyǐlèijù，rén-yǐqúnfēn　以：按照；类：同类；聚：聚集。○同类的人或事物常常聚集在一起。现多用于贬义，指坏人相互勾结在一起。

一物降一物 yīwù xiáng yīwù　降：降服。○指事物之间，某一事物能降服另一事物或专被另一事物所降服。也作“一物克一物”。

祸福相依 huòfú-xiāngyī　坏事可以引出好的结果，好事也可以引出坏的结果。

弃旧图新 qìjiù-túxīn　弃：丢弃；图：谋求。○指抛弃旧的、错误的事物，谋求新的、正确的。

深入人心 shēnrù-rénxīn　指思想、学说等广泛地得到人们的理解和接受。

其二

物竞天择，优胜劣汰，
不拘一格，别出心裁，
知人者智，自知者明，
知其不善则速改，
天南海北，古今中外，
一定之规，概莫能外。

物竞天择 wùjìng-tiānzé　竞：竞争；择：选择。○自然界的万物都在为生存而互相竞争，能够适应自然的就被留下来。也指社会生活中互相竞争，适者生存的现象。

优胜劣汰 yōushèng-liètài　优秀者获胜，低劣者失败。指竞争力强的获胜而得以生存，竞争力弱的失败而被淘汰。

不拘一格 bùjū-yīgé 拘：拘束；格：规格，标准。○不局限于一种规格或标准。

别出心裁 biéchū-xīncái 别：另外；心裁：心中的设计筹划。○指想出与众不同的主意、办法，别具一格。

知人者智，自知者明 zhī rén zhě zhì, zì zhī zhě míng 能了解别人的人聪明，能知道自己的优点和缺点的人明智。

知其不善则速改 zhī qí bù shàn zé sù gǎi 认识到自己不好的言行，就应该立刻改正。

天南海北 tiānnán-hǎiběi 一在天之南，一在海之北。形容相距遥远。也泛指相隔很远的不同地区。

古今中外 gǔjīn-zhōngwài 从古代到现在，从中国到外国。

一定之规 yīdìngzhīguī 固定不变的规则或规律。也指已打定的主意。

概莫能外 gàimònéngwài 概：一律，一概；莫：不；外：除外。○一概不能除外。指全都在所指范围之内，无一例外。

其三

真理之树，万古长青，
周而复始，与日俱增，
一分为二，相反相成，
物极必反，约定俗成，
事在人为，真知力行，
改恶从善，弃暗投明。

万古长青 wàngǔ-chángqīng 万古：千秋万代；长青：永远像松柏那样苍翠。○永远像春天的草木一样青翠。多比喻崇高的精神或深厚的友谊永远不会消失。

周而复始 zhōu'érfùshǐ 周：环绕一圈；复：又，再。○转了一圈又一圈。指不断循环往复。

与日俱增 yǔrì-jùzēng 与：跟，和；日：时间。○随着时间的推移而持续不断地增长。

一分为二 yīfēn-wéi'èr 为：成为。○指全面地看待事物和人，既注意到积极方面，也注意到消极方面。

相反相成 xiāngfǎn-xiāngchéng 相反：事物的两个方面互相矛盾，互相排斥；相成：相互补充，相互成全。○指相互对立的事物有相互依赖、相互促成的一面。

物极必反 wùjí-bìfǎn 物：指宇宙间一切现象；极：尽、极限。○指世事的一切，盛极必衰，衰极必盛，事物发展到极点，必定会向相反的方面转化。

约定俗成 yuēdìng-súchéng 约定：共同议定；俗成：根据习俗形成。○指事物的名称或社会习惯是经过长期社会实践而确定或形成的。

事在人为 shìzàirénwéi 在：在于；为：做。○事情在于人做。指在一定的客观条件下，事情的成功与否，取决于人的主观努力。

真知力行 zhēnzhī-lìxíng 有深刻而

正确的认识并努力践行。宋元之际理学家许衡提出的知行观。

改恶从善 gǎi'è-cóngshàn 恶：指坏的行为和犯罪的事情；善：正确的言行。○指改正错误，重新做好人，做正当的事情。

弃暗投明 qì'àn-tóumíng 弃：放弃。○离开黑暗，投向光明。比喻脱离邪恶势力，投向正义的一方。

其四

文武之道，一张一弛，
一叶知秋，事不宜迟，
久而久之，星火燎原，
天长日久，星移斗转，
循环往复，不可逆转。

文武之道，一张一弛 wén wǔ zhī dào, yī zhāng yī chí 文：周文王；武：周武王；张：拉紧弓弦；弛：放松弓弦。○原指周文王、周武王的治国和修身之道是宽严相济，张弛有致。后比喻生活和工作要适当调节，有劳有逸。

一叶知秋 yīyè-zhīqiū 看见一片落叶，便知道秋天就要来临了。比喻从细微的变化中可以预料事物的发展趋势。

事不宜迟 shìbùyíchí 宜：应该。○事情不应该拖延，要抓紧时间去做。

久而久之 jiǔ'ér-jiǔzhī 经过相当长的时间。

星火燎原 xīnghuǒ-liáoyuán 燎：延烧。○一点点的小火就能把整个原野烧起来。比喻小事情可以酿成大祸患。也比喻新生事物开始虽然弱小，但有广阔的发展前景。也作"星星之火，可以燎原"。

天长日久 tiāncháng-rìjiǔ 时间长，日子久。

星移斗转 xīngyí-dǒuzhuǎn 星辰移了位，北斗转了向。指季节或时代的变换。也作"斗转星移"。

循环往复 xúnhuán-wǎngfù 指周而复始，进行循环，不断反复。也作"循环反复"。

不可逆转 bùkě-nìzhuǎn 不能倒回去。指时间、人生、事件、局势等按一定规律发展，不会倒回去。

2. 新生事物

新生事物，具体而微，
生生不息，呱呱坠地，
新生力量，异军突起，
铁树开花，难能可贵。

具体而微 jùtǐ'érwēi 具体：大体具备。○事物的内容大体具备，而局面、规模较小。

生生不息 shēngshēng-bùxī 息：终止。○指变化的发生和新生事物的产生永不终止。

呱呱坠地 gūgū-zhuìdì 呱呱：婴孩哭叫声。○指婴儿出生。也比喻新事物的诞生。

异军突起 yìjūn-tūqǐ　异军：另外一支军队。○比喻另一种引人注目的势力或派别突然出现。

铁树开花 tiěshù-kāihuā　铁树：又名苏铁，常绿乔木，原产于热带，很多年才开花一次。○比喻极难实现或极其罕见的事。

难能可贵 nánnéng-kěguì　难能：不易做到。○指难以做到的事居然做到了，值得珍惜。

3. 时光

光阴似箭，日月如梭，
寒来暑往，去日苦多，
一刻千金，不可多得，
似水流年，一晃而过。

光阴似箭 guāngyīn-sìjiàn　时间流逝犹如箭之飞越。形容时间过得极快。

日月如梭 rìyuè-rúsuō　梭：织布时用来牵引纬线的器具。○日月的运行，就像织布机上的梭子一样飞快地来回穿动。形容时间过得很快。

寒来暑往 hánlái-shǔwǎng　寒冷的季节来到，暑热的季节过去。指四季更替。泛指时光流逝。

去日苦多 qùrì-kǔduō　去日：指过去的日子；苦：苦于。○过去的日子已经太多了。感叹光阴易逝。

一刻千金 yīkè-qiānjīn　刻：很短的时间。○一刻时光，便值千金。形容时光极其宝贵。

不可多得 bùkě-duōdé　得：得到。○很稀少，难以得到。指人或事物非常可贵。

似水流年 sìshuǐ-liúnián　流年：年华，光阴。○年华如流水。形容青春易逝。

4. 关键时刻

其一

轻重缓急，生死攸关，
生死存亡，命若悬丝。

轻重缓急 qīngzhòng-huǎnjí　指事情有主要的和次要的，急于要办的和可以缓办的的区别。也作“缓急轻重”。

生死攸关 shēngsǐ-yōuguān　攸：所。○关系到人的生存或死亡。形容事关重大。

生死存亡 shēngsǐ-cúnwáng　生存或者死亡。形容局势危急，到了最紧要的关头。

命若悬丝 mìngruòxuánsī 性命就像是挂在一根细丝上一样。形容生命垂危或处境十分危险。

其二

成败利钝，存亡继绝，
盛衰荣辱，关键时刻。

成败利钝 chéngbài-lìdùn　利：锋利，引申为顺利；钝：不锋利，引申为不顺利。〇成功或失败，顺利或挫折。指事业或工作可能产生的各种情况和结果。

存亡继绝 cúnwáng-jìjué　存：保存；亡：灭亡了的国家；继：延续；绝：指绝世。〇指使灭亡了的国家得以保存，使断绝了禄位的世家得以接续。也泛指使濒临灭绝的事物得以延续。

盛衰荣辱 shèngshuāi-róngrǔ　盛：兴盛；衰：衰败；荣：荣耀；辱：耻辱。〇指人生的各种境遇。

5. 中庸之道

中庸之道，无偏无颇，
无偏无党，过犹不及。

中庸之道 zhōngyōngzhīdào　中庸：儒家指待人接物不过分也无不及；道：主张、学说，处世态度。〇指不偏不倚的处世态度。

无偏无颇 wúpiān-wúpō　不偏向一边。指公正无私。

无偏无党 wúpiān-wúdǎng　党：偏袒。〇办事公正，不偏袒任何一方。

过犹不及 guòyóubùjí　过：过分；犹：像；不及：没达到。〇事情做过了头，就像做得不够一样，都不合适。指做事应恰如其分。

6. 法律

其一

杀人灭口，人命关天，
有案可查，铁证如山。

杀人灭口 shārén-mièkǒu　口：口供。〇指为防止真情败露，残忍地将知情人杀死。

人命关天 rénmìng-guāntiān　关天：指关系重大。〇指有关人命的事情关系重大。

有案可查 yǒu'àn-kěchá　案：案卷；查：查考。〇有案卷可供查考。指证据确凿。

铁证如山 tiězhèng-rúshān　铁证：确凿的证据。〇形容证据确凿，不可推翻。

其二

谋财害命，弥天大罪，
对簿公堂，法不阿贵。

谋财害命 móucái-hàimìng　为了谋取钱财而害人性命。

弥天大罪 mítiān-dàzuì　弥天：满天。〇形容罪恶巨大。

对簿公堂 duìbù-gōngtáng　对簿：根据诉状核查事实；公堂：古时官府审案的场所。〇指进行诉讼时被告、原告在法庭上对质。泛指打官司。

法不阿贵 fǎbù'ēguì　阿：偏袒；

贵：指权贵之人。○法律不偏袒权贵。指不畏权贵，秉公执法。

其三

天网恢恢，疏而不漏，
徇私枉法，罪不容诛。

天网恢恢，疏而不漏 tiānwǎng-huīhuī, shū'érbùlòu 天网：天道的网，比喻国法；恢恢：宽广的样子；疏：稀，不密；漏：漏网，逃脱。○天道就像一张宽广的网，看起来网眼稀疏，但决不会漏掉作恶的人。形容坏人终究逃脱不了法律的惩处。

徇私枉法 xùnsī-wǎngfǎ 徇：无原则地顺从，曲从；枉：歪曲。○指曲从私情而歪曲法律或做违法乱纪的事。

罪不容诛 zuìbùróngzhū 诛：杀。○罪恶之大，处死也不足以抵偿。形容罪大恶极。

其四

金科玉律，铁案如山，
以身试法，执法如山。

金科玉律 jīnkē-yùlǜ 科、律：指法律条文。○本指完善的法律条文。后比喻必须遵守的、不可变更的条规。含贬义。

铁案如山 tiě'àn-rúshān 铁案：做出了最后结论或证据确凿的案件。○证据确凿的案件，像山那样无法动摇、推翻。指事实铁定，不容翻案。

以身试法 yǐshēnshìfǎ 身：自身；试：尝试。○原指拿自己的行为试验法律的威力。后指明明知道是犯法的事，还要明知故犯。

执法如山 zhífǎrúshān 如山：比喻坚定不动摇。○指执行法令极其严厉，不徇私情。

其五

白纸黑字，信而有征，
鸣冤叫屈，严惩不贷。

白纸黑字 báizhǐ-hēizì 白纸上写了黑字。指有确凿的文字材料作证，不容抵赖。

信而有征 xìn'éryǒuzhēng 信：确凿，可靠；征：验证。○确凿而有证据。

鸣冤叫屈 míngyuān-jiàoqū 鸣：喊叫；屈：冤屈。○为自己或为别人诉说冤屈。

严惩不贷 yánchéng-bùdài 贷：宽恕。○严厉惩处，绝不宽恕。

其六

约法三章，绳之以法，
监守自盗，严刑峻法。

约法三章 yuēfǎ-sānzhāng 约法：商定法令；章：条款。○原指刘邦进咸阳后与当地父老商定了三条法令。后指约好或规定的必须遵守的简单条款。

绳之以法 shéngzhī-yǐfǎ　绳：准绳，引申指制裁。〇指以法律为准绳制裁犯罪的人。

监守自盗 jiānshǒu-zìdào　指看守财物的人盗窃自己经管的财物。

严刑峻法 yánxíng-jùnfǎ　峻：严厉。〇指用严厉的刑法惩处。

7. 教训

前事不忘，后事之师，
殷鉴不远，引以为戒。
吃一堑，长一智，
满招损，谦受益。

前事不忘，后事之师 qiánshì-bùwàng, hòushì-zhīshī　牢记以前的经验教训，并以此作为今后行事的借鉴。

殷鉴不远 yīnjiàn-bùyuǎn　鉴：镜子，引申为借鉴。〇原指殷人灭夏，殷的子孙应以夏的灭亡作为鉴戒。后指可以引为教训的往事并不太远。

引以为戒 yǐnyǐwéijiè　戒：警戒，鉴戒。〇把自己或别人的教训作为鉴戒，避免重犯。

吃一堑，长一智 chīyīqiàn, zhǎngyīzhì　堑：壕沟，引申为挫折、失败。〇吃一次跌进壕沟里的苦头，就能增长一分见识。比喻受一次挫折，增长一分才智。

满招损，谦受益 mǎn zhāo sǔn,qiān shòu yì　指骄傲自满招致损害，谦虚谨慎得到益处。

8. 成功

其一

一举两得，大功告成，
东山再起，功到自然成。
人定胜天，力到功深，
淡然处之，大器晚成。

一举两得 yījǔ-liǎngdé　举：举动。〇做一件事情，可以得到两方面的收获。

大功告成 dàgōng-gàochéng　功：事业（功业）；告：宣告。〇指重大的工程或任务宣告完成。

东山再起 dōngshān-zàiqǐ　东山：山名，在今浙江。〇原指东晋谢安隐居东山，后重新出来做官。比喻隐退后再出来任职或失势后重新得势。

功到自然成 gōngdào-zìránchéng　下了足够的功夫，事情自然就会取得成果。多用于勉励人认真踏实地去干，不要急于求成。

人定胜天 réndìngshèngtiān　人定：人谋，指人的主观努力；天：泛指自然界。〇指人的智慧和力量能够战胜自然，改造环境。

力到功深 lìdào-gōngshēn　功力很深厚。指技艺或学术上的造诣很深。

淡然处之 dànrán-chǔzhī 淡然：淡定，不在意；处：处置，安排。○指用淡定的态度对待名利，不当作一回事。

大器晚成 dàqì-wǎnchéng 大器：宝贵的器物；晚：迟。○大的宝物需要长时间的制作才能完成。指卓越的人才成就事业往往比较晚。

其二

水滴石穿，持之以恒，
瓜熟蒂落，水到渠成，
磨杵成针，有志竟成。

水滴石穿 shuǐdī-shíchuān 水滴不止，可把石头滴穿。比喻虽然力量小，但只要坚持不懈，就能把很难办到的事办成。也作“滴水穿石”。

持之以恒 chízhī-yǐhéng 持：坚持；之：代词，指所做的事；恒：恒心。○有恒心，能长久地坚持做下去。

瓜熟蒂落 guāshú-dìluò 蒂：花或瓜果与枝茎相连的部分。○瓜熟了，瓜蒂自然脱落。原比喻胎儿成熟自然会分娩。后多比喻条件或时机成熟，事情自然成功。

水到渠成 shuǐdào-qúchéng 渠：水道。○水流到的地方自然成渠。比喻条件成熟，事情自然会成功或问题自然会解决。

磨杵成针 móchǔchéngzhēn 杵：捣药或洗衣服捶衣的小铁棒。○把铁棒磨成针。比喻做事有恒心有毅力，肯下苦功，直到成功。

有志竟成 yǒuzhìjìngchéng 竟：终于。○有志气的人终究会取得事业的成功。也作“有志者事竟成”。

9. 名声

其一

功成名就，大名鼎鼎，
如雷贯耳，举世闻名。

功成名就 gōngchéng-míngjiù 就：实现，达到。○指功业建立了，名声也有了。也作“功成名遂”。

大名鼎鼎 dàmíng-dǐngdǐng 鼎鼎：盛大、显赫的样子。○形容名声极大。也作“鼎鼎大名”。

如雷贯耳 rúléiguàn’ěr 贯：贯穿，通过。○像雷声传进耳朵那样响。形容人的名声很大。也作“如雷灌耳”。

举世闻名 jǔshì-wénmíng 举：全。○全国或全世界都知道他的名字。形容名声极大。

其二

声价十倍，名噪一时，
名扬四海，声名鹊起。

声价十倍 shēngjià-shíbèi 声价：声誉和地位。○指声誉和地位大大提高。

名噪一时 míngzào-yīshí 名：名声；噪：广为传扬。○指在一个时期内名声赫赫，广为人知。

名扬四海 míngyáng-sìhǎi 四海：天下。○名声传遍天下。形容名声很大。

声名鹊起 shēngmíng-quèqǐ 声名：名声；鹊起：像鹊鸟飞起。○形容名声迅速提高。

其三

好事不出门，恶事行千里，
声名扫地，臭名远扬。

好事不出门,恶事行千里 hǎoshì bù chūmén,èshì xíng qiānlǐ 好事无人宣扬，外人不容易知道，坏事、丑事却传播得很快很广。

声名扫地 shēngmíng-sǎodì 声名：名声；扫地：比喻完全丧失。○形容名声彻底败坏。

臭名远扬 chòumíng-yuǎnyáng 扬：传播。○坏名声传得很远。

其四

名满天下，爱惜羽毛，
遐迩闻名，声名赫奕。

名满天下 míngmǎn-tiānxià 名：名声。○名声传遍天下。形容名声很大，声望很高。

爱惜羽毛 àixī-yǔmáo 羽毛：鸟兽的毛，比喻人的声誉。○比喻一个人处世谨慎，能够洁身自好，爱惜自己的声誉。

遐迩闻名 xiá'ěr-wénmíng 遐：远；迩：近。○人名声大，远近都知道。也作“闻名遐迩”。

声名赫奕 shēngmíng-hèyì 声名：在社会上流传的评价；赫奕：赫赫，显赫。○指名气大，知名度高。

10. 得失

利欲熏心，患得患失，
利令智昏，得寸进尺，
得一望十，得陇望蜀，
得失相伴，得不偿失。

利欲熏心 lìyù-xūnxīn 欲：欲望。○贪财图利的欲望迷住了心窍。

患得患失 huàndé-huànshī 患：忧虑，担心。○担心得不到，得到后又担心失去。指斤斤计较个人的利害得失。

利令智昏 lìlìng-zhìhūn 利：私利；令：使；智：理智；昏：昏乱。○因贪利而丧失理智，使头脑发昏，忘掉了一切。

得寸进尺 décùn-jìnchǐ 得到一寸，就想再进一尺。比喻贪得无厌。

得一望十 déyī-wàngshí 得到一分，又巴望能得到十分。指希望得到更多。

得陇望蜀 délǒng-wàngshǔ　陇：今甘肃东部；蜀：今四川中西部。○得到了陇，还想占领蜀。比喻贪得无厌。

得失相伴 déshī-xiāngbàn　指利与弊、得与失同时存在，不相上下。

得不偿失 débùchángshī　所得到的抵不上所失去的。

11. 见解

其一

真知灼见，火眼金睛，
远见卓识，先见之明。
入木三分，所见略同。

真知灼见 zhēnzhī-zhuójiàn　灼：明亮，透彻。○正确而透彻的认识和见解。

火眼金睛 huǒyǎn-jīnjīng　比喻眼光十分犀利，能洞察一切。

远见卓识 yuǎnjiàn-zhuóshí　见：见解；卓：高超。○远大的目光，卓越的见识。

先见之明 xiānjiànzhīmíng　先：预先；明：眼力，眼光。○能预先看清事物未来发展的眼力。指有预见性。

入木三分 rùmù-sānfēn　原形容书法的笔力遒劲雄健。现多形容分析问题或刻画人物十分深刻。

所见略同 suǒjiànlüètóng　指见解大体相同。

其二

目光如豆，坐井观天，
目光短浅，先入之见。

目光如豆 mùguāng-rúdòu　眼光像豆子那样小。形容见识短浅，缺乏远见。

坐井观天 zuòjǐng-guāntiān　观：看。○坐在井里看天。比喻目光狭窄，见识短浅。

目光短浅 mùguāng-duǎnqiǎn　目光：眼光；短浅：狭窄而肤浅。○眼光不远，见识狭窄而肤浅。形容缺乏远见。

先入之见 xiānrùzhījiàn　事先在头脑中形成的见解。指成见。

其三

鼠目寸光，门户之见，
管中窥豹，略见一斑，
管窥蠡测，一得之见，
管见所及，一孔之见。

鼠目寸光 shǔmù-cùnguāng　老鼠的眼睛只能看到一寸远的地方。形容目光短浅，缺乏远见。

门户之见 ménhùzhījiàn　门户：派系，派别；见：成见。○在学术或艺术等领域、部门中因派别不同而产生的偏见。

管中窥豹 guǎnzhōng-kuībào　窥：从

小孔或缝隙中看。○从管子中看豹。比喻只看到事物的一部分。

略见一斑 lüèjiànyībān 略：大略；斑：杂色花纹或斑纹。○用竹管看豹子，经常是只看到一个斑点。比喻从所见到的一部分事物中大致可以推想事物的全貌，但不够全面。

管窥蠡测 guǎnkuī-lícè 管：竹管；窥：从小孔或缝隙中看；蠡：用贝壳做的瓢；测：测量。○从竹管孔里看天，用贝壳测量海水。比喻对事物的观察和了解很狭窄、片面。

一得之见 yīdézhījiàn 见：见解。○指一点点肤浅的见解。多用作谦辞。

管见所及 guǎnjiànsuǒjí 比喻见解狭窄、肤浅。多用作谦辞。

一孔之见 yīkǒngzhījiàn 从一个小孔里看到的事物。指狭隘片面的主观见解。多用作谦辞。

其四

是非曲直，自有公论，
半部论语，不刊之论。

是非曲直 shìfēi-qūzhí 曲：无理；直：有理。○指正确的和错误的，无理的和有理的。用于对事物的评断。

自有公论 zìyǒugōnglùn 指事情的是非曲直，公众自然会有评论。

半部论语 bànbù-lúnyǔ 《论语》：记载孔子及其弟子言行的著作。○指儒家经典为治国之本。强调儒学的重要。

不刊之论 bùkānzhīlùn 刊：削，修改；论：言论。○指不可改动或不可磨灭的言论。形容言论十分正确、精彩。

12. 灾祸

其一

祸起萧墙，祸从口出，
螳螂捕蝉，黄雀在后，
玩火自焚，咎由自取，
天有不测风云，人有旦夕祸福。

祸起萧墙 huòqǐxiāoqiáng 萧墙：古代宫室内作为屏障的矮墙，借指内部。○祸患在家庭内部发生。指内部发生变乱。

祸从口出 huòcóngkǒuchū 灾祸从口中产生。指言语不慎而招致灾祸。

螳螂捕蝉，黄雀在后 tángláng-bǔchán, huángquè-zàihòu 螳螂想捉蝉，却不知黄雀躲在后面正想暗算自己。比喻害人者一心想害人，却不知还有人正要算计他。也比喻只看见眼前利益，却忽视了可能产生的恶果或后患。

玩火自焚 wánhuǒ-zìfén 玩：玩弄；焚：烧。○放火的人反把自己烧死。比喻干冒险或害人的事，最终受害的还是自己。

咎由自取 jiùyóuzìqǔ 咎：罪过，灾祸。○罪过或灾祸由自己招致。指人自作自受。

天有不测风云，人有旦夕祸福 tiān yǒu bùcè fēngyún，rényǒu dànxī huòfú 不测：无法预料；祸福：偏指灾祸。○指灾祸像天气一样变幻莫测，难以预料。

其二

心腹之患，祸不单行，
祸福相倚，如梦初醒。

心腹之患 xīnfùzhīhuàn 心腹之中的疾患。比喻隐藏在内部或要害部门的严重隐患。

祸不单行 huòbùdānxíng 行：到来，发生。○不幸的事不止发生一次。指祸事接连而来。

祸福相倚 huòfú-xiāngyǐ 祸患与幸福相互依存又互相转化。指坏事可以引出好事，好事也可以引出坏的结果。

如梦初醒 rúmèngchūxǐng 好像刚从梦中醒来一样。指刚从糊涂、错误的认识中醒悟过来。也作“如梦方醒”。

13. 灾难

其一

无妄之灾，凶多吉少，
飞来横祸，在劫难逃。

无妄之灾 wúwàngzhīzāi 无妄：意想不到的。○指意外地或平白无故地遭受到的祸灾或损失。也作“无妄之祸”。

凶多吉少 xiōngduō-jíshǎo 凶：不幸；吉：吉利，吉祥。○凶险多，吉利少。坏的可能性大。多指根据某种迹象估计到事态的发展趋势极为不妙。

飞来横祸 fēilái-hènghuò 横：意外。○突然降临到头上的意外灾祸。

在劫难逃 zàijié-nántáo 劫：劫数，佛教指大灾难。○原指命中注定要遭受的灾祸，难以逃脱。后多指某种灾难不可避免。

其二

死于非命，不测之祸，
大难临头，灭门之祸。

死于非命 sǐyúfēimìng 非命：指非正常死亡。○指遭受意外的灾祸而死亡。

不测之祸 bùcèzhīhuò 测：推测，估计。○估计不到的灾祸。多指死亡。

大难临头 dànàn-líntóu 难：灾难；临：降临。○大祸落到头上。也作“大祸临头”。

灭门之祸 mièménzhīhuò 门：家，家族。○全家遭受毁灭的祸害。

第五章 行为

1. 工作

其一

废寝忘食，风尘仆仆，
跋山涉水，栉风沐雨，
长途跋涉，风餐露宿。

废寝忘食 fèiqǐn-wàngshí 废：停止；寝：睡觉。○顾不上睡觉，忘记了吃饭。形容学习或工作非常专心努力。

风尘仆仆 fēngchén-púpú 风尘：旅途上风吹尘土飞扬；仆仆：行路劳累的样子。○形容奔波忙碌，旅途劳顿。

跋山涉水 báshān-shèshuǐ 跋山：翻山越岭；涉水：蹚水过河。○形容旅途艰辛。

栉风沐雨 zhìfēng-mùyǔ 栉：梳头发；沐：洗头发。○风梳发，雨洗头。形容人在外奔波，历尽辛劳。也作“沐雨栉风”。

长途跋涉 chángtú-báshè 跋涉：爬山蹚水。○长距离地爬山蹚水。形容旅途的艰辛困苦。

风餐露宿 fēngcān-lùsù 餐：吃饭；宿：过夜。○在风中吃饭，在露天睡觉。形容旅途或野外工作辛苦劳累。

其二

下车伊始，计日程功，
按部就班，有始有终，
井井有条，精益求精，
令行禁止，雷厉风行，
井然有序，恩威并用。

下车伊始 xiàchē-yīshǐ 下车：旧时指新官到任；伊：助词；始：开始。○指新官刚刚到任。也指刚到一个新的地方。

计日程功 jìrì-chénggōng 计日：按日计算；程功：估量功效。○可以按日子来计量功效。形容工作进展快，成功指日可待。

按部就班 ànbù-jiùbān 按：依照；部、班：门类，引申为次序；就：归于。○原指按照文章分段布局的需要而安排好层次，选择组织好词句。后指按照一定的顺序办事。

有始有终 yǒushǐ-yǒuzhōng　有开头，有结尾。指做事能坚持到底。

井井有条 jǐngjǐng-yǒutiáo　井井：有条理。○形容整齐不乱，有条有理。

精益求精 jīngyìqiújīng　精：完美，好；益：更。○指对学问、技艺的追求，好了还要求更好。

令行禁止 lìngxíng-jìnzhǐ　命令一下达就立即执行，禁令一颁布，禁止做的事就立即停止。形容法令严明或执行命令雷厉风行。

雷厉风行 léilì-fēngxíng　厉：猛烈。○像雷那样猛烈，像风那样迅疾。形容声势迅猛，办事麻利。

井然有序 jǐngrán-yǒuxù　井然：有条理的样子。○指有条理，有秩序。

恩威并用 ēnwēi-bìngyòng　恩惠与威严同时使用。也作“恩威并行”。

其三

大处落墨，心中有数，
有条不紊，大刀阔斧，
粗中有细，中规中矩。

大处落墨 dàchù-luòmò　指写文章、绘画从主要地方下笔。比喻做事从大处着眼，解决关键问题。

心中有数 xīnzhōng-yǒushù　对情况和问题有基本的了解，处理问题有把握。也作“胸中有数”。

有条不紊 yǒutiáo-bùwěn　条：条理，秩序；紊：乱。○形容条理清楚，一点儿不乱。

大刀阔斧 dàdāo-kuòfǔ　指大刀和宽刃斧两种兵器。形容军队耀武扬威，杀气腾腾。也形容办事果断，有魄力。

粗中有细 cūzhōngyǒuxì　粗鲁的人也有细心的时候。指人表面上举止粗疏，实际上也有精细之处。

中规中矩 zhòngguī-zhòngjǔ　中：符合；规、矩：圆规，角尺，是定方圆的标准工具，借指行为准则。○形容行动遵守规矩，符合要求。

2. 力行

其一

惨淡经营，不遗余力，
处心积虑，费尽心机。

惨淡经营 cǎndàn-jīngyíng　惨淡：苦费心思；经营：筹划。○原指下笔之前精心构思。后指在极为困难的境况中苦心谋划、经营某事。

不遗余力 bùyí-yúlì　遗：留下。○不留下一点儿剩余的力量。指毫无保留地使出全部力量。

处心积虑 chǔxīn-jīlǜ　处心：存心；积虑：经过长时间考虑。○费尽心机，蓄谋已久。形容千方百计地谋划（含贬义）。

费尽心机 fèijìn-xīnjī　心机：心思，

计谋。○用尽了心思。形容千方百计地出谋划策。也作“费尽心思”。

其二

苦心经营，尽心竭力，
分秒必争，一鼓作气。

苦心经营 kǔxīn-jīngyíng　经营：筹划和管理。○费尽心思去筹划安排。

尽心竭力 jìnxīn-jiélì　尽：全部用出；竭：用尽。○用尽心思，使出全部力量。形容做事非常努力负责。也作“尽心尽力”。

分秒必争 fēnmiǎo-bìzhēng　一分一秒也必须争取。指时间抓得紧。

一鼓作气 yīgǔ-zuòqì　一鼓：擂第一通鼓；作气：振奋士气。○古代作战时，以击鼓指挥军队前进，擂第一通鼓时，士气最盛。指趁士气正盛一举把事情做完。也比喻鼓足干劲，勇往直前。

其三

全神贯注，竭尽全力，
疲于奔命，心力交瘁，
疲惫不堪，筋疲力尽。

全神贯注 quánshén-guànzhù　贯注：集中于一点。○指精神高度集中。

竭尽全力 jiéjìn-quánlì　竭尽：用尽。○用尽全部力量。

疲于奔命 píyúbēnmìng　命：命令。○原指因奉命奔走而疲惫不堪。后泛指事务繁多，忙于奔走应付，弄得精疲力竭。

心力交瘁 xīnlìjiāocuì　瘁：过度劳累。○精神和体力都极度劳累。

疲惫不堪 píbèi-bùkān　疲惫：十分疲乏。○指疲乏到了极点。

筋疲力尽 jīnpí-lìjìn　筋：筋骨；尽：完。○形容身体非常疲劳，力气已经用尽。

其四

煞费苦心，全心全意，
实与有力，始终如一。

煞费苦心 shàfèi-kǔxīn　煞：很。○指费尽心思。

全心全意 quánxīn-quányì　指投入全部心思和精力，没有其他想法或念头。

实与有力 shíyùyǒulì　与：参与。○确实在里面尽了力。

始终如一 shǐzhōng-rúyī　始：开始；终：结束；如：如同。○自始至终都一样。

其五

世上无难事，只怕有心人，
争分夺秒，只争朝夕，
添砖加瓦，尽力而为。

世上无难事，只怕有心人 shìshàng

wú nánshì, zhǐ pà yǒuxīnrén 指世界上没有办不到的事，只要有心去做，再难的事也能做成。

争分夺秒 zhēngfēn-duómiǎo 不放过一分一秒。形容抓紧时间。

只争朝夕 zhǐzhēngzhāoxī 朝夕：早晚，指短时间。○比喻争分夺秒，力争以最短的时间达到目的。

添砖加瓦 tiānzhuān-jiāwǎ 比喻为某项事业贡献一份微薄的力量。

尽力而为 jìnlì'érwéi 尽：全部，所有；为：做。○竭尽全力去做。

其六

自力更生，丰衣足食，
全力以赴，自食其力，
自给自足，再接再厉。

自力更生 zìlì-gēngshēng 自力：靠自己的力量；更生：重新获得生命，比喻重新兴旺起来。○指依靠自己的力量办好事情。

丰衣足食 fēngyī-zúshí 丰：丰富；足：够。○穿的吃的都很充足。形容生活富裕。

全力以赴 quánlìyǐfù 赴：投入。○指将全部力量都投入到某事中。

自食其力 zìshí-qílì 依靠自己的劳动养活自己。

自给自足 zìjǐ-zìzú 给：供给；足：满足。○依靠自己的生产，满足自己的需要。

再接再厉 zàijiē-zàilì 接：接战，交锋；厉：同“砺”，磨刀，引申为奋勉、努力。○原指公鸡相斗时，每次交锋前，先磨一下嘴，以便再斗。后指一次次地继续努力。

3. 创业

创业维艰，披荆斩棘，
筚路褴褛，史无前例，
白手起家，大有作为。

创业维艰 chuàngyèwéijiān 维：语助词；艰：困难。○创立一番事业是非常困难的。

披荆斩棘 pījīng-zhǎnjí 披：劈开；荆、棘：从生多刺的小灌木；斩：砍断。○劈开荆条，砍断棘树。比喻清除前进道路上的障碍，克服各种困难。

筚路褴褛 bìlù-lánlǚ 筚路：柴车；褴褛：破旧的衣服。○驾着简陋的柴车，穿着破旧的衣服去开辟山林。形容创业的艰难与辛苦。

史无前例 shǐwúqiánlì 历史上从来没有的事例。

白手起家 báishǒu-qǐjiā 白手：空手。○指在客观条件很差或一无所有的情况下艰苦奋斗创立事业。

大有作为 dàyǒu-zuòwéi 作为：可以做的事。○指能充分发挥才能，做出显著成绩。

4. 创新

其一

继往开来，穷则思变，
标新立异，别开生面。

继往开来 jìwǎngkāilái 继：继承；开：开辟。○继承前辈的事业，开辟新的道路。

穷则思变 qióngzésībiàn 穷：穷尽，困窘。○原指事物发展到极点就会产生变化。后多指人处于穷困、艰难的状况，就会想办法寻求出路，改变现状。也作“穷极思变”。

标新立异 biāoxīn-lìyì 标：提出，表明；立：建立；异：特别，奇异。○指提出新奇的主张，表示与众不同。

别开生面 biékāi-shēngmiàn 生面：新的面貌。○指另外开创新的局面、风格或形式。

其二

别具一格，不落窠臼，
不塞不流，不止不行，
别具匠心，更上一层楼，
独出心裁，旧瓶装新酒，
自成一家，取而代之。
自我作古，独树一帜。

别具一格 biéjù-yīgé 别有一种独特的风格。

不落窠臼 bùluòkējiù 窠：鸟兽、昆虫的窝；臼：舂米的器具；窠臼：比喻旧格式，老套子。○比喻风格独特，不落入老套子，有所创新。

不塞不流，不止不行 bù sè bù liú,bù zhǐ bù xíng 塞：堵塞；流：流动；止：停止；行：行进。○不把其他流向堵住，水就不能向正确方向流动；不停住一只脚，另一只脚也就不能跨步。比喻不把旧的腐朽的东西铲除，新的进步的东西就不能发展。

别具匠心 biéjù-jiàngxīn 匠心：巧妙的构思。○指在文学艺术和技艺方面具有与众不同的巧妙构思。

更上一层楼 gèng shàng yī céng lóu 更：再。○原意是要想看得更远，就要站得更高。后多比喻在原有基础上再提高一步。

独出心裁 dúchū-xīncái 心裁：心中的设计、筹划。○原指诗文、音乐、美术、建筑等方面的构思、安排有独到之处。后泛指想出的办法与众不同。

旧瓶装新酒 jiù píng zhuāng xīn jiǔ 比喻以旧形式表现新内容。

自成一家 zìchéng-yījiā 指在学术或技艺上有独到之处，有独创的见解，能自成体系或派别、风格。也作“自成一体”。

取而代之 qǔ'érdàizhī 原指夺取别人的地位、权力，从而代替他。后泛指用某个人或事物取代另一个人或事物。

自我作古 zìwǒ-zuògǔ　作古：不依旧制，自创先例。〇由自己创始，不依傍前人或旧制。

独树一帜 dúshù-yīzhì　树：树立；帜：旗帜。〇独自另树一面旗帜。指开创新的风格或自成一家。也作“自树一帜”。

其三

不破不立，破旧立新，
革故鼎新，激浊扬清，
独辟蹊径，与众不同。

不破不立 bùpò-bùlì　破：破除；立：建立。〇不破除旧的东西，就不可能建立新的东西。

破旧立新 pòjiù-lìxīn　破除旧的，建立起新的。

革故鼎新 gégù-dǐngxīn　革：改变，去除；故：旧的；鼎新：更新。〇指革除旧的，建立新的。多指重大变革。

激浊扬清 jīzhuó-yángqīng　冲去污浊的水流，掀起清澈的水波。比喻打击抑制坏的，发扬鼓励好的。也作“扬清激浊”。

独辟蹊径 dúpì-xījìng　辟：开辟；蹊径：小路。〇独自开辟一条新路。比喻独创一种新的方法或风格。

与众不同 yǔzhòng-bùtóng　跟大家不一样。

其四

新陈代谢，除旧布新，
移风易俗，推陈出新。

新陈代谢 xīnchén-dàixiè　陈：陈旧的；代：替换；谢：衰亡，凋谢；代谢：更迭，交替。〇指生物体不断以新物质替换旧物质。泛指新事物不断发生发展，代替不断衰亡的旧事物。

除旧布新 chújiù-bùxīn　除：清除；布：施行，开展。〇清除旧的，建立新的。

移风易俗 yífēng-yìsú　移：改变；易：改换。〇改变旧的风气、习俗。

推陈出新 tuīchén-chūxīn　推：除去，淘汰；陈：陈旧的。〇淘汰旧的，更换新的。指剔除旧事物的糟粕，吸取其精华，并向新的方向发展。多用于文化艺术的继承发展。

5. 锻炼

其一

一年之计在于春，
一生之计在于勤，
千锤百炼，烈火见真金，
吃得苦中苦，方为人上人。

一年之计在于春 yīnián zhī jì zàiyú chūn　计：计划；在于：取决于。〇一年中要做的事在春天就要考虑好。

千锤百炼 qiānchuí-bǎiliàn 锤、炼：锤打锻炼。〇原指对钢铁要反复锤炼。比喻经历多次艰苦斗争的锻炼和考验。也比喻对文章和作品进行多次精心的修改。

烈火见真金 lièhuǒ-jiàn zhēnjīn 在烈火中烧炼，才能鉴别出真金。比喻在关键时刻才能鉴别出人或事物的品质。

吃得苦中苦，方为人上人 chī dé kǔ zhōng kǔ, fāng wéi rén shàng rén 人上人：指统治人的人或才能出众的人。〇旧指特别吃苦努力，才能取得功名富贵或获得出众本领，而为人们所敬畏。

其二

吃苦耐劳，饱经风霜，
历经磨难，百炼成钢。

吃苦耐劳 chīkǔ-nàiláo 吃：承受，经受；耐：禁得起。〇能经受得起艰苦生活和劳累工作的考验。

饱经风霜 bǎojīng-fēngshuāng 风霜：比喻艰难困苦。〇形容人经历过长期艰难困苦生活的磨炼。

百炼成钢 bǎiliàn-chénggāng 炼：冶炼。〇铁经过多次冶炼，才能炼成钢。比喻人久经锻炼和考验，变得十分坚强、成熟。

6. 买卖

其一

倒买倒卖，多财善贾，
小商小贩，贩夫走卒，
平头百姓，市井小人，
随行就市，聊胜于无。

多财善贾 duōcái-shàngǔ 善：善于；贾：做生意。〇本钱多就好做生意。比喻条件好，事情就很好办。

贩夫走卒 fànfū-zǒuzú 贩夫：小商小贩；走卒：差役，仆人。〇泛指从事低微工作的人。

平头百姓 píngtóu-bǎixìng 平头：光着头，不戴官帽。〇指普通百姓。

市井小人 shìjǐng-xiǎorén 市井：街市，市场。〇指庸俗鄙薄、志向不高的人。也指商贩，平民。

随行就市 suíháng-jiùshì 行：行情；市：市场。〇指价格随着市场的行情进行调整。

聊胜于无 liáoshèngyúwú 聊：姑且，略微。〇有总比没有稍好些。指做点小事情总比什么也不做强。

其二

市无二价，童叟无欺，
酒香不怕巷子深，质量第一。

市无二价 shìwú'èrjià 市：交易，做

买卖。○做买卖没有两种价钱。指公道，没有欺诈。也作“市不二价”。

童叟无欺 tóngsǒu-wúqī 童：儿童；叟：老翁。○对儿童、老人也不欺负。形容买卖公平、讲究诚信。

酒香不怕巷子深 jiǔ xiāng bù pà xiàng · zishēn 酒酿得好，就是在很深的巷子里，人们闻香知味，也会前来品尝。指产品质量好，就会卖得好。

7. 做官

其一

平步青云，扶摇直上，
飞黄腾达，青云直上，
一步登天，高高在上。

平步青云 píngbù-qīngyún 平步：在平地上行走；青云：高空，指优越的地位。○比喻突然轻而易举地登上显贵的地位。也作“平地青云”。

扶摇直上 fúyáo-zhíshàng 扶摇：迅猛盘旋而上的旋风。○乘着大风飞速上升。形容上升极快。多指职位、价值、名声等上升极快。

飞黄腾达 fēihuáng-téngdá 飞黄：传说中的神马名，也叫乘黄；腾达：上升，指发迹、职位高升。○原指神马飞驰腾空。后比喻一个人骤然得志，官职、地位上升得很快。

青云直上 qīngyún-zhíshàng 青云：指青天高空，比喻高位；直上：直线上升。○比喻官运亨通，直达高位。

一步登天 yībù-dēngtiān 登：上。○一步登上青天。比喻超越必要的过程而一下子达到很高的地位、境界或程度。常用来讽刺人一下子爬上了高位。含贬义。

高高在上 gāogāo-zàishàng 原指上天或人君处在极高的位置。后泛指身居高位，不深入基层，对民情不了解。

其二

一人得道，鸡犬升天，
弹冠相庆，朝野侧目。
高官厚禄，官运亨通。

一人得道，鸡犬升天 yīrén-dédào, jīquǎn-shēngtiān 一个人得道成仙，全家连鸡、狗也都随之升天。比喻一人得势，与其相关者都跟着沾光。多含讽刺意味。也作“一人得道，鸡犬飞升”。

弹冠相庆 tánguān-xiāngqìng 弹：掸；冠：帽子。○掸去帽子上的灰尘互相道贺。指即将做官或高升而互相道贺。

朝野侧目 cháoyě-cèmù 侧目：斜着眼睛。○无论是官吏还是老百姓，都不敢正眼看。形容权势大，令人畏惧。

高官厚禄 gāoguān-hòulù 禄：俸禄，旧指官吏的薪金。○高贵的官职，优厚的俸禄。泛指职位高，待遇好。

官运亨通 guānyùn-hēngtōng 运：运气；亨通：通达明畅。○指仕途通达，做官的运气很好，升官迅速。

8. 谋划

其一

文韬武略，深谋远虑，
神机妙算，胸有成竹，
一着不慎，满盘皆输。

文韬武略 wéntāo-wǔlüè 韬、略：古代兵书《六韬》和《三略》，后来指用兵的计谋策略。○文有计谋，武有策略。指智勇双全。

深谋远虑 shēnmóu-yuǎnlǜ 谋：谋划；虑：打算。○计划得很周密，考虑得很长远。

神机妙算 shénjī-miàosuàn 机：机谋；算：计策。○神妙莫测的机谋和计策。形容机谋过人，能够预料形势发展、做出高明的决策。

胸有成竹 xiōngyǒuchéngzhú 画竹子时心中已有竹子的形象。比喻事前已有全面考虑，有完整的谋划打算。

一着不慎，满盘皆输 yīzhāo-bùshèn, mǎnpánjiēshū 一着：下棋时走一步棋。○原指走错一步棋，导致全盘棋皆输。比喻对关系全局的问题处理不当将导致全局彻底失败。也作“一着不慎，全盘皆输”。

其二

深思熟虑，千方百计，
想方设法，条分缕析，
一箭双雕，挖空心思。

深思熟虑 shēnsī-shúlǜ 深、熟：指程度深。○深入反复地思索、考虑。

千方百计 qiānfāng-bǎijì 方：方法；计：计谋。○形容想尽一切办法，用尽一切计谋。

想方设法 xiǎngfāng-shèfǎ 想尽一切办法。

条分缕析 tiáofēn-lǚxī 缕：线。○形容分析细密详尽。

一箭双雕 yījiàn-shuāngdiāo 雕：一种凶猛的大鸟。○一箭射中两只雕。原形容射箭技巧高超。后比喻做一件事同时达到两个目的。

挖空心思 wākōng-xīnsī 绞尽脑汁，想尽办法。含贬义。

其三

谋事在人，成事在天，
出谋划策，计出万全，
机关用尽，计穷智短。

谋事在人，成事在天 móushìzàirén, chéngshìzàitiān 谋划事情在于人的主观努力，至于能否成功，则要看天意如何。多指谋划事情要尽人的努力，但事情的成败，要受到客观条件诸因素的制约。

出谋划策 chūmóu-huàcè 谋：谋略，主意；策：计策，方法。○制定计谋策略。

计出万全 jìchū-wànquán 万全：非常周密安全。○指计划十分周密稳妥，万无一失。

机关用尽 jīguān-yòngjìn 机关：周密而巧妙的计谋。○巧妙的计谋、策略全部施展出来了。形容费尽心机。也作“机关算尽”。

计穷智短 jìqióng-zhìduǎn 穷：尽。○计谋穷尽，智慧短缺。形容陷入绝境，没有解脱的办法。

其四

绞尽脑汁，算无遗策，
前思后想，万全之策。

绞尽脑汁 jiǎojìnnǎozhī 形容费尽了心机，想尽了办法。

算无遗策 suànwúyícè 指谋划周密，从不失算。

前思后想 qiánsī-hòuxiǎng 反复考虑。

万全之策 wànquánzhīcè 全：完备，周到；策：计谋，办法。○绝对安全、极其周全妥当的计谋。也作“万全之计”。

9. 居家

安家落户，成家立业，
落地生根，开花结果，
安土重迁，安居乐业。

安家落户 ānjiā-luòhù 指在一个新地方安置家庭，长期住下去。

成家立业 chéngjiā-lìyè 成：组成；家：家庭；立：建立；业：事业。○指组成家庭从事某种事业并有所成就。

落地生根 luòdì-shēnggēn 落地：落在地上（多用于比喻）。○比喻安家落户或易地新生。也比喻基础扎实。

开花结果 kāihuā-jiēguǒ 比喻工作、学习、修养等取得了成果。也作“开花结实”。

安土重迁 āntǔ-zhòngqiān 安：安于；土：本土；重：重视，不随便。○安于故地生活，不想迁居别处。

安居乐业 ānjū-lèyè 指安定地生活，愉快地工作。

10. 回家

背井离乡，走南闯北，
四海为家，流离转徙，
浪迹萍踪，居大不易，
狐死首丘，叶落归根，
归心似箭，九九归一。

背井离乡 bèijǐng-líxiāng 背：离开；井：古代八家为一井，引申为乡里、家乡。〇指迫不得已离开家乡到外地谋生。

走南闯北 zǒunán-chuǎngběi 走南方，闯北方。形容到过很多的地方，阅历丰富。

四海为家 sìhǎiwéijiā 四海：指全国各地，天下；为：当作。〇原指帝王拥有全国，一统天下。后也指人居无定所，四处漂泊。

流离转徙 liúlí-zhuǎnxǐ 流离：流转离散；徙：迁移。〇指到处流浪，辗转迁移。

浪迹萍踪 làngjì-píngzōng 浪迹：到处漂泊，无固定住处；萍踪：行踪不定，像水上漂泊的浮萍。〇比喻人行踪不定，到处漂泊。

居大不易 jūdàbùyì 指生活很不容易。

狐死首丘 húsǐ-shǒuqiū 首：头对着。〇传说狐狸死时都将头朝向其洞穴所在的山丘。比喻人对故土的依恋或指不忘本。

叶落归根 yèluò-guīgēn 树叶生发于树根，叶落后又回到树根。比喻事物有一定的归宿。多指客居他乡的人最终要回到故土。也作“落叶归根”。

归心似箭 guīxīn-sìjiàn 归心：想回家的念头。〇形容回家的心情非常急切。也作“归心如箭”。

九九归一 jiǔjiǔ-guīyī 归：珠算的一位除法。〇九除以九，商数为一。指归根到底，回到源头。

11. 回归

古往今来，百川归海，
认祖归宗，追本溯源，
归根结底，血浓于水。

古往今来 gǔwǎng-jīnlái 从古至今。

百川归海 bǎichuān-guīhǎi 百川：江河湖泽的总称。〇条条江河都流入大海。比喻大势所趋，众望所归。也比喻许多分散的事物汇集到一处。

认祖归宗 rènzǔ-guīzōng 寻认祖先，并回归本宗族。指回归故土。

追本溯源 zhuīběn-sùyuán 本：树根；溯：往上探求；源：指水流的源头。〇指追究事情的根源。

归根结底 guīgēn-jiédǐ 归结到根本上。常作总结用语。也作“归根到底”。

血浓于水 xuènóngyúshuǐ 血比水浓。比喻有血缘关系的亲情深厚，超过其他关系。

12. 聚集

其一

聚沙成塔，日积月累，
群策群力，集思广益。

聚沙成塔 jùshā-chéngtǎ　聚：堆积。○比喻积少成多。

日积月累 rìjī-yuèlěi　指长时间地不断积累。

群策群力 qúncè-qúnlì　群：大家；策：谋划，出主意。○大家共同出主意出力量。指集中发挥众人的智慧和力量。

集思广益 jísī-guǎngyì　集：集中；思：智慧；广：扩大；益：好处。○指集中众人的智慧，博采有益的意见。

其二

积少成多，积羽沉舟，
积铢累寸，集腋成裘。

积少成多 jīshǎo-chéngduō　一点一滴积累起来，就会由少变多。

积羽沉舟 jīyǔ-chénzhōu　羽毛虽然很轻盈，但积集多了也能使船沉没。比喻积聚小祸患，发展下去就会造成大祸。

积铢累寸 jīzhū-lěicùn　铢：我国古代极小的重量单位，二十四铢为一两。○一点一点地积累。多用于形容事情完成得不容易。

集腋成裘 jíyè-chéngqiú　腋：胳肢窝，此指狐狸腋下的毛皮；裘：皮袍。○狐狸腋下的皮虽然很小，但很多块聚集起来就能缝制成珍贵的皮衣。比喻积少成多或积众力办成一事。

13. 考中

蟾宫折桂，金榜题名，
独占鳌头，捷足先登。

蟾宫折桂 chángōng-zhéguì　蟾宫：月宫；桂：桂枝。○到月宫去折桂枝。比喻科举中第或榜上有名。

金榜题名 jīnbǎng-tímíng　金榜：旧时科举考试揭晓的榜；题名：写上名字。○旧指科举殿试被录取。后泛指升学考试被录取。

独占鳌头 dúzhàn-áotóu　鳌头：皇宫门前台阶上的鳌鱼浮雕，进士发榜时，在此迎榜。○原指殿试中了状元站在鳌头接榜。后泛指居于首位或第一名。

捷足先登 jiézú-xiāndēng　捷：快；足：脚步。○行动敏捷的人先达到目的地或先得到所追求的东西。

14. 顺势

百无禁忌，百废俱兴，
大势所趋，人心所向，
燎原之势，势在必行。

百无禁忌 bǎiwújìnjì　禁忌：忌讳，犯忌讳的话或行为。○指什么都不忌讳。

百废俱兴 bǎifèi-jùxīng　俱：全，都。○许多废置的事情都兴办起来。指事业恢复后蓬勃发展。也作“百废俱举”。

大势所趋，人心所向 dàshì-suǒqū, rénxīn-suǒxiàng 大势：整个局势；趋：趋向。○指整个局势的发展趋向，人民内心向往的方向。

燎原之势 liáoyuánzhīshì 燎原：大火烧原野；势：大火的力量所表现出来的趋势。○指发展迅猛、不可阻挡的趋势。

势在必行 shìzàibìxíng 势：形势，趋势。○客观形势决定必须这样做。

15. 好客

似曾相识，宾至如归，
一见如故，接风洗尘，
古道热肠，宾客盈门，
送往迎来，高朋满座。

似曾相识 sìcéngxiāngshí 好像曾经认识或曾经见过，依稀记得。

宾至如归 bīnzhìrúguī 宾：客；至：到；归：回家。○客人来到这里就像回到自己家里。形容待客周到殷勤，使客人感到温暖。

一见如故 yījiàn-rúgù 故：老朋友，老相识。○初次见面就像老朋友一样。形容彼此非常投合。

接风洗尘 jiēfēng-xǐchén 设宴款待远来的客人，表示欢迎或慰问。

古道热肠 gǔdào-rècháng 古道：指敦厚淳朴的习俗；热肠：殷切助人的好心肠。○指待人真诚，热情。

宾客盈门 bīnkè-yíngmén 盈：充满。○来客充满门庭。指客人很多。

送往迎来 sòngwǎng-yínglái 送走要离去的人，迎接到来的人。指人际交往中应酬客人。也作“迎来送往”。

高朋满座 gāopéng-mǎnzuò 高贵的朋友坐满了席位，形容宾客很多。

16. 自律

其一

行成于思，三思而行，
遵纪守法，安身立命，
安分守己，宠辱不惊，
清夜扪心，三省吾身。

行成于思 xíngchéngyúsī 行：做事；思：思考。○原指做事成功是由于先有详细的思考。后用来劝勉人做事要多思考，多分析。

三思而行 sānsī'érxíng 三：再三，表示多次；行：做。○反复考虑后再做。指做事谨慎。

遵纪守法 zūnjì-shǒufǎ 遵纪：遵守纪律；守法：遵守法律或法令。○遵守纪律和法令。

安身立命 ānshēn-lìmìng 安身：容身；立命：使性命得以存活。○指生活有着落，能活下来。

安分守己 ānfèn-shǒujǐ 分：本分；己：指自己的活动范围。○原指安于自己的本分或现状。现指安守本分，规矩老实。

宠辱不惊 chǒngrǔ-bùjīng 宠：宠爱；辱：屈辱。○受到宠爱或受到屈辱都不动心。形容把利害得失置之度外。

清夜扪心 qīngyè-ménxīn 清夜：夜深人静时；扪心：摸着良心问自己。○指在夜深人静的时候，进行自我省察。

三省吾身 sānxǐngwúshēn 指多次地反省检查自己。

其二

若要人不知，除非己莫为，
大庭广众，众目睽睽，
条条框框，不能违背。

若要人不知，除非己莫为 ruò yào rén bùzhī, chúfēi jǐ mò wéi 要想别人不知道，除非自己不要去做。指干了坏事终究要露出马脚。

大庭广众 dàtíng-guǎngzhòng 庭：厅堂；广：多；众：许多人。○指聚集了很多人的公开场合。

众目睽睽 zhòngmù-kuíkuí 睽睽：睁大眼睛注视的样子。○大家都睁大眼睛注视着。形容在众人注视、监督之下。也作“万目睽睽”。

条条框框 tiáotiáo-kuàngkuàng 条条：指条文；框框：指事物固定的格式和限制范围。○指各种规章制度（多含贬义）。

其三

众目昭彰，光天化日，
十目所视，十手所指，
沉思默想，好自为之。

众目昭彰 zhòngmù-zhāozhāng 昭彰：明显，显著。○大家的眼睛都看得很清楚。

光天化日 guāngtiān-huàrì 光天：阳光普照的天；化日：太阳光，借指白昼。○指太平盛世。比喻大家看得很清楚的地方。

十目所视，十手所指 shímù-suǒshì, shíshǒu-suǒzhǐ 指一个人的言行，总是在众人的监督之下，若有过失，就会受到很多人的指责。

沉思默想 chénsī-mòxiǎng 沉：深；默：不说话。○默默地深沉地思考。

好自为之 hǎozìwéizhī 自己妥善处理，好好去做。多用于对人的忠告劝勉。

17. 配合

相反相成，珠联璧合，
相辅相成，一唱一和，
刚柔相济，相得益彰。

相反相成 xiāngfǎn-xiāngchéng 反：对立；成：促成。○指互相对立的事物既互相依赖又互相促成。

珠联璧合 zhūlián-bìhé　璧：平圆形中间有孔的玉。○珍珠串在一起，美玉合在一起。原指一种日月重合、五星相联的天相。后多比喻美好的人或事物聚在一起。

相辅相成 xiāngfǔ-xiāngchéng　辅：辅助，帮助。○指两种事物互相辅助，互相促成，缺一不可。

一唱一和 yīchàng-yīhè　和：跟随别人唱。○一人先唱，一人应和。原指彼此间诗文酬答。后比喻互相响应配合。

刚柔相济 gāngróu-xiāngjì　刚：刚硬；柔：柔软。○指为人处事强硬和柔和的手段互相补充，使之恰到好处。

相得益彰 xiāngdéyìzhāng　相得：互相投合、映衬；益：更加；彰：明显、显著。○原指君臣相配合，更能发挥各自所长。后指两个人或两件事互相配合、映衬，双方的作用更能显示出来。

18. 久经考验

路遥知马力，日久见人心，
疾风知劲草，岁寒知松柏，
真金烈火，千锤百炼。

路遥知马力，日久见人心 lù yáo zhī mǎlì, rì jiǔ jiàn rénxīn　路途遥远，才可以知道马的耐力大小；时间久了，才能识别人的善恶好歹。也作“路遥知马力，事久见人心”。

疾风知劲草 jífēng zhī jìngcǎo　疾：迅速，猛烈；劲：有力量，坚挺。○在猛烈的大风中才能知道哪种草最强劲坚韧。比喻在严峻的考验中，才知道谁是坚强者。

岁寒知松柏 suìhánzhīsōngbǎi　比喻在逆境中能经受住考验，保持节操。

真金烈火 zhēnjīn-lièhuǒ　比喻经得起严峻考验的品格。

千锤百炼 qiānchuí-bǎiliàn　比喻经历了很多磨练和考验。

19. 退避

其一

知难而退，退避三舍，
锦囊妙计，金蝉脱壳，
远走高飞，逃之夭夭。

知难而退 zhīnán'értuì　原指作战时相机行事，遇到不利情况应及时退避。后指碰到困难就退缩。

退避三舍 tuìbì-sānshè　舍：古时行军计程以三十里为一舍。○指退让和回避，避免冲突，不与争斗。

锦囊妙计 jǐnnáng-miàojì　锦囊：用丝绵做的袋子。○原指预先写好的装在囊袋中以便在危急时刻解决问题的好计谋。后泛指解决困难问题的好计策、好办法。

金蝉脱壳 jīnchán-tuōqiào 蝉：知了；壳：坚硬的外皮。○蝉由幼虫变为成虫时要脱壳而出。比喻用计脱身。

远走高飞 yuǎnzǒu-gāofēi 走：跑。○跑向远处，飞往高空。比喻人去远方。多指摆脱困境，寻找出路。

逃之夭夭 táozhīyāoyāo 逃："桃"的谐音，逃跑的诙谐说法；夭夭：原形容花木茂盛鲜艳，在此无意义。○原形容艳丽盛开的桃花。后指逃跑或溜走。多含讽刺或诙谐意味。

其二

望而却步，溜之大吉，
溜之乎也，关门大吉。

望而却步 wàng'ér què bù 指遇到困难或强敌时向后退缩。

溜之大吉 liūzhī-dàjí 溜：趁人不注意偷偷地走开；吉：吉祥。○偷偷地走开或一走了事。形容脱身溜走，以摆脱不利于自己的场合。含诙谐意。

溜之乎也 liūzhīhūyě 乎也：文言虚词，在这里无实意。○偷偷地走开。含诙谐意。

关门大吉 guān mén dà jí 大吉：很吉利。○泛指某些事业停办，机构停办。有时用来指商店或工厂停业倒闭。多含诙谐意。

20. 地利

靠山吃山，靠水吃水，
因地制宜，就地取材。

靠山吃山，靠水吃水 kào shān chī shān, kào shuǐ chī shuǐ 比喻依靠所处地方的条件生存或谋利。也作"靠山吃山，靠海吃海"。

因地制宜 yīndì-zhìyí 因：依据；制：制定；宜：适宜，适当。○依据不同地区的具体情况而采取适当的措施。

就地取材 jiùdì-qǔcái 地：原地，当地。○就在当地选取所需要的材料。指不依靠外力，充分挖掘自身的潜力。

21. 路在脚下

千里之行，始于足下，
行远自迩，跬步千里，
翻山越岭，长途跋涉。

千里之行，始于足下 qiānlǐzhīxíng, shǐyúzúxià 足下：脚所站的地方。○行一千里远的路程，须从脚下第一步开始。比喻要实现远大的目标，须从小事逐步做起。

行远自迩 xíngyuǎnzì'ěr 行：走；迩：近。○走远路必须从近处起步。比喻做事情要由浅入深，实实在在，循序渐进。

跬步千里 kuǐbù-qiānlǐ　跬步：半步。○指一小步，一小步地走，也能行至千里。比喻只要逐步积累，坚持不懈，就能成功。

翻山越岭 fānshān-yuèlǐng　翻过高山，跨过峻岭。形容长途跋涉的艰辛。

长途跋涉 chángtú-báshè　跋涉：爬山蹚水。○长距离地爬山蹚水。形容旅途的艰辛困苦。

22. 谈判

折冲樽俎，纵横捭阖，
讨价还价，握手言和，
智者求同，愚者求异，
化敌为友，化干戈为玉帛。

折冲樽俎 zhéchōng-zūnzǔ　折冲：使敌人的战车后退；樽俎：古代酒器和放肉的祭器，借指宴席。○原指不用武力在酒宴谈判桌上就能制胜。后泛指进行出色的外交活动。

纵横捭阖 zònghéng-bǎihé　纵横：合纵、连横的简称，合纵是指战国时为抵抗秦国的进攻，其余六国联合起来的策略，连横是指秦国为分化其余六国，使它们与秦国联合的策略；捭：分开；阖：闭合。○指在政治或外交中运用的分化或联合的手段。

讨价还价 tǎojià-huánjià　指买卖双方在未成交前对商品价格进行减价或加价。比喻工作中或谈判时讲条件，斤斤计较。

握手言和 wòshǒu-yánhé　指争战双方重新和好或比赛双方战成平局。

智者求同，愚者求异 zhìzhě-qiútóng, yúzhě-qiúyì　智者于异中求同，寻找共同点，以便合力共进，合作共赢；而愚者扩大矛盾，互相掣肘，以致两败俱伤。

化敌为友 huàdíwéiyǒu　把敌人变成朋友。

化干戈为玉帛 huà gāngē wéi yùbó　干戈：古代兵器，借指战争；玉帛：玉器和丝织品，古代诸侯会盟时带的礼物，借指友好。○把兵戎相见化为友好交往。指停止战争或对抗，和平共处。

23. 建设

蒸蒸日上，日新月异，
欣欣向荣，一日千里。

蒸蒸日上 zhēngzhēng-rìshàng　蒸蒸：热气上升的样子。○形容事业日益兴旺发达，不断向上。

日新月异 rìxīn-yuèyì　新：更新；异：不同。○天天都在更新，月月都在变化。形容发展变化很快，新事物、新气象不断出现。

欣欣向荣 xīnxīn-xiàngróng　欣欣：草木生机旺盛的样子；荣：茂盛。○形容草木生长得茂盛。多比喻事业蓬勃发展，兴旺昌盛。

一日千里 yīrì-qiānlǐ 一天能跑千里路。原形容马跑得极快。后形容才能出众，也形容人或事业发展极其迅速，进步非常快。

24. 求是

顾名思义，循名责实，
实事求是，求真务实，
不为已甚，名副其实。

顾名思义 gùmíng-sīyì 顾：看；义：意义，含义。○看到名称就可想到它的含义。

循名责实 xúnmíng-zéshí 循：依照；责：求。○根据事物名称或名义来衡量，寻求实际内容，要求名副其实。

实事求是 shíshì-qiúshì 实事：指客观存在着的一切事物；求：探求；是：指客观事物的内在规律。○原指根据实际情况，寻求其中的规律。后指从实际情况出发，正确地处理问题。

不为已甚 bùwéi-yǐshèn 为：做；已甚：过分。○不做太过分的事情。多指对人的责备或处罚要适可而止。

名副其实 míngfù-qíshí 副：相称，符合。○名声、名称与实际相符合。也作“名符其实”。

25. 改正错误

其一

马失前蹄，痛改前非，
闻过则喜，自怨自艾。

马失前蹄 mǎshīqiántí 马前脚站不稳而突然摔倒。比喻偶然发生差错而受挫。

痛改前非 tònggǎi-qiánfēi 痛：彻底；非：错误。○彻底改正以前所犯的错误。

闻过则喜 wénguòzéxǐ 闻：听见；过：过失，过错；喜：欢喜，高兴。○听到有人指出自己的过错就感到高兴。指能虚心听取意见和批评。

自怨自艾 zìyuàn-zìyì 怨：怨恨，悔恨；艾：改正错误。○原指悔恨自己的错误并改正。后多指悔恨自己的错误。

其二

亡羊补牢，洗心革面，
有则改之，无则加勉，
改过自新，改恶迁善，
放下屠刀，立地成佛。

亡羊补牢 wángyáng-bǔláo 亡：丢失；牢：关牲口的圈。○丢失了羊，再修补羊圈还不算晚。比喻出了差错，及时设法补救，以免再受损失。

洗心革面 xǐxīn-gémiàn 洗心：清

除内心的污垢；革面：改变旧的面目。○比喻彻底悔改。也作“革面洗心”。

有则改之，无则加勉 yǒuzégǎizhī, wúzéjiāmiǎn 勉：勉励。○有缺点错误就改正，没有就用以自勉。原指自省其身。后指对待别人批评所持的正确态度。

改过自新 gǎiguò-zìxīn 过：过失；自新：自觉改正，重新做人。○自觉地改正过失或错误，重新做人。

改恶迁善 gǎi'è-qiānshàn 改掉邪恶，向好的方面转变。

放下屠刀，立地成佛 fàngxià-túdāo, lìdì-chéngfó 立地：立刻。○原为佛教用语，指只要立刻停止杀戮，马上就可以修成正果。后比喻只要真心改恶从善，就可以马上成为好人。

26. 睦邻

一衣带水，山水相连，
唇齿相依，唇亡齿寒。
互为表里，表里相济。

一衣带水 yīyīdàishuǐ 水面像一条衣带那样狭窄。原指很窄水面的间隔。后形容两地邻近，虽有水相隔，但交往仍然频繁，不受阻碍。

山水相连 shānshuǐ-xiānglián 彼此的山和水互相连接。指两个地方的边界相连接。

唇齿相依 chúnchǐ-xiāngyī 唇齿：比喻互相接近而且有共同利害的两个方面。○比喻关系密切，互相依靠。

唇亡齿寒 chúnwáng-chǐhán 亡：失去。○嘴唇没有了，牙齿就会感到寒冷。比喻关系密切，利害相关。

互为表里 hùwéibiǎolǐ 表里：外部和内部。○指内外一体，互相补充，相得益彰。

表里相济 biǎolǐxiāngjì 济：帮助。○内外互相帮助。

27. 监察

其一

千里之堤，溃于蚁穴，
防微杜渐，防患未然。
反腐倡廉，不可或缺，
天网恢恢，疏而不漏。

千里之堤，溃于蚁穴 qiānlǐzhīdī, kuìyú yǐxué 溃：溃决，被大水冲开口子；蚁穴：蚂蚁洞。○千里的长堤，由于蚂蚁洞而溃决。比喻小的隐患不消除就会酿成大的灾祸。

防微杜渐 fángwēi-dùjiàn 在坏事刚刚露出苗头时就加以防备。

防患未然 fánghuàn-wèirán 在祸患还没有发生前就进行防备。

反腐倡廉 fǎnfǔ-chànglián 反对腐败，提倡廉洁。

不可或缺 bùkě-huòquē 一点也不能缺少。

天网恢恢，疏而不漏　tiānwǎng-huīhuī, shū'érbùlòu　恢恢：宽广的样子。○天道像广大的网，宽广无边，虽然宽疏但不漏下坏人。

其二

明辨是非，明镜高悬，
明察暗访，顺藤摸瓜，
法不徇情，公正廉明。

明辨是非　míngbiàn-shìfēi　把是非分辨清楚。

明镜高悬　míngjìng-gāoxuán　明亮的镜子高高挂在那里。比喻官吏执法严明，判案公正或公正无私，明察洞识。

明察暗访　míngchá-ànfǎng　察：观察，调查；访：访问，查询。○指公开调查，仔细察看，暗中了解情况。

顺藤摸瓜　shùnténg-mōguā　顺着瓜藤去寻找瓜。比喻按着某一线索去追根究底。

法不徇情　fǎbùxùnqíng　徇：曲从。○执法不应曲从个人私情。指法律公正，不顾私情。

公正廉明　gōngzhèng-liánmíng　公平正直，廉洁清明。

28. 惩戒

反腐倡廉，方兴未艾，
风起云涌，谆谆告诫，
惩前毖后，惩一儆百，
杀鸡儆猴，以儆效尤，
严惩不贷，壮士断腕，
弊绝风清，清平世界。

反腐倡廉　fǎnfǔ-chànglián　反对腐败，提倡廉政。

方兴未艾　fāngxīng-wèi'ài　方：正在；兴：兴起；艾：停止。○指事物正在兴起发展，一时不会终止。

风起云涌　fēngqǐ-yúnyǒng　大风刮起，乌云像潮水一样涌动。形容事物不断涌现，发展迅速，声势浩大。

谆谆告诫　zhūnzhūn-gàojiè　谆谆：教导恳切、耐心的样子；告诫：规劝。○恳切、耐心地教育、指导。

惩前毖后　chéngqián-bìhòu　惩：警戒；毖：谨慎。○指把以往的错误作为教训，谨慎行事，不致再犯。

惩一儆百　chéngyī-jǐngbǎi　惩：惩罚；儆：告诫，使人醒悟。○指惩罚一个人，借以警告其他人，使众人觉悟而不再犯错误。也作“惩一警百”。

杀鸡儆猴　shājī-jǐnghóu　杀掉鸡来警告猴子。比喻严惩一个人来恐吓或警诫其他人。也作“杀鸡吓猴”。

以儆效尤　yǐjǐngxiàoyóu　以：用；儆：告诫；效：效法；尤：过错；效尤：学坏人坏事。○通过处理某一坏人坏事来警诫学做坏事的人。

严惩不贷　yánchéng-bùdài　贷：宽容，饶恕。○指严厉惩处，不予宽恕。

壮士断腕 zhuàngshì-duànwàn 指勇士手腕被蝮蛇咬伤，就立即截断，以免毒性扩散全身。比喻做事要当机立断，不可迟疑、姑息。

弊绝风清 bìjué-fēngqīng 弊：弊端；风清：风气清明。○弊端没有了，风气清正了。形容坏事绝迹，社会风气良好。也作“风清弊绝”。

清平世界 qīngpíng-shìjiè 清平：清明太平。○指政治清明，社会稳定。

29. 悔悟

其一

误入歧途，反躬自省，
翻然悔悟，悔过自新，
供认不讳，重新做人。

误入歧途 wùrù-qítú 误：受迷惑；歧途：邪路。○由于受了迷惑而走上错误的道路。

反躬自省 fǎngōng-zìxǐng 躬：身体；省：检查。○回过头来检查自己。

翻然悔悟 fānrán-huǐwù 翻然：快速而彻底的样子；悔悟：悔恨而醒悟。○指彻底悔改醒悟。也作“幡然悔悟”。

悔过自新 huǐguò-zìxīn 悔过：对过错、过失进行忏悔；自新：使自己成为新人。○认识并改正错误，重新做人。

供认不讳 gòngrèn-bùhuì 供认：受审者陈述或承认所做的事情；不讳：无所避讳。○受审者承认或陈述案件有关情况，无所避讳隐瞒。

重新做人 chóngxīn-zuòrén 改掉原来的错误，重新做一个正直的人。

其二

悔之无及，扪心自问，
嗟悔无及，捶胸顿足。

悔之无及 huǐzhīwújí 后悔也来不及了。也作“悔之不及”“悔之莫及”。

扪心自问 ménxīn-zìwèn 扪：按，摸。○按着胸口，自己问自己。表示自我反省。

嗟悔无及 jiēhuǐ-wújí 嗟：叹息。○叹气和后悔都来不及了。

捶胸顿足 chuíxiōng-dùnzú 捶打胸部，跺着双脚，形容非常悔恨、焦急或悲愤的样子。

其三

如梦初醒，自拔来归，
一改故辙，立功赎罪。

如梦初醒 rúmèng-chūxǐng 好像刚从梦中醒来一样。形容刚从糊涂、错误的认识中醒悟过来。也作“如梦方觉”“如梦方醒”。

自拔来归 zìbá-láiguī 自拔：主动从恶劣状态中解脱出来；来归：归向我们。○指敌方人员投奔过来。

一改故辙 yīgǎigùzhé 辙：车轮走过的痕迹。○比喻彻底改变过去走的老路而另走新路。

立功赎罪 lìgōng-shúzuì 赎罪：抵偿罪过。○建立功劳，抵消所犯的罪过。

其四

回心转意，回头是岸，

将功赎罪，迷途知返，

追悔莫及，浪子回头。

回心转意 huíxīn-zhuǎnyì 心：心思；意：心愿。○改变原来的态度和想法。

回头是岸 huítóushì'àn 原为佛家用语，指一旦领悟，就能脱离苦海，达到彼岸。后指犯了错误只要改悔，就有出路。

将功赎罪 jiānggōng-shúzuì 赎：抵偿。○用功劳抵偿所犯的罪行。也作“将功折罪”。

迷途知返 mítú-zhīfǎn 迷途：迷失道路；返：回来。○迷了路后往回走。比喻犯了错误后知道改正。

追悔莫及 zhuīhuǐ-mòjí 后悔也来不及了。

浪子回头 làngzǐ-huítóu 浪子：游手好闲、不务正业的游荡子弟。○指误入歧途的青少年改过自新是最好不过的。

30. 大义灭亲

父为子隐，子为父隐，

心神不定，不足为训，

义形于色，大义灭亲。

父为子隐，子为父隐 fùwèizǐyǐn, zǐwèifùyǐn 父亲帮儿子隐瞒恶迹，儿子帮父亲隐瞒恶迹。

心神不定 xīnshén-bùdìng 定：安定。○指精神状态不安定。也作“心神不宁”“心神不安”。

不足为训 bùzúwéixùn 不足：不值得；训：准则。○不值得作为遵循或仿效的准则。

义形于色 yìxíngyúsè 形：表现；色：脸色。○正义的神情在脸上流露出来。

大义灭亲 dàyì-mièqīn 亲：亲属。○为了维护正义，对违法犯罪的亲人也不徇私情，使之受到应有的惩处。

31. 自我展示

毛遂自荐，自告奋勇，

初出茅庐，崭露头角，

初露锋芒，后生可畏。

毛遂自荐 máosuì-zìjiàn 毛遂：战国时赵国平原君的门客。○指自己推荐自己去做某事。

自告奋勇 zìgào-fènyǒng 指自己主动要求承担某事。

初出茅庐 chūchū-máolú 茅庐：草房。○原指诸葛亮刚刚出来就打了胜仗。后指刚进入社会做事，缺乏经验，不够成熟。

崭露头角 zhǎnlù-tóujiǎo 崭：突出；头角：比喻青少年的气概或才华。○指青少年突出地显示自己的才能和本领。

初露锋芒 chūlù-fēngmáng 锋芒：刀剑的刃口和尖端。○指初步显露出才能或锐气。

后生可畏 hòushēng-kěwèi 年轻人是新生力量，很有可能超过前人，值得敬畏。

32. 自食其力

其一

力所能及，自食其力，
嗟来之食，食不甘味。

力所能及 lìsuǒnéngjí 及：达到。○自己的能力所能做到的。

自食其力 zìshíqílì 依靠自己的劳动养活自己。

嗟来之食 jiēláizhīshí 嗟：不客气的招呼声。○原指因怜悯人饥饿而不客气地招呼人来吃饭。后多指带有侮辱性的施舍。

食不甘味 shíbùgānwèi 甘味：味道美好。○吃东西感觉不到它的美味。形容忧虑不安，吃东西吃不出滋味。

其二

挟山超海，力不从心，
望梅止渴，画饼充饥。

挟山超海 xiéshān-chāohǎi 挟：夹着。○夹着泰山跨过北海。比喻做根本办不到的事。

力不从心 lìbùcóngxīn 从：依从。○内心想做，但力量达不到而无法去做。

望梅止渴 wàngméi-zhǐkě 口渴时想到吃到梅子，流出口水，就不渴了。比喻用空想或空话来安慰自己或别人。

画饼充饥 huàbǐng-chōngjī 画个饼子来解饿。比喻徒有虚名而无实惠，于事无补。也比喻以空想聊以自慰。

其三

傍人门户，一筹莫展，
改换门庭，峰回路转。

傍人门户 bàngrénménhù 傍：靠着。○靠在人家的大门上。比喻依靠别人生活。

一筹莫展 yīchóu-mòzhǎn 筹：算筹，引申为筹划，办法；展：施展。○一点计策也施展不出来。形容一点办法也没有。

改换门庭 gǎihuàn-méntíng　门庭：引申指门第。○指改变门第，提高家庭的社会地位。也比喻另择新主，另寻依靠，以图新的发展。

峰回路转 fēnghuí-lùzhuǎn　回：曲折环绕。○形容山峰、道路曲折环绕。也比喻事情经过挫折失败后出现新的转机。

33. 预备

其一

临渴掘井，远水不解近渴，
凡事预则立，不预则废。

临渴掘井 línkě-juéjǐng　临：到；掘：挖。○等到口渴时才去挖井。比喻平时不早做准备，事到临头才想办法仓促应付。也作"临渴穿井"。

远水不解近渴 yuǎnshuǐ bù jiě jìnkě　远处的水解不了近处的口渴。比喻缓不济急，慢的方法不能应急。

凡事预则立，不预则废 fánshìyùzélì, bùyùzéfèi　预：指事先做好计划或准备；立：成功；废：失败。○做一切事情在事先做好计划或准备就能成功，否则就会失败。

其二

江心补漏迟，急来抱佛脚，
临阵磨枪，兵败如山倒。

江心补漏迟 jiāngxīnbǔlòuchí　船到江心才补漏洞。比喻补救太迟，无济于事。

急来抱佛脚 jí lái bào fó jiǎo　比喻事情到了火烧眉毛的时刻，才去求助或慌忙准备。

临阵磨枪 línzhèn-móqiāng　临：到；阵：阵地，战场；枪：指长矛一类武器。○临到快要上阵打仗时才去磨刀枪。比喻事到临头才仓促想办法。

兵败如山倒 bīngbàirúshāndǎo　军队打了败仗，士气低落，就像山倒塌那样彻底崩溃。形容作战惨败，不可收拾。

34. 抓住机会

其一

趁热打铁，当机立断，
顺水推舟，推波助澜。

趁热打铁 chènrè-dǎtiě　趁着铁烧红的时候及时锤打。比喻趁着有利的时机或条件赶紧行动。

当机立断 dāngjī-lìduàn　当：面对；机：时机；断：决断。○抓住有利时机立即做出决断。

顺水推舟 shùnshuǐ-tuīzhōu　舟：船。○顺着水流的方向推船。比喻顺着某个趋势或乘着某种方便说话做事。

推波助澜 tuībō-zhùlán　澜：大波浪。○比喻助长声势扩大影响。

其二

机不可失，时不再来，
千载难逢，时不我待。

机不可失 jībùkěshī 机：机会，时机。○指机会出现时必须牢牢抓住，不可错过。

时不再来 shíbùzàilái 时：时机。○时机错过就不会再来。指人要抓紧时机去做事。

千载难逢 qiānzǎi-nánféng 载：年。○一千年里也难得遇到。形容机会极其难得。

时不我待 shíbùwǒdài 时：时间；待：等待。○时间不会等待我。指要抓紧时间。也作“时不我与”。

其三

见机而作，千载一时，
见机行事，稍纵即逝，
见缝插针，及锋而试。

见机而作 jiànjī'érzuò 见机：看机会，看形势；作：行动。○指看到适当的时机就立即行动。

千载一时 qiānzǎi-yīshí 时：时机。○一千年才有这样一次时机。形容很难遇到的机会。

见机行事 jiànjī-xíngshì 机：时机；行事：办事。○根据具体情况灵活处理问题。

稍纵即逝 shāozòngjíshì 纵：放；逝：过去，消失。○稍微一放松就消失了。形容时间、机会等容易失去。

见缝插针 jiànfèng-chāzhēn 比喻善于利用一切可以利用的时间或空间，善于利用一切机会。

及锋而试 jífēng'érshì 及：趁，当；锋：锋利。○趁着锋利时用它。原指趁着士气正旺，及时作战。后泛指抓住有利时机，及时行动。

其四

失之交臂，坐失良机，
风云际会，时不我与，
天赐良机，来之不易。

失之交臂 shīzhījiāobì 交臂：胳膊碰胳膊，指擦肩而过。○指有了机遇又当面错过。

坐失良机 zuòshīliángjī 坐：指坐着看而不行动。○坐着失去好机会。指不主动采取行动而失掉好机会。

风云际会 fēngyún-jìhuì 际会：遇合。○像风云那样遇到会合的机会。旧指君臣遇合。后多比喻有才能的人遇到难得的时机，得以施展抱负。

时不我与 shíbùwǒyǔ 时间不等人。指要抓紧时间做事。

天赐良机 tiāncì-liángjī 上天赐予好机会。指人偶然得到好机遇。

来之不易 láizhībùyì 指得到某种东西或事情取得成功是很不容易的。

35. 牺牲

杀身成仁，舍生取义，
粉身碎骨，在所不辞，
大公无私，以身殉职，
以身许国，成仁取义，
高风亮节，从容就义，
死得其所，无私无畏。

杀身成仁 shāshēn-chéngrén　成：成全；仁：仁德，儒家道德的最高准则。○原指不惜舍弃自己的生命以成全仁德。旧时常用来表示对统治者的忠诚。后泛指为了理想、正义而献身。

舍生取义 shěshēng-qǔyì　生：生命；义：正义。○原指生命和道义二者不能兼得时，就选择道义而舍弃生命。后指为正义事业而牺牲生命。

粉身碎骨 fěnshēn-suìgǔ　身躯粉碎。指丧失生命。也指为了某种追求不惜做出最大的牺牲。

在所不辞 zàisuǒbùcí　在：居于，处于。○不论处于什么情况，决不推辞。

大公无私 dàgōng-wúsī　公：公正。○公正无私，不徇私情。也指以天下为公，毫无自私自利之心。

以身殉职 yǐshēn-xùnzhí　殉：为某种目标而牺牲；职：职守。○指在职人员忠于职守而献出生命。

以身许国 yǐshēn-xǔguó　以：用；身：生命；许：献给。○把自己献给国家，尽忠报国。

成仁取义 chéngrén-qǔyì　成仁：成全仁义；义：正义、道义。○为了正义、高尚的事业而牺牲。

高风亮节 gāofēng-liàngjié　高：高尚；亮：坚贞。○高尚的风骨，坚贞的气节。

从容就义 cóngróng-jiùyì　从容：镇定沉着；就义：为正义而牺牲。○为了正义事业而镇定沉着地献出生命。

死得其所 sǐdéqísuǒ　所：处所，地方。○人死在适宜的地方。指死得有价值，有意义。

36. 帮助别人

助人为乐，雪中送炭，
成人之美，与人为善。

助人为乐 zhùrénwéilè　以帮助别人为乐事。

雪中送炭 xuězhōngsòngtàn　下雪天给人送炭取暖。比喻在别人急需时给予物质上或精神上的帮助。

成人之美 chéngrénzhīměi　成：成全；美：指好事。○原意是劝人为善。现指成全别人的美事或帮人做好事。

与人为善 yǔrénwéishàn　为：做；善：好事。○原指赞助别人做好事。现指善意对待别人，帮助别人。

37. 节俭

节衣缩食，粗茶淡饭，
艰苦朴素，厉行节约，
精打细算，省吃俭用，
开源节流，细水长流。

节衣缩食 jiéyī-suōshí　节：节省，节制；缩：缩减。○节省衣食。泛指生活节俭。

粗茶淡饭 cūchá-dànfàn　粗：粗糙，不精细。○简单的粗劣的饭食。指生活俭朴、清苦。

艰苦朴素 jiānkǔ-pǔsù　朴素：质朴无华，俭朴。○指能够吃苦耐劳，生活俭朴。

厉行节约 lìxíng-jiéyuē　严格地实行节约。

精打细算 jīngdǎ-xìsuàn　精细地算计。指在使用人力物力时精细算计，不使浪费。

省吃俭用 shěngchī-jiǎnyòng　省、俭：节约不浪费。○日常生活十分节俭。

开源节流 kāiyuán-jiéliú　开：开辟，开发；源：源泉；节：节制；流：水流。○比喻开辟增加收入的途径，节约开支，减少消耗。

细水长流 xìshuǐ-chángliú　细水：小水流；长：不断。○细小的水不断地流。比喻节约使用钱物，使不缺乏。也比喻一点一滴、坚持不懈地做某一件事。

38. 隐居

其一

深藏高举，隐姓埋名，
销声匿迹，藏形匿影。

深藏高举 shēncáng-gāojǔ　深深地隐藏，远远地离开。指避开隐居。

隐姓埋名 yǐnxìng-máimíng　隐瞒自己的真实姓名，不让别人知道底细。

销声匿迹 xiāoshēng-nìjì　销声：消除声音；匿：隐藏；迹：踪迹。○不公开讲话，不公开露面。指隐藏起来或不公开出现。

藏形匿影 cángxíng-nìyǐng　藏、匿：隐藏；影：身体。○指隐藏形迹，不露真相。

其二

闭门谢客，敬谢不敏，
不知所终，杳无音信。

闭门谢客 bìmén-xièkè　谢：谢绝。○关闭家门，谢绝来客。表示不与外界往来。

敬谢不敏 jìngxiè-bùmǐn　谢：推辞；不敏：不聪明，没有才能。○谦称自己没有才能而谢绝某事。

不知所终 bùzhī-suǒzhōng　所终：结局。○不知结局或下落。

杳无音信 yǎowúyīnxìn　杳：远得不见踪影；音信：消息，信息。○没有对方一点信息。也作“杳无消息”。

39. 偶遇

旧地重游，不期而遇，
触景生情，重温旧梦。
人非草木，孰能无情？

旧地重游 jiùdì-chóngyóu 旧地：指曾经居住或游览过的地方。○再次来到曾居住或游览过的地方。

不期而遇 bùqī'éryù 期：约定；遇：相逢。○没有事先约定而意外相逢。也作“不期而会”。

触景生情 chùjǐng-shēngqíng 触：触动。○被眼前景物所触动而产生了某种感情。

重温旧梦 chóngwēn-jiùmèng 旧梦：指过去经历的事情。○重新经历或回忆过去美好的情景。

人非草木 rénfēi-cǎomù 人不同于草木。指人是有思想感情的，易受外物影响，不同于没有感情的树木石头。常与“孰能无情”连用。

40. 将心比心

设身处地，将心比心，
反躬自省，推己及人，
己所不欲，勿施于人。

设身处地 shèshēn-chǔdì 设：设想；身：自身。○设想自己处在别人的地位或环境中。指替别人的处境着想。

将心比心 jiāngxīn-bǐxīn 拿自己的心比照别人的心。指设身处地替别人着想。

反躬自省 fǎngōng-zìxǐng 躬：身体；省：检查。○回过头来检查自己。

推己及人 tuījǐjírén 推：推测。○用自己的心思去推度别人的心思，设身处地为别人着想。

己所不欲，勿施于人 jǐsuǒbùyù,wùshī yúrén 欲：希望，意愿；施：施加。○自己不愿意的，不要强加于别人。

41. 被迫

绿林好汉，迫不得已，
官逼民反，逼上梁山，
揭竿而起，劫富济贫。

绿林好汉 lùlín-hǎohàn 绿林：绿林山，古代山名，今湖北当阳东北。西汉末年，王匡、王凤等聚众起义，曾据守此山，号称“绿林军”。○后世指聚集山林、反抗官府的人士。

迫不得已 pòbùdéyǐ 为情势所迫，不得不如此。

官逼民反 guānbī-mínfǎn 逼：逼迫；反：造反。○官府欺压百姓，百姓被迫起来反抗。

逼上梁山 bīshàngliángshān 梁山：山名，在今山东梁山。《水浒传》写林冲等人为官府所逼迫在梁山聚义造反。○比喻迫不得已采取某种过激行动。

揭竿而起 jiēgān'érqǐ 揭：举起；竿：竹竿，代旗帜。○高举反抗的旗帜，起来斗争。原指秦末陈胜、吴广发动农民起义。后泛指造反起义，武装暴动。

劫富济贫 jiéfù-jìpín 劫：夺取；济：接济。○夺取富人的财产，接济穷人。

42. 纠正

其一

以理服人，拨乱反正，
正本清源，避免矫枉过正。

以理服人 yǐlǐfúrén 理：道理；服：使人服从。○通过摆事实，讲道理来说服别人。

拨乱反正 bōluàn-fǎnzhèng 拨：治理；乱：混乱；反：通“返”，回复。○治理整顿混乱局面，使之归于正道，恢复正常的秩序。

正本清源 zhèngběn-qīngyuán 正本：植树时从根部到树干使之端正；清源：治水时从源头上澄清。○比喻从根源上进行清理整顿，彻底解决问题。

矫枉过正 jiǎowǎngguòzhèng 矫枉：矫正弯曲。○把弯曲的东西矫成直的，却弯过了头，歪向了另一边。多比喻纠正偏差错误超过了应有的限度。

其二

鞭辟入里，针砭时弊，
补偏救弊，由表及里，
一针见血，一语破的，
恰到好处，过犹不及。

鞭辟入里 biānpì-rùlǐ 原指做学问要深入切实。后形容分析说明问题透彻深入，深中要害。

针砭时弊 zhēnbiān-shíbì 比喻指出当时社会的弊病。

补偏救弊 bǔpiān-jiùbì 偏：偏差；弊：害处，毛病。○指补救偏差漏洞，纠正缺点错误。

由表及里 yóubiǎojílǐ 由：介词，从，自；表：表面，外部；里：里面，内部。○由事物的外部深入到它的内部。指认识由浅入深，透过现象抓住本质。

一针见血 yīzhēn-jiànxiě 一针就能见到血。形容医务人员技术熟练。比喻说话、写文章言辞直截、简要，能说中问题的实质，切中要害。

一语破的 yīyǔpòdì 的：箭靶的中心。○一句话就说中了要害。

恰到好处 qiàdàohǎochù 恰：恰巧，正好。○指说话做事正好到了最适当的地步。

过犹不及 guòyóubùjí 过：过分；犹：

像；不及：没达到。〇事情做过了头，就像做得不够一样，都不合适。指做事应恰如其分。

43. 实践

不经一事，不长一智，
身临其境，身体力行，
投石问路，摸着石头过河，
厉兵秣马，磨刀不误砍柴工。

不经一事，不长一智 bùjīngyīshì, bùzhǎngyīzhì 经：经历；智：见识。〇不亲身经历某件事，就不能增长对那件事的认识。多指失败后取得经验教训。

身临其境 shēnlínqíjìng 身：亲身；临：到；境：地方，境地。〇亲身到了那个境地。

身体力行 shēntǐ-lìxíng 身：亲身；体：体验，做事。〇指亲身体验，努力实践。

投石问路 tóushí-wènlù 原指夜间潜入某处时，先扔一块石头，借以探测情况。比喻在行动之前，先进行试探以摸清情况。

摸着石头过河 mō zhe shí · tou guòhé 不知河水的深浅，边行边摸着石头探路渡河。比喻在工作中边实践，边摸索，总结经验，不断前进。

厉兵秣马 lìbīng-mòmǎ 磨快兵器，喂饱马。指做好战斗前的准备。

磨刀不误砍柴工 mó dāo bù wù kǎn chái gōng 先把刀磨得锋利，提高了砍柴的效率，实际并不误工。比喻事先做好充分的准备，提高了效率，不会影响工作的进度。

44. 选择

其一

爬梳剔抉，披沙拣金，
挑肥拣瘦，沙里淘金。

爬梳剔抉 páshūtījué 指整理、鉴别和选择。

披沙拣金 pīshā-jiǎnjīn 披：拨开；拣：挑选。〇拨开沙砾从中挑选金子。比喻从大量事物中选取精华。

挑肥拣瘦 tiāoféi-jiǎnshòu 挑、拣：选择；肥：肥肉；瘦：瘦肉。〇比喻为了个人利益，反复挑选最合意的（工作或事物）。含贬义。

沙里淘金 shālǐtáojīn 淘：用水冲洗，滤除杂质。〇从沙里淘出黄金。比喻从大量材料中提取精华，而好东西并不易得。也比喻费力大而收效甚微。

其二

十字路口，何去何从？
远交近攻，择善而从，
求同存异，和而不同。

十字路口 shízì-lùkǒu 指道路纵横

交叉的地方。比喻对于重大问题需要做出抉择的关键时刻。

何去何从 héqù-hécóng 去：离开；从：跟从。○离开哪里，走向哪里。多指在重大问题上进行抉择。

远交近攻 yuǎnjiāo-jìngōng 原指结交远方的国家，攻伐邻近的国家，是战国时期秦国采取的一种外交策略。后指一种为人处世的态度。

择善而从 zéshàn'ércóng 择：选择。○选择好的并依从或采纳。指挑选好的德行学和做。

求同存异 qiútóng-cúnyì 求：追求；存：保留。○寻求在基本原则上的一致看法，对某些次要的、非原则性的问题可以保留不同的意见。也作“求大同，存小异”。

和而不同 hé'érbùtóng 和：和睦；同：苟同。○指与人和睦相处，但不附和盲从、苟同。

45. 等待

其一

万事俱备，只欠东风，
望眼欲穿，听天由命。

万事俱备，只欠东风 wànshì-jùbèi, zhǐqiàn-dōngfēng 俱：全，都。○原指《三国演义》中周瑜定计火烧曹营，一切都准备好了，只等东风一刮，就可点火。后比喻一切都已齐备，只差最后一个重要条件了。

望眼欲穿 wàngyǎnyùchuān 欲：要。○眼睛要望穿了。形容盼望非常急切。

听天由命 tīngtiān-yóumìng 天：天意；命：命运。○听凭天意的安排和命运的摆布。指听任事态自然发展，丝毫不做主观努力。

其二

待价而沽，拭目以待，
望穿秋水，翘首以待。

待价而沽 dàijià'érgū 沽：卖。○等有了好价钱再卖。原比喻人自恃有才，要等到有满意的官职才肯效力。后比喻等待有赏识自己的人才肯为之出力。

拭目以待 shìmùyǐdài 拭目：擦亮眼睛看。○擦亮了眼睛来等待。形容殷切关注事情的发展，或期待某种结果的出现。

望穿秋水 wàngchuān-qiūshuǐ 秋水：秋天的水明净清亮，比喻人的眼睛。○眼睛要望穿了。形容盼望殷切。

翘首以待 qiáoshǒuyǐdài 翘首：向上昂起头。○抬起头来等待着。形容迫切等待的心情。

46. 饮酒

琼浆玉液，开怀畅饮，
酒酣耳热，酒足饭饱，

酩酊大醉，借酒浇愁。

琼浆玉液 qióngjiāng-yùyè　琼浆：仙人喝的美酒。○指醇厚的美酒或甘美的浆汁。也作"玉液琼浆"。

开怀畅饮 kāihuái-chàngyǐn　没有拘束，心情舒畅，尽情喝酒。

酒酣耳热 jiǔhān-ěrrè　酒酣：喝酒后高兴；耳热：耳根发热。○形容喝酒喝得正高兴的时候。

酒足饭饱 jiǔzú-fànbǎo　形容吃喝尽兴。

酩酊大醉 mǐngdǐng-dàzuì　酩酊：大醉的样子。○形容酒喝得很多，醉得很厉害。

借酒浇愁 jièjiǔ-jiāochóu　指借用饮酒来排遣愁闷。也作"借酒消愁"。

47. 乘机

趁火打劫，乘人之危，
乘虚而入，落井下石。

趁火打劫 chènhuǒ-dǎjié　趁：趁机。○趁人家失火的时候去抢劫。比喻乘人之危捞取好处。

乘人之危 chéngrénzhīwēi　乘：趁；危：危难。○趁人遭到危难去侵害或要挟。

乘虚而入 chéngxū'érrù　虚：空虚。○指趁着对方空虚疏于防范时进入或趁机钻空子。

落井下石 luòjǐng-xiàshí　看见别人落在井里，不但不搭救，还往井下丢石头。比喻乘人之危，加以打击陷害。

48. 腐败

以权谋私，声色犬马，
欲盖弥彰，贪污腐化，
玩物丧志，不能自拔。

以权谋私 yǐquánmóusī　以：凭借；谋：谋求；私：私利。○用手中的权力牟取私利。

声色犬马 shēngsè-quǎnmǎ　声色：歌舞和女色；犬马：养狗和骑马。○指纵情淫乐的腐化生活。也作"声色狗马"。

欲盖弥彰 yùgài-mízhāng　盖：遮掩；弥：更加；彰：明显。○越想掩盖坏事真相，暴露得越明显。

贪污腐化 tānwū-fǔhuà　贪污：利用职权侵吞公家财物或接受贿赂；腐化：受不良思想影响而逐渐变坏。○指利用职权非法获取公共财物，道德败坏，沉迷于糜烂腐朽的生活。

玩物丧志 wánwù-sàngzhì　玩：赏弄；丧：丧失。○指迷恋于玩赏所喜爱的事物而失掉了积极进取的志气。

不能自拔 bùnéngzìbá　自拔：主动地从恶劣的境地中脱身。○指深陷某种境地，自己无法挣脱。

49. 隐瞒

讳莫如深，乔装打扮，
若无其事，蒙混过关。

讳莫如深 huìmòrúshēn 讳：隐瞒，避忌。○原指事情重大，因而要隐瞒起来。后指隐瞒得再没有比这更深、更紧的了。

乔装打扮 qiáozhuāng-dǎbàn 乔装：改变服饰。○改装自己的外形，以另一种面貌出现。也指进行伪装后隐瞒身份。多含贬义。

若无其事 ruòwúqíshì 好像没有那回事一样。形容遇事沉着冷静，或者不把事情放在心上。

蒙混过关 ménghùn-guòguān 蒙混：用欺骗的手段使人相信虚假的事物。○多指掩盖罪行，不如实交代，企图蒙混过去。

50. 嫉妒

嫉贤妒能，妒富愧贫，
同美相妒，文人相轻，
妒火中烧，争风吃醋，
木秀于林，风必摧之。

嫉贤妒能 jíxián-dùnéng 嫉妒、怨恨品德、能力比自己强的人。

妒富愧贫 dùfù-kuìpín 嫉妒别人的富有，羞愧于自己的贫穷。

同美相妒 tóngměi-xiāngdù 妒：嫉妒。○美貌的人相互嫉妒。比喻有同样才能的人或同行难以相处。

文人相轻 wénrén-xiāngqīng 指知识分子之间彼此看不起。

妒火中烧 dùhuǒzhōngshāo 妒火：指极强烈的忌妒心情；中：内心。○强烈的忌妒心情像火一样燃烧。形容极其忌妒。

争风吃醋 zhēngfēng-chīcù 因嫉妒而相互斗争。多用于男女关系。

木秀于林，风必摧之 mùxiùyúlín, fēngbìcuīzhī 比喻才能超群出众，常遭人嫉妒诋毁。

51. 害人

其一

造谣中伤，暗箭伤人，
深文周纳，含血喷人。

造谣中伤 zàoyáo-zhòngshāng 中伤：通过诬蔑来伤害人。○捏造谣言，陷害别人。

暗箭伤人 ànjiàn-shāngrén 暗箭：暗中射出的箭。○乘人不备，暗中放箭伤害人。比喻暗中用阴谋诡计陷害人。

深文周纳 shēnwén-zhōunà 深文：苛刻地制定或援引法律条文；周纳：想方设法使人陷入其中。○指苛刻地援用法律条文，给人罗织罪状。也指不根据事实而给人强加罪名。

含血喷人 hánxuè-pēnrén 比喻恶毒地造谣中伤别人。

其二

欲加之罪，何患无辞，
捕风捉影，屈打成招。

欲加之罪，何患无辞 yùjiāzhīzuì, héhuànwúcí 欲：想；患：担心；辞：言辞，引申为借口。○想要加罪于人，不用担心找不到借口。泛指找借口陷害人。

捕风捉影 bǔfēng-zhuōyǐng 风和影子都是难以捉摸的。比喻说话或做事毫无事实根据。

屈打成招 qūdǎ-chéngzhāo 屈打：冤屈被打；招：招认。○指无罪的人在严刑拷打下被迫认罪。

52. 拷问

明知故问，逼人就范，
严刑拷打，命悬一线，
宁为玉碎，不为瓦全！

明知故问 míngzhī-gùwèn 明明知道，却故意问人。

逼人就范 bīrénjiùfàn 逼迫人听从支配或控制。

严刑拷打 yánxíng-kǎodǎ 严刑：对犯人施行极厉害的体罚。○指对犯人用酷刑。

命悬一线 mìngxuányīxiàn 生命像是被一条线悬吊着。形容生命垂危或处境十分危险。

宁为玉碎，不为瓦全 nìngwéiyùsuì, bùwéiwǎquán 瓦：陶器。○宁愿做玉器被打碎，也不做瓦器得保全。比喻宁愿为正义而死，也不愿苟且偷生。

53. 失误

其一

智者千虑，必有一失，
毁誉参半，莫衷一是。

智者千虑，必有一失 zhìzhě-qiānlǜ, bìyǒuyīshī 虑：思考，谋划；失：失误。○考虑得再周详，也会有出现差错的时候。也作“千虑一失”。

毁誉参半 huǐyù-cānbàn 毁誉：诋毁和赞誉；参半：各占一半。○诋毁的和称誉的各占一半。指对某人或某事有争议，有人指责、批评，有人夸赞、称誉。

莫衷一是 mòzhōng-yīshì 衷：折衷，决断；一是：统一的标准。○指对某一问题的看法有分歧，没有一致的结论。

其二

虎头蛇尾，拖泥带水，
有头无尾，半途而废。

虎头蛇尾 hǔtóu-shéwěi　头大如虎，尾细如蛇。比喻做事前紧后松，有始无终。

拖泥带水 tuōní-dàishuǐ　拖着泥，在泥水中行走。比喻办事不爽快、不干脆。也比喻说话、写字、作文不简洁、不利落。

有头无尾 yǒutóu-wúwěi　只有开头，没有结尾。指做事有始无终，半途而废。

半途而废 bàntú'érfèi　途：道路；废：停止。〇比喻做事中途停止，有始无终。

其三

南辕北辙，喧宾夺主，
守株待兔，刻舟求剑。

南辕北辙 nányuán-běizhé　辕：车前驾牲畜的两根长木，代指车；辙：车轮滚过的痕迹，代指道路。〇车头朝南，车辙却向北。指本想往南，却驾车向北了。比喻行动和目的正好相反。

喧宾夺主 xuānbīn-duózhǔ　喧：吵吵嚷嚷；夺：压制，盖过。〇客人的声音比主人的还要大。比喻外来的或次要的事物占据了原有的或主要的事物的位置。

守株待兔 shǒuzhū-dàitù　株：树桩子。〇守在树桩旁边等待再有撞死的兔子。比喻心存侥幸，不劳而获。也比喻死守狭隘的经验，不知变通。

刻舟求剑 kèzhōu-qiújiàn　在剑落水的船上刻上记号，船停后，从刻记号的地方下水去找。比喻办事刻板拘泥而不知变通。也比喻徒劳无功，达不到目的。

54. 冒充

滥竽充数，鱼目混珠，
泥沙俱下，鱼龙混杂。

滥竽充数 lànyú-chōngshù　滥竽：冒充会吹竽的人；充数：凑数。〇指没有真才实学的人混在行家队伍中冒充。也比喻以假冒真，以次充好。

鱼目混珠 yúmù-hùnzhū　混：掺杂，冒充。〇用鱼的眼睛掺杂在珍珠里面。比喻以次充好，或以假乱真。

泥沙俱下 níshā-jùxià　俱：都。〇泥土和沙石都一同被水冲下来。比喻好坏不同的人或事物都混杂在一起。

鱼龙混杂 yúlóng-hùnzá　鱼和龙掺杂在一起。比喻坏人和好人混杂在一起。

55. 出丑

矫揉造作，丑态百出，
丢人现眼，拿腔作势，
出乖露丑，怪模怪样。

矫揉造作 jiǎoróu-zàozuò　矫：使弯的变成直的；揉：使直的变成弯的。

○原指制作器物，须反复矫揉而成。后比喻故意做作，不自然。

丢人现眼 diūrén-xiànyǎn　丢脸，出丑。

拿腔作势 náqiāng-zuòshì　势：姿态。○故意装出一种腔调，摆出一种姿态。指装模作样，故作姿态。

出乖露丑 chūguāi-lòuchǒu　乖：谬误；露：表现。○指当众出丑丢脸，面子尽失。

怪模怪样 guàimú-guàiyàng　装扮奇特，举止怪异，样子稀奇古怪。

56. 旁观

坐观成败，袖手旁观，
隔岸观火，坐视不救，
作壁上观，坐视不管。

坐观成败 zuòguān-chéngbài　冷眼旁观别人的成功或失败。指对他人的成败采取袖手旁观的态度。

袖手旁观 xiùshǒu-pángguān　比喻置身事外，不参与、不过问或不帮助。

隔岸观火 gé'àn-guānhuǒ　比喻见人有危难，不加救助，却在一边看热闹。

坐视不救 zuòshìbùjiù　视：看。○别人有危难，自己在一边观看，不肯帮助。

作壁上观 zuòbìshàngguān　壁：壁垒，古代营寨的围墙。○原指别人交战，自己站在壁垒上观看。后比喻坐观成败，不肯出力帮助争斗者中的任何一方。

坐视不管 zuòshìbùguǎn　坐着看，指对该管的事故意不管，任由事态发展。

57. 利用矛盾

其一

鹬蚌相争，渔翁得利，
两败俱伤，坐收渔利。

鹬蚌相争，渔翁得利 yùbàng-xiāng zhēng, yúwēng-délì　鹬：一种捕食小鱼及昆虫的水鸟。○鹬和蚌相持不下，渔夫获得利益。比喻双方相持不下，让第三方乘机占了便宜。

两败俱伤 liǎngbài-jùshāng　俱：都。○指争斗的双方都受到损伤，谁也没得到好处。

坐收渔利 zuòshōu-yúlì　比喻利用他人之间的矛盾获取好处。

其二

争强好胜，二桃杀三士，
争名夺利，坐山观虎斗。

争强好胜 zhēngqiáng-hàoshèng　争：争夺；强：优胜；好：喜爱。○争为强者，事事处处都喜欢超过和压倒别人。

二桃杀三士 èr táo shā sān shì　比

喻用计谋杀人。

争名夺利 zhēngmíng-duólì 争夺名誉和利益。

坐山观虎斗 zuò shān guān hǔ dòu 比喻坐看别人互相争斗，等到两败俱伤后再从中得利。

58. 急于得到

急中生智，跃跃欲试，
迫不及待，垂涎三尺，
按捺不住，梦寐以求。

急中生智 jízhōng-shēngzhì 智：智谋。〇在情况紧急时，忽然想出了好主意或办法。

跃跃欲试 yuèyuè-yùshì 跃跃：急于想行动的样子。〇形容急切地想试试。

迫不及待 pòbùjídài 迫：紧急；待：等待。〇急迫得不能再等待。

垂涎三尺 chuíxián-sānchǐ 涎：口水。〇口水流下来有三尺长。形容嘴馋。也形容极其贪婪的样子，见到别人的好东西就想得到。

按捺不住 ànnàbùzhù 按捺：抑制，忍耐。〇指无法抑制急躁的情绪。

梦寐以求 mèngmèiyǐqiú 寐：睡。〇睡梦中都在寻找、追求。指愿望非常迫切。

59. 守旧

其一

陈规陋习，清规戒律，
冥顽不灵，蹈常袭故，
停滞不前，循规蹈矩。

陈规陋习 chénguī-lòuxí 陈：旧；陋：不好，丑陋。〇陈旧的规章制度和不好的习惯。

清规戒律 qīngguī-jièlǜ 清规：佛教规定的教徒必须恪守的规则；戒律：有条文规定的佛教徒必须遵守的戒条。〇原为佛教用语，指佛教徒必须遵守的规则和戒条。现泛指束缚人的、不合理的规章制度。

冥顽不灵 míngwán-bùlíng 冥顽：昏庸顽钝；不灵：不聪明。〇愚笨昏庸又顽固不化。也作“冥顽不化”。

蹈常袭故 dǎocháng-xígù 蹈：踩，遵循；常：常规；袭：因袭继承；故：旧习，成例。〇按老规矩办理事务，没有创新。也作“蹈常习故”。

停滞不前 tíngzhì-bùqián 滞：滞留。〇停顿下来，不再前进。

循规蹈矩 xúnguī-dǎojǔ 循、蹈：依照、遵循；规、矩：圆规，角尺，是定方圆的标准工具，借指行为准则。〇原指遵守规矩，不敢违反。后指拘泥保守，墨守成规，一点儿也不敢稍作变动。

其二

随波逐流，随声附和，
亦步亦趋，唯唯诺诺。

随波逐流 suíbō-zhúliú　随：顺从；逐：追随。○随着波浪起伏，跟着流水漂荡。比喻没有坚定的立场和明确的主见，随大溜。

随声附和 suíshēng-fùhè　随：跟随；附和：跟着别人说。○自己没有主见，别人怎么说，就跟着怎么说。

亦步亦趋 yìbù-yìqū　亦：同样；步：慢走；趋：小步快走。○原指颜渊学习孔子的一举一动，老师慢走，自己也跟着慢走；老师快走，自己也跟着快走。后比喻处处模仿，事事追随别人。也作"一步一趋"。

唯唯诺诺 wéiwéi-nuònuò　唯、诺：答应的声音，表示服从。○形容一味顺从别人的意见，自己没有主见。

其三

率由旧章，陈陈相因，
因循守旧，墨守成规，
顽固不化，明哲保身。

率由旧章 shuàiyóu-jiùzhāng　率由：遵从，沿袭；旧章：旧的法度。○原指典章制度取法于前。后指一切按照老规矩办事。

陈陈相因 chénchén-xiāngyīn　陈：旧；因：沿袭。○原指仓库里陈粮上堆陈粮。后指因袭老一套，毫无创新。

因循守旧 yīnxún-shǒujiù　因循：沿袭；守旧：死守老一套。○因袭成规，拘守旧法。指思想保守，墨守成规，不求革新。

墨守成规 mòshǒu-chéngguī　墨守：战国时墨翟以善于守城著名，后因称善守；成规：现成的或一直采取的规则、方法。○形容固执地按老一套办，因循守旧，不求改进。

顽固不化 wángùbùhuà　顽固：愚昧而不知变通；化：改变。○指思想保守固执，不知变通。也指坚持错误，不肯改悔。

明哲保身 míngzhé-bǎoshēn　明哲：明智、洞察事理。○指聪明有智慧的人，善于趋安避危、保全自身。也指回避原则问题以图保住个人利益的处世态度。

60. 媚态

其一

胁肩谄笑，阿谀逢迎，
趋炎附势，攀龙附凤，
吮痈舐痔，曲意逢迎。

胁肩谄笑 xiéjiān-chǎnxiào　胁肩：耸起双肩装出恭敬的样子；谄：奉承。○耸起肩膀，满脸堆笑。形容巴结奉承别人的丑态。

阿谀逢迎 ēyú-féngyíng 阿谀：用好听的话讨好人；逢迎：迎合别人的心意。〇说话、做事故意奉承别人和迎合别人的心意。也作“阿谀奉承”。

趋炎附势 qūyán-fùshì 趋：追逐，投靠；炎：指有权势的人；附：依附。〇指投靠、依附有权势的人。

攀龙附凤 pānlóng-fùfèng 附：依附；龙、凤：比喻有权势的人。〇指为追逐名利而巴结或投靠有权势的人。

吮痈舐痔 shǔnyōng-shìzhì 吮：用嘴嘬吸；痈：一种毒疮；舐：舔。〇给人吸舔疮痔上的脓血。形容巴结权贵的卑劣行径。

曲意逢迎 qūyì-féngyíng 曲意：违背本意。〇改变自己的意愿违心地做某事或做出某种举动去迎合讨好别人。

其二

吹牛拍马，摧眉折腰，
低眉顺眼，点头哈腰。

吹牛拍马 chuīniú-pāimǎ 说大话，奉承人。

摧眉折腰 cuīméi-zhéyāo 摧：低；折：弯。〇低垂着头弯着腰。形容谄媚奉迎、卑躬屈膝的样子。

低眉顺眼 dīméi-shùnyǎn 低眉：低着头，形容谦卑顺服；顺眼：下垂着眼皮。〇低着头，下垂着眼皮。形容谦卑恭顺。

点头哈腰 diǎntóu-hāyāo 指恭顺或过分客气虚伪的表现。

61. 浪费

铺张浪费，暴殄天物，
一掷千金，挥金如土，
大手大脚，挥霍无度。

铺张浪费 pūzhāng-làngfèi 铺张：讲排场。〇指为讲排场过多地浪费财物或人力。

暴殄天物 bàotiǎn-tiānwù 暴：残害；殄：灭绝；天物：自然资源。〇原指残害灭绝天生的万物。后指任意糟蹋东西，挥霍浪费。

一掷千金 yīzhì-qiānjīn 掷：扔。〇原指赌博一注就投下千金。后形容挥霍无度。也作“一掷百万”。

挥金如土 huījīn-rútǔ 挥：抛撒。〇花钱就像抛撒泥土一样随便。形容极端挥霍浪费。

大手大脚 dàshǒu-dàjiǎo 形容花钱用物浪费不节省。

挥霍无度 huīhuò-wúdù 随意花钱，毫无节制。

62. 掩盖

其一

矢口否认，支吾其词，
欲盖弥彰，此地无银三百两。

矢口否认 shǐkǒu-fǒurèn　矢口：立誓，一口咬定。○指一口咬定，坚决不承认。

支吾其词 zhī·wuqící　支吾：说话躲躲闪闪，含混应付。○指企图用含混不清的话应付搪塞，以掩饰真情。

欲盖弥彰 yùgài-mízhāng　盖：遮掩；弥：更加；彰：明显。○越想掩盖坏事真相，暴露得越明显。

此地无银三百两 cǐdì wú yín sānbǎi liǎng　指做了某事又想要掩饰事实，结果反而暴露了真相。

其二

秘而不宣，难言之隐。
含糊其词，装聋作哑。

秘而不宣 mì'érbùxuān　宣：公开说出。○守住秘密，不宣布，不泄露。

难言之隐 nányánzhīyǐn　隐：隐情，深藏在心里的话或事。○指难以说出口的隐情。

含糊其词 hán·huqící　含糊：不清楚，不明确；词：言辞。○故意把话说得含含糊糊、不清楚。

装聋作哑 zhuānglóng-zuòyǎ　假装耳聋口哑。指假装没听见，不说话。

63. 逼迫

咄咄逼人，盛气凌人，
软硬兼施，强人所难。

咄咄逼人 duōduō-bīrén　咄咄：使人惊惧的声音。○形容气势汹汹，盛气凌人。

盛气凌人 shèngqì-língrén　形容傲慢骄横，气势逼人。

软硬兼施 ruǎnyìng-jiānshī　施：施展，使用。○和缓的手段和强硬的手段同时使用。

强人所难 qiǎngrénsuǒnán　强：勉强。○勉强别人去做不愿做或很难做到的事。

64. 寻衅

吹毛求疵，钩心斗角，
横生枝节，桀犬吠尧，
阴阳怪气，刁钻古怪，
鸡蛋里挑骨头，撒泼放刁。

吹毛求疵 chuīmáo-qiúcī　求：寻求；疵：小毛病。○吹开毛，在皮上找寻小毛病。指故意挑毛病，硬找差错。

钩心斗角 gōuxīn-dòujiǎo　钩心：建筑物相互勾连；斗角：檐角交错结合。○原指建筑结构错综精巧，回环错落。后指各施计谋，明争暗斗。也作“勾心斗角”。

横生枝节 héngshēng-zhījié　树木从旁横向长出了枝节。比喻在解决问题的过程中，又出现了意外的麻烦，使全局受到了影响。

桀犬吠尧 jiéquǎn-fèiyáo　桀：夏朝末代的一个暴君；尧：传说中上古

的贤明君主。○桀的狗向尧狂吠。比喻坏人的走狗攻击好人。

阴阳怪气 yīnyáng-guàiqì　形容人的性格、言行等乖僻，神情诡谲。

刁钻古怪 diāozuān-gǔguài　刁钻：狡诈。○指人狡诈，性格怪僻，不好相处。

鸡蛋里挑骨头 jīdàn li tiāo gǔtou　比喻故意挑毛病，找碴儿。

撒泼放刁 sāpō-fàngdiāo　撒泼：大哭大闹，蛮不讲理；放刁：用狡猾的手段骗人。○蛮不讲理，狡猾耍赖。

65. 拆散

棒打鸳鸯，劳燕分飞，
天南地北，后会无期。

棒打鸳鸯 bàngdǎyuānyāng　鸳鸯：水鸟，羽色鲜丽，雌雄双栖不离，常用来比喻夫妻或情侣。○用木棒打散一对鸳鸯。指用强硬手段拆散恩爱的夫妻或情侣。

劳燕分飞 láoyàn-fēnfēi　劳：伯劳鸟；燕：燕子。○比喻夫妻、恋人或好友分离。

天南地北 tiānnán-dìběi　一在天南，一在地北。形容相隔遥远。也形容谈话东拉西扯，漫无边际。

后会无期 hòuhuìwúqī　以后没有再相会的日期。

66. 模仿

邯郸学步，照猫画虎，
东施效颦，依样葫芦，
画虎不成反类狗。

邯郸学步 hándān-xuébù　邯郸：地名，战国时赵国国都；学步：学习走路。○比喻模仿不成，反把自己原有的长处忘掉了。

照猫画虎 zhàomāo-huàhǔ　照：比照，按照。○比着猫的样子画老虎。比喻只从形式上模仿，实际上却相差甚远。

东施效颦 dōngshī-xiàopín　颦：皱眉头。○东施仿效西施皱着眉头，反而更丑陋。比喻盲目模仿他人，反而更显出自己的缺点。

依样葫芦 yīyàng-hú · lu　照着别人画的葫芦画葫芦。比喻单纯模仿，没有创新。

画虎不成反类狗 huàhǔ bù chéng fǎn lèigǒu　类：好像，类似。○画虎不成，反倒像狗。比喻模仿不成，反倒把事情弄得不伦不类，让人家笑话。也作“画虎不成反类犬”“画虎成狗”。

67. 搞鬼

一手遮天，偷天换日，
从中作梗，投机取巧，

偷梁换柱，偷工减料。

一手遮天 yīshǒu-zhētiān　用一只手就能遮住天。形容倚仗权势，欺蒙世人。

偷天换日 tōutiān-huànrì　比喻为了蒙混欺骗，暗中做手脚改变重大事物的真相。

从中作梗 cóngzhōng-zuògěng　作梗：阻碍，干扰。○从中设置障碍，进行干扰。

投机取巧 tóujī-qǔqiǎo　投机：利用时机钻漏洞；取巧：用巧妙的手段谋取不正当的利益。○指用不正当的手段谋取个人私利。也指不付出劳动，靠耍小聪明取得成功。

偷梁换柱 tōuliáng-huànzhù　比喻暗中玩弄手法，以假代真，以劣充优。

偷工减料 tōugōng-jiǎnliào　不按照产品或工程所规定的质量要求做，而暗自削减工序和用料。指某些商人为牟取暴利而不顾产品质量。也指做事马虎敷衍，贪图省事。

68. 为非作歹

其一

称王称霸，倒行逆施，
为非作歹，恣意妄为，
为富不仁，违法乱纪，
斗鸡走狗，胡作非为，
咎由自取，一败涂地。

称王称霸 chēngwáng-chēngbà　王：帝王；霸：古时诸侯联盟的首领。○指以首脑、权威自居。形容凭借权势，飞扬跋扈，横行霸道。

倒行逆施 dàoxíng-nìshī　施：施行。○原指做事违反常理。后多指做事违反时代潮流和人民意愿。

为非作歹 wéifēi-zuòdǎi　非、歹：指坏事。○任意干各种各样的坏事。

恣意妄为 zìyì-wàngwéi　恣意：任意；妄为：胡作非为。○指任意做坏事。也作“恣意妄行”。

为富不仁 wéifù-bùrén　为：做，引申为谋求；不仁：刻薄，心肠不好。○原指一心谋求发财致富，就不能讲仁义为别人着想。后指为了自己发财致富，心狠手辣，没有一点仁慈的心肠。

违法乱纪 wéifǎ-luànjì　违反法令，扰乱法纪。

斗鸡走狗 dòujī-zǒugǒu　走：跑。○古代逗鸡争斗，使狗赛跑的一种游戏。多指不务正业，沉溺于赌博等游乐行为。

胡作非为 húzuò-fēiwéi　胡：乱；非：不对。○指肆无忌惮地干各种坏事。

咎由自取 jiùyóuzìqǔ　咎：罪过，灾祸。○罪过或灾祸由自己招致。指人自作自受。

一败涂地 yībài-túdì　涂地：肝脑涂地。○形容失败到不可收拾的地步。

其二

出言无状，百无是处，
倒打一耙，凶相毕露。

出言无状 chūyán-wúzhuàng 状：形状，样子，应有的表现。○指说话放肆，没有礼貌。

百无是处 bǎiwúshìchù 百：一切，所有的；是处：正确的地方。○指全都是错的，没有一点对的地方。

倒打一耙 dàodǎyīpá 比喻犯了错误或干了坏事，不仅不承认，反而诬赖别人。

凶相毕露 xiōngxiàng-bìlù 毕：完全。○凶恶的面貌完全暴露了出来。

69. 习以为常

近朱者赤，近墨者黑，
安常习故，相沿成习，
耳濡目染，习非成是。

习以为常 xíyǐwéicháng 习：习惯；常：平常。○指某种事情经常去做，或某种现象经常看到，就成了习惯，觉得很平常了。

近朱者赤，近墨者黑 jìnzhūzhěchì，jìnmòzhěhēi 朱：朱砂，红色。○靠近朱砂就容易变成红色，靠近墨就容易变成黑色。比喻客观环境对人的成长变化有很大的影响。

安常习故 ānchánq-xígù 常：常规；故：旧例。○习惯于安稳的生活，承袭原来的一切。也指墨守成规，不愿变革创新。也作"安常守故"。

相沿成习 xiāngyán-chéngxí 按照旧的一套沿袭下来，已成习惯。

耳濡目染 ěrrú-mùrǎn 濡：沾湿；染：沾染。○经常听，经常看，就自然地受到感染、影响。

习非成是 xífēi-chéngshì 习：习惯；非：错误；是：正确。○错误的东西存在久了，反而被看成是正确的。

第六章　文化　教育

1. 中国文化

中国文化，源远流长，
博大精深，引人入胜，
追本溯源，万古长存。
沦肌浃髓，渐仁摩谊，
潜滋暗长，受用无穷。

源远流长 yuányuǎn-liúcháng　源：源头；流：水流。○源头远，水流长。比喻历史悠久。

博大精深 bódà-jīngshēn　博大：广博，丰富；精深：精湛，深刻。○形容学说、思想等内涵广博而深邃。

引人入胜 yǐnrén-rùshèng　引：引导，吸引；胜：胜境，美妙的境界。○吸引人进入美妙的境界。多指山水风景或文艺作品美妙动人，吸引人进入到美妙的境界。

追本溯源 zhuīběn-sùyuán　本：树根；溯：往上探求；源：指水流的源头。○指追究事情的根源。也作“追本穷源”。

万古长存 wàngǔ-chángcún　万古：千秋万代。○指某种事物或精神永远存在。

沦肌浃髓 lúnjī-jiāsuǐ　沦：淹没；浃：湿透。○浸透肌肉，深入骨髓。形容感受很深。也作“浃髓沦肌”。

渐仁摩谊 jiānrén-móyì　渐：浸润；感化；摩：同“磨”，砥砺；谊：同“义”，道义。○指受到仁义道德的感化和磨砺。

潜滋暗长 qiánzī-ànzhǎng　潜：暗中；滋：滋生。○暗中滋长。指在不知不觉中滋生发展。

受用无穷 shòuyòng-wúqióng　指永远享受不尽。

2. 学习

其一

学而不厌，学无止境，
虚怀若谷，持之以恒，
锲而不舍，融会贯通，
见贤思齐，修身养性，
乐在其中，其乐无穷。

学而不厌 xué'érbùyàn　厌：满足。○学习总感到不满足。形容好学上进。

学无止境 xuéwúzhǐjìng　止境：尽头。○学习知识、研究学问，没有尽头。

虚怀若谷 xūhuáiruògǔ　虚：谦虚；谷：山谷。○谦虚的胸怀像山谷一样深广。形容非常虚心，能够接纳别人的意见。

持之以恒 chízhīyǐhéng　持：坚持；之：代词（代所做的事）；恒：恒心。○有恒心，能长久地坚持做下去。

锲而不舍 qiè'érbùshě　锲：雕刻；舍：放弃，停止。○不断地镂刻下去。形容持之以恒，坚持不懈。

融会贯通 rónghuì-guàntōng　融会：融合领会；贯通：全面透彻地了解。○融合掌握各方面的知识、道理，从而获得对事物全面、系统、透彻的理解和领悟。

见贤思齐 jiànxián-sīqí　贤：贤人，指才德兼备的人；齐：看齐，向他学习。○看见有道德、有才学的人，就想向他学习，向他看齐。

修身养性 xiūshēn-yǎngxìng　原指休养心性。后泛指通过自我修养，使身心人格达到完美的境界。也作“修心养性”。

乐在其中 lèzàiqízhōng　快乐就在所做的事情当中。

其乐无穷 qílèwúqióng　穷：尽。○指做某件事或进行某项活动的乐趣无穷无尽。

其二

日积月累，循序渐进，
勤能补拙，聚精会神，
学以致用，温故知新。

日积月累 rìjī-yuèlěi　指一天天、一月月不断积累。

循序渐进 xúnxù-jiànjìn　循：顺，依照；序：次序。○指事物的发展或学习、工作等按照一定的步骤逐渐深入或提高。

勤能补拙 qínnéngbǔzhuō　拙：不灵巧、笨拙。○勤劳可以弥补天生的笨拙。也作“以勤补拙”。

聚精会神 jùjīng-huìshén　会：集中。○原指集中众人的智慧。现指高度集中注意力。

学以致用 xuéyǐzhìyòng　致：使达到。○学习能应用于实际。

温故知新 wēngù-zhīxīn　温：复习；故：旧。○指复习旧的知识可以获得新的认识和体会。也指重温历史，以便更好地认识现在。

其三

学海无涯，笨鸟先飞，
滴水穿石，磨杵成针，
将勤补拙，业精于勤，
豁然贯通，开卷有益，
诗礼之家，书香门第，

书香馥馥，沁人心脾。

学海无涯 xuéhǎi-wúyá 知识的海洋没有边际。

笨鸟先飞 bènniǎo-xiānfēi 飞得慢的鸟先行动。比喻能力差的人恐怕落后，就比别人先行一步。常用作自谦。

水滴石穿 shuǐdī-shíchuān 水滴不止，可把石头滴穿。比喻虽然力量小，但只要坚持不懈，就能把很难办到的事办成。也作“滴水穿石”。

磨杵成针 móchǔchéngzhēn 杵：捣药或洗衣服捶衣的小铁棒。○把铁棒磨成针。比喻做任何事情，只要锲而不舍，就能获得成功，所谓功到自然成。

将勤补拙 jiāngqínbǔzhuō 补：弥补；拙：愚笨，笨拙。○指用勤奋来弥补先天笨拙的缺陷。

业精于勤 yèjīngyúqín 业：学业，业绩。○学业的精深造诣是由于刻苦勤奋。

豁然贯通 huòrán-guàntōng 豁然：开阔、敞亮、通达的样子；贯通：贯穿，通晓。○指一下子彻底明白了某个道理。

开卷有益 kāijuàn-yǒuyì 只要打开书本来看，总会得到益处。

诗礼之家 shīlǐzhījiā 诗礼：指读书习礼。○指世代读书习礼，有文化修养的人家。

书香门第 shūxiāng-méndì 书香：古人用芸香草置书中驱蠹虫，代指读书风气或读书家风。○指世代读书的人家。

沁人心脾 qìnrénxīnpí 沁：渗入；脾：脾脏。○渗入人的内脏。指吸入馨香、新鲜的空气或喝了清凉的饮料，使人感到很舒适。也形容优美的诗文给人以清新、爽朗的感受。

其四

博采众长，家学渊源，
分门别类，百读不厌。
登堂入室，举一反三，
手不释卷，孜孜不倦。

博采众长 bócǎi-zhòngcháng 博：广泛；采：采取，吸取；长：长处，优点。○广泛吸收各家多方面的长处。

家学渊源 jiāxué-yuānyuán 家学：家中世代相传的学问；渊源：本源。○学问世代相传，本源深厚。指人出身于书香门第，有学问根底。

分门别类 fēnmén-biélèi 门、类：事物的分类。○按照事物的特征、性质等进行分类。

百读不厌 bǎidú-bùyàn 厌：厌倦。○读一百遍也不厌倦。形容文章或书籍写得极好，引人入胜，使人越读越爱读。

登堂入室 dēngtáng-rùshì 堂：古代宫室的前厅；室：古代宫室的后屋。○登上厅堂，再进入内屋。比喻学问或技能由浅入深，由一般到精湛，逐步达到很高的境界。

举一反三 jǔyī-fǎnsān 反：类推。○从一件事情类推而知道许多事情。指善于推理，能由此知彼，触类旁通。

手不释卷 shǒubùshìjuàn 释：放开；卷：书籍。○不肯放下手里的书本。指读书用功、勤奋或看书入了迷。

孜孜不倦 zīzībùjuàn 孜孜：勤勉。○勤奋努力，不知疲劳。

其五

沧海一粟，九牛一毛，
食古不化，囫囵吞枣，
生吞活剥，生搬硬套，
不求甚解，不甚了了。

沧海一粟 cānghǎi-yīsù 沧海：大海；粟：谷子，即小米。○大海中的一粒谷子。形容非常渺小的东西。

九牛一毛 jiǔniú-yīmáo 九：表示多数。○许多牛身上的一根毛。比喻极大数量中的一点点。形容数量极少或无足轻重。

食古不化 shígǔ-bùhuà 化：消化。○吃下去不消化。原指学习古人的技法时盲目照搬，跟吃了东西不能消化一样。现指学习古代知识，不善于按现时情况融会贯通。

囫囵吞枣 húlún-tūnzǎo 囫囵：整个。○把枣子整个吞下。比喻对事物笼统含糊地接受，不加分析、甄别，不求甚解。

生吞活剥 shēngtūn-huóbō 不经加工烹制把动物生吃下去。原指抄袭别人的诗文。后比喻生硬地搬用别人的言论、文辞，或模仿别人的经验、方法等。

生搬硬套 shēngbān-yìngtào 指不从实际情况出发，生硬地套用别人的方法、经验、模式等。

不求甚解 bùqiú-shènjiě 甚：很，极。○不追求很深刻的理解。原指读书只求领会精神，不在一句一字的解释上多下功夫。现指学习或研究不认真、不深入，只求了解个大概。

不甚了了 bùshèn-liǎoliǎo 了了：明白，懂得。○模模糊糊，不十分明白事理。指不十分清楚。

其六

浩如烟海，连篇累牍，
挂一漏万，太仓一粟，
百思不解，殚精竭虑。

浩如烟海 hàorúyānhǎi 浩：广大、众多；烟海：烟雾笼罩的茫茫大海。○比喻多得无法计算。一般指书籍、资料等极其繁多，难以计量。

连篇累牍 liánpiān-lěidú 篇：古代把首尾完整、用皮条编在一起的写有诗文的竹简叫作“篇”；累：积累，重叠；牍：古代写字用的狭长木片。○形容文辞冗长，篇幅太多，一篇接一篇。也作“累牍连篇”。

挂一漏万 guàyī-lòuwàn　挂：列举；漏：遗漏。〇提到的少，漏掉的很多。形容列举不全，遗漏很多。常用于自谦。

太仓一粟 tàicāng-yīsù　太仓：古代京城的粮仓。〇太仓里的一粒米。比喻数量非常少或极其渺小，微不足道。

百思不解 bǎisī-bùjiě　百思：百般思索；解：明白。〇百般思索也无法理解。也作“百思不得其解”“百思莫解”。

殚精竭虑 dānjīng-jiélǜ　殚、竭：尽；精：精力；虑：思虑。〇费尽精力和心思。也作“殚精竭思”“殚思极虑”。

其七

泥古不化，厚古薄今，
厚今薄古，借古讽今。
牵强附会，望文生义。

泥古不化 nìgǔ-bùhuà　泥：拘泥。〇拘泥于古代的成规或说法而不懂得变通。

厚古薄今 hòugǔ-bójīn　厚：重视，尊崇；薄：轻视，低估。〇重视古代的，轻视现代的。

厚今薄古 hòujīn-bógǔ　厚：重视；薄：轻视。〇重视现代的事物，把古代的事物摆在次要地位。

借古讽今 jiègǔ-fěngjīn　借：假托；讽：讥讽、讽刺。〇借评论古人古事来影射、讽刺现实。

牵强附会 qiānqiǎng-fùhuì　牵强：勉强；附会：把没关系的事情说成有关系。〇指勉强把本不相关或关联不大的事物扯在一起，混为一谈。

望文生义 wàngwén-shēngyì　文：文字，词句；义：意义。〇不推求和领会文字的真实意义，只牵强附会地从字面上去理解，做出错误的或片面的解释。

3. 苦学

其一

囊萤映雪，凿壁偷光，
韦编三绝，发愤图强。

囊萤映雪 nángyíng-yìngxuě　囊萤：夏天把萤火虫装在绢袋里借亮读书；映雪：冬天利用雪的反光读书。形容在极端困难的条件下勤学苦读。

凿壁偷光 záobì-tōuguāng　凿壁：在墙上打一个洞。〇在墙壁上凿一个洞，让隔壁的灯光照进来。形容家境虽贫，仍刻苦读书，孜孜不倦。

韦编三绝 wéibiān-sānjué　韦：熟牛皮；韦编：古代用竹简写书，用熟牛皮绳把竹简穿连起来，就叫“韦编”；三：概数，指多次；绝：断。〇编连竹简的皮绳磨断了多次。泛指勤奋读书，刻苦治学。

发愤图强 fāfèn-túqiáng 发愤：下决心努力；图：谋求。○下决心努力奋斗，谋求富足强盛。也作“奋发图强”。

其二

博览群书，悬梁刺股，
胸怀大志，闻鸡起舞。

博览群书 bólǎn-qúnshū 博：广博。○广泛地阅读各种书。

悬梁刺股 xuánliáng-cìgǔ 股：大腿。○为驱除睡意，将发髻悬在屋梁上，用锥子刺大腿。形容学习勤奋刻苦。

胸怀大志 xiōnghuái-dàzhì 心里怀着远大的志向。

闻鸡起舞 wénjī-qǐwǔ 舞：舞剑。○听到鸡叫就起床舞剑。比喻胸怀大志者，能时时警诫，及时奋发。

其三

奋发有为，如饥似渴，
专心致志，切磋琢磨。

奋发有为 fènfā-yǒuwéi 奋发：振作精神；有为：有所作为。○振作精神，有所作为。

如饥似渴 rújī-sìkě 好像饿了急着要吃饭，渴了急着要喝水一样。形容要求或愿望非常强烈、迫切。

专心致志 zhuānxīn-zhìzhì 用心专一，精力集中。

切磋琢磨 qiēcuōzhuómó 切、磋、琢、磨：古代分别指把骨头、象牙、玉、石等制作成器物的精细加工方法。○比喻互相商讨研究，取长补短。

4. 读书

其一

滚瓜烂熟，咬文嚼字，
熟能生巧，升堂入室。

滚瓜烂熟 gǔnguā-lànshú 瓜藤上滚圆的瓜，熟透了。形容读书、背诵或讲述非常纯熟、流利。

咬文嚼字 yǎowén-jiáozì 指认真斟酌字句。也讽刺死抠字眼而不顾精神实质或故意卖弄学识。

熟能生巧 shúnéngshēngqiǎo 熟练了，就能掌握技巧或找到窍门。

升堂入室 shēngtáng-rùshì 升：登上；堂：古代宫室的前屋；室：古代宫室的后屋。古代宫室，前为堂，后为室。○比喻学识或技能由浅入深，循序渐进，逐步达到很高的成就。也作“登堂入室”。

其二

学富五车，汗牛充栋，
含英咀华，过目成诵，
过目不忘，无师自通。

学富五车 xuéfùwǔchē 富：富裕；五车：指书多。〇形容读书很多，学识渊博。

汗牛充栋 hànniú-chōngdòng 汗牛：用牛运书，牛累得出汗；充栋：书填满屋子，顶到屋顶（栋：脊檩）。〇形容藏书极多。

含英咀华 hányīng-jǔhuá 英、华：指花；咀：咀嚼。〇口里含着花朵，细细品味花的芬芳。比喻读书时细细地琢磨、欣赏，体会诗文的精华。

过目成诵 guòmù-chéngsòng 成诵：能背诵。〇看一遍就能诵读出来。形容记忆力极强。

过目不忘 guòmù-bùwàng 看过的书不忘记。形容记忆力极强。也指给人的印象特别深。

无师自通 wúshī-zìtōng 没有老师传授，通过自学而通晓。

其三

倒背如流，目不别视，
受益匪浅，知书达理。

倒背如流 dàobèi-rúliú 如流：像流水一样。〇可以把文章从后到前倒过来背诵。形容书背诵得极熟、极流利。

目不别视 mùbùbiéshì 眼睛不往别处看。形容精神集中，专心致志。

受益匪浅 shòuyì-fěiqiǎn 匪：不。〇指从中得到不少好处。

知书达理 zhīshū-dálǐ 知：知晓；达：通达。〇通晓文化知识，懂得事理。形容有文化修养。

5. 教师

其一

谆谆告诫，诲人不倦，
为人师表，师道尊严。

谆谆告诫 zhūnzhūn-gàojiè 形容教导时恳切耐心的样子。

诲人不倦 huìrénbùjuàn 诲：教导；倦：疲倦，厌倦。〇指教导别人很有耐心，丝毫不感到厌倦。

为人师表 wéirén-shībiǎo 为：做；师表：表率，学习的榜样。〇成为别人学习的榜样。

师道尊严 shīdào-zūnyán 指为师之道尊贵而庄严。

其二

循循善诱，言传身教，
耳提面命，因材施教，
授业解惑，尊师重道。

循循善诱 xúnxún-shànyòu 循循：有步骤的样子；善：善于；诱：引导。〇指善于有步骤地引导、教育人。多形容教育有方。

言传身教 yánchuán-shēnjiào 言传：口头上传授、讲解；身教：亲自在行动上示范。○用语言传授，以行动示范。指用言行起模范作用。

耳提面命 ěrtí-miànmìng　不仅是当面告诉，而且提着耳朵讲。形容要求严格，教诲恳切。

因材施教 yīncái-shījiào　因：依据，按照；材：材质，资质。○依受教者的智力、兴趣等差异，而施以不同的教育方式。

授业解惑 shòuyè-jiěhuò　授：传授；惑：疑惑。○指传授学业，解除疑惑。

尊师重道 zūnshī-zhòngdào　尊敬师长，重视应遵循的道德观念。

其三

枝繁叶茂，树大根深，
十年树木，百年树人，
有教无类，教书育人，
述而不作，不乏其人。

枝繁叶茂 zhīfán-yèmào　繁：繁密；茂：茂盛。○形容树木的枝叶繁密茂盛。也比喻儿孙满堂。

树大根深 shùdà-gēnshēn　比喻势力大，根基牢固。

十年树木，百年树人 shínián-shùmù, bǎinián-shùrén　树：种植，培养；人：人才。○培植树木需要十年，培育人才需要百年。比喻培养人才是长久之计。也形容培养人才很不容易。

有教无类 yǒujiào-wúlèi　教：教育；类：用作动词，区别，区分。○进行教育没有对象的区别。指对各类人平等看待，都施行教育。

述而不作 shù'érbùzuò　述：阐述；作：创作。只阐述，不创作。○指阐述前人的成说，而自己没有新的见解。

不乏其人 bùfáqírén　乏：缺少。○不缺少那种人。指那样的人为数不少。

6. 教学

其一

十年寒窗，青出于蓝，
教学相长，成绩斐然，
现身说法，侃侃而谈。

十年寒窗 shínián-hánchuāng　寒窗：指刻苦读书的地方。○形容刻苦攻读时间之长。

青出于蓝 qīngchūyúlán　青：靛青色；蓝：蓼蓝，可以提取蓝色染料的植物。○青是从蓼蓝中提取出来的，但颜色比蓝要深。比喻学生超过老师，或者后人胜过前人。

教学相长 jiàoxué-xiāngzhǎng　教学：教和学；相：互相；长：促进，提高。○教和学双方相辅相成，互相促进。多指教师和学生之间互相促进，共同提高。

现身说法 xiànshēn-shuōfǎ　原为佛教用语，指佛力广大，佛或菩萨能因对象不同而现出种种身形，宣讲佛法。后比喻用自己的亲身经历和体验来说明道理，进行劝导说服。

侃侃而谈 kǎnkǎn'értán　侃侃：说话理直气壮、从容不迫的样子。○理直气壮、不慌不忙地说话。

其二

书声琅琅，峥嵘岁月，
朗朗上口，抑扬顿挫，
心旷神怡，光风霁月。
断简残编，百思不解，
佶屈聱牙，隐晦艰涩，
醍醐灌顶，当头棒喝。

书声琅琅 shūshēng-lángláng　琅琅：声音响亮悦耳。○形容读书声响亮而悦耳。

峥嵘岁月 zhēngróng-suìyuè　峥嵘：山势高峻奇特的样子，指不平凡。○形容不平凡的岁月。

朗朗上口 lǎnglǎng-shàngkǒu　朗朗：形容声音清脆响亮。○指朗读诗文时熟练顺口，声音响亮。

抑扬顿挫 yìyáng-dùncuò　抑：降低；扬：升高；顿：停顿；挫：转折。○指语调、声音等跌宕起伏，有回旋转折，节奏分明，富于变化。

心旷神怡 xīnkuàng-shényí　旷：开朗，空阔；怡：愉快。○心境开阔，精神愉快。

光风霁月 guāngfēng-jìyuè　指下过雨之后，天气晴朗，风清月明的景象。也比喻开阔的胸襟和坦白的心地。

断简残编 duànjiǎn-cánbiān　简：竹简。○指残缺不全的文献或书籍。

百思不解 bǎisī-bùjiě　百思：百般思索；解：明白。○百般思索也无法理解。也作“百思不得其解”“百思莫解”。

佶屈聱牙 jíqū-áoyá　佶屈：曲折不畅；聱牙：拗口。○形容文句艰涩，读起来很不顺口。

醍醐灌顶 tíhú-guàndǐng　醍醐：酥酪上一层像油的凝结物，佛家用以比喻正当的法则。○比喻把智慧灌输给人，使人彻底觉悟。

当头棒喝 dāngtóu-bànghè　原为禅宗教弟子悟道的方法，佛教禅宗祖师接待来学的人，常用棒对人虚击一下或大喝一声，要对方不假思索地做出反应，以考验其对佛理领悟的程度。后比喻促使人猛醒的警告。也作“当头一棒”。

其三

点石成金，发人深省，
一目十行，肃然起敬，
要言不烦，画龙点睛。

点石成金 diǎnshí-chéngjīn　用手指

点一下石头就变成了金子。比喻对文章稍加修改，就变成了出色的文章。也作“点铁成金”。

发人深省 fārénshēnxǐng　发：启发；省：醒悟。○指能启发人进行深刻思考而有所醒悟。

一目十行 yīmù-shíháng　一眼就能看十行书。形容看书的速度非常快。

肃然起敬 sùrán-qǐjìng　肃然：恭敬肃穆的样子；起敬：产生敬佩的心情。○形容由于受感动而极其恭敬和钦佩的样子。

要言不烦 yàoyán-bùfán　要：简要；烦：烦琐。○指说话写文章简明扼要，不烦琐。

画龙点睛 huàlóng-diǎnjīng　点：用笔点上。○龙画好后，最后才点上眼睛。原形容梁代画家张僧繇作画神妙。后比喻艺术创作在关键处着墨或写作，说话时在关键处加上精辟词语点明要旨，使内容更加生动传神。也比喻做事在重要环节用力。

7. 书法

其一

笔走龙蛇，行云流水，
龙飞凤舞，铁画银钩。
矫若游龙，颜筋柳骨。

笔走龙蛇 bǐzǒu-lóngshé　原形容草书笔势矫健洒脱，像龙蛇飞舞。也形容文笔挥洒自如。

行云流水 xíngyún-liúshuǐ　就像飘浮着的云和流动着的水一样，非常自然。形容文章或书法作品自然流畅。也形容事物流转不定，易于消逝。

龙飞凤舞 lóngfēi-fèngwǔ　像龙在飞翔，凤在起舞。形容山势蜿蜒起伏，气势磅礴。也形容草书笔势生动活泼。也作“龙蛇飞舞”。

铁画银钩 tiěhuà-yíngōu　画：字的直笔；钩：字的曲笔。○直笔刚劲似铁，曲笔秀美如银。形容书法遒劲秀美。

矫若游龙 jiǎoruòyóulóng　形容书法笔势矫健飞动。

颜筋柳骨 yánjīn-liǔgǔ　用于称赞书法作品如颜真卿、柳公权那样遒劲有力。

其二

文房四宝，笔饱墨酣，
入木三分，一挥而就，
力透纸背，笔参造化。

文房四宝 wénfángsìbǎo　文房：书房。○指书房里常备的笔、墨、纸、砚四种文具。

笔饱墨酣 bǐbǎo-mòhān　形容文章或书法流畅雄浑，很有气势。

入木三分 rùmù-sānfēn　原形容书法的笔力遒劲雄健。现多形容分析问题或刻画人物十分深刻。

一挥而就 yīhuī'érjiù 挥：挥笔；就：完成。○一动笔就完成了。形容诗文、绘画很快就完成了。

力透纸背 lìtòuzhǐbèi 透：穿过。○形容书法、绘画遒劲有力。也形容诗文立意深刻。

笔参造化 bǐcānzàohuà 参：并，比。○指文章或书法超群出众，可与大自然比美。

8. 文才

其一

才高八斗，笔下生花，
文不加点，洋洋洒洒。

才高八斗 cáigāobādǒu 才：才华；八斗：指数量多。○形容极有才华。

笔下生花 bǐxiàshēnghuā 形容文章写得精彩。笔下生出花朵来。

文不加点 wénbùjiādiǎn 点：涂改。○文章一气呵成，无须修改。形容才思敏捷，下笔成章。

洋洋洒洒 yángyáng-sǎsǎ 洋洋：众多的样子；洒洒：连绵不断的样子。○形容文章、谈话等内容丰富，连续不断。

其二

才思敏捷，下笔有神，
文情并茂，一字千金。

才思敏捷 cáisī-mǐnjié 才思：写作诗文的能力；敏捷：（思维）灵敏迅捷。○文思灵敏迅速。形容很有才气。

下笔有神 xiàbǐ-yǒushén 下笔：写文章。○写起文章来，文思奔涌，似有神力。形容文思敏捷，善于写文章或文章写得特别好。

文情并茂 wénqíng-bìngmào 文情：文采与感情；茂：丰富精美。○形容诗文文采和感情都很丰美。

一字千金 yīzì-qiānjīn 一个字价值千金。称赞诗文、书法作品精妙，有很高的价值。

其三

钟灵毓秀，博学多才，
冠绝一时，八斗之才，
七步成章，七步之才，
绝妙好辞，信手拈来。

钟灵毓秀 zhōnglíng-yùxiù 钟：汇聚，集中；毓：孕育，产生。○指良好的环境产生优秀的人物。

博学多才 bóxué-duōcái 博：广博。○学问渊博，有多方面的才干。

冠绝一时 guànjué-yīshí 在某一时期内超出同辈，位居第一。

八斗之才 bādǒuzhīcái 八斗：古代计量单位，一石合十斗，喻其多；才：才华。○指人极有才华。

七步成章 qībù-chéngzhāng 形容人文思敏捷。

七步之才 qībùzhīcái 七步成诗的才能。指敏捷的文才。

绝妙好辞 juémiàohǎocí 指写得极美妙的文章、言辞。

信手拈来 xìnshǒu-niānlái 信手：随手；拈：用两三个手指头捏东西。○随手拿来。多指写文章时能自由纯熟地选用词语或应用典故、素材，用不着怎么思考。

9. 写作

其一

起承转合，情景交融，
曲尽其妙，深入浅出。

起承转合 qǐchéngzhuǎnhé 起：开头；承：承接上文加以申述；转：转折，从另一方面立论；合：结束，与开头提出的问题相呼应。○泛指文章的章法。有时比喻写作或工作上的固定、呆板的形式。

情景交融 qíngjǐng-jiāoróng 情：由外界景物引起的感情；景：外界的景物；交融：交汇、融合在一起。○指文学作品中景物描写同人物的感情抒发紧密结合，融为一体。

曲尽其妙 qūjìnqímiào 曲：弯曲，指委婉曲折；尽：充分表达。○委婉而细致地将其中的奥妙充分表达出来。形容表达的技巧十分高明。

深入浅出 shēnrù-qiǎnchū 指文章言论内容深刻，而表达的措辞浅显易懂。

其二

文以载道，珠圆玉润，
以文会友，文如其人，
字斟句酌，文从字顺，
生花妙笔，惜墨如金，
片言只字，笔力扛鼎。

文以载道 wényǐzàidào 文：文章；载：装载，引申为阐发。○文章是用来阐发道理、表达思想的。

珠圆玉润 zhūyuán-yùrùn 润：细腻光滑。○像珍珠那样圆，像美玉那样滑润。形容歌声宛转优美或文字流畅明快。

以文会友 yǐwénhuìyǒu 指通过文章结交朋友。

文如其人 wénrúqírén 文：文章；如：如同。○指文章的风格就如同作者的性格特点、为人一样。

字斟句酌 zìzhēn-jùzhuó 斟、酌：反复考虑、推敲。○对每字每句都仔细地琢磨、推敲。形容说话作文时态度慎重。也作“句斟字酌”。

文从字顺 wéncóng-zìshùn 从、顺：顺畅，通顺。○形容写文章时遣词造句通顺、流畅、妥帖。

生花妙笔 shēnghuā-miàobǐ 原形容文章写得精妙动人，令人大为赞叹。后也指杰出的写作才能。

惜墨如金 xīmò-rújīn 惜：爱惜。

○爱惜笔墨如同爱惜金子一样，不轻易虚掷。原指作画时不轻易使用浓墨。后指写作不轻易下笔，力求严谨精练。

片言只字 piànyán-zhīzì　片言：简短的几句话；只字：单个的字、词。○指文字材料非常零碎或非常简短。

笔力扛鼎 bǐlì-gāngdǐng　下笔的力量能举起大鼎。形容文章雄健有力或文笔高超。

其三

丝丝入扣，删繁就简，
顺理成章，要言不烦，
字字珠玑，一唱三叹，
字里行间，真情实感。

丝丝入扣 sīsī-rùkòu　扣：即“筘”，织布机上的一种梳状机件。○织布时，每条经线都从筘齿间穿过。形容周密细致，有条不紊，毫无差错。多指文章写作、艺术表演等精确、到位。

删繁就简 shānfán-jiùjiǎn　删：除去；就：趋。○指去掉事物的繁杂部分，使其趋于简明、精练。

顺理成章 shùnlǐchéngzhāng　理：条理；章：章法。○原指顺着事理写作，有章法。后指作文、做事遵循理路就能顺利完成。也形容说话、做事合乎情理。

要言不烦 yàoyánbùfán　要：简要；烦：烦琐。○指说话写文章简明扼要，不烦琐。

字字珠玑 zìzì-zhūjī　玑：不圆的珍珠。○每个字都像珍珠一般。形容诗文非常优美。也作“字字珠玉”。

一唱三叹 yīchàng-sāntàn　叹：跟随着唱。○一个人领唱，三个人跟着唱。形容音乐、诗文优美婉转，韵味隽永。

字里行间 zìlǐ-hángjiān　字里：词语里面；行间：一行行文字中间。○指文章中所表达、流露出的思想感情。

真情实感 zhēnqíng-shígǎn　真实的情意和感受。

其四

栩栩如生，提纲挈领，
可圈可点，一气呵成。
鸿篇巨制，后出转精，
厚积薄发，浑然天成，
刮垢磨光，体大思精。

栩栩如生 xǔxǔ-rúshēng　栩栩：生动活泼的样子。○有生气，像活的一样。多形容文学艺术形象塑造得鲜明逼真。

提纲挈领 tígāng-qièlǐng　纲：渔网的总绳；挈：提；领：衣领。○提起渔网的总绳，抓住衣服的领。比喻抓住要领，或把说话、文章中的问题简明扼要地提示出来。

可圈可点 kěquān-kědiǎn 过去读书或评阅诗文时常在其精妙处加圈加点，表示赞赏。形容表现出色，值得肯定和赞美。

一气呵成 yīqì-hēchéng 呵：呼气。○一口气做成。形容文章紧凑，连贯。也比喻整个工作在不间断、紧凑的情况下迅速完成。

鸿篇巨制 hóngpiān-jùzhì 鸿、巨：大；篇：篇章；制：著作。○指篇幅长、规模大的著作。

后出转精 hòuchū-zhuǎnjīng 后产生的著作反而更加精细讲究。多指在学术研究方面。

厚积薄发 hòujī-bófā 厚积：广泛地储备；薄发：少量地发出。○比喻文学创作或学术研究只有打下雄厚的基础，才能不断有新的成果。

浑然天成 húnrán-tiānchéng 浑然：完整不可分割；天成：天然生成。○完全融合在一块，像天生的一样，没有人工斧凿的痕迹。形容诗文结构严密，行文流畅自然。

刮垢磨光 guāgòu-móguāng 刮去尘垢，打磨得光亮。原指精心造就人才，使之高尚纯洁；后也比喻深入研讨学术，力求臻于精湛；有时也含贬义，指致力于细琐之事。

体大思精 tǐdà-sījīng 体：体制，规模；思：构思。○指文章、设计等规模宏大，构思精密。用以形容篇幅巨大的著作。

其五

斐然成章，烘云托月，
天衣无缝，天造地设，
前呼后应，妙手偶得。

斐然成章 fěirán-chéngzhāng 斐然：有文采的样子；章：花纹。○形容文采可观。也形容才干或声名显赫。

烘云托月 hōngyún-tuōyuè 烘：烘托，渲染；托：衬托。○原指绘画时用水墨渲染云彩以衬托月亮的手法。后用来表示艺术创作中从侧面加以点染来衬托中心事物的手法。

天衣无缝 tiānyī-wúfèng 天衣：天上神仙穿的衣服。○原意是神话中仙女穿的天衣，不用针线制作，没有缝儿。后比喻事物非常完美、自然，不露丝毫痕迹，没有一点儿破绽。

天造地设 tiānzào-dìshè 造：创造；设：设置。○指完全由大自然造就而成。指事物非常巧妙，自然形成而合乎理想。

前呼后应 qiánhū-hòuyìng 前面的呼喊，后面的回应。形容首尾呼应的壮观场面。也形容文章字句、细节前后关联，结构上丝丝入扣，浑然一体。

妙手偶得 miàoshǒu'ǒudé 妙手：技术高超的人；偶得：得于偶然。○指诗文书画名家的某些作品浑然天成，没有雕琢痕迹，仿佛是在无意间得到的。

其六

神来之笔，得天独厚，
承上启下，承前启后。

神来之笔 shénláizhībǐ　神来：受神灵启示而产生。○好像受到神灵的启示而灵感顿生，使作品精彩至极，竟如天授一般。指文艺创作中不期而至的精彩文墨。

得天独厚 détiāndúhòu　天：天然，自然；厚：优厚。○得到自然特别优厚的待遇。指具有特别优越的自然条件。也指所处的社会环境特别好或人的禀赋素质特别优异。

承上启下 chéngshàng-qǐxià　承：承接；启：启发。○承接上面的并引出下面的。多指文章中连接上文引起下文的部分。

承前启后 chéngqián-qǐhòu　承：承接；启：开创。○多指在事业、学术等领域继承前面的成果，开创后来的成就。也指文章中连接前文引起后文的部分。

其七

情文并茂，奋笔疾书，
神形兼备，挥洒自如。

情文并茂 qíngwén-bìngmào　情：指文章表达的思想感情；文：指辞藻；茂：丰富美好。○指诗文作品的思想内容和文辞都很美好。

奋笔疾书 fènbǐ-jíshū　奋笔：提起笔，挥笔；疾书：迅速地写。○挥动笔快速地写。

神形兼备 shénxíng-jiānbèi　神形：精神与形体，指造型艺术的外在物象和内在神韵，也泛指文艺作品的内容和形式；兼备：同时具备几个方面。○精神和形体两方面同时具备。形容艺术形象非常生动。也作“形神兼备”。

挥洒自如 huīsǎ-zìrú　挥：挥笔；洒：洒墨。○指写作、作画时笔墨流畅自如，丝毫不受约束。也形容举止洒脱大方，不做作。

其八

图文并茂，不蔓不枝，
首尾相应，托物言志。

图文并茂 túwén-bìngmào　并：表示不同的事物同时存在；茂：丰富精美。○指同一书刊的图画和文字都很丰富精美。

不蔓不枝 bùmàn-bùzhī　蔓：缠绕攀附；枝：旁生枝节。○原指莲花的茎不分枝杈。后形容说话或写文章简洁，不芜杂。

首尾相应 shǒuwěi-xiāngyìng　头尾互相接应。指作战时先头部队和殿后的部队紧密配合，互相照应。也形容诗文前后关联，结构严谨，互相呼应。

托物言志 tuōwù-yánzhì　通过描绘

具体事物的形象来表达思想感情。

10. 败笔

其一

下笔千言，离题万里，
吟风弄月，无病呻吟。

下笔千言，离题万里 xiàbǐ-qiānyán, lítí-wànlǐ　千言：篇幅很长。〇一动笔就写成很长的文章，但离主题很远。

吟风弄月 yínfēng-nòngyuè　吟：吟咏；弄：玩赏之意。〇原指诗人即兴写作吟咏风花雪月的作品，以抒发闲情逸致。今多指作品只谈自然景色，缺乏深刻的社会思想内容。

无病呻吟 wúbìng-shēnyín　呻吟：病痛时发出哼哼声。〇没有病痛却故意发出呻吟。比喻没有值得忧虑的事而长吁短叹。也比喻文艺作品没有真情实感，矫揉造作。

其二

搜索枯肠，平铺直叙，
兴味索然，冗词赘句，
味同嚼蜡，言之无物，
狗尾续貂，有闻必录，
七拼八凑，搜肠刮肚，
微不足道，寻章摘句，
不得要领，不堪入目。

搜索枯肠 sōusuǒ-kūcháng　搜索：仔细寻找；枯肠：比喻枯竭的思路。〇形容写作时竭力思索，苦苦冥想。

平铺直叙 píngpū-zhíxù　铺：铺陈；叙：叙述。〇指说话、写文章不加修饰，没有起伏变化，直接把意思叙述出来。

兴味索然 xìngwèi-suǒrán　兴味：趣味；索然：乏味，没有兴致的样子。〇一点兴趣也没有。也作“兴致索然”。

冗词赘句 rǒngcí-zhuìjù　冗、赘：多余无用的。〇指诗文中堆砌了许多多余无用的话。

味同嚼蜡 wèitóng-jiáolà　就像嚼蜡一样没滋没味。形容说话写文章毫无文采，枯燥无味。

言之无物 yánzhī-wúwù　指言论、文章空洞，没有实际内容。

狗尾续貂 gǒuwěi-xùdiāo　貂：皮毛极珍贵，古代尊贵者用貂尾装饰帽子。〇古代皇帝的侍从官员用貂尾装饰帽子，由于封官太多，以致貂尾不足，只好用狗尾代替。原是讽刺封官太滥。现指拿不好的东西接续在好的东西后面，前后非常不相称。多指续后的文学作品低劣。

有闻必录 yǒuwénbìlù　闻：听见的；录：记录。〇凡是听见的都记录下来。

七拼八凑 qīpīn-bācòu　指把零碎的东西拼凑起来。

搜肠刮肚 sōucháng-guādù　形容用

尽心思，想尽一切办法。

微不足道 wēibùzúdào 微：小；足：值得；道：谈起。○很微小。指意义、价值等小得不值得一提。

寻章摘句 xúnzhāng-zhāijù 搜寻、摘取片断词句。指读书时只重摘录有关词句而忽略内容义理。也指写作中只堆砌前人现成词句，缺乏创造性。也作“搜章摘句”。

不得要领 bùdé-yàolǐng 要领：要点、关键。○原指没有了解到真实意图。后指没有掌握事物的要点或关键。

不堪入目 bùkān-rùmù 形容内容、形象等粗俗下流，使人看不下去。

其三

江郎才尽，平淡无奇，
索然无味，文不对题，
胡编乱造，词不达意。

江郎才尽 jiānglángcáijìn 江郎：指南朝文学家江淹，少有文名，晚年诗文无佳句，被人称为“才尽”。○泛指才思衰退或本领已经使尽。

平淡无奇 píngdàn-wúqí 奇：不同寻常。○指事物或诗文平平常常，没有吸引人的地方。

索然无味 suǒrán-wúwèi 索然：没有趣味的样子。○形容枯燥乏味。

文不对题 wénbùduìtí 指文章的内容与题目无关。也指言谈与主题无关或答非所问。

胡编乱造 húbiān-luànzào 没有根据地胡乱编造。

词不达意 cíbùdáyì 词：词语；达：表达。○指说话或写文章时使用的词语不能准确地表达意思。

11. 建筑

雕梁画栋，古色古香，
美轮美奂，金碧辉煌，
雕栏玉砌，亭台楼阁，
朱门绣户，层台累榭。

雕梁画栋 diāoliáng-huàdòng 栋：脊檩。○梁上有雕刻，栋上有绘画。形容房屋等建筑物富丽堂皇。也作“画栋雕梁”。

古色古香 gǔsè-gǔxiāng 古色：由于年代久远而形成暗淡的颜色；古香：古书画的绢或纸由于年代久远而产生的气味。○形容器物或室内陈设具有古朴的色彩和情调。也作“古香古色”。

美轮美奂 měilún-měihuàn 轮：古代圆形谷仓，形容高大；奂：众多。○形容房屋高大华丽而众多。

金碧辉煌 jīnbì-huīhuáng 金碧：指国画颜料中的泥金、石青和石绿；辉煌：光辉灿烂。○形容建筑物的装饰或陈设等华丽精致，光彩夺目。

雕栏玉砌 diāolán-yùqì 雕绘的栏杆，用玉砌成的台阶。形容富丽堂皇的建筑。多指宫殿。

亭台楼阁 tíngtáilóugé　亭：亭子；台：平而高的建筑物；楼：楼房；阁：一种多层、周围开窗的四方形、六角形或八角形的建筑物。○泛指建造在园林庭院中供游憩欣赏的建筑。

朱门绣户 zhūmén-xiùhù　绣户：雕绘华丽的房间。○朱漆大门，华丽居室。指富贵人家的住处。

层台累榭 céngtái-lěixiè　台：土筑的高台；榭：建在高台上的房屋。○形容房屋建筑高下相间，错落有致。

12. 工艺品

其一

心灵手巧，一丝不苟，
精雕细刻，晶莹剔透，
小巧玲珑，爱不释手。

心灵手巧 xīnlíng-shǒuqiǎo　心思灵敏，手艺巧妙。

一丝不苟 yīsī-bùgǒu　苟：苟且，马虎。○一点儿也不马虎。形容做事非常认真仔细。

精雕细刻 jīngdiāo-xìkè　精心细致地雕刻。多用于比喻，形容做事认真细致。也作“精雕细琢”。

晶莹剔透 jīngyíng-tītòu　晶莹：光亮而透明；剔透：明澈。○形容非常光亮明澈。

小巧玲珑 xiǎoqiǎo-línglóng　小巧：细小灵巧；玲珑：精巧细致。○形容物体小而精巧细致。也形容身体小而灵巧。

爱不释手 àibùshìshǒu　释：放开。○形容喜欢到了极点，舍不得放手。

其二

能工巧匠，巧夺天工，
精妙绝伦，价值连城。

能工巧匠 nénggōng-qiǎojiàng　指技术高超的工匠和技术人员。也作“能人巧匠”。

巧夺天工 qiǎoduó-tiāngōng　夺：胜过，超过；天工：自然造成的。○人工的精巧胜过大自然的创造。形容制作技艺绝妙高超。

精妙绝伦 jīngmiào-juélún　伦：类比。○精致美妙，无与伦比。也作“精美绝伦”。

价值连城 jiàzhí-liánchéng　连城：连成一片的许多城。○形容物品极其有价值。

13. 文艺

其一

百花齐放，百家争鸣，
踵事增华，一脉相承。

百花齐放 bǎihuā-qífàng　百花：泛指各种花卉。○各种花卉一齐盛开。指同类事物丰富多彩。也比喻各种不同形式和风格的艺术自由竞争发展。

百家争鸣 bǎijiā-zhēngmíng 百家：原指春秋战国时期出现的儒、道、法、墨等思想流派，后泛指各种流派；鸣：发表意见。〇指各种学术流派及风格自由发展与争论。

踵事增华 zhǒngshì-zēnghuá 踵：追随，继续；华：光彩。〇指继承前人事业，使之更加美好完善。

一脉相承 yīmài-xiāngchéng 脉：一个贯通的系统。〇一个血统或派别世代传承下来。也作"一脉相传"。

其二

阳春白雪，下里巴人，
雅俗共赏，花样翻新，
音容笑貌，大快人心。

阳春白雪 yángchūn-báixuě 阳春、白雪：均为战国时楚国的曲名，是一种深奥高雅的歌曲。〇泛指高雅的文学艺术。

下里巴人 xiàlǐ-bārén 下里：乡下，乡里；巴：古国名，在今重庆一带。〇原指战国时代楚国流行于民间的一种通俗歌曲。后比喻通俗的文艺作品或文艺形式。

雅俗共赏 yǎsú-gòngshǎng 雅俗：过去称有文化的人为雅人，没有文化的人为俗人。〇雅人和俗人都能欣赏。指兼具高雅与通俗的特点。

花样翻新 huāyàng-fānxīn 花样：花纹的式样，泛指式样或种类，比喻花招、手段。〇从旧的式样中创造出新的式样或品种。

音容笑貌 yīnróng-xiàomào 说话的声音和谈笑的神情。多指人的言笑声音和容貌表情。常用作怀念之词。

大快人心 dàkuài-rénxīn 快：使感到痛快。〇指遇到好事，或者坏人坏事受到惩罚，人们心里非常痛快。

其三

翩翩起舞，千姿百态，
声情并茂，丰富多彩。

翩翩起舞 piānpiān-qǐwǔ 翩翩：形容轻快地跳舞。〇轻快地跳起舞来。

千姿百态 qiānzī-bǎitài 很多种姿势，很多种形状。形容姿势、形状各不相同，丰富多彩。也作"千态万状"。

声情并茂 shēngqíng-bìngmào 声：声音；情：情感；茂：指华美。〇形容演唱时唱腔与表情都达到了很高水平，音色圆润优美，感情真挚充沛。

丰富多彩 fēngfù-duōcǎi 彩：好看的颜色。〇内容充实，品种繁多，形式多样。

其四

哀感顽艳，出神入化，

娓娓动听，潜移默化。

哀感顽艳 āigǎn-wányàn 顽：愚笨；艳：聪慧。○原指歌声悲婉动人，使愚笨无知的人和聪明俊秀的人都受到感动。后形容作品哀婉感人。

出神入化 chūshén-rùhuà 神：神妙；化：化境，神奇的境界。○进入神妙高超的境界。形容技艺达到极其高超的境界。

娓娓动听 wěiwěi-dòngtīng 娓娓：说话连续不断。○形容善于说话，说得生动，使人爱听。

潜移默化 qiányí-mòhuà 潜、默：暗中。○指人的思想或性格受到外来影响，在不知不觉中发生了变化。

14. 生动

其一

脍炙人口，活灵活现，
呼之欲出，扣人心弦，
催人泪下，兴味盎然。

脍炙人口 kuàizhì-rénkǒu 脍：细切的肉；炙：烤熟的肉。○菜味道鲜美，人人爱吃。比喻美好的事物（特别是文学艺术作品），人人赞美、传诵。

活灵活现 huólíng-huóxiàn 形容描绘、讲述得非常生动逼真，使人感到跟真的一样。也作“活龙活现”。

呼之欲出 hūzhīyùchū 呼：喊，叫。○形容画得逼真，好像一呼喊就会走出来一样。泛指文学作品中人物的描写非常生动。

扣人心弦 kòurénxīnxián 扣：同“叩”，敲击。○形容文章、表演等感染力强，激动人心。

催人泪下 cuīrénlèixià 催：催促，促使。○形容十分感人，使人不禁流下眼泪。

兴味盎然 xìngwèi-àngrán 兴味：兴趣（喜好的情绪）；盎然：趣味洋溢的样子。○形容兴趣很浓，兴致很高。也作“兴致盎然”。

其二

跃然纸上，洋洋大观，
回肠荡气，动人心弦。

跃然纸上 yuèránzhǐshàng 跃然：活生生地从纸上腾跃而出。○形容诗文、图画等刻画得十分生动逼真。

洋洋大观 yángyáng-dàguān 洋洋：形容众多或丰盛；大观：丰富多彩的景象。○形容事物丰富多彩，非常可观。

回肠荡气 huícháng-dàngqì 回：回转；荡：振荡。○形容乐曲、文辞等婉转缠绵，感人至深。也作“荡气回肠”。

动人心弦 dòngrén-xīnxián 形容非常感动人。

其三

淋漓尽致，绘声绘色，
浓墨重彩，有声有色。

淋漓尽致 línlí-jìnzhì 淋漓：形容湿淋淋朝下滴；尽致：达到极点。○形容文章或讲话表达得充分透彻，详尽细致。

绘声绘色 huìshēng-huìsè 绘：描绘，描摹。○把人物的声音、神色都描绘出来。形容叙事、描写生动逼真。

浓墨重彩 nóngmò-zhòngcǎi 用浓重的墨汁和色彩描绘。指着力描写。也形容醒目，突出，分量很重。

有声有色 yǒushēng-yǒusè 形容十分生动精彩。也形容声势和规模大。

其四

琳琅满目，异曲同工，
有血有肉，回味无穷，
跌宕起伏，妙趣横生。

琳琅满目 línláng-mǎnmù 琳琅：精美的玉石，借指出色的人才、优美的诗文及珍贵的物品等。○满眼都是美玉。形容眼前看到的都是美好的事物。

异曲同工 yìqǔ-tónggōng 曲：曲调；工：工巧，美妙。○曲调虽有不同，但演奏得同样美妙。比喻不同人的文艺作品同样精彩。也比喻不同的做法有同样的效果。

有血有肉 yǒuxuè-yǒuròu 原指具有生命活力。后多比喻文艺作品形象生动，内容充实。

回味无穷 huíwèi-wúqióng 回味：吃过好的食物以后的余味，指从回忆中体会到意味；穷：尽。○指事后越想越觉得有味道。也指读过含义深刻的文艺作品后，体会到意味深长的趣味。

跌宕起伏 diēdàng-qǐfú 跌宕：指诗文有顿挫波折。○形容事物富于变化，不呆板。

妙趣横生 miàoqù-héngshēng 横生：充分表露。○美妙的意趣层出叠现。多用于对语言、诗文、书画的称赞。

15. 比试

其一

将遇良才，棋逢对手，
一决雌雄，龙争虎斗，
与狼共舞，技高一筹。

将遇良才 jiàngyùliángcái 善战的将领遇到了优秀的对手。指双方旗鼓相当，能人碰上能人。

棋逢对手 qíféngduìshǒu 逢：遇到。○下棋遇到能力相当的对手。比喻交战或竞赛，双方本领不相上下，难分胜负高低。

一决雌雄 yījué-cíxióng 雌雄：比喻胜负。○经较量以决定胜负。也作“决一雌雄”。

龙争虎斗 lóngzhēng-hǔdòu 龙和虎的争斗。比喻诸雄相争或竞争激烈。

与狼共舞 yǔlánggòngwǔ 与：跟；狼：比喻带有威胁力的人或事物；共舞：一起跳舞。○比喻跟带有威胁力的人共处或不得已而接纳带有威胁力的事物。

技高一筹 jìgāoyīchóu 技：技术。筹：筹码，记数用具。○略微超过一个码。指技艺稍强一些，高人一等。

其二

难解难分，各显身手，
相持不下，各有千秋。

难解难分 nánjiě-nánfēn 指双方争斗，相持不下，难以分开。也形容双方关系密切，不易分开。也作“难分难解”。

各显身手 gèxiǎn-shēnshǒu 显：表现；身手：本领。○各自显示自己的本领。

相持不下 xiāngchíbùxià 下：退让，退败。○双方坚持对抗，互不退让，分不出胜负。

各有千秋 gèyǒu-qiānqiū 千秋：千年，指可以长远流传的价值。○指各有所长，各有特点。也作“各有所长”。

其三

百里挑一，出手不凡，
反败为胜，你追我赶，
反客为主，遥遥领先。

百里挑一 bǎilǐ-tiāoyī 在一百个里面挑选出来的一个。形容人或事物非常出众。也指严格挑选。

出手不凡 chūshǒu-bùfán 出手：开始做某事时表现出来的本领；不凡：不平凡，不一般。○开始做某事就表现出不平常的本领。形容本领高超。

反败为胜 fǎnbài-wéishèng 反：扭转，转变。○由失败变为胜利。也作“转败为胜”。

你追我赶 nǐzhuī-wǒgǎn 你追赶我，我追赶你。形容竞赛激烈，彼此都不甘落后。

反客为主 fǎnkèwéizhǔ 客人反过来成为主人。比喻变被动为主动，或由居于次要地位变为居于主要地位。

16. 音乐

其一

金石丝竹，余音绕梁，
响遏行云，响彻云霄。

金石丝竹 jīnshísīzhú 泛指各种乐器或音乐。

余音绕梁 yúyīn-ràoliáng 余音：不绝之音；梁：房梁。〇悠扬悦耳的余音在房梁上回荡。形容歌声或音乐优美动听，余韵无穷。

响遏行云 xiǎng'èxíngyún 遏：阻止。〇声音直入云霄，连浮动着的云彩也被止住了。形容歌声、乐音等嘹亮悠扬。

响彻云霄 xiǎngchèyúnxiāo 彻：透过。〇形容声音响亮，好像可以穿过云层，直达高空。

其二

余音袅袅，不绝于耳，
声振林木，一唱三叹。

余音袅袅 yúyīn-niǎoniǎo 余音：不绝之音；袅袅：婉转悠扬。〇形容音乐结束后悠扬悦耳的声音仍然绵延不绝，回响在耳边。也比喻诗文隽永，令人回味无穷。

不绝于耳 bùjuéyú'ěr 绝：断，终止；不绝：连续不断。〇声音不停地在耳边鸣响。

声振林木 shēngzhènlínmù 形容声音高亢洪亮。

一唱三叹 yīchàng-sāntàn 形容诗文、音乐等缠绵婉转，韵味十足。

17. 梨园弟子

粉墨登场，引人注目，
字正腔圆，轻歌曼舞。

梨园弟子 líyuán-dìzǐ 梨园：唐玄宗时教练歌舞艺人的地方，后称戏班为梨园。〇原指宫廷歌舞艺人。后泛指专门从事戏剧艺术的演员。

粉墨登场 fěnmò-dēngchǎng 粉、墨：抹脸和描眉的化妆品，这里指化妆。〇原指化妆后登台演戏。今多用于讽刺某些人经过乔装打扮登上政治舞台。

引人注目 yǐnrén-zhùmù 注目：集中目光去看。〇引起人们的注意。

字正腔圆 zìzhèng-qiāngyuán 字：字音；腔：腔调。〇字音纯正，腔调圆润。形容演唱或说话发音清楚准确，腔调宛转流畅。

轻歌曼舞 qīnggē-mànwǔ 轻：轻快；曼：柔美舒展。〇轻快的歌声，柔美的舞蹈。

第七章 军事

1. 战士

其一

投笔从戎，训练有素，
保家卫国，钢铁长城，
视死如归，不辱使命，
兵精将勇，勇冠三军。
摩拳擦掌，冲锋陷阵，
奋不顾身，横扫千军。

投笔从戎 tóubǐ-cóngróng 投：扔；戎：军队。○指文人弃文从军。

训练有素 xùnliàn-yǒusù 有素：具有一定的素养。○进行严格的训练，具有一定军事素养。

钢铁长城 gāngtiě-chángchéng 比喻强大的保家卫国的军事力量。

视死如归 shìsǐrúguī 视：看待；归：回家。○把死看作像回家一样。形容不怕死。多指为了正义事业而勇于牺牲自己的生命。

不辱使命 bùrǔshǐmìng 辱：辱没，玷辱。○指没有辜负所赋予的使命。

兵精将勇 bīngjīng-jiàngyǒng 士兵精锐，将士勇敢。形容军队勇猛善战。

勇冠三军 yǒngguàn-sānjūn 冠：位居第一；三军：古有上军、中军、下军，借指全军。○作战勇猛为全军之首。形容英勇无敌。

摩拳擦掌 móquán-cāzhǎng 形容战斗前或行动前精神振奋，急切地想投入战斗的情状。

冲锋陷阵 chōngfēng-xiànzhèn 陷：攻破，深入。○深入敌军阵地。形容作战勇敢。也指勇猛、果敢地去做某件事。

奋不顾身 fènbùgùshēn 奋：振作。○奋勇直前，不顾及生命安全。

横扫千军 héngsǎo-qiānjūn 横扫：扫荡，扫除。○形容迅速、彻底地连续打败和歼灭大量的敌军。也形容诗文、书法等气势宏伟、气魄很大。

其二

披坚执锐，以一当十，

手疾眼快，舍生忘死，
身经百战，出生入死。

披坚执锐 pījiān-zhíruì　披：穿着；坚：铠甲；锐：利器，兵器。○穿上坚固的铠甲，手握锋利的兵器。形容全副武装，投入战斗。也作“被坚执锐”。

以一当十 yǐyīdāngshí　当：抵挡。○一个人抵挡十个人。形容军队英勇善战，武艺高强。

手疾眼快 shǒují-yǎnkuài　疾：快，迅速。○形容做事机灵、敏捷。

舍生忘死 shěshēng-wàngsǐ　舍：舍弃。○形容不把自己的安危、生死放在心上。也作“舍死忘生”。

身经百战 shēnjīng-bǎizhàn　身：亲身；百：形容多。○亲身经历过许多次战斗。多用于形容富有战斗经验的将士，或用于在某一方面很有经验的人。

出生入死 chūshēng-rùsǐ　原指从出生到死去。后形容冒生命的危险或经历过极大的险境。

其三

百步穿杨，百发百中，
同仇敌忾，哀兵必胜。

百步穿杨 bǎibù-chuānyáng　杨：杨树，这里指杨树叶；穿：射穿。○能射穿一百步以外的杨树叶。形容射箭或射击技术非常高超。

百发百中 bǎifā-bǎizhòng　发：发射；中：射中目标。○射一百次都命中目标。形容射箭技术高明，百无一失。也比喻料事如神或做事有成功的把握。

同仇敌忾 tóngchóu-díkài　同仇：共同仇恨；敌：同等；忾：愤恨。○怀着共同的仇恨和愤恨。形容一致对付仇敌。

哀兵必胜 āibīng-bìshèng　哀兵：指因受压或遭受危难而满腔悲愤的军队。○原意是势均力敌的两军对阵，悲愤的而奋起反抗的军队必定获得胜利。

其四

弹无虚发，骁勇善战，
披挂上阵，荷枪实弹，
以守为攻，戒备森严。

弹无虚发 dànwú-xūfā　虚：空；发：发射。○每一颗子弹都能击中目标。形容射击技术高超。

骁勇善战 xiāoyǒng-shànzhàn　骁：勇，勇猛。○形容作战勇猛而又擅长用兵。

披挂上阵 pīguà-shàngzhèn　披挂：穿戴好盔甲。○穿戴盔甲，走上战场。比喻做好准备，到现场参加比赛、劳动或其他活动。

荷枪实弹 hèqiāng-shídàn　荷：背

着，扛着；实：装满。○扛着枪，子弹上膛。形容全副武装，随时准备战斗。

以守为攻 yǐshǒuwéigōng 以防守达到进攻的目的。

戒备森严 jièbèi-sēnyán 森严：整齐而严肃。○指警戒防备十分严密。

2. 正义之师

其一

师直为壮，师出有名，
稳扎稳打，步步为营，
摧陷廓清，纵横驰骋，
北门锁钥，戎马倥偬。

师直为壮 shīzhíwéizhuàng 师：军队；直：理由正当；壮：壮盛，有力量。○为正义而战的军队，士气旺盛，所向无敌。

师出有名 shīchū-yǒumíng 师：军队；名：名义，法理。○军队出征有正当的理由。也泛指做事有正当的理由。

稳扎稳打 wěnzhā-wěndǎ 扎：安营；打：打仗。○步步设营，采取稳妥的战术打击敌人。指稳当而有把握地打仗。也指有步骤、有把握地做事。

步步为营 bùbùwéiyíng 步步：表示距离短；营：营垒，军营。○军队前进一程，就设立一道营垒。形容防守严密，行动谨慎。

摧陷廓清 cuīxiàn-kuòqīng 廓清：肃清。○攻破敌阵，彻底扫荡。也比喻破除陈言旧说，进行彻底批判、肃清。

纵横驰骋 zònghéng-chíchěng 纵横：南北方向和东西方向；驰骋：纵马奔驰。○形容南征北战无往而不胜。也比喻文学创作能尽情发挥，奔放自如。

北门锁钥 běimén-suǒyuè 北城门上的锁和钥匙。比喻军事重镇。也比喻担当守御重镇的人。

戎马倥偬 róngmǎ-kǒngzǒng 戎马：战马，借指征战；倥偬：忙碌而急迫的样子。○形容在战争岁月里军务紧张而繁忙。

其二

人心向背，休戚相关，
军民一家，血肉相连，
风餐露宿，枕戈待旦。

人心向背 rénxīn-xiàngbèi 向：归向，拥护；背：背离。○指民众所拥护或反对的。

休戚相关 xiūqī-xiāngguān 休：喜悦，吉庆；戚：忧愁，悲哀。○彼此之间的忧乐和祸福互相关联。形容关系非常密切，彼此利害完全一致。

血肉相连 xuèròu-xiānglián 像血和肉互相联系着。比喻关系非常密切，不能分离。

风餐露宿 fēngcān-lùsù　在风中吃饭，在露天住宿。形容野外生活的艰辛。

枕戈待旦 zhěngē-dàidàn　枕：头枕着；戈：古代的一种兵器；旦：天亮。○枕着武器睡觉等天亮。形容时刻准备投入战斗。

其三

声威大震，匕鬯不惊，
幕天席地，鸡犬不惊。

声威大震 shēngwēi-dàzhèn　声名和威望使人大为震惊。形容声势极大。

匕鬯不惊 bǐchàng-bùjīng　形容军队纪律严明，所到之处，社会安定，百姓不受侵扰。

幕天席地 mùtiān-xídì　以天为幕，以地为席。形容胸怀旷达。也指不住帐幕房屋，而露宿野外。

鸡犬不惊 jīquǎn-bùjīng　行军不扰民众，所到之处，连老百姓的鸡狗也没被惊动。形容军队纪律严明，秋毫无犯。也指平安无事。

其四

乘隙捣虚，勇往直前，
前仆后继，浴血奋战。

乘隙捣虚 chéngxì-dǎoxū　隙：缝隙，引申为机会。○乘机打击对方的虚弱之处。

勇往直前 yǒngwǎng-zhíqián　勇敢地一直向前进。形容不畏艰难险阻。

前仆后继 qiánpū-hòujì　仆：倒下；继：跟着。○前面的倒下了，后面的跟着前进。形容不怕牺牲，勇往直前。

浴血奋战 yùxuè-fènzhàn　浴血：浑身是血。○浑身被血浸透，依然奋力作战。形容顽强地拼死战斗。

其五

枪林弹雨，九死一生，
秋风扫落叶，一网打尽。

枪林弹雨 qiānglín-dànyǔ　枪杆多得像树林，子弹密得像雨点。形容战况激烈。

九死一生 jiǔsǐ-yīshēng　九：表示极多。○形容历经多次危险而最后死里逃生。也形容处在生死关头，情况十分危急。

秋风扫落叶 qiūfēng sǎo luòyè　秋风过处，枯黄的树叶被一扫而光。比喻强大的力量把腐朽、衰败的事物一扫而光。

一网打尽 yīwǎng-dǎjìn　一网把猎物全部捕捉，一个不剩。比喻全部抓住或彻底肃清。

其六

百万雄师，兵多将广，

人心所向，精兵强将。

百万雄师 bǎiwàn-xióngshī 师：指军队。〇指人马众多、威武雄壮的军队。

兵多将广 bīngduō-jiàngguǎng 广：多。〇兵多将也多。形容军队实力雄厚。

人心所向 rénxīn-suǒxiàng 人心：民众的愿望；向：归向，向往。〇指民众所一致拥护的。

精兵强将 jīngbīng-qiángjiàng 精兵：训练有素、战斗力强的士兵；强将：指挥能力强的将领。〇精锐的士兵，强干的将领。泛指杰出的人才。

3. 敌人

其一

狼子野心，得陇望蜀，
不共戴天，倾巢而出，
怙恶不悛，凶相毕露。

狼子野心 lángzǐ-yěxīn 狼子：狼崽子。〇狼崽子也有凶狠之心。比喻凶暴的人怀有险恶的野心。

得陇望蜀 délǒng-wàngshǔ 陇：古代地名，今甘肃东部；蜀：古代地名，今四川中西部。〇得到了陇，还想占领蜀。形容贪得无厌。

不共戴天 bùgòngdàitiān 戴：顶。〇不和仇敌在同一个天底下并存。形容仇恨很深。

倾巢而出 qīngcháo'érchū 倾：倒出；巢：巢穴。〇整窝的鸟或虫子都出来了。比喻全部出动。

怙恶不悛 hù'èbùquān 怙：依仗；悛：悔改。〇坚持作恶，不肯悔改。

凶相毕露 xiōngxiàng-bìlù 毕：完全。〇凶恶的面貌完全暴露了出来。

其二

大敌当前，狭路相逢，
威胁利诱，豺狼成性，
垂死挣扎，蠢蠢欲动，
狗急跳墙，负隅顽抗。

大敌当前 dàdí-dāngqián 大敌：强敌；当前：在面前。〇强大的敌人逼到眼前。形容形势严峻。

狭路相逢 xiálù-xiāngféng 在很狭窄的路上凑巧相遇，没有地方可以退让、回避。也指仇人相遇，彼此都不肯放过对方。

威胁利诱 wēixié-lìyòu 利诱：用利益引诱。〇软硬兼施，使人顺从。

豺狼成性 cháiláng-chéngxìng 成性：形成习性。〇像豺狼那样凶残成性。形容坏人像豺狼一样难改凶残的本性。

垂死挣扎 chuísǐ-zhēngzhá 垂：接近，临近。〇行将灭亡之时做最后的抵抗。

蠢蠢欲动 chǔnchǔn-yùdòng 蠢蠢：

爬虫蠕动的样子。○形容像虫子一样慢慢行动。也指敌人或破坏分子准备捣乱破坏。

狗急跳墙 gǒují-tiàoqiáng　狗遇到危急时能从墙上跳过去。比喻走投无路时，会不择手段蛮干或冒险。

负隅顽抗 fùyúwánkàng　负：依仗，凭借；隅：山势弯曲处，指险隘的地方。○凭借险要的地势，拼死抵抗。含贬义。

4. 战争

其一

兵来将挡，水来土掩，
穷寇勿追，网开一面，
招兵买马，招降纳叛，
兴师动众，烽火连天。

兵来将挡，水来土掩 bīnglái-jiàngdǎng, shuǐlái-tǔyǎn　掩：堵截。○有敌军来犯就派大将领兵抵抗，有洪水袭来就筑坝阻挡。比喻根据具体情况采取对策，或不管对方采用什么手段都能对付。

穷寇勿追 qióngkòuwùzhuī　穷：尽，走到末路；寇：贼寇，盗匪，这里指敌人、对手。○对走到末路的敌人不要追击。指追击穷寇可能会遭到他们的拼死反抗，因而不易获胜。

网开一面 wǎngkāiyīmiàn　把布好的捕捉鸟兽的网打开一面，给其一条生路。比喻对敌人、罪犯等宽大处理，给予出路。

招兵买马 zhāobīng-mǎimǎ　招募兵丁，购买马匹。指组织扩充武装力量。也比喻扩充人力。

招降纳叛 zhāoxiáng-nàpàn　招：招收；纳：接收。○原指为了扩充自己势力而招纳敌方投降、叛变过来的人，以壮大自己的势力。现比喻为扩充势力而搜罗坏人，合伙做坏事。

兴师动众 xīngshī-dòngzhòng　兴：发动；众：军队。○原指大规模出兵。后也泛指动用很多人力做某件事。

烽火连天 fēnghuǒ-liántiān　烽火：古时京城或边境，用以报警的烟火；连天：连续不断。○形容战火遍野，战乱不止。

其二

师出无名，狼烟四起，
耀武扬威，诉诸武力，
摇旗呐喊，烜赫一时。

师出无名 shīchū-wúmíng　师：军队；名：名义，法理。○军队出征没有正当的理由。泛指做某事没有正当的理由。

狼烟四起 lángyān-sìqǐ　狼烟：狼粪燃烧产生的烟，古代边关用作报警的信号。○到处冒起报警的狼烟。

形容战乱不断，社会动荡。

耀武扬威 yàowǔ-yángwēi 耀：炫耀；扬：宣扬，显示。○炫耀武力，显示威风。

诉诸武力 sùzhūwǔlì 诉：诉求；诸："之于"的合音。○指用武力解决问题。

摇旗呐喊 yáoqí-nàhǎn 原指古代作战时，士兵摇动旗子大声呼喊，以助军威。现比喻为某人某事助长声势。含贬义。

烜赫一时 xuǎnhè-yīshí 烜赫：声势浩大。○形容名声气势在一段时间内很盛大。

其三

招贤纳士，如狼似虎，
战火纷飞，穷兵黩武，
劳师动众，血流漂杵。

招贤纳士 zhāoxián-nàshì 招：招收；纳：接受；士：指有贤德的人。○招引接纳有道德、有才能的人。形容广招人才。

如狼似虎 rúláng-sìhǔ 像狼和虎一样。原形容军队威猛强盛，战斗力强。现用来形容像虎狼一样凶狠残忍。

战火纷飞 zhànhuǒ-fēnfēi 形容战斗激烈。

穷兵黩武 qióngbīngdúwǔ 穷：竭尽；黩：滥用。○用尽全部兵力，任意发动战争。形容极其好战。

劳师动众 láoshī-dòngzhòng 师、众：军队，大队人马。○原指调动大批军队。现指动用大批人力去做某事，有小题大做的意思。

血流漂杵 xuèliú-piāochǔ 漂：浮起；杵：古代作战时防身用的大盾牌。○流血很多，以致防身用的大盾牌都漂起来了。形容杀人极多。也形容流血极多。

其四

秣马厉兵，安营扎寨，
以逸待劳，严阵以待。

秣马厉兵 mòmǎ-lìbīng 秣：喂牲口；厉：同"砺"，磨；兵：武器。○喂饱战马，磨好武器。指做好战斗准备。也指积极做好各项准备工作。也作"厉兵秣马"。

安营扎寨 ānyíng-zhāzhài 安：安顿，安置；营：营房；扎：修建；寨：栅栏，借指军营。○原指军队在某地驻扎下来。后指在某地建立临时的工作、生活住所。

以逸待劳 yǐyìdàiláo 逸：安逸，安闲；劳：疲劳。○以安闲之师抵御疲劳之师。多指作战采取守势，养精蓄锐，等敌军实力消耗、疲劳不堪时再乘机出击。

严阵以待 yánzhènyǐdài 严阵：严整的阵势。○摆好严整的阵势，等待着来犯的敌人。

其五

按兵不动，养精蓄锐，
一触即溃，不堪一击。

按兵不动 ànbīng-bùdòng　按：控制，压下。○控制军队，暂不采取行动。泛指接受任务后不肯行动，以等待时机。

养精蓄锐 yǎngjīng-xùruì　养：保养，休养；蓄：积蓄；锐：锐气。○养足精神，积蓄力量。多用于国力军力的培养方面或比赛等的准备方面。

一触即溃 yīchùjíkuì　触：碰；溃：崩溃，垮台。○一碰就垮。形容不堪一击。

不堪一击 bùkānyījī　不堪：承受不了。○形容力量薄弱，经不起打击。也形容论点不严密，经不起反驳。

其六

声势浩大，用兵如神，
锋芒所向，突飞猛进，
前赴后继，勇猛精进。

声势浩大 shēngshì-hàodà　声势：声威和气势；浩：广大。○声威和气势非常盛大。

用兵如神 yòngbīng-rúshén　用兵：指挥军队作战。○用兵神奇巧妙。形容指挥军队变化莫测，很善于调兵遣将。

锋芒所向 fēngmángsuǒxiàng　芒：原为谷类种子上的细刺，这里指长矛的尖。○比喻斗争矛头所指向的人或事。

突飞猛进 tūfēi-měngjìn　突、猛：急速。○形容事业、技能、学问等进步非常快。也形容发展特别迅速。

前赴后继 qiánfù-hòujì　赴：前往，奔赴；继：跟着。○前面的奋勇向前，后面的紧紧跟上。形容连续不断，勇往直前。

勇猛精进 yǒngměng-jīngjìn　原为佛教用语，指刻苦修行。后泛指努力探索，不断进取。

其七

铤而走险，通风报信，
迎头痛击，格杀勿论。

铤而走险 tǐng'érzǒuxiǎn　铤：快走的样子；走险：奔赴险地。○指因无路可走而采取冒险行动。多指被逼无奈而不得不冒险。

通风报信 tōngfēng-bàoxìn　风：风声、动静；信：消息。○暗中报告动静和消息。多指把一方的机密告诉对立的另一方。

迎头痛击 yíngtóu-tòngjī　迎头：迎面、当头。○迎上前去给以狠狠的打击。

格杀勿论 géshāwùlùn　格杀：打死；勿论：不论罪。○指把行凶、拒捕或违反禁令的人当场打死而不以杀人罪论处。

其八

大将风度，欲取姑与，
欲擒故纵，势如破竹。

大将风度 dàjiàng-fēngdù　大将：泛指高级将领；风度：指人美好的举止、仪态。○大将所具有的举止仪态。形容人豁达沉着、有度量。

欲取姑与 yùqǔgūyǔ　欲：想；姑：姑且，暂且；与：给予。○要想得到什么，就暂且先给别人一点什么。

欲擒故纵 yùqín-gùzòng　擒：捕捉；纵：放走。○为了捉住他，故意先放开他。比喻为了最终控制对手，使之就范，故意采取先放松一步的策略。

势如破竹 shìrúpòzhú　势：气势，威力；破竹：劈竹子时劈开头上几节，就可顺着刀势直劈到底。○形容节节胜利，毫无阻碍。也形容不可阻挡的气势。

其九

将欲取之，必先与之，
分化瓦解，分而治之，
风卷残云，饿虎扑食，
避重就轻，虚张声势。

将欲取之，必先与之 jiāngyùqǔzhī，bìxiānyǔzhī　要夺取他些什么，须暂且先给他些什么。指先付出代价以诱使对方放松警惕，然后找机会进攻。

分化瓦解 fēnhuà-wǎjiě　分化：使分裂；瓦解：使崩溃。○使敌对的势力或集团分裂或崩溃。

分而治之 fēn'érzhìzhī　分：把整体分成若干部分；治：治理。○分开治理。指利用手段使国家、民族或宗教等产生分裂，然后分别进行控制和统治。

风卷残云 fēngjuǎn-cányún　残云：残余的云。○大风把残云卷走。比喻一下子把残存的东西消灭干净或击溃。也比喻很快把食物吃个精光。

饿虎扑食 èhǔ-pūshí　像饿虎扑向食物一样。比喻动作猛烈而迅速。

避重就轻 bìzhòng-jiùqīng　就：靠近。○指回避较重的责任，只拣较轻的来承担。也指回避要点，只谈无关紧要的事情。

虚张声势 xūzhāng-shēngshì　虚：假；张：张扬，夸大。○制造声势强大的假象，吓唬或迷惑对方。

5. 作战

其一

兵不厌诈，声东击西，
兵贵神速，所向披靡，
攻其不备，出其不意，

速战速决，追亡逐北。

兵不厌诈 bīngbùyànzhà 兵：军事，战争；厌：厌弃；诈：欺诈。〇指用兵打仗时尽可能多地使用谋略迷惑敌人。也指用手段欺骗人。

声东击西 shēngdōng-jīxī 声：声张。〇表面上做出要攻打东边的态势，实际上却去攻打西边。原指军事上一种使敌人产生错觉的战术。后泛指以一虚一实的方法迷惑对方的战术。

兵贵神速 bīngguì-shénsù 兵：用兵，作战；贵：可贵。〇用兵打仗贵在行动迅速。

所向披靡 suǒxiàng-pīmǐ 所向：指风吹到的地方；披靡：草木随风倒伏的样子。〇比喻兵力所到之处，敌人纷纷溃退。

攻其不备，出其不意 gōngqíbùbèi, chūqíbùyì 其：代词，指对方；备：防备；不意：没有意料到。〇趁对方没有防备时进行袭击。

速战速决 sùzhàn-sùjué 速：快，迅速。〇用快速的战术结束战局。也比喻快速高效地解决问题。

追亡逐北 zhuīwáng-zhúběi 亡、北：这里指战败的逃兵。〇指追逐打败仗逃亡的敌人。

其二

明修栈道，暗度陈仓，
围城打援，围魏救赵。

明修栈道，暗度陈仓 míngxiū-zhàndào, àndù-chéncāng 指以明显的行动迷惑敌人，暗中采取另外一种行动达到目的。

围城打援 wéichéng-dǎyuán 围城：包围城中的敌人；打援：歼灭前来救援的敌人。〇指作战的一方以一部分兵力包围据守城镇或据点的敌人，诱使其他地区敌军来增援，然后以事先部署好的主力歼灭援敌的作战方法。

围魏救赵 wéiwèi-jiùzhào 战国时，齐国围攻魏国的都城，迫使围攻赵国都城的魏军回救，从而解了赵国之围。指包抄进攻之敌的后方据点迫使它撤兵的战术或计谋。

其三

知己知彼，百战不殆，
运筹帷幄，指挥若定，
里应外合，出奇制胜，
南征北战，遥相呼应，
斩将搴旗，直捣黄龙。

知己知彼，百战不殆 zhījǐ-zhī bǐ, bǎizhàn-bùdài 彼：对方。〇指对敌我双方的情况都很了解，就不会失败。也作“知己知彼，百战百胜”。

运筹帷幄 yùnchóu-wéiwò 运筹：谋划，决定作战方略；帷幄：古代军队的帐幕。〇在帷幕中谋划决策。泛指在后方谋划指挥。

指挥若定 zhǐhuīruòdìng 若：如；定：定局。○指挥、调度像已有了定局一样。形容成竹在胸，稳操胜券。

里应外合 lǐyìng-wàihé 应：接应；合：围攻，配合。○外面攻打，里面接应。泛指内外配合或内外勾结。

出奇制胜 chūqí-zhìshèng 奇：奇兵，奇计；制胜：制伏对方以取胜。○用奇兵奇计来战胜敌人。指用令人意想不到的策略或方法来取胜。

南征北战 nánzhēng-běizhàn 形容转战各地，经历了许多战斗。

遥相呼应 yáoxiānghūyìng 遥：远；呼应：一呼一应。○形容远远地互相照应配合。

斩将搴旗 zhǎnjiàng-qiānqí 搴：拔取。○斩杀敌军将领，夺取敌军旗帜。形容勇猛善战。也作“搴旗斩将”“斩将夺旗”。

直捣黄龙 zhídǎohuánglóng 黄龙：黄龙府，古时金人腹地，在今吉林农安，后泛指敌巢。○指直捣敌人巢穴。

其四

降龙伏虎，兵临城下，
犁庭扫穴，金戈铁马，
捷报频传，应接不暇。

降龙伏虎 xiánglóng-fúhǔ 降、伏：使驯服。○使龙、虎驯服。形容本领很大。

兵临城下 bīnglínchéngxià 兵：军队；临：到。○军队已攻到城下。形容形势万分危急。

犁庭扫穴 lítíng-sǎoxué 犁：耕；庭：庭院。○犁平他们的庭院，扫荡他们居住的地方。比喻彻底消灭敌方。

金戈铁马 jīngē-tiěmǎ 金戈：金属制成的戈；铁马：披着铁甲的战马。○指威武雄壮的军队。也指战争和戎马生涯。

捷报频传 jiébào-pínchuán 捷：胜利；频：接连。○胜利的消息不断传来。

应接不暇 yìngjiē-bùxiá 暇：空闲。○指景物繁多，顾不上观赏。形容头绪多，事情纷繁，应付不过来。

其五

壁垒森严，避实就虚，
避其锐气，击其惰归，
势不可当，所向无敌，
大获全胜，满载而归。

壁垒森严 bìlěi-sēnyán 壁垒：古代军营周围的防御建筑物，泛指防御工事；森严：严整，严密。○形容防守十分严密。也比喻界限分明。

避实就虚 bìshí-jiùxū 实：坚实部分；虚：空虚部分。○指避开坚实之处，攻击空虚之处。

避其锐气，击其惰归 bìqíruìqì, jīqí

duòguī　锐气：勇往直前的气势；惰：疲劳；归：撤回。避开敌人初来时旺盛的士气，等到敌人疲劳退却时给予打击。

势不可当 shìbùkědāng　当：抵挡。○来势迅猛，不可抵挡。

所向无敌 suǒxiàngwúdí　所向：力量达到的地方；敌：抵挡。○力量到达的地方，没有敌手能对抗的。形容力量强大，谁也不是对手。

大获全胜 dàhuòquánshèng　取得了全面的彻底的胜利。

满载而归 mǎnzài'érguī　载：装；归：回来。○装满了东西回来。形容收获很大。

其六

重整旗鼓，短兵相接，
倍道兼行，先发制人，
调虎离山，各个击破。

重整旗鼓 chóngzhěngqígǔ　重：重新；整：整顿；旗鼓：战旗和战鼓，借代军事力量，也泛指力量。○比喻失败或受挫后，重新组织力量再干。也作"重振旗鼓"。

短兵相接 duǎnbīng-xiāngjiē　短兵：短兵器。○使用短小武器拼杀。比喻面对面地进行针锋相对的斗争。

倍道兼行 bèidào-jiānxíng　兼：加倍。○一天走完两天的路程。形容快速行进。

先发制人 xiānfā-zhìrén　发：行动；制：制伏。○先行动的一方能取得主动权，制伏对方。

调虎离山 diàohǔ-líshān　调：调动，引诱。○引诱老虎离开深山。比喻用计谋使人离开原地，以便乘机行事。

各个击破 gègè-jīpò　各个：逐个。○把对方分别逐个攻破或将难关逐个攻破。

其七

草木皆兵，风声鹤唳，
弹尽粮绝，不堪一击。

草木皆兵 cǎomùjiēbīng　兵：兵士。○把草丛和树木都误当作敌方的伏兵。形容内心恐惧，疑神疑鬼。

风声鹤唳 fēngshēng-hèlì　唳：鹤、鸿雁等鸣叫。○听到风吹鸟叫，就以为是敌兵。形容人恐惧惊慌到了极点，以致自相惊扰。

弹尽粮绝 dànjìn-liángjué　弹药用尽，粮食耗尽。形容处境极端危急。

不堪一击 bùkān-yījī　不堪：承受不了。○形容力量薄弱，经不起打击。也形容论点不严密，经不起反驳。

其八

缓兵之计，后发制人，
诱敌深入，置之死地，
不战而降，兵不血刃。

缓兵之计 huǎnbīngzhījì 缓：延缓；计：计策。○原指军事上设法延缓对方进军的一种计策。现泛指借拖延时间以缓和事态，同时积极设法应付的策略。

后发制人 hòufā-zhìrén 发：发动，行动；制：制伏，控制。○先让对方出手，等待有利时机，再一举制伏对方。

诱敌深入 yòudí-shēnrù 指引诱敌人进入预定地区加以歼灭。

置之死地 zhìzhīsǐdì 置：放，搁。○把人放在必死的境地。

兵不血刃 bīngbùxuèrèn 兵：兵器；刃：刀锋。○兵器上没有沾血。指战事顺利，未经激烈交锋就取得胜利。

其九

骄兵必败，弃甲曳兵，
人困马乏，散兵游勇，
溃不成军，死里逃生，
摧枯拉朽，订下城下之盟。

骄兵必败 jiāobīng-bìbài 兵：军队。○指骄傲的军队必然打败仗。

弃甲曳兵 qìjiǎ-yèbīng 弃：丢弃；甲：铠甲；曳兵：拖着兵器。○丢弃铠甲，拖着兵器。形容打败仗时狼狈逃跑的样子。

人困马乏 rénkùn-mǎfá 乏：疲乏。○人和马都困乏了。形容疲惫不堪。

散兵游勇 sǎnbīng-yóuyǒng 散：分散的；游：游荡；勇：清代指地方临时招募的兵卒。○指无人统领的兵士。也比喻没有组织而独立行动的人。

溃不成军 kuìbùchéngjūn 溃：溃败，散乱。○七零八落，不成队伍。形容惨败。

死里逃生 sǐlǐtáoshēng 指在极其危险的境地中逃脱，幸免于死。

摧枯拉朽 cuīkū-lāxiǔ 摧：破坏；枯、朽：枯草朽木；拉：折断。○摧毁枯草，折断朽木。比喻轻而易举地摧毁腐朽的势力。

城下之盟 chéngxiàzhīméng 盟：盟约。○因敌军兵临城下而被迫签订的屈辱性盟约。泛指被迫签订的带有屈辱性的条约。

其十

养兵千日，用兵一时，
枪林弹雨，灭此朝食，
克敌制胜，班师回朝。

养兵千日，用兵一时 yǎngbīng-qiānrì, yòngbīng-yīshí 兵：军队。○指长期供养训练军队，就是为了有朝一日作战的需要。也指长期的准备为的是一时的需要。也作“养兵千日，用在一朝”。

枪林弹雨 qiānglín-dànyǔ 枪杆多得像树林，子弹密得像雨点。形容战况激烈。

灭此朝食 miècǐzhāoshí　朝食：早饭。○等消灭了敌人再吃早饭。形容斗志坚决，急于取胜。

克敌制胜 kèdí-zhìshèng　克：战胜；制胜：取胜，制伏。○战胜敌人，夺取胜利。

班师回朝 bānshī-huícháo　班：调回或调动（军队）；师：军队。○调回来出去打仗的军队。也指出征的军队胜利归来。

其十一

决胜千里之外，运筹帷幄之中，
胜不骄，败不馁，兵无常势，
胜败乃兵家常事，兵无常胜。

决胜千里 juéshèng-qiānlǐ　形容擅长谋划，虽然没有亲赴战场，但却也可使远方的军士们得到成功。多用来颂扬决策者、指挥者的英明，善于谋划。

运筹帷幄 yùnchóu-wéiwò　运筹：谋划，决定作战方略；帷幄：古代军队的帐幕。○在帷幕中谋划决策。泛指在后方谋划、指挥。

胜不骄，败不馁 shèngbùjiāo, bàibùněi　骄：骄傲；馁：气馁，丧气。○胜利了不骄傲，失败了也不气馁。

兵无常势 bīngwúchángshì　兵：作战；常势：长久不变的形势。○用兵作战没有固定不变的阵势。指应根据战事的变化采取机动灵活的战略战术。也泛指办事不要受固定不变的格式局限。

胜败乃兵家常事 shèngbàinǎibīngjiā chángshì　乃：是。○胜利与失败是战争中经常碰到的事情。多指不要把偶然一次胜利或失败看得过重。也作“胜负乃兵家常事”。

兵无常胜 bīngwúchángshèng　兵：用兵打仗；常胜：永远胜利。○用兵作战没有永远胜利而从不失败的。比喻办事不可能总成功，一时的失利并不值得大惊小怪。

6. 进军

调兵遣将，长驱直入，
势如破竹，锐不可当，
攻城略地，无往不利，
吊民伐罪，人心所向，
秋毫无犯，箪食壶浆，
解民倒悬，擒贼擒王。

调兵遣将 diàobīng-qiǎnjiàng　调动军队，派遣将领。也泛指调动安排人力。

长驱直入 chángqū-zhírù　驱：快跑。○远距离地向前挺进。指军队以不可阻挡之势向目标顺利前进。

势如破竹 shìrúpòzhú　势：气势，威力；破竹：劈竹子时劈开头上几节，就可顺着刀势直劈到底。○形容节节胜利，毫无阻碍。也形容不可阻挡的气势。

锐不可当 ruìbùkědāng 锐：锐利，比喻锐气；当：抵挡。○指气势旺盛威猛，勇往直前，不可抵挡。

攻城略地 gōngchéng-lüèdì 略：夺取。○攻占城池，夺取土地。指征战，引申为侵占别人的地盘，或夺取他人的职位或钱财。

无往不利 wúwǎngbùlì 往：到；利：顺利。○所到之处，没有不顺利的。形容事事顺利或处处行得通。

吊民伐罪 diàomín-fázuì 吊：安慰。○抚慰人民，讨伐有罪的统治者。

人心所向 rénxīn-suǒxiàng 人心：民众的愿望；向：归向，向往。○指民众所一致拥护的。

秋毫无犯 qiūháo-wúfàn 秋毫：鸟兽在秋天新长的细毛，比喻非常纤细的东西；犯：侵犯。○丝毫不加侵犯。常形容军队纪律严明，不侵犯老百姓的利益。

箪食壶浆 dānshí-hújiāng 箪：古时盛饭用的圆形竹器；食：熟食；浆：米汤。○原指战国时期燕国百姓用箪盛饭，用壶盛汤来欢迎齐军。后用来形容人民群众欢迎、犒劳自己拥护的军队。

解民倒悬 jiěmín-dàoxuán 解：解救；倒悬：头朝下悬挂着。○比喻解救受苦受难的百姓。

擒贼先王 qínzéi-qínwáng 擒：捉拿；贼：贼寇；王：首领。○捉贼寇要先抓住首领。指作战要先除掉对方的头目。也比喻做事要先抓住关键。

7. 败军

其一

孤军深入，孤立无援，
损兵折将，孤军奋战，
四面楚歌，不可收拾，
色厉内荏，外强中干。
失道寡助，抱头鼠窜。

孤军深入 gūjūn-shēnrù 孤立无援的军队深入敌区作战。

孤立无援 gūlì-wúyuán 势单力薄，又得不到援助。

损兵折将 sǔnbīng-zhéjiàng 损：损伤；折：损失。○兵士将领都有损失。形容作战失利，士兵和军官都有伤亡。

孤军奋战 gūjūn-fènzhàn 孤立无援的军队独自奋力作战。指在没有配合的情况下，单独承担任务或工作。

四面楚歌 sìmiàn-chǔgē 到处都是楚国的歌声。比喻孤立无援、四面受敌，处于走投无路的困境。

不可收拾 bùkě-shōushí 收拾：整理，整顿。○原指无法归纳整理。现形容事物已经败坏混乱到无法整顿或不可救药的地步。

色厉内荏 sèlì-nèirěn 色：神色，样子；厉：凶猛；荏：软弱，懦弱。

○指外表强硬，内心虚怯。

外强中干 wàiqiáng-zhōnggān 干：枯竭，空虚。○外表强大，实际虚弱。

失道寡助 shīdào-guǎzhù 道：道义；寡：少。○指违背正义的人，不得人心，必定陷于孤立和失败。

抱头鼠窜 bàotóu-shǔcuàn 窜：逃跑。○抱着头像老鼠一样迅速逃跑。形容狼狈地逃跑的样子。

其二

寡不敌众，望风而逃，
辙乱旗靡，如鸟兽散，
望风披靡，丢盔弃甲，
人仰马翻，片甲不留，
落花流水，一败涂地。

寡不敌众 guǎbùdízhòng 寡：少；敌：抵挡；众：多。○人少的一方敌不过人多的一方。

望风而逃 wàngfēng'értáo 风：风头，气势。○远远望见对方来势凶猛就吓得逃跑了。

辙乱旗靡 zhéluàn-qímǐ 辙：车轮迹印；靡：倒下。○车辙混乱，旗帜倒下。形容战败狼狈逃窜的样子。

如鸟兽散 rúniǎoshòusàn 像受了惊的鸟、兽一样四处逃散。形容军队溃败逃散或组织解体后，其成员四散而去，各奔东西。

望风披靡 wàngfēng-pīmǐ 风：风头，气势；披靡：草木随风倒伏的样子。○指远远看到对方的气势很盛，不经交锋就溃败了。也作“望风而靡”。

丢盔弃甲 diūkuī-qìjiǎ 盔：金属制的保护头部的作战用帽；甲：作战时护身的铠甲。○丢掉头盔，抛弃铠甲。形容打了败仗后狼狈逃跑。也作“丢盔卸甲”。

人仰马翻 rényǎng-mǎfān 人马都被打得仰翻在地。指在战斗中惨败。也形容乱得一塌糊涂，不可收拾。

片甲不留 piànjiǎ-bùliú 甲：古代打仗时穿的护身铠甲，代指将士。○一片铠甲也没留下。形容全军覆没。

落花流水 luòhuā-liúshuǐ 凋谢的落花随流水而去。形容暮春景象。也形容遭受惨败，残乱不堪的样子。

一败涂地 yībài-túdì 涂地：肝脑涂抹地面。○形容失败惨重，不可收拾。

8. 军威

其一

兵强马壮，万马奔腾，
气吞山河，风起云涌，
千军万马，排山倒海，
投鞭断流，气贯长虹。

兵强马壮 bīngqiáng-mǎzhuàng 兵：兵士。○形容军队富有战斗力。

万马奔腾 wànmǎ-bēnténg 像无数匹马奔腾跳跃。形容声势浩大，场面壮观或进展迅速。

气吞山河 qìtūnshānhé 气势能将山川河流吞咽下去。形容气魄宏大。

风起云涌 fēngqǐ-yúnyǒng 大风刮起，乌云像潮水一样涌动。形容事物不断涌现，发展迅速，声势浩大。

千军万马 qiānjūn-wànmǎ 成千上万的兵马。形容兵马很多或声势浩大。

排山倒海 páishān-dǎohǎi 排：推开；倒：翻倒。○推开大山，翻倒大海。形容来势猛，力量大，不可阻挡。

投鞭断流 tóubiān-duànliú 把马鞭子全部投入江中，就能把江水截断。形容兵强马壮，人多势众。

气贯长虹 qìguànchánghóng 贯：贯穿；虹：雨后天空出现的彩虹。○气势直冲天际，像贯穿天际的长虹。形容气势极其旺盛。

其二

先声夺人，气势磅礴，
雷霆万钧，气壮山河，
高歌猛进，威震天下。

先声夺人 xiānshēng-duórén 用兵时先用声威来挫伤对方的士气。比喻做事抢先一步。

气势磅礴 qìshì-pángbó 磅礴：盛大无边的样子。○形容气势雄伟盛大。

雷霆万钧 léitíng-wànjūn 霆：暴雷，霹雳；钧：古代重量单位，一钧合当时的三十斤。○形容威力巨大，不可阻挡。

气壮山河 qìzhuàng-shānhé 形容气概如高山大河般雄壮豪迈。

高歌猛进 gāogē-měngjìn 高声唱歌，勇猛前进。形容满怀激情、斗志昂扬地勇往直前。

威震天下 wēizhèn-tiānxià 威势震动天下。形容威势极盛。

9. 守卫

其一

以攻为守，坚壁清野，
固若金汤，牢不可破。

以攻为守 yǐgōngwéishǒu 以主动进攻达到防守的目的。

坚壁清野 jiānbì-qīngyě 坚壁：坚固壁垒；清野：清除四野，转移人口、物资。○对付强敌入侵的一种作战方法，使敌人既攻不下据点，又抢不到物资。

固若金汤 gùruòjīntāng 固：坚固；金：指金城，比喻坚固的城墙；汤：这里指防守严密的护城河。○坚固得像金城汤池。形容防御非常坚固，难以攻破。

牢不可破 láobùkěpò　牢：坚固。〇异常坚固，不可摧毁。也指人固执己见或保守旧习。

其二

金城汤池，坚不可摧，
铜墙铁壁，众志成城，
一夫当关，万夫莫开。

金城汤池 jīnchéng-tāngchí　金城：指金属铸的城墙，比喻坚固的城墙；汤池：沸水围成的护城河。〇形容坚固不易攻破的城防设施。

坚不可摧 jiānbùkěcuī　非常坚固，不可摧毁。

铜墙铁壁 tóngqiáng-tiěbì　比喻防御工事坚固，不可摧毁。也比喻理论、学说严谨，无懈可击。也作“铁壁铜墙”。

众志成城 zhòngzhì-chéngchéng　众志：众人的志愿；城：城墙。〇众人团结一致，力量有如坚固的城墙。指大家精诚团结，就能形成强大的力量，取得成功。

一夫当关，万夫莫开 yīfūdāngguān, wànfūmòkāi　当：把守。〇一人把守关隘，万人也难攻破。形容地势险要，易守难攻。

10. 混战

逐鹿中原，鹿死谁手？
争权夺利，明争暗斗，
寸土必争，赶尽杀绝，
针锋相对，争长论短。

逐鹿中原 zhúlù-zhōngyuán　逐：追赶；鹿：比喻政权；逐鹿：比喻争夺政权；中原：黄河中下游地区，泛指中国。〇比喻群雄并起，争夺天下。

鹿死谁手 lùsǐshuíshǒu　鹿：指猎取的对象，借指帝位。〇原指不知天下会落于何人之手。今多用以比喻大家共同争夺之物，最后会落于谁手，尚未成定数。

争权夺利 zhēngquán-duólì　指争夺权力和利益。

明争暗斗 míngzhēng-àndòu　表面上和暗地里都在进行争斗。指采用各种形式和手段争权夺利。

寸土必争 cùntǔ-bìzhēng　每一寸土地都要坚决争夺。形容决不退缩或让步。

赶尽杀绝 gǎnjìn-shājué　驱除干净，彻底消灭。形容对人残忍狠毒，不留余地。

针锋相对 zhēnfēng-xiāngduì　针锋：针尖。〇针尖对针尖。比喻言辞、观点、行动等尖锐对立。

争长论短 zhēngcháng-lùnduǎn　指争论是非对错。多指为一点小事争执不下。

11. 决战

决一雌雄，背城借一，
破釜沉舟，背水一战。

决一雌雄 juéyīcíxióng　雌雄：比喻高低、胜负。○指较量高低，决定胜负。

背城借一 bèichéng-jièyī　借一：借此一战。○背靠城墙，进行最后一战来决定胜败。指与敌人决一死战。也作“背城一战”。

破釜沉舟 pòfǔ-chénzhōu　釜：古代用来煮饭的大锅。○砸烂饭锅，凿沉渡船。比喻不留退路，下定决心干到底。

背水一战 bèishuǐ-yīzhàn　背：背向；背水：表示没有退路。○进行最后一次努力或拼搏。指决一死战。

12. 戍边

守土安民，寸土必争，
一草一木，金瓯无缺，
虎视眈眈，警惕狼子野心，
卧榻之侧，岂容他人鼾睡。

守土安民 shǒutǔ-ānmín　守卫国土，使百姓安定。

寸土必争 cùntǔ-bìzhēng　一小块土地都要争夺。形容决不退缩或让步。

一草一木 yīcǎo-yīmù　一棵草，一株树。比喻极其细微平常之物。

金瓯无缺 jīn'ōuwúquē　瓯：盆。○比喻国土完整。

虎视眈眈 hǔshì-dāndān　眈眈：注视的样子。○像老虎一样凶狠地注视着。形容心怀恶念，伺机下手。

狼子野心 lángzǐ-yěxīn　狼子：狼崽子。○狼崽子也有凶狠之心。比喻凶暴的人怀有险恶的野心。

卧榻之侧，岂容他人鼾睡 wòtàzhīcè, qǐróngtārénhānshuì　卧榻：床；侧：旁边；鼾睡：打着呼噜睡觉。○在自己的床边，哪能容许别人打着呼噜睡觉。比喻在自己的利益或势力范围内，不容许别人侵占。

第八章　疾医　神道

1. 健康

衣食无忧，别来无恙？
健步如飞，身强力壮。

衣食无忧 yīshí-wúyōu　吃穿不愁。指基本生活可以维持。

别来无恙 biéláiwúyàng　恙：病。○分别后没有生病吧。用作再次见面或写信时问候的话。

健步如飞 jiànbù-rúfēi　健步：脚有劲，走路快。○形容步伐矫健，走起路来像飞一样。

身强力壮 shēnqiáng-lìzhuàng　身体健壮，力气很大。

2. 疾病

其一

头重脚轻，头晕目眩，
头疼脑热，眼花缭乱，
神情恍惚，天旋地转。

头重脚轻 tóuzhòng-jiǎoqīng　上面重，下面轻。身体失去平衡，脚下无力。比喻轻重倒置，基础不稳固或各部分不协调。

头晕目眩 tóuyūn-mùxuàn　晕：头发昏；眩：眼睛昏花。○头脑发晕，眼睛昏花。

头疼脑热 tóuténg-nǎorè　疼：疼痛；热：发烧。○指人发生了小的病痛。

眼花缭乱 yǎnhuā-liáoluàn　缭乱：纷乱。○眼睛由于看到复杂纷繁的事物而感到迷乱。

神情恍惚 shénqíng-huǎnghū　形容心神不安，精神集中不起来。

其二

讳疾忌医，病入膏肓，
半身不遂，头昏脑胀。

讳疾忌医 huìjí-jìyī　讳：隐讳，避忌；忌：惧怕。○隐瞒病情，不愿医治。比喻掩饰自己的缺点、错误，不愿接受批评帮助。

病入膏肓 bìngrùgāohuāng　膏：古

代医学指心尖脂肪；肓：指心脏与膈膜之间，古人认为膏肓是药力很难达到的地方。○指疾病到了不可救药的地步。也比喻事态、形势非常严重，不可挽救。

半身不遂 bànshēn bùsuí　中医指身体一侧发生瘫痪，不能活动。

其三

晕头转向，气息奄奄，
身心交病，人命危浅。

晕头转向 yūntóu-zhuànxiàng　晕：头昏；转向：辨不清方向。○头脑昏晕，辨不清方向。形容糊里糊涂或惊慌失措。也形容事情太忙或环境、话题生疏而使人不知所措。

气息奄奄 qìxī-yǎnyǎn　气息：呼吸；奄奄：气息微弱的样子。○形容生命垂危，即将断气的样子。也形容事物临近没落或灭亡。

身心交病 shēnxīn-jiāobìng　交：一齐，同时。○身体和精神都处于很坏的状态。

人命危浅 rénmìng-wēiqiǎn　危：危急；浅：时间短。○指寿命已经很短，即将死亡或覆灭。

其四

弱不禁风，萎靡不振，
先天不足，瘦骨嶙峋，
身心交瘁，一息尚存。

弱不禁风 ruòbùjīnfēng　弱：瘦弱；禁：承受。○弱得禁不起风吹。形容体质娇弱。

萎靡不振 wěimǐ-bùzhèn　指意志消沉，精神不振。

先天不足 xiāntiān-bùzú　先天：人或动物的胚胎时期。○原指人或动物在胚胎时期的体质及营养状况都很差。后比喻事物的根基差。

瘦骨嶙峋 shòugǔ-línxún　嶙峋：原形容山石突兀、重叠，这里形容消瘦露骨。○形容消瘦得好像要露出骨头来。

身心交瘁 shēnxīn-jiāocuì　瘁：劳累。○指身体和精神都过度疲惫。

一息尚存 yīxī-shàngcún　一息：一口气；尚存：还存在。○还有一口气。指生命的最后时刻。

其五

神思恍惚，积劳成疾，
神魂颠倒，心力交瘁，
回光返照，不省人事。

神思恍惚 shénsī-huǎnghū　神情恍惚。

积劳成疾 jīláo-chéngjí　疾：病。○由于长期劳累而生病。

神魂颠倒 shénhún-diāndǎo　神：精神；魂：灵魂。○形容因动情或入迷而神智恍惚，心意不定。

心力交瘁 xīnlì-jiāocuì　交：一齐，同时；瘁：过度疲劳。○精神和体力都极度疲劳。

回光返照 huíguāng-fǎnzhào　太阳落到地平线以下时，由于光线反射作用，使天空短暂发亮。比喻病人临死前神志忽然清楚或精神短暂地兴奋。也比喻事物衰亡前短暂的繁荣兴旺。佛教指自我反省。

不省人事 bùxǐng-rénshì　省：知觉，懂得，明白；人事：人的意识对象。○指昏迷不醒，失去知觉。也指不懂得人情事理。

其六

病从口入，水土不服，
蒙头转向，昏头昏脑，
鼻青脸肿，伤筋动骨，
昏昏欲睡，精神恍惚。

病从口入 bìngcóngkǒurù　指致病的原因，多在于饮食不慎。

水土不服 shuǐtǔ-bùfú　水土：指一个地方的自然环境和气候条件；不服：不习惯。○指人对一个新的自然环境、饮食等不太适应。

蒙头转向 mēngtóu-zhuànxiàng　蒙：昏迷。○形容头脑发昏，分辨不清方向。

昏头昏脑 hūntóu-hūnnǎo　形容头脑昏沉，不清醒，迷迷糊糊。

鼻青脸肿 bíqīng-liǎnzhǒng　形容因跌打、磕碰而头部面部伤势很重。也比喻碰钉子或受责备而丢面子。

伤筋动骨 shāngjīn-dònggǔ　筋骨受伤。原指身体受到重伤。后比喻事物受到重大损害或做大的改动。

昏昏欲睡 hūnhūnyùshuì　昏昏沉沉想睡觉。形容非常疲倦或提不起精神。

精神恍惚 jīngshén-huǎnghū　精神：神志，心神。○指神志不清，注意力不集中。

其七

人生在世，生老病死，
病来如山倒，病去如抽丝，
旧病复发，病急乱投医，
骨瘦如柴，久病成医。

人生在世 rénshēngzàishì　人生活在这个世界上。

生老病死 shēnglǎobìngsǐ　佛教以生、老、病、死为人生四苦。泛指生育、养老、医疗、殡葬等人生重大的生活事件。

病来如山倒,病去如抽丝 bìng lái rú shān dǎo, bìng qù rú chōu sī　抽丝：抽茧取丝，比喻缓慢。○生病就像大山倒塌一样既猛又快，而治好病却像抽茧取丝一样缓慢。常用以劝慰人要安心治病、养病。

旧病复发 jiùbìng-fùfā　指旧有的疾病又发作了。也比喻老毛病、旧缺点又犯了。

病急乱投医 bìng jí luàn tóu yī 病势危重，到处乱找医生。比喻事情危急时顾不得选择对象，盲目求援。

骨瘦如柴 gǔshòurúchái 瘦得如同柴棒。形容人非常消瘦。

久病成医 jiǔbìngchéngyī 患病久了，也像医生一样熟悉医理药性。比喻对某方面的事情经历多了，有实践经验，时间久了可以成为内行。

3. 衰老

老气横秋，有气无力，
面黄肌瘦，弱不胜衣，
老态龙钟，朝不保夕，
风烛残年，奄奄一息。

老气横秋 lǎoqì-héngqiū 原形容老练而自负的神态。现多形容暮气沉沉、没有朝气的样子。

有气无力 yǒuqì-wúlì 形容身体虚弱，没有力气。也形容精神不振作。

面黄肌瘦 miànhuáng-jīshòu 脸色发黄，身体消瘦。形容饥饿或有病的样子。

弱不胜衣 ruòbùshèngyī 胜：承受，支撑。○虚弱得好像连衣服都承受不起。形容体质极端单薄虚弱。

老态龙钟 lǎotài-lóngzhōng 龙钟：行动不便的样子。○形容年老体衰，行动不灵活。

朝不保夕 zhāobùbǎoxī 朝：早晨；夕：傍晚。○形容形势很危急。也形容生活十分困窘，连一天都不容易熬过去。

风烛残年 fēngzhú-cánnián 风烛：风中摇晃着光亮的灯烛；残年：残余的晚年。○形容人的晚年像风中摇晃着光亮的灯烛，生命力脆弱。

奄奄一息 yǎnyǎn-yīxī 奄奄：形容气息微弱；息：呼吸时进出的气。○气息微弱到只剩下一口气。形容生命垂危。也比喻事物即将消亡或毁灭。

4. 受伤

遍体鳞伤，满目疮痍，
创巨痛深，体无完肤。

遍体鳞伤 biàntǐ-línshāng 鳞伤：伤痕像鱼鳞一样密。○浑身布满像鱼鳞那样多而密的伤痕。形容伤势很重。

满目疮痍 mǎnmù-chuāngyí 疮、痍：创伤。○眼里看到的全是创伤。比喻到处都是遭受严重破坏后的残破景象。也作“疮痍满目”。

创巨痛深 chuāngjù-tòngshēn 创：创伤。○伤口很大，痛得厉害。比喻遭受重大的伤害，非常痛苦。

体无完肤 tǐwúwánfū 完：完好；肤：皮肤。○浑身没有一块完好的皮肤。形容全身都是伤。也比喻被驳斥、责骂、批评或抨击得厉害，或文章被删改得厉害。

5. 名医

其一

悬壶济世，治病救人，
手到病除，着手成春，
仁心仁术，药到病除，
华佗再世，妙手回春，
疑难杂症，标本兼治。

悬壶济世 xuánhú-jìshì　壶：同“葫”，即葫芦，古代用以盛药；悬壶：古代药店悬挂葫芦作为标志。〇指以医技普济世人。

治病救人 zhìbìng-jiùrén　治疗疾病，挽救病人。比喻恳切地批评别人的缺点错误，帮助改正。

手到病除 shǒudào-bìngchú　除：去掉。〇一伸手诊脉，病就去掉了。形容医术高明。也比喻工作能力强，解决问题快。

着手成春 zhuóshǒuchéngchūn　着手：动手。〇原指写诗清新自然，一动手便呈现春意。后常用以称赞医生医术高明。

仁心仁术 rénxīn-rénshù　称颂医生医德高尚，医术高明。

药到病除 yàodào-bìngchú　服了药，病就好了。形容医术高明，药效好。

华佗再世 huàtuó zàishì　华佗：汉末医学家，医术全面，尤精外科；再世：死了的人又回到世上。〇华佗又回到世上。用于称颂人医术高明。

妙手回春 miàoshǒu-huíchūn　妙手：指技能高超的人；回春：使春天重返，比喻将濒于死亡的人救活。〇形容医术高明，能使危重病人痊愈。

疑难杂症 yínán-zázhèng　难以诊断、治疗的疑杂病症。比喻难以理解或难以解决的问题。

标本兼治 biāoběn-jiānzhì　对事物的枝节和根本都加以治理。

其二

延年益寿，对症下药，
返老还童，灵丹妙药。

延年益寿 yánnián-yìshòu　延：延长；益：增加。〇表示延长寿命，增加岁月。

对症下药 duìzhèng-xiàyào　症：病症。〇针对病情开方用药。比喻针对问题所在而采取有效措施。

返老还童 fǎnlǎo-huántóng　返：回；还：回复原来的状态。〇形容老年人恢复了青春，重新充满活力或有了童心。

灵丹妙药 língdān-miàoyào　灵：灵验；丹：按成方制成的颗粒状或粉末状的中药。〇灵验有效的丹药，可以治百病。比喻能解决一切问题的办法。

其三

鹤发童颜，老当益壮，

起死回生，救死扶伤，
扶正祛邪，身轻体健。

鹤发童颜 hèfà-tóngyán 鹤发：头发像鹤的羽毛那样白；童颜：儿童般红润的面色。○头发像白鹤的羽毛一样，脸色却像儿童。形容老年人气色好，精神健旺。

老当益壮 lǎodāngyìzhuàng 当：应该；益：更加；壮：雄壮。○年纪虽大但志气更加壮盛。

起死回生 qǐsǐ-huíshēng 把快要死的人救活。形容医术非常高明或技术精湛。也比喻能挽救看来没有希望的事物。

救死扶伤 jiùsǐ-fúshāng 扶：扶助。○抢救生命垂危的人，照顾受伤的人。

扶正祛邪 fúzhèng-qūxié 祛：去除。○扶持正气，除去邪风。

身轻体健 shēnqīng-tǐjiàn 身体健康，行动敏捷。

6. 庸医

头痛医头，脚痛医脚，
庸医杀人，误人自误。

头痛医头，脚痛医脚 tóutòng-yītóu, jiǎotòng-yījiǎo 只医治疼痛的部位，不追究病根。比喻问题出在什么地方就在什么地方解决。也比喻对问题不从全局考虑，不从根本上解决，只是就事论事，从枝节上应付。

庸医杀人 yōngyī-shārén 庸医：医术低劣的医生。○指医术低劣的医生由于错误的诊治而致人死亡。

误人自误 wùrén-zìwù 害了别人，也害了自己。

7. 鬼怪

其一

牛鬼蛇神，魑魅魍魉，
青面獠牙，虾兵蟹将，
凶神恶煞，大显神通，
含沙射影，兴风作浪。

牛鬼蛇神 niúguǐ-shéshén 长有牛头的鬼，身体像蛇的神。泛指各种奇形怪状的鬼神或虚幻怪诞的景象。后多比喻形形色色的坏人。

魑魅魍魉 chīmèi-wǎngliǎng 魑魅：古代传说中的山精；魍魉：传说中的水怪。○比喻各种各样的坏人。

青面獠牙 qīngmiàn-liáoyá 青面：泛青色的脸；獠牙：露在嘴外面的长牙。○形容面目凶恶狰狞。

虾兵蟹将 xiābīng-xièjiàng 指古代神怪小说里海龙王手下的兵将。也比喻恶人的帮凶或不中用的头目、喽啰。

凶神恶煞 xiōngshén-èshà 煞：凶恶的神。○原指凶恶的神灵。后比喻非常凶恶的人。也形容人凶恶可怕的样子。

大显神通 dàxiǎn-shéntōng 神通：佛教用语，指无所不能的力量，现泛指高超的本领。○指充分显示出高超的本领。

含沙射影 hánshā-shèyǐng 传说水中有一种叫蜮的怪物，能喷沙子射人，射中的人会得病。比喻暗中诽谤、陷害人。

兴风作浪 xīngfēng-zuòlàng 兴：掀起；作：制造。○原指妖魔掀起风浪。现比喻煽动挑拨，制造事端。

其二

三头六臂，呼风唤雨，
兴妖作怪，群魔乱舞，
煽风点火，乌烟瘴气。

三头六臂 sāntóu-liùbì 原指佛的法相。后比喻超凡的本领。

呼风唤雨 hūfēng-huànyǔ 唤：召唤。○神仙、道士有能刮风下雨的法术。多指有非凡的本领。也比喻进行煽动性活动，制造某种局面。

兴妖作怪 xīngyāo-zuòguài 原指妖魔作乱害人。后比喻坏人挑起事端，暗中破坏、捣乱。

群魔乱舞 qúnmó-luànwǔ 成群的魔鬼乱蹦乱跳。比喻坏人成群结伙，公开作恶。也比喻一群人丑态百出。

煽风点火 shānfēng-diǎnhuǒ 比喻煽动或唆使人闹事。

乌烟瘴气 wūyān-zhàngqì 瘴气：热带山林中的一种有害的湿热空气。○被乌黑的烟所笼罩的环境，并充满瘴疠气息。形容环境嘈杂、秩序混乱、气氛恶浊或社会黑暗。

8. 神仙

八仙过海，各显神通，
腾云驾雾，变化无穷，
扭转乾坤，神通广大。

八仙过海，各显神通 bāxiān-guòhǎi, gèxiǎn-shéntōng 八仙：民间传说中的八位神仙，即汉钟离、张果老、吕洞宾、李铁拐、韩湘子、曹国舅、蓝采和、何仙姑；神通：原为佛教用语，指无所不能的能力。○比喻各自拿出自己的本领和长项，互相竞赛。

腾云驾雾 téngyún-jiàwù 乘着云，驾着雾。指在空中飞行。

变化无穷 biànhuà-wúqióng 穷：穷尽。○变化多种多样，没有穷尽。

扭转乾坤 niǔzhuǎn-qiánkūn 扭转：纠正或改变事物的发展方向或目前的状况；乾坤：象征天地、阴阳等。○比喻从根本上改变已经形成的局面。

神通广大 shéntōng-guǎngdà 神通：佛教用语，指神秘莫测的能力或无所不能的本领。○原指法术广大无边。后形容本领极大，办法极多。

9. 命运

其一

应运而生，事过境迁，
鹏程万里，时来运转。

应运而生 yìngyùn'érshēng　应运：原指应天命，后指顺应时机。〇原指顺应天命而生。现指顺应时代需要而出现。

事过境迁 shìguò-jìngqiān　境：境况；迁：改变。〇事情过去了，环境也改变了。

鹏程万里 péngchéng-wànlǐ　鹏：传说中的大鸟，能乘风直上九万里。〇比喻前程远大。

时来运转 shílái-yùnzhuǎn　时：时机；运：命运。〇时机到来，运气好转。指本来处境不利，碰到机遇后，开始由逆境转为顺境。

其二

天官赐福，命中注定，
因祸得福，三生有幸。

天官赐福 tiānguān-cìfú　天官：道教奉天、地、水为三神，也叫三官，天官是三官之一。〇旧时用来祈福消灾的吉利话。泛指上天赐福。

命中注定 mìngzhōngzhùdìng　迷信的人认为，人的生死、贫富和一切遭遇都是命中注定的。

因祸得福 yīnhuò-défú　不幸遭祸，反而得福。多指对祸患处理得当，或因某些意外的原因，坏事变成了好事。

三生有幸 sānshēng-yǒuxìng　三生：佛教语，指前生、今生和来生；有幸：幸运。〇三世都很幸运。形容极为难得的好机遇。多为结识新朋友时说的客套话。

其三

生不逢时，时乖命蹇，
时运不济，命途多舛。

生不逢时 shēngbùféngshí　指时运不佳，没有遇上好时机。

时乖命蹇 shíguāi-mìngjiǎn　时：时机；命：命运；乖、蹇：不顺利。〇时运不济，命运不好。指处境艰难，诸事不顺。也作“时乖命舛”。

时运不济 shíyùn-bùjì　时运：运气，命运。〇指命运不好，遇到逆境。

命途多舛 mìngtú-duōchuǎn　命途：命运之途；舛：不顺、不幸。〇指经历坎坷，多灾多难。

其四

死生有命，富贵在天，
安分守己，随遇而安。

死生有命，富贵在天 sǐshēng-yǒumìng, fùguì-zàitiān　指死生富贵均由天意

注定。

安分守己 ānfèn-shǒujǐ 分：本分；己：指自己的活动范围。○原指安于命定的本分或现状。现指安守本分，规矩老实。

随遇而安 suíyù'ér'ān 随：顺从；遇：遭遇，境遇；安：安然，满足。○指不管在什么环境条件下，都能安然自得，泰然处之。

10. 拜佛

流年不利，求神拜佛，
吉人天相，阿弥陀佛。

流年不利 liúnián-bùlì 流年：一年的运气。○指人长年处于不吉利的状态。

求神拜佛 qiúshén-bàifó 指祈求神仙和佛祖保佑。

吉人天相 jírén-tiānxiàng 吉人：好人，善人；相：保佑。○好人自有天助。多用作对别人患病或遇到困难、不幸时的安慰语。

阿弥陀佛 ēmítuófó 西方极乐世界的教主。在寺院的佛殿中，此佛常与释迦牟尼佛、药师佛塑像并坐，称为三尊。信佛的人用作颂语，表示祈求或感谢佛的保佑。

11. 祈祷

念念有词，自言自语，
毕恭毕敬，心悦诚服，
顶礼膜拜，五体投地。

念念有词 niànniàn-yǒucí 念念：诵读，不停地念诵。○旧指僧人道士不停地念经念咒。现指低声自语，或含糊不清地说个不停。

自言自语 zìyán-zìyǔ 自己跟自己说话。

毕恭毕敬 bìgōng-bìjìng 恭、敬：端庄而有礼貌。○形容极为恭敬。也作“必恭必敬”。

心悦诚服 xīnyuè-chéngfú 悦：喜悦，愉快；诚：真心；服：服气，佩服。○由衷地高兴，真心地服从。指真心实意地服从或佩服。

顶礼膜拜 dǐnglǐ-móbài 顶礼：行礼时五体投地，用头叩拜在所崇敬的人的脚下；膜拜：两手加额，长跪而拜。○指对人极端崇拜。

五体投地 wǔtǐ-tóudì 五体：指双膝、双肘和头部。○双膝双肘和头部同时着地，是古代印度九等致敬仪式中最恭敬的礼节，佛教沿用。形容佩服到了极点。含诙谐义。

第九章　言语

1. 口才

其一

出口成章，语惊四座，
妙语连珠，滔滔不绝，
能言善辩，口若悬河，
三寸之舌，滴水不漏。

出口成章 chūkǒu-chéngzhāng　章：文章。○话一出口就能成为一篇文章。形容口才好或文思敏捷。

语惊四座 yǔjīng-sìzuò　四座：周围在座的人。○形容发言独特、新奇，使人震惊。

妙语连珠 miàoyǔ-liánzhū　美妙精彩的妙语警句很多，像成串的珠子接连不断。形容语言非常精彩。

滔滔不绝 tāotāo-bùjué　滔滔：大水滚滚流动的样子。○像流水一样不间断。多形容说话很多，连续不断。

能言善辩 néngyán-shànbiàn　善辩：擅长辩论。○指人很会说话，善于辩论。形容口才非常好。

口若悬河 kǒuruòxuánhé　悬河：瀑布。○说话滔滔不绝，像河水倾泻一样。形容能说善辩，话语不断。

三寸之舌 sāncùnzhīshé　指口头表达能力强，能说会道。也作“三寸不烂之舌”。

滴水不漏 dīshuǐ-bùlòu　一滴水也不漏出来。形容说话、做事细致周密，无隙可乘。

其二

金口玉言，辩才无碍，
精诚所至，金石为开。

金口玉言 jīnkǒu-yùyán　金、玉：形容很珍贵。○旧指皇帝说的话。现泛指尊贵人说的话不可改变。

辩才无碍 biàncái-wú'ài　辩才：辩论的才能；碍：阻滞，不流畅。○原为佛家语，指菩萨为人说法，义理圆通，言辞流利。后泛指口才好，能言善辩。

精诚所至，金石为开 jīngchéngsuǒzhì,

jīnshíwéikāi　人的诚心所达到的效果，能感动天地，使金石为之开裂。

其三

金声玉振，言为心声，
满腹经纶，谈笑风生，
亦庄亦谐，饶有风趣，
言简意赅，娓娓动听。

金声玉振 jīnshēng-yùzhèn　金、玉：指钟和磬。○譬如奏乐，开头以金钟发声，末尾以玉磬收韵，集众音之大成。比喻才学精妙卓绝。

言为心声 yánwéixīnshēng　言：言语；为：是；心声：内心的声音。○指言语是内心情感和思想的表达。

满腹经纶 mǎnfù-jīnglún　经纶：整理过的蚕丝，比喻规划、治理国家的才能、本领。○形容人有才学，有治理国家的才能。

谈笑风生 tánxiào-fēngshēng　风生：形容谈话时兴致勃勃十分活跃。○形容谈话时有说有笑，兴致很高且有风趣。

亦庄亦谐 yìzhuāngyìxié　指说话或文章，既庄重又诙谐。

饶有风趣 ráoyǒufēngqù　饶有：富有；风趣：有趣味，常指幽默或诙谐的趣味。○指很有风趣。

言简意赅 yánjiǎn-yìgāi　简：简洁，简练；赅：完备。○言语文字不多，而意思却很完备。

娓娓动听 wěiwěi-dòngtīng　娓娓：说话连续不断。○形容善于说话，说得生动，使人爱听。

2. 言谈

其一

不容置喙，有言在先，
弦外之音，无可讳言，
无庸赘述，言归正传。

不容置喙 bùróng-zhìhuì　容：容许；置：放置；喙：鸟兽尖长形的嘴，这里比喻人的嘴。○不给别人开口分辩的机会，不容许插嘴。

有言在先 yǒuyán-zàixiān　先：前头，前面。○有话说在前面。指事先打招呼。

弦外之音 xiánwàizhīyīn　弦：乐器上发音的丝线。○原指音乐的余音。后比喻言外之意，即在话里或文章里并没有明说而间接透露出来的意思。

无可讳言 wúkě-huìyán　讳言：有顾忌，不敢说或不愿说。○没有什么不可以照直讲出来的。指可以坦率地说。

无庸赘述 wúyōng-zhuìshù　无庸：不用，不必；赘述：多余地叙述。○不必多余地叙述。

言归正传 yánguīzhèngzhuàn　归：回到；正传：本题或正题。○把话说到正题上来。原为旧时小说常用的套语。

其二

酣畅淋漓，豪言壮语，
一言以蔽之，勿谓言之不预。

酣畅淋漓 hānchàng-línlí 酣畅：饮酒尽兴；淋漓：痛快尽兴的样子。○形容心情极其畅快。也形容诗文、书画流畅，人物刻画或感情抒发很充分。

豪言壮语 háoyán-zhuàngyǔ 豪放而充满英雄气概的语言。

一言以蔽之 yī yán yǐ bì zhī 一言：一句话；蔽：遮，引申为概括。○用一句话来概括。

勿谓言之不预 wù wèi yán zhī bù yù 勿：不要；谓：说；预：预先。○不要说没有事先告诉。指有言在先。

其三

简明扼要，极而言之，
无可非议，不可含糊其词，
人言可畏，敬而远之。

简明扼要 jiǎnmíng-èyào 扼要：抓住要点。○指说话、写文章简单明了，能抓住要点。

极而言之 jí'éryánzhī 从最极端的情况来说。

无可非议 wúkě-fēiyì 非议：责备，批评。○没有什么可责备的。

含糊其词 hán · huqící 含糊：不清楚，不明确；词：言辞。○故意把话说得含含糊糊、不清楚。

人言可畏 rényán-kěwèi 人言：别人的议论，指流言飞语；可畏：可怕。○指在背后造谣诬蔑的流言飞语很可怕。

敬而远之 jìng'éryuǎnzhī 之：代词，指对象。○尊敬某人，却不接近他。指不得罪某人，又跟他保持一定的距离。

3. 空谈

高谈阔论，纸上谈兵，
能说会道，言不由衷，
口坠天花，空谈误国。

高谈阔论 gāotán-kuòlùn 原指见解高超、内容广泛地谈论或漫无边际地聊天。后多指空泛不切实际地谈论。

纸上谈兵 zhǐshàng-tánbīng 兵：打仗，军事。○在纸面上谈论用兵打仗。比喻只凭书本知识夸夸其谈，不能解决实际问题。也比喻空谈不能变为现实。

能说会道 néngshuō-huìdào 道：说，讲。○形容人口才好，会说话。

言不由衷 yánbùyóuzhōng 由：从；衷：内心。○说的话不是发自内心。指心口不一。

口坠天花 kǒuzhuìtiānhuā 比喻说话非常动听，但浮夸不切实际。

空谈误国 kōngtán-wùguó 空谈理论，不联系实际，是会贻误国家大事的。

4. 闲聊

其一

谈天说地，耸人听闻，
伶牙俐齿，谈古论今，
振振有词，插科打诨，
不堪言状，一言难尽。

谈天说地 tántiān-shuōdì 天上地下，什么都谈。形容话题很广泛。

耸人听闻 sǒngréntīngwén 耸：惊动。○指夸大或捏造事实，使人听了感到震惊。

伶牙俐齿 língyá-lìchǐ 伶、俐：聪明，灵活。○形容能说会道，善于应对。

谈古论今 tángǔ-lùnjīn 从古到今，无所不谈。形容谈话内容十分广泛。

振振有词 zhènzhèn-yǒucí 振振：理直气壮的样子。○自认为理由很充分，说个不停。

插科打诨 chākē-dǎhùn 科：古代戏曲中剧中人的表情和动作；诨：诙谐逗趣的道白。○指戏曲演员在表演中穿插些引人发笑的动作和道白。泛指开玩笑，逗趣。

不堪言状 bùkān-yánzhuàng 指情况令人十分厌恶，难以对人说。

一言难尽 yīyán-nánjìn 尽：穷尽，完结。○一句话难以把意思说完。形容事情曲折复杂。

其二

打情骂俏，说长道短，
千言万语，家长里短。

打情骂俏 dǎqíng-màqiào 情：风情；俏：风趣，玩笑。○指用假意打打骂骂轻佻的言语、动作勾引挑逗。多指男女间调情。

说长道短 shuōcháng-dàoduǎn 长：优点；短：缺点。○议论别人的是非好坏。也指聊天，闲谈。

千言万语 qiānyán-wànyǔ 指言语极多。常用于形容心中要说的话很多。

家长里短 jiācháng-lǐduǎn 里：邻里。○指日常生活琐事。

其三

绘声绘色，娓娓动听，
巧舌如簧，哗众取宠。

绘声绘色 huìshēng-huìsè 绘：描绘，描摹。○把人物的声音、神色都描绘出来。形容叙事、描写生动逼真。

娓娓动听 wěiwěi-dòngtīng 娓娓：

说话连续不断。○形容善于说话，说得生动，使人爱听。

巧舌如簧 qiǎoshé-rúhuáng　巧舌：指虚伪动听的话；簧：乐器里发声的薄片。○舌头灵巧得像簧片一样。形容花言巧语，说得非常动听。

哗众取宠 huázhòng-qǔchǒng　哗：喧哗；哗众：使众人兴奋地喧闹起来；取：得到；宠：喜欢。○形容故意卖弄言辞、才能，以取悦大众。

5. 瞎说

道听途说，不经之谈，
痴人说梦，海外奇谈，
窃窃私语，无稽之谈，
街谈巷议，泛泛而谈。

道听途说 dàotīng-túshuō　道、途：路。○指在路上听来的话，未经证实又转告他人。多指没有事实根据的传言。

不经之谈 bùjīngzhītán　经：经典，指可以作为思想行动准则的著作，也指通常的道理。○指没有根据、荒唐无稽的话。

痴人说梦 chīrén-shuōmèng　痴：傻。○原指对着傻人不可说梦话，怕傻人信以为真。后指凭着自己的荒唐想象胡言乱语。

海外奇谈 hǎiwài-qítán　海外：中国以外；奇谈：奇怪的言论。○指稀奇古怪的谈论或传说。

窃窃私语 qièqiè-sīyǔ　窃窃：私语的样子。○私下里小声说话。

无稽之谈 wújīzhītán　稽：查考。○指没有根据、无从查考的说法。

街谈巷议 jiētán-xiàngyì　指人们在街头巷尾闲谈议论。也指街头巷尾人们的言论。

泛泛而谈 fànfàn'értán　泛泛：不深，浮浅。○肤浅地讲出看法。指讲话或写文章不深刻。

6. 议论

其一

议论纷纷，品头论足，
以讹传讹，胡言乱语，
对答如流，脱口而出。
鹦鹉学舌，花言巧语，
喋喋不休，喧宾夺主。

议论纷纷 yìlùn-fēnfēn　纷纷：多而杂乱。○形容意见、观点不一，多而杂乱。

品头论足 pǐntóu-lùnzú　品：评论。○原指随意议论妇女的容貌体态。现泛指对人或事多方挑剔，随意评论。也作“评头论足”“评头品足”。

以讹传讹 yǐ'échuán'é　讹：谬误。○把本来错误的东西又错误地传开去，越传越错。

胡言乱语 húyán-luànyǔ　毫无根据地随意乱说。

对答如流 duìdá-rúliú　对答：回答。○答话像水流一样迅速、流畅。形容人思维敏捷，口才好。

脱口而出 tuōkǒu'érchū　不加思索，随口说出。形容说话不慎重。也形容才思敏捷，可以对答如流。

鹦鹉学舌 yīngwǔ-xuéshé　鹦鹉学人说话，别人怎么说，就跟着怎么说。比喻没有主见。含贬义。

花言巧语 huāyán-qiǎoyǔ　原指辞藻华丽、铺张修饰而无实际内容的言语或文辞。现多指用来骗人的虚伪动听的谎言。

喋喋不休 diédié-bùxiū　喋喋：话多的样子。○唠唠叨叨，说个没完。

喧宾夺主 xuān bīn duó zhǔ　喧：吵吵嚷嚷；夺：压制，盖过。○客人的声音比主人的还要大。比喻外来的或次要的事物占据了原有的或主要的事物的位置。

其二

七嘴八舌，说三道四，
人多嘴杂，说东道西，
真假难辨，良莠不齐。

七嘴八舌 qīzuǐ-bāshé　形容人多嘴杂，议论纷纷。

说三道四 shuōsān-dàosì　指乱发议论。

人多嘴杂 rénduō-zuǐzá　形容谈论的人多，就会说法不一。也形容人多，说什么的都有，易生事端。也作“人多口杂”。

说东道西 shuōdōng-dàoxī　指说这谈那，信口议论各种事情。

真伪莫辨 zhēnwěi-mòbiàn　伪：假；莫：不。○指分辨不清真假。也作“真假难辨”。

良莠不齐 liángyǒu-bùqí　莠：狗尾草，比喻坏人。○比喻好的和坏的混杂在一起。也作“良莠不一”。

7. 谣言

其一

小道消息，道听途说，
造谣惑众，摇唇鼓舌，
造谣生事，流言止于智者。

小道消息 xiǎodào-xiāoxī　指非正式途径传播的消息

道听途说 dàotīng-túshuō　道、途：路。○指在路上听来的话，未经证实又转告他人。多指没有事实根据的传言。

造谣惑众 zàoyáo-huòzhòng　惑：迷惑。○制造谣言，迷惑众人。

摇唇鼓舌 yáochún-gǔshé　摇、鼓：耍弄。○摇动嘴唇，大发议论。指利用口才煽动、挑拨、游说。也指卖弄口才。

造谣生事 zàoyáo-shēngshì　事：事端。○捏造谣言，挑起事端。

流言止于智者 liúyán zhǐ yú zhìzhě 流言：到处流传的没有根据的话。○没有根据的话经不起分析，传到有头脑的人那里就不能再流传了。

其二

造谣中伤，蛊惑人心，
妖言惑众，别有用心。

造谣中伤 zàoyáo-zhòngshāng 中伤：通过诬蔑来伤害人。○捏造谣言，陷害别人。

蛊惑人心 gǔhuò-rénxīn 蛊：毒虫；蛊惑：煽动迷惑。○指用欺骗、引诱等手段迷惑人，使人上当。

妖言惑众 yāoyán-huòzhòng 妖言：荒诞怪异的邪说；惑：迷乱。○用谎言邪说欺骗蛊惑群众。

别有用心 biéyǒu-yòngxīn 用心：居心，打算。○心中另有打算。指心里藏着坏主意或不可告人的企图。

其三

凭空捏造，空穴来风，
天方夜谭，闲言碎语，
不胫而走，满城风雨。

凭空捏造 píngkōng-niēzào 毫无根据地虚构、编造。

空穴来风 kōngxué-láifēng 空穴：门户的洞隙。○比喻事情不会凭空而来，必有其因。现多指消息和传言毫无根据。

天方夜谭 tiānfāng-yètán 天方：我国古代对阿拉伯地区的称呼；谭：通“谈”；夜谭：夜晚讲的故事。○原为阿拉伯民间故事集《一千零一夜》的译名，因书中故事离奇古怪，后用以比喻虚诞夸饰的说法。

闲言碎语 xiányán-suìyǔ 唠叨些与正事无关的话。也指在人背后说的搬弄是非的话。

不胫而走 bùjìng'érzǒu 胫：小腿；走：跑。○没有腿却能跑。比喻事物不待宣传、推行，就迅速地传播流行。

满城风雨 mǎnchéng-fēngyǔ 满城都是秋风秋雨。原指重阳节前的秋天景色。后比喻消息一经传出，引起轰动，到处议论纷纷。

8. 不说

其一

长吁短叹，骨鲠在喉，
噤若寒蝉，吞吞吐吐，
守口如瓶，天机不可泄露。

长吁短叹 chángxū-duǎntàn 长一声短一声地叹气。形容人在忧愁苦闷中的一种状态。

骨鲠在喉 gǔgěngzàihóu 骨鲠：鱼骨鱼刺。○鱼刺卡在喉咙里。比喻有话憋在心里没有说出来，非常难受。

噤若寒蝉 jìnruòhánchán 噤：闭口不出声；蝉：一种昆虫，也叫知了。〇像深秋的蝉，因寒冷而不再鸣叫。比喻不敢说话。

吞吞吐吐 tūntūn-tǔtǔ 形容说话有顾虑，想说又不敢直说的样子。也指说话含混不清。

守口如瓶 shǒukǒu-rúpíng 守口：紧闭着嘴不讲话。〇闭嘴不说，像瓶口塞紧一般。形容说话谨慎或严守秘密。

天机不可泄露 tiānjī bù kě xièlòu 天机：上天的奥秘。〇原指只有天才知道的事。后指对于机密之事，事前不可透露。

其二

语焉不详，语无伦次，
张口结舌，支吾其词，
三缄其口，言多必失。

语焉不详 yǔyān-bùxiáng 语：说；焉：代词，指说的内容。〇虽然谈到了，但说得不详细。

语无伦次 yǔwúlúncì 伦、次：条理，次序。〇说话毫无条理，言辞颠三倒四。

张口结舌 zhāngkǒu-jiéshé 结舌：指舌头动不了。〇嘴巴张着却说不出来。指理屈词穷或因害怕、紧张、惊恐等原因而一时说不出话来。

支吾其词 zhīwúqící 支吾：说话含糊搪塞。〇说话含糊，试图掩饰实情。

三缄其口 sānjiānqíkǒu 缄：封闭。〇嘴上贴了几张封条。形容说话极为谨慎，不轻易开口。

言多必失 yánduō-bìshī 言：话；必：一定。〇话说多了一定会出现错误。

其三

无可奉告，寡言少语，
王顾左右而言他，三言两语。

无可奉告 wúkě-fènggào 奉告：敬辞，即告诉。〇没有什么可以告诉的。

寡言少语 guǎyán-shǎoyǔ 指说话很少。

王顾左右而言他 wáng gù zuǒyòu ér yán tā 王：指齐宣王；顾：指回头看；他：指其他。〇原指齐宣王左右张望，避开正题而去谈别的事。后指故意岔开话题，回避难以答复的问题。

三言两语 sānyán-liǎngyǔ 三、两：泛指少数。〇很少的几句话。

9. 劝导

老生常谈，借题发挥，
唇焦舌敝，苦口婆心，
知无不言，言无不尽，

忠言逆耳，直言不讳，
动之以情，晓之以理。
振聋发聩，大声疾呼，
药石之言，良药苦口，
一语破的，感人肺腑。

老生常谈 lǎoshēng-chángtán 老书生经常发表的平凡议论。比喻说过的并无新意的老话。

借题发挥 jiètí-fāhuī 假借某事为题目做文章，表达自己的真正意图或发表与此事无关的议论。也指假借某事为由，去做另外的事。

唇焦舌敝 chúnjiāo-shébì 焦：干燥；敝：破裂。○嘴唇干了，舌头破了。形容费尽口舌。

苦口婆心 kǔkǒu-póxīn 苦口：反复规劝；婆心：像老太太那样仁慈善良的心肠。○形容出于好心好意而不辞烦劳地反复规劝。

知无不言，言无不尽 zhīwúbùyán, yánwúbùjìn 只要是自己知道的，就没有不说的；只要说，就没有不说完的。指毫不保留地说出自己的看法。

忠言逆耳 zhōngyán-nì'ěr 忠言：诚恳劝告的话；逆耳：不顺耳。○诚恳正直的劝告，听起来很不舒服，不容易被接受。

直言不讳 zhíyán-bùhuì 直：直爽，坦率；讳：隐讳，避忌。○指说话直率，无所忌讳。

动之以情，晓之以理 dòngzhīyǐqíng, xiǎozhīyǐlǐ 用真情打动对方，用道理说服对方。

振聋发聩 zhènlóng-fākuì 发：开启；聩：耳聋。○发出的声音很大，使耳聋的人也能听到。比喻用言论文章使糊涂的人精神上受到震动而清醒过来。

大声疾呼 dàshēng-jíhū 疾：急。○大声呼喊。指呼吁别人援助或引起人们的注意或警觉。

药石之言 yàoshízhīyán 药石：古时指药和治病的石针。○比喻诚意规劝他人改过的良言。

良药苦口 liángyào-kǔkǒu 良药苦口利于病，忠言逆耳利于行。

一语破的 yīyǔ-pòdì 的：箭靶的中心。○一句话就说中了要害。

感人肺腑 gǎnrén-fèifǔ 肺腑：指内心深处。○指使人深受感动。

10. 辩论

其一

不平则鸣，大放厥词，
姑妄听之，姑妄言之。

不平则鸣 bùpíngzémíng 则：就；鸣：发出声音，指有所抒发或表示。○多指遇到不公平的事情，就发出不满或愤慨的声音。

大放厥词 dàfàng-juécí 厥：其；词：辞藻。○原指极力铺陈辞藻。后多指夸夸其谈，大发议论。

姑妄听之 gūwàngtīngzhī 姑：姑且，暂且；妄：随意。○表示姑且随便听听，不一定相信。

姑妄言之 gūwàngyánzhī 姑：姑且；妄：随便。○姑且随便说一说，不一定有道理。

其二

坐而论道，长篇大论，
畅所欲言，旁征博引，
旧调重弹，拾人牙慧，
冷嘲热讽，血口喷人。
莫衷一是，聚讼纷纭。

坐而论道 zuò'érlùndào 原指大臣陪侍在帝王之侧议论朝政。后指坐着空谈大道理，而不参与具体的实践活动。

长篇大论 chángpiān-dàlùn 原指篇幅很长的文章和连续不断的话语。后多指内容空洞、重复繁琐的言论。

畅所欲言 chàngsuǒyùyán 畅：尽情，痛快；欲：想。○痛痛快快地把想说的话都说出来。

旁征博引 pángzhēng-bóyǐn 征：寻求，搜集；博：广博，广泛；引：引证。○广泛地搜集引证。指说话、写文章时引用大量材料作为依据或例证。

旧调重弹 jiùdiào-chóngtán 旧调：老调。○比喻把过去的论调重新提出来。也作“老调重弹”。

拾人牙慧 shírén-yáhuì 拾：捡取；牙慧：咀嚼后吐出来的饭菜渣滓，指别人说过的话。○拾取人家的一言半语当作自己的话。指袭用或套用别人说过的话。

冷嘲热讽 lěngcháo-rèfěng 冷：不热情，引申为尖刻；热：引申为辛辣。○指尖酸的嘲笑和辛辣的讥刺。

血口喷人 xuèkǒu-pēnrén 比喻用恶毒的话诬蔑或辱骂别人。

莫衷一是 mòzhōng-yīshì 衷：折衷，决断；一是：统一的标准。○指对某一问题的看法有分歧，没有一致的结论。

聚讼纷纭 jùsòng-fēnyún 聚：会合；讼：争辩；纷纭：多而杂乱。○众人纷纷争论，没有一致看法。

其三

强词夺理，反唇相讥，
危言耸听，言不及义。

强词夺理 qiǎngcí-duólǐ 强词：强辩；夺：争夺。○硬把无理说成有理。

反唇相讥 fǎnchún-xiāngjī 反唇：反过口来，回嘴；讥：讽刺。○受到指责后不服气，反过来讽刺对方。

危言耸听 wēiyán-sǒngtīng 耸：通“悚”，恐惧、惊动；危言：吓人的话。○指故意说些吓人的话，让听者感到害怕。

言不及义 yánbùjíyì 及：涉及；义：正经道理。〇指说的话没有一句正经的。

其四

应答如流，引经据典，
言之凿凿，直抒己见，
锋芒毕露，唇枪舌剑。

应答如流 yìngdá-rúliú 应答：对答。〇对答像流水一样。形容答话敏捷流利。也作“应对如流”。

引经据典 yǐnjīng-jùdiǎn 引：援引；据：依据。〇援引经书典籍的文句、义理、典故等作为讲话作文的论据。

言之凿凿 yánzhīzáozáo 凿凿：确实。〇指说得有根有据，非常确实。

直抒己见 zhíshū-jǐjiàn 抒：表达，发表。〇坦率地表达自己的观点或意见。

锋芒毕露 fēngmáng-bìlù 锋芒：刀剑的刃口和尖端；毕：完全。〇指人才华外露或说话言辞犀利。也形容人逞强好胜，爱表现自己。

唇枪舌剑 chúnqiāng-shéjiàn 唇像枪，舌像剑。形容争论时言辞犀利尖刻。

其五

言近旨远，力排众议，
自圆其说，无可置疑。

言近旨远 yánjìn-zhǐyuǎn 旨：意旨，意思。〇语言浅显通俗而涵义深刻。

力排众议 lìpái-zhòngyì 力：竭力；排：排除。〇竭力排除众人的各种议论，使自己的主张占上风。

自圆其说 zìyuánqíshuō 圆：使圆满，使周全。〇把自己的论点（或谎话）讲得很周全，使之没有破绽。

无可置疑 wúkě-zhìyí 置疑：提出怀疑。〇不容怀疑。指事实明显或理由充足，没有什么可以怀疑的。

其六

切中时弊，就事论事，
平心而论，慷慨陈词，
另当别论，各执一词，
老调重弹，过甚其词。

切中时弊 qièzhòng-shíbì 切中：（言论或办法）刚好说中或打中；时弊：当时社会的弊端。〇指批评、议论等恰好说中当时社会的弊病。

就事论事 jiùshìlùnshì 就：依照。〇指按照事情本身情况来评论是非得失。也指只谈事情的现象，不触及事情的本质。

平心而论 píngxīn'érlùn 平心：心情平和，不动感情；论：评论。〇以冷静客观的心态给予客观评价。

慷慨陈词 kāngkǎi-chéncí 慷慨：情绪激动；陈：陈述。〇指情绪激动地陈述见解，发表看法。

另当别论 lìngdāng-biélùn　另外看待或处置。

各执一词 gè zhí yī cí　执：坚持；词：言辞，意见。○各自都坚持自己的说法。

老调重弹 lǎodiào-chóngtán　比喻把过去的论调重新提出来。

过甚其词 guòshènqící　过甚：很过分。○指说话、写文章时话说得过分，超出实际情况。

11. 难说

窃窃私议，哑口无言，
闪烁其词，无可争辩，
面红耳赤，有口难辩。

窃窃私议 qièqièsīyì　窃窃：私语的样子。○指私下里小声议论。

哑口无言 yǎkǒu-wúyán　哑口：沉默不语。○说不出话来。多形容理屈词穷，无言答对的样子。

闪烁其词 shǎnshuòqící　闪烁：光亮忽明忽暗、动摇不定的样子。○形容说话遮遮掩掩、吞吞吐吐，不肯说出真相或回避要害问题。

无可争辩 wúkě-zhēngbiàn　没有什么可以争论分辩的。表示确定无疑。

面红耳赤 miànhóng-ěrchì　赤：红。○脸和耳朵都红了。形容在羞愧、激动、用力等时，面部充血发红的样子。

有口难辩 yǒukǒu-nánbiàn　有嘴却难以分辩。多形容蒙受冤屈而无从申诉。

12. 争吵

其一

指桑骂槐，油腔滑调，
旁敲侧击，指手画脚。

指桑骂槐 zhǐsāng-màhuái　指着桑树骂槐树。比喻表面上骂这个，实际上骂那个。

油腔滑调 yóuqiāng-huádiào　腔、调：说话的声调、语气。○形容说话轻浮油滑。

旁敲侧击 pángqiāo-cèjī　侧：旁边；击：敲打。○指不从正面直接说明，而从侧面拐弯抹角地暗示。

指手画脚 zhǐshǒu-huàjiǎo　说话时做了各种动作。形容放肆或得意忘形的样子。

其二

话不投机，徒费唇舌，
胡说八道，令人咋舌。

话不投机 huàbùtóujī　投机：指意见一致。○话说不到一起。指交谈时双方意见情趣不一致。

徒费唇舌 túfèichúnshé　徒：白白地。○白白地浪费口舌。指说的话没有用处。

胡说八道 húshuō-bādào 不负责任地乱说一气。

令人咋舌 lìngrén-zéshé 咋舌：咬着舌头，指说不出话。○形容使人吃惊、害怕，说不出话。

其三

理屈词穷，冷言冷语，
出口伤人，污言秽语。

理屈词穷 lǐqū-cíqióng 理屈：理亏。○由于理由不足而无话可说。

冷言冷语 lěngyán-lěngyǔ 冷：不热情，意含讥诮。○指含有讥讽意味、尖酸刻薄的风凉话。

出口伤人 chūkǒu-shāngrén 说出话来伤害人或有损人的尊严。

污言秽语 wūyán-huìyǔ 指粗俗、不堪入耳的话。

13. 交谈

其一

娓娓而谈，甜言蜜语，
津津乐道，抛砖引玉。

娓娓而谈 wěiwěi'értán 很动听地连续不断地谈论。

甜言蜜语 tiányán-mìyǔ 为了达到讨好或欺哄人的目的而说让人爱听的好话。

津津乐道 jīnjīn-lèdào 津津：兴趣浓厚的样子；乐道：喜欢谈论。○饶有兴味地谈论。

抛砖引玉 pāozhuān-yǐnyù 抛出砖去，引回玉来。指以自己较拙劣之物，引出他人更精美之物。比喻以粗浅或不成熟的文字、见解，引来高见或佳作。多用作谦辞。

其二

片言只字，轻描淡写，
有口无心，谈笑自若，
言外之意，一语道破，
言不尽意，直言贾祸。

片言只字 piànyán-zhīzì 片言：简短的几句话；只字：单个的字词。○指文字材料非常零碎或言语非常简短。也说“片言只语”。

轻描淡写 qīngmiáo-dànxiě 原指描绘时用浅淡的颜色轻轻地着笔。后指叙述或处理事情时不够重视，着力不多或轻轻带过。

有口无心 yǒukǒu-wúxīn 指说话漫不经心，脱口而出，心里不存什么想法。

谈笑自若 tánxiào-zìruò 自若：不变常态。○指面对异常的情势，能泰然处之。

言外之意 yánwàizhīyì 语言之外的寓意。指没有明确表示但别人能够体会出来的意思。

一语道破 yīyǔ-dàopò 道破：点破，揭穿。○一句话就把真相点明了。

言不尽意 yánbùjìnyì 语言不能表达思想的全部内涵。后多用于书信结尾，表示意犹未尽。

直言贾祸 zhíyán-gǔhuò 贾：招引。○说话正直，往往会引来祸患。

14. 驳斥

反戈一击，反其道而行之，
千夫所指，群起而攻之。
口诛笔伐，异口同声，
狗血喷头，体无完肤。

反戈一击 fǎngē-yījī 戈：古代的一种兵器。○指调转兵器，反过来向原来所属的阵营进行攻击。

反其道而行之 fǎn qí dào ér xíng zhī 道：办法，方法；行：做。○采取与对方相反的办法行事。

千夫所指 qiānfūsuǒzhǐ 千夫：众人；指：指责。○受到众人的指责。形容触犯众怒。也作“千人所指”。

群起而攻之 qún qǐ ér gōng zhī 攻：攻击，反对。○大家一同起来攻击他，反对他。

口诛笔伐 kǒuzhū-bǐfá 诛：斥责；伐：声讨。○用言语或文字进行谴责和声讨。

异口同声 yìkǒu-tóngshēng 异口：众口。○不同的口说出同样的话。形容大家意见相同。

狗血喷头 gǒuxuè-pēntóu 原为迷信说法，把狗血浇在妖人头上，可制止其妖术。后形容骂人言辞刻毒，使人狼狈不堪。

体无完肤 tǐwúwánfū 完：完好；肤：皮肤。○浑身没有一块完好的皮肤。形容全身都是伤。

第十章 关系 交往

1. 夫妻

其一

青梅竹马，两小无猜，
举案齐眉，相亲相爱。

青梅竹马 qīngméi-zhúmǎ 青梅：青的梅子；竹马：指男孩把竹竿当马骑。○青梅竹马都是儿时玩耍之物。指男女儿童天真无邪地在一起嬉戏玩耍。也指儿时就相识的伴侣。

两小无猜 liǎngxiǎo-wúcāi 两小：小男孩和小女孩；无猜：彼此没有嫌猜疑忌。○指男女儿时在一起玩耍，天真无邪，互不猜疑。

举案齐眉 jǔ'àn-qíméi 案：古时用来进献食物的有脚的托盘。○原指把放饭菜的托盘举到与眉毛一样齐平的位置。后用以表示夫妻间相互敬爱。

相亲相爱 xiāngqīn-xiāng'ài 互相亲近爱护。形容关系密切，感情深厚。

其二

百年好合，秦晋之好，
比翼双飞，白头偕老。

百年好合 bǎinián-hǎohé 百年：指人的一生；好合：指男女结婚。○指男女结为恩爱夫妻。多用作新婚祝词。

秦晋之好 qínjìnzhīhǎo 原指春秋时，秦、晋两国君主数代通婚。后泛指联姻、婚配关系。

比翼双飞 bǐyì-shuāngfēi 比翼：鸟名，传说此鸟一目一翼，必须两只鸟挨在一起才能飞，这里比喻夫妻。○指恩爱夫妻朝夕相伴，或在事业上共同进步。

白头偕老 báitóu-xiélǎo 偕：共同。○指夫妇共同生活到老。多用作新婚祝词。

其三

生离死别，妻离子散，
天各一方，魂牵梦萦，

破镜重圆，骨肉团圆。

生离死别 shēnglí-sǐbié 生离：活着分离，很难再见；死别：永久分别，到死不能再见。○指很难再见的离别或永久的分离。

妻离子散 qīlí-zǐsàn 妻子儿子分离四散。形容一家人被迫离散。

天各一方 tiāngèyīfāng 各自在天底下的一方。指相距十分遥远。

魂牵梦萦 húnqiān-mèngyíng 形容思念深切，无法排遣。

破镜重圆 pòjìng-chóngyuán 破碎了的镜子重新复原。比喻夫妻失散后重新团聚或决裂后重新和好。

骨肉团圆 gǔròu-tuányuán 指亲人相聚。

2. 约会

月下老人，牵线搭桥，

花前月下，谈情说爱。

月下老人 yuèxià-lǎorén 指主管人间婚姻的神。借指媒人。

牵线搭桥 qiānxiàn-dāqiáo 比喻从中撮合，使建立某种关系。

花前月下 huāqián-yuèxià 原指景色优美的环境。现多指男女约会的地方。

谈情说爱 tánqíng-shuō'ài 指男女之间诉说爱恋之情。

3. 兄弟

其一

手足之情，血浓于水，

骨肉相连，生死相依。

手足之情 shǒuzúzhīqíng 手足：比喻兄弟。○指兄弟之间的亲密感情。

血浓于水 xuènóngyúshuǐ 血比水浓。比喻亲情深厚，不同一般。

骨肉相连 gǔròu-xiānglián 像骨头和肉一样连接着。比喻关系密切，不可分离。

生死相依 shēngsǐ-xiāngyī 生和死彼此都互相依靠。形容同命运，共存亡。

其二

十指连心，实心实意，

风雨同舟，齐心协力。

十指连心 shízhǐ-liánxīn 十个手指伤到哪一个都感到疼痛钻心。比喻骨肉情深。也比喻彼此相通，关系密切。

实心实意 shíxīn-shíyì 真诚实在的心意。指说话办事，心意真诚。

风雨同舟 fēngyǔ-tóngzhōu 在狂风暴雨中同乘一船渡河，一起与风浪搏斗。比喻共同患难，共渡难关。

齐心协力 qíxīn-xiélì 协力：合力。○指思想认识一致，共同努力。

4. 友情

其一

肝胆相照，推心置腹，
志同道合，情同手足。

肝胆相照 gāndǎn-xiāngzhào　肝胆：比喻内心深处；相照：相互照见。○把肝和胆拿出来给对方看。形容彼此诚恳相待。

推心置腹 tuīxīn-zhìfù　将自己赤诚的心放进别人腹中。形容以真心待人。

志同道合 zhìtóng-dàohé　志：志向。○志趣相同，思想一致。

情同手足 qíngtóngshǒuzú　关系如手与脚，一日离不开。指情谊深厚，如同兄弟一样。

其二

海内存知己，天涯若比邻，
推诚相见，投桃报李，
高山流水，知音识趣。

海内存知己，天涯若比邻 hǎinèi cún zhījǐ, tiānyá ruò bǐlín　四海之内有知己朋友，即使相隔遥远，也感觉像邻居一样近。

推诚相见 tuīchéng-xiāngjiàn　诚：真心。○双方都拿出真心。指以诚相待。

投桃报李 tóutáo-bàolǐ　投：赠予；报：回报。○别人送给我桃子，我拿李子来回赠。泛指礼尚往来，馈赠答谢。

高山流水 gāoshān-liúshuǐ　指知己或知音难遇。也指高雅精妙的乐曲。

知音识趣 zhīyīnshíqù　指彼此之间非常了解，意气相投。

其三

亲如手足，刎颈之交，
岁寒三友，患难之交，
久别重逢，情同骨肉，
念念不忘，贫贱之交。

亲如手足 qīnrúshǒuzú　手足：比喻兄弟。○形容关系非常亲密，就像亲兄弟一样。也作“亲如兄弟”。

刎颈之交 wěnjǐngzhījiāo　刎颈：用刀割脖子，指至死也不变心；交：交情，友谊。○指可以同生死共患难的友谊。

岁寒三友 suìhán-sānyǒu　三友：指松，竹，梅。○松、竹在寒冬里不凋败，梅花在寒冬里开放。人们认为它们节操贞洁，值得效法，故有此称。并以此颂扬有此种高尚节操的人物。

患难之交 huànnànzhījiāo　交：交情，友谊。○在一起经历过忧患而有深厚的交情。

久别重逢 jiǔbié-chóngféng　指朋友或亲人长时间分别后重新相遇。

情同骨肉 qíngtónggǔròu 情：感情；骨肉：指父母兄弟子女等血缘关系很近的人。○指情谊深厚，如同亲人一样。

念念不忘 niànniàn-bùwàng 念念：时刻想着。○指不断地想念，时刻不忘。

贫贱之交 pínjiànzhījiāo 交：交情，友谊。○生活贫困时结交的知心朋友。

其四

意气相投，莫逆之交，
促膝谈心，忘年之交，
一面之缘，一面之交。

意气相投 yìqì-xiāngtóu 意气：性情志趣；投：投合。○指彼此合得来，性情志趣十分投合。

莫逆之交 mònìzhījiāo 莫逆：彼此心意相通，没有抵触，情投意合；交：交情，友谊。○指情投意合、不相违逆的朋友。

促膝谈心 cùxī-tánxīn 促：靠近；促膝：膝与膝靠得很近。○形容很亲密地挨在一起谈心里话。

忘年之交 wàngniánzhījiāo 不拘年龄、辈分的差异而结交的朋友。

一面之缘 yīmiànzhīyuán 缘：机缘，缘分。○只见过一面的缘分。

一面之交 yīmiànzhījiāo 交：交情。○见过一面的交情。指交情不深。

5. 爱情

其一

心心相印，海誓山盟，
情意绵绵，魂牵梦萦，
天长地久，生死与共，
心有灵犀，情投意合。

心心相印 xīnxīn-xiāngyìn 心：心意，思想感情；印：合，契合。○原为佛教用语，指不凭借语言，彼此只用心来互相印证。后形容彼此的心意非常投合。

海誓山盟 hǎishì-shānméng 指男女相爱时立下的誓言，表示爱情要像高山和大海一样永恒不变。也作“山盟海誓”。

情意绵绵 qíngyì-miánmián 绵绵：连续不断的样子。○形容情深意长。

魂牵梦萦 húnqiān-mèngyíng 萦：缠绕。○在梦境里魂依然牵挂萦绕着某人、某事。形容思念深切，无法排遣。

天长地久 tiānchǎng-dìjiǔ 原指天地存在的时间长久。形容时间长久。

生死与共 shēngsǐ-yǔgòng 无论是生还是死都在一起。形容感情或友谊极其深厚。

心有灵犀 xīnyǒulíngxī 灵犀：犀牛角，旧说犀牛是灵异的兽，它的角中有白纹如线，贯通脑中，感应灵敏，故称灵犀。○原比喻恋爱着的男女心心相印。后也比喻彼此心意相通。

情投意合 qíngtóuyìhé 指彼此感情融洽，心意相投。

其二

相见恨晚，称心如意，
相敬如宾，形影不离，
同生共死，不离不弃。

相见恨晚 xiāngjiàn-hènwǎn 恨：遗憾。○因相识太晚而感到遗憾。形容一见如故，情意相投。

称心如意 chènxīn-rúyì 称：合适；如：符合。○非常合乎心意。

相敬如宾 xiāngjìng-rúbīn 宾：宾客。○互相敬重，如同对待宾客一样。多形容夫妻互相敬重，平等相待。

形影不离 xíngyǐng-bùlí 像形体同它的影子那样不离开。形容关系亲密，经常在一起。

同生共死 tóngshēng-gòngsǐ 一同生一同死。形容情谊深厚，生死与共。

不离不弃 bùlí-bùqì 永远在一块，互相永不分离，永不抛弃。

6. 恋情

其一

一往情深，含情脉脉，
朝思暮想，暗送秋波。

一往情深 yīwǎng-qíngshēn 指一直有很深厚的感情。

含情脉脉 hánqíng-mòmò 脉脉：凝视而饱含情意的样子。○眼神中流露出深深的情意。多形容女子对恋人或丈夫无限关切而又略带羞怯的情态。

朝思暮想 zhāosī-mùxiǎng 朝：早晨；暮：晚上。○从早到晚一直在想念某一件事或某一个人。形容思念心切。

暗送秋波 ànsòng-qiūbō 秋波：比喻美女明亮清澈的眼睛。○指暗中以眉目传情。也泛指暗中讨好、献媚或勾搭。

其二

门当户对，媒妁之言，
郎才女貌，两心相悦，
如胶似漆，情投意合，
不解之缘，耳鬓厮磨，
恩恩爱爱，卿卿我我，
水乳交融，干柴烈火，
才子佳人，天作之合。

门当户对 méndāng-hùduì 当：相当，相称；对：匹配。○门户相当，匹配对称。指结亲的男女双方家庭的社会地位和经济状况相称。

媒妁之言 méishuòzhīyán 媒妁：旧指说合婚姻的人，即媒人。○媒人的话。指媒人对男女双方的婚姻牵线搭桥。

郎才女貌 lángcái-nǚmào 郎：男子。○男子才高，女子貌美。形容男女双方很般配。

两心相悦 liǎngxīn-xiāngyuè 悦：愉悦。○指两个人彼此喜欢。也作“两情相悦”。

如胶似漆 rújiāo-sìqī 像胶和漆那样黏合在一起分不开。形容感情深厚。常指男女间感情炽烈，难舍难分。

情投意合 qíngtóu-yìhé 投：相合。○形容双方感情融洽，心意相合。

不解之缘 bùjiězhīyuán 缘：缘分。○难以分开的缘分。泛指难以解除的密切关系。

耳鬓厮磨 ěrbìn-sīmó 鬓：面颊两旁的头发；厮：相互。○耳朵和鬓发互相摩擦。形容亲密相处的情景。多指青年男女之间十分亲近。

卿卿我我 qīngqīng-wǒwǒ 卿：旧时朋友或夫妻间的昵称。○形容男女间情意缠绵。

水乳交融 shuǐrǔ-jiāoróng 交融：融合在一起。○水和乳融合在一起。比喻意气相投，感情融洽。

干柴烈火 gānchái-lièhuǒ 比喻条件成熟、一触即发的形势。也比喻在一起的情欲旺盛的男女。

才子佳人 cáizǐ-jiārén 才子：有才学的男子；佳人：美貌的女子。○旧指有才学的男子和美貌的女子。多指才貌相当有婚姻关系或恋爱中的青年男女。

天作之合 tiānzuòzhīhé 合：撮合。○指上天所撮合的婚事，十分完美。形容夫妻匹配，合乎理想。多用于新婚祝贺。

7. 婚庆

其一

新婚燕尔，喜从天降，
张灯结彩，喜气洋洋。

新婚燕尔 xīnhūn-yàn’ěr 燕尔：即“宴尔”，快乐愉悦的样子。○形容新婚愉快的情形。也作“燕尔新婚”。

喜从天降 xǐcóngtiānjiàng 喜事从天上降临。形容遇到意想不到的喜事而极度高兴。

张灯结彩 zhāngdēng-jiécǎi 张：张挂；结：系结；彩：彩绸。○张挂灯笼，系结彩带。形容节日或喜庆日的繁华景象。

喜气洋洋 xǐqì-yángyáng 洋洋：得意或欢乐的样子。○形容特别欢畅的样子。

其二

天随人愿，夫唱妇随，
夫贵妻荣，家庭和美。

天随人愿 tiānsuí-rényuàn 上天顺

从人的意愿。指事情的发展符合人的愿望。也作“天遂人愿”。

夫唱妇随 fūchàng-fùsuí 唱：通“倡”，倡导；随：跟随。○丈夫说什么，妻子就跟着说什么。形容夫妻生活融洽。也作“夫倡妇随”。

夫贵妻荣 fūguì-qīróng 丈夫地位高贵，妻子也随着荣显。也作“夫荣妻贵”。

其三

秦晋之好，花好月圆，
洞房花烛，鸾凤和鸣。

秦晋之好 qínjìnzhīhǎo 原指春秋时，秦、晋两国君主数代通婚。后泛指联姻、婚配关系。

花好月圆 huāhǎo-yuèyuán 花开正盛，月亮正圆。比喻家庭的圆满和完美。

洞房花烛 dòngfáng-huāzhú 洞房：指新婚夫妇的卧室。○新婚时在洞房点上蜡烛。指新婚之夜的欢乐情景。

鸾凤和鸣 luánfèng-hèmíng 鸾凤：比喻夫妻。○比喻夫妻感情和谐。

8. 忠心

其一

誓死不二，信誓旦旦，
呕心沥血，披肝沥胆。

誓死不二 shìsǐbù'èr 立志至死也不变心。形容意志坚定。

信誓旦旦 xìnshì-dàndàn 信誓：真诚的誓言；旦旦：诚恳的样子。○指誓言恳切可信。

呕心沥血 ǒuxīn-lìxuè 呕：吐；沥：滴。○形容费尽心血。

披肝沥胆 pīgān-lìdǎn 披：剖开；沥：往下滴。○露出肝脏，滴出胆汁。形容真心相待，非常坦诚。

其二

忠贞不渝，全心全意，
鞠躬尽瘁，死而后已。

忠贞不渝 zhōngzhēn-bùyú 忠：忠诚；贞：信仰坚定，有节操；不渝：不改变。○十分忠诚、坚定，永不改变。

全心全意 quánxīn-quányì 指投入全部心思和精力，没有其他想法或念头。

鞠躬尽瘁，死而后已 jūgōng-jìncuì, sǐ'érhòuyǐ 鞠躬：表示恭敬；尽瘁：竭尽劳苦；已：停止。○表示小心谨慎，不辞劳苦，尽力而为。

其三

大厦将倾，临危受命，
赴汤蹈火，不辱使命。

大厦将倾 dàshàjiāngqīng 倾：倒

塌。○高大的房屋即将倒塌。比喻情势危急，面临崩溃的危险。

临危受命 línwēi-shòumìng 临：接近；受：接受。○指在危难之际接受任命。

赴汤蹈火 fùtāng-dǎohuǒ 汤：烧开的水；蹈：踩。○跳入沸水，脚踏烈火。比喻不避任何艰险。

不辱使命 bùrǔshǐmìng 辱：辱没，玷辱。○指没有辜负所赋予的使命。

9. 报恩

其一

感恩戴德，知恩图报，

感激涕零，衔环结草。

感恩戴德 gǎn'ēn-dàidé 戴：推崇，尊奉。○感激别人对自己的恩惠和好处。

知恩图报 zhī'ēn-túbào 图：思虑。○知道接受了别人的恩惠，想着回报人家的恩惠。

感激涕零 gǎnjī-tìlíng 涕：泪；零：落。○因感激而流下眼泪。

衔环结草 xiánhuán-jiécǎo 衔环：嘴里衔着玉环，献给搭救它的人；结草：把草结成绳子，搭救恩人。○比喻至死不忘感恩报德。也作“结草衔环”。

其二

前人栽树，后人乘凉，

恩同再造，没齿不忘。

前人栽树，后人乘凉 qiánrén zāishù, hòurén chéngliáng 比喻前人为后人造福。

恩同再生 ēntóngzàishēng 恩：恩惠；再生：死而复生。○形容恩惠极大，如同重新给予生命。也作“恩同再造”。

没齿不忘 mòchǐ-bùwàng 齿：指年龄；没齿：终身，至死。○一生也不会忘记。

其三

恩同父母，铭肌镂骨，

知遇之恩，永志不忘。

恩同父母 ēntóngfùmǔ 指恩情深厚，如同父母一样。

铭肌镂骨 míngjī-lòugǔ 铭：在器物上刻字；镂：雕刻。○刻在肌肤上，雕在骨头上。形容感受深刻，永记不忘。也作“镂骨铭肌”“铭心镂骨”。

知遇之恩 zhīyùzhī'ēn 知遇：赏识，优待。○受到赏识、重用的恩惠。

永志不忘 yǒngzhì-bùwàng 志：记。○永远记住，而不忘记。

其四

天覆地载，恩重如山，

恩深义重，饮水思源。

天覆地载 tiānfù-dìzài 覆：覆盖；载：承受。○像天覆盖着万物，地承受着万物一样。比喻恩泽普遍。

恩重如山 ēnzhòng-rúshān 恩德像高山一样厚重。形容恩情深重。

恩深义重 ēnshēn-yìzhòng 恩德与情义深厚。

饮水思源 yǐnshuǐ-sīyuán 喝水时想到水源。比喻不忘本。

10. 敬服

奉若神明，奉为圭臬，

举手投足，奉为楷模。

奉若神明 fèngruòshénmíng 奉：信奉；神明：神。○形容对某人或某种事物极其崇拜信从。

奉为圭臬 fèngwéiguīniè 奉：信奉；圭臬：古代用以测日影的仪器，引申指法度、准则等。○指把某种事物、理论、观点等奉为行事准则。

举手投足 jǔshǒu-tóuzú 举一举手，动一动脚。指人的动作姿势。

奉为楷模 fèngwéikǎimó 奉：尊奉；楷模：模范。○指将某种人或事尊奉为榜样。

11. 勾结

其一

同流合污，同恶相济，

拉帮结伙，串通一气。

同流合污 tóngliú-héwū 流：流俗；污：污浊。○原指随世浮沉。后比喻跟着坏人一起做坏事。

同恶相济 tóng'è-xiāngjì 同恶：同为坏人；济：帮助。○指坏人互相勾结，狼狈为奸。

拉帮结伙 lābāng-jiéhuǒ 指结党营私，搞派别活动。也作“拉帮结派”。

串通一气 chuàntōng-yīqì 串通：暗中互相勾结。○指相互间暗中勾结，结成一伙，互相配合。

其二

上窜下跳，手眼通天，

拉帮结派，上挂下联。

上窜下跳 shàngcuàn-xiàtiào 上下奔走，多方串联。形容为达到某种目的而四处活动。多含贬义。

手眼通天 shǒuyǎn-tōngtiān 手眼：指为人处世所用的方法、手段，多指不正当的；通天：上通天界，指手段高。○形容很有手腕，善于钻营，能打通各个关节。

拉帮结派 lābāng-jiépài 拉帮结伙。

上挂下联 shàngguà-xiàlián 挂：挂钩，指联系；联：联系。○指向上、下联络，以得到更多的支持。也比喻向上、下追查，扩大牵涉面。含贬义。

12. 因果

其一

追本溯源，追根究底，
自食其果，作法自毙。

追本溯源 zhuīběn-sùyuán 本：树根；溯：往上探求；源：指水流的源头。○指追究事情的根源。也作“追本穷源”。

追根究底 zhuīgēn-jiūdǐ 追根：追究根源；究底：查究底细。○深入追究事物的底细。指弄清事物的来龙去脉。

自食其果 zìshíqíguǒ 自己做了坏事，自己承受后果。指自作自受。

作法自毙 zuòfǎ-zìbì 法：法令；毙：因病、伤而倒下，比喻受害。○自己立法反而使自己受害。比喻自作自受。

其二

水可载舟，亦可覆舟，
种瓜得瓜，种豆得豆。

水可载舟，亦可覆舟 shuǐ kě zài zhōu, yì kě fù zhōu 载：负荷，承受；覆：翻转。○原形容民众就如同水一样，可以承载君主这条船，也可以使船倾覆。后比喻事物用之得当则有利，反之必有弊害。古时用以告诫君主要居安思危。

种瓜得瓜，种豆得豆 zhòngguā dé guā, zhòngdòu dé dòu 比喻事物的结果来自事物的原因，有其因，必有其果。多用于比喻善行有善报，恶行有恶报。

其三

自食恶果，作茧自缚，
己所不欲，勿施于人。

自食恶果 zìshí-èguǒ 自己做了坏事，自己受到损害或惩罚。

作茧自缚 zuòjiǎn-zìfù 缚：束缚。○蚕吐丝作茧，把自己包在里面。比喻自己限制束缚自己。

己所不欲，勿施于人 jǐ suǒ bù yù, wù shī yú rén 自己所不愿意的，不要施加到别人身上。

13. 机动

相机行事，灵机一动，
随机应变，相机而行，
机变如神，相时而动。

相机行事 xiàngjī-xíngshì 相：察看；机：时机。○观察时机，看具体情况灵活办事。

灵机一动 língjī-yīdòng 灵机：灵巧的心思。○形容很敏捷地想出主意、办法来。

随机应变 suíjī-yìngbiàn 机：时机，情势。○指随着情势变化，适时采取灵活的措施。

相机而行 xiàngjī'érxíng 观察时机，灵活采取行动。

机变如神 jībiàn-rúshén 机变：随机应变。○机智权变，神奇莫测。形容人足智多谋，善于应变。

相时而动 xiàngshí'érdòng 动：行动。○观察时机，灵活采取行动。

14. 同等

其一

等量齐观，相提并论，
旗鼓相当，难解难分，
毫无二致，一概而论，
势均力敌，一视同仁。

等量齐观 děngliàng-qíguān 等：同等；量：估计，衡量；齐：一齐，同样。○指对有差别的事物同等看待。

相提并论 xiāngtí-bìnglùn 并：一起。○把不同的人和事物放在一起谈论或同样看待。

旗鼓相当 qígǔ-xiāngdāng 旗鼓：古代作战时以摇旗击鼓指挥进退，是战斗力的标志；相当：势均力敌，不相上下。○比喻对立的双方力量不相上下。

难解难分 nánjiě-nánfēn 形容双方争斗，相持不下，难以分开。也形容双方关系密切，不易分开。也作"难分难解"。

毫无二致 háowú-èrzhì 二致：两样。○丝毫没有两样。形容完全相同。

一概而论 yīgài'érlùn 概：过去量粮食时刮平斗斛的器具；一概：同一标准，一律。○用同一标准来对待和处理问题。指对不同问题不作具体分析，笼统地同样看待。

势均力敌 shìjūn-lìdí 势：势力；均：相等；敌：匹敌。○指双方力量相当，不分高下。

一视同仁 yīshì-tóngrén 一：同样；仁：仁爱。○原指圣人对民众一样看待，同样仁爱。后泛指不分厚薄，一样看待。

其二

不相上下，平分秋色，
分庭抗礼，平起平坐。

不相上下 bùxiāng-shàngxià 相：互相；上下：指高低，好坏。○形容程度、水平相当。

平分秋色 píngfēn-qiūsè 比喻双方各得一半好处。也比喻双方打成平手，不分上下。

分庭抗礼 fēntíng-kànglǐ 庭：庭院；抗：对等。○原指宾主相见，站在庭院两边相对行礼，以平等地位相待。后指彼此地位或势力相等，平起平坐或互相对立。

平起平坐 píngqǐ-píngzuò　封建时代地位相同的人同时站起，同时坐下。比喻地位一样，权力相等。

其三

齐头并进，并驾齐驱，
虽有鼎足之势，岂可同日而语。

齐头并进 qítóu-bìngjìn　几支队伍并行前进，不分先后。指几方面一起前进。

并驾齐驱 bìngjià-qíqū　驱：奔跑。○几匹马并排拉一辆车，一齐快跑。比喻齐头并进，不分高下。

鼎足之势 dǐngzúzhīshì　鼎：古代的烹煮器具，多用青铜制成，一般为圆形三足两耳；鼎足：鼎的腿，比喻三方面对立的局势。○如鼎的三足一样三方分立。指三方各据一处的相持局面。

同日而语 tóngrì'éryǔ　把水平不同的人或事物同时放在一起讨论，一样看待。多用于否定。

其四

伯仲之间，难兄难弟，
工力悉敌，鼎足而立。

伯仲之间 bózhòng-zhījiān　伯仲：古代兄弟排行老大称伯，老二称仲。○指两者差别不大，不相上下。

难兄难弟 nánxiōng-nándì　兄：排行在前的；弟：排行在后的。○难以分出谁是兄，谁是弟。原指兄弟才德同样优秀。今多反讽两者同样低劣。

工力悉敌 gōnglìxīdí　工力：功夫和力量；悉：都，全；敌：匹敌，相等。○指双方程度相当，不分上下。

鼎足而立 dǐngzú'érlì　鼎：古代的烹煮器具，多用青铜制成，一般为圆形三足两耳。○比喻三方面分立对峙。

15. 相同

其一

一模一样，步调一致，
惟妙惟肖，毫无二致，
不谋而合，不约而同。

一模一样 yīmú-yīyàng　模样完全一样。形容完全相同。

步调一致 bùdiào-yīzhì　步调：脚步的大小快慢，多比喻进行某种活动的步骤和速度。○比喻行动一致。

惟妙惟肖 wéimiào-wéixiào　惟：语气助词；肖：相像。○形容模仿或描写得非常美妙，非常逼真。

毫无二致 háowú'èrzhì　二致：两样。○丝毫没有两样。指完全相同。

不谋而合 bùmóu'érhé　谋：商议；合：相符。○事先没经过商议而意见或行动一致。

不约而同 būyuē'értóng 没有事先约定而彼此的看法相同或言行一致。

其二

大同小异，依然如故，
半斤八两，千篇一律。

大同小异 dàtóng-xiǎoyì 异：差别。〇指事物大部分相同，略有差异。

依然如故 yīrán-rúgù 故：旧。〇仍旧像从前那样。

半斤八两 bànjīn-bāliǎng 旧制十六两为一斤，八两为半斤。比喻彼此一样，不相上下。

千篇一律 qiānpiān-yīlù 很多篇文章都是同一体裁，同样格式。指文章公式化。也比喻事物只有一个形式，机械呆板，毫无新意。

16. 共同

其一

同心合意，求同存异，
同甘共苦，同心协力。

同心合意 tóngxīn-héyì 思想一致，心意相合。

求同存异 qiútóng-cúnyì 求：追求；存：保留。〇寻求在基本原则上看法一致，对某些次要的、非原则性的问题可以保留不同的意见。 也作“求大同，存小异”。

同甘共苦 tónggān-gòngkǔ 甘：甜，指欢乐；苦：指患难。〇指有欢乐同享，有患难同当。

同心协力 tóngxīn-xiélì 思想一致，共同努力。

其二

有福同享，有难同当，
双管齐下，乘势而上。

有福同享，有难同当 yǒufú-tóngxiǎng, yǒunàn-tóngdāng 有好处共同分享，有灾难共同承担。

双管齐下 shuāngguǎn-qíxià 管：笔管。〇手握两枝笔管，同时作画。比喻一件事同时采用两种办法，或两件事同时进行。

乘势而上 chéngshì'érshàng 趁着有利的情势而继续努力往上去或向前进。

其三

原原本本，一如既往，
照本宣科，毫厘不爽。

原原本本 yuányuán-běnběn 原原：探寻原始；本本：追寻根本。〇原指对事物进行追本溯源。后指按原样叙述事情的经过，不加改动。

一如既往 yīrú-jìwǎng 一如：完全相同；既往：以往，从前。〇指没有变化，完全跟从前一样。

照本宣科 zhàoběn-xuānkē 照：按照；本：书本，文本；宣科：原指道士念经。○只是死板地照现成文章或稿子宣读。按照规定去做，不能灵活运用。

毫厘不爽 háolí-bùshuǎng 毫、厘：很小的长度单位；爽：差错。○指丝毫不差。

17. 情意

其一

千里送鹅毛，礼轻人意重，
礼尚往来，情深意切，
盛情难却，却之不恭。

千里送鹅毛 qiānlǐ sòng émáo 鹅毛：指轻微的物品。○从很远的地方送来鹅毛。表示礼物虽然微薄，情谊却很深厚。

礼轻人意重 lǐ qīng rén yì zhòng 礼物虽然轻微，但人的心意却很深厚。

礼尚往来 lǐshàngwǎnglái 尚：崇尚，看重；往来：交往。○指在礼节上看重有来有往。

情深意切 qíngshēnyìqiè 情意深厚恳切。

盛情难却 shèngqíngnánquè 盛：深厚；却：推却。○深厚的情意，难以推却。

却之不恭 quèzhībùgōng 却：推却，拒绝。○指拒绝邀请或馈赠就会显得不恭敬。多为交际中的客套话。

其二

以德报怨，功德无量，
仁至义尽，语重心长。

以德报怨 yǐdé-bàoyuàn 德：恩惠；报：回应；怨：仇恨。○用恩惠去报答怨恨。指不仅不记前仇，反而给予恩惠。

功德无量 gōngdé-wúliàng 功德：原指念佛、诵经等法事，后指功业与德行；无量：无法计量。○原为佛教用语，指功德很大。后用来称颂人对社会做了极其有益的贡献。

仁至义尽 rénzhì-yìjìn 至：极，最；尽：达到极点。○形容对人的关心、爱护和帮助，已尽到了最大的努力。

语重心长 yǔzhòng-xīncháng 重：庄重，郑重；心：心意。○话语深刻有力，情意深长。

其三

立身处世，深情厚谊，
地利人和，皆大欢喜。

立身处世 lìshēn-chǔshì 世：人间，社会。○指人在社会上自立，与世人交往相处的种种表现。

深情厚谊 shēnqíng-hòuyì 谊：友谊。○深厚的感情和友谊。也作“深情厚意”。

地利人和 dìlì-rénhé 地利：地理条件优越；人和：人心齐。○指地理条件和群众基础都具有优势。

皆大欢喜 jiēdàhuānxǐ 皆：都。○大家都很高兴、满意。

18. 邻里

情深义重，互通有无，
土生土长，守望相助，
相濡以沫，团结互助，
诚心实意，待人接物。

情深义重 qíngshēn-yìzhòng 恩德与情义深厚。

互通有无 hùtōng-yǒuwú 互相支援、交换余缺，拿自己多余的东西去换取自己所缺少的东西。

土生土长 tǔshēng-tǔzhǎng 土：本地的，本国的。○指在本地生长的，非外地或外国的。

守望相助 shǒuwàng-xiāngzhù 守：防守；望：瞭望。○古时邻里村社间都设有瞭望台，村人轮流看守，以防盗贼。指彼此关照，互相帮助。

相濡以沫 xiāngrú-yǐmò 濡：沾湿；沫：唾沫。○泉水干涸，鱼用唾沫相互润湿对方。比喻在困境中用极其微薄的力量相互救助。

诚心实意 chéngxīn-shíyì 诚心诚意。

待人接物 dàirén-jiēwù 物：世人。○指与他人交往相处。

19. 一见钟情

其一

情窦初开，一见钟情，
伉俪情深，相依为命。

情窦初开 qíngdòu-chūkāi 窦：洞，孔穴；情窦：男女相爱的心窍。○指少男少女开始懂得爱情。

一见钟情 yījiàn-zhōngqíng 钟：集中；钟情：感情专注。○指男女之间初见一面，就产生爱情。也指对人或事物一看见就产生了很深的感情。

伉俪情深 kànglì-qíngshēn 指夫妻之间感情深厚。

相依为命 xiāngyī-wéimìng 互相依靠着过日子。泛指互相依靠，谁也离不开谁。

其二

一见倾心，儿女情长，
情意绵绵，地久天长。

一见倾心 yījiàn-qīngxīn 倾心：爱慕，一心向往。○指男女之间，初次见面，就产生爱慕的情感。

儿女情长 érnǚ-qíngcháng 男女之间的情爱缠绵不断。多指过分看重爱情。

情意绵绵 qíngyì-miánmián 绵绵：连续不断的样子。○形容情深意长。

地久天长 dìjiǔ-tiānchánɡ 像天和地一样长久地存在。形容时间长久。

20. 薄情

其一

喜新厌旧，见异思迁，
拈花惹草，移情别恋。

喜新厌旧 xǐxīn-yànjiù 喜欢新的，厌弃旧的。指对爱情不忠贞，不专一。也指对事物的兴趣爱好不专一，不持久。

见异思迁 jiànyì-sīqiān 迁：变动，改变。○看到别的事物就想改变原来的主意。指意志不坚定，喜好不专一。

拈花惹草 niānhuā-rěcǎo 拈：用手指轻取物；惹：沾惹。○指挑逗、勾引异性（多指女性）。

移情别恋 yíqínɡ-biéliàn 爱情不专一，不珍视原已建立的感情，看到更好的异性就转移恋爱的对象。

其二

六亲不认，寡恩少义，
冷若冰霜，始乱终弃，
禽兽不如，伤天害理。

六亲不认 liùqīn-bùrèn 六亲：指血统亲近的亲属。○指没有情义或不讲人情世故。

寡恩少义 ɡuǎ'ēn-shǎoyì 寡：少。○形容人冷酷无情，刻薄自私。

冷若冰霜 lěnɡruòbīnɡshuānɡ 若：像。○冷得好像冰霜一样。形容态度冷淡，不热情，不易接近。

始乱终弃 shǐluàn-zhōnɡqì 乱：淫乱；弃：遗弃。○指男子玩弄女性，最终遗弃。

禽兽不如 qínshòu-bùrú 连禽兽都不如。指人品行极端卑鄙恶劣。

伤天害理 shānɡtiān-hàilǐ 伤、害：损害；天：天道；理：伦理。○旧指有伤阴德天理。后指凶狠残忍，丧尽天良，违背做人的准则。

21. 侠义

路见不平，拔刀相助，
两肋插刀，打抱不平，
挺身而出，侠肝义胆，
惺惺相惜，解囊相助。

路见不平，拔刀相助 lùjiànbùpínɡ, bádāoxiānɡzhù 指遇见不平之事，挺身而出，为受欺压者或弱者打抱不平。多用来形容见义勇为的行为。

两肋插刀 liǎnɡlèi-chādāo 胸部的两边肋骨上都插着刀。指为了帮助别人甘愿冒极大的风险和牺牲。形容重情义，讲义气。

打抱不平 dǎbàobùpínɡ 遇到不公平的事主动站出来，帮助受欺压的人。

挺身而出 tǐnɡshēn'érchū 指勇敢

地站出来面对危难或担当重任。

侠肝义胆 xiágān-yìdǎn 指讲义气，有勇气，肯舍己助人的气概和行为。

惺惺相惜 xīngxīng-xiāngxī 惺惺：指聪明人。○聪明人爱惜聪明人。指才华、气质、性格或境遇相同的人互相怜惜。

解囊相助 jiěnáng-xiāngzhù 囊：口袋。○解开口袋，拿出钱财资助别人。形容慷慨助人。

22. 同恶相济

其一

臭味相投，同恶相济，
兔死狐悲，物伤其类。

臭味相投 chòuwèi-xiāngtóu 坏的思想作风或爱好、趣味等互相投合。

同恶相济 tóng'è xiāngjì 同恶：同为坏人；济：帮助。○指坏人互相勾结，狼狈为奸。

兔死狐悲 tùsǐ-húbēi 兔子死了，狐狸感到悲伤。比喻为自己同类的不幸感到悲伤。含贬义。

物伤其类 wùshāngqílèi 物：动物；伤：悲哀。○因同类遭到不幸感到悲伤。

其二

狼狈为奸，蛇鼠一窝，
狐朋狗党，一丘之貉，
鸡鸣狗盗，一路货色。

狼狈为奸 lángbèi-wéijiān 比喻两方互相勾结，一起干坏事。

蛇鼠一窝 shéshǔ-yīwō 蛇：老鼠的天敌；一窝：指同伙。○蛇和老鼠成为同伙。比喻权力机构中的人充当恶势力的同伙，共同危害社会，谋取非法利益。

狐朋狗党 húpéng-gǒudǎng 比喻勾结在一起干坏事的坏人。

一丘之貉 yīqiūzhīhé 丘：小土山；貉：一种像狐狸的野兽。○同一个山丘上的貉。比喻同是一类坏人，没有差别。

鸡鸣狗盗 jīmíng-gǒudào 学鸡鸣叫，学狗去偷东西。指没有大才，只懂得些低贱卑小的技能或行为。也指有这种技能或行为的人。

一路货色 yīlù-huòsè 原指同一类货物。后指同一类人。含贬义。

23. 关心

其一

解衣推食，无微不至，
嘘寒问暖，关怀备至。

解衣推食 jiěyī-tuīshí 脱下衣服给别人穿，让出食物给别人吃。指对人关心而慷慨施惠。

无微不至 wúwēi-bùzhì 微：细微；

至：到。○没有一处细微的地方照顾不到。形容关心、照顾得非常细致周到。

嘘寒问暖 xūhán-wènnuǎn 嘘：吹气；嘘寒：用呵出的热气使寒冷的人感到温暖；问暖：关心人的冷暖。○形容对人关怀备至。

关怀备至 guānhuái-bèizhì 备：全，尽，周到；至：到。○关怀得非常周到。

其二

满腔热忱，排忧解难，
体贴入微，问长问短。

满腔热忱 mǎnqiāng-rèchén 满腔：整个胸腔；热忱：热情。○心中充满热情。形容感情真挚，情绪热烈。

排忧解难 páiyōu-jiěnàn 排除忧愁，解除危难。

体贴入微 tǐtiē-rùwēi 体贴：细心忖度别人的心情和处境，给予关心和照顾；入微：达到精细的程度。○形容关心、照顾得十分细心周到。

问长问短 wèncháng-wènduǎn 仔细地询问各方面的情况或事情。多表示关切。

24. 欢迎

大驾光临，蓬荜生辉，
宾至如归，地主之谊。

大驾光临 dàjià-guānglín 大驾：帝王的车驾，常用以尊称帝王，现用以敬称对方；光临：敬辞，称客人来到。○敬称对方来到。

蓬荜生辉 péngbì-shēnghuī 蓬荜：蓬门荜户的简称，用蓬草、荆条、树枝等做门窗的破屋，指住的房屋简陋。○使自家的破屋子也发出了光辉。多用于对他人来访或题赠诗文字画等表示感谢的谦辞。

宾至如归 bīnzhì-rúguī 客人到了这里就像回到自己家一样。形容主人待客殷勤周到。

地主之谊 dìzhǔzhīyì 地主：当地的主人；谊：通“义”。○当地主人对客人应尽的情谊。

25. 影响

其一

瓜田李下，飞短流长，
人言可畏，暗箭难防，
众口铄金，臭名远扬。

瓜田李下 guātián-lǐxià 李：李子树。○比喻容易招致嫌疑的场合。

飞短流长 fēiduǎn-liúcháng 飞、流：散布；短、长：是非。○流传在大众间的闲话。比喻造谣生事，散布流言。

人言可畏 rényán-kěwèi 人言：别人的议论，指流言蜚语；可畏：可怕。○指在背后造谣诬蔑的流言蜚语很可怕。

暗箭难防 ànjiàn-nánfáng 暗箭：暗中射出的箭。○从暗中射来的箭最难防备。比喻暗中陷害人的阴谋诡计难以防范。

众口铄金 zhòngkǒu-shuòjīn 铄：熔化。○众口一词，连金属都能熔化。形容舆论力量强大。也比喻人多嘴杂，足可以混淆是非。

臭名远扬 chòumíng-yuǎnyáng 名：名声；扬：传播。○坏名声传得很远。

其二

流言蜚语，风言风语，
三人成虎，百口莫辩，
捕风捉影，满城风雨。

流言蜚语 liúyán-fēiyǔ 蜚：同“飞”。○毫无根据的话。多指背后传播的攻击、诽谤、诬蔑或挑拨离间的坏话。也作“流言飞语”。

风言风语 fēngyán-fēngyǔ 指毫无根据或恶意中伤的话。也指私下里议论或背地里散布某些传闻。

三人成虎 sānrénchénghǔ 城内原本没有老虎，但只要有三个人说有虎，听者就信以为真了。比喻谣言或讹传一再重复，足以混淆视听。

百口莫辩 bǎikǒu-mòbiàn 莫：不能；辩：辩解，辩白。○即使长了一百张嘴也不能说清楚。指无从申诉辩白。

捕风捉影 bǔfēng-zhuōyǐng 风和影子都是难以捉摸的。比喻说话或做事毫无事实根据。

满城风雨 mǎnchéng-fēngyǔ 满城都是秋风秋雨。比喻消息一经传出，引起轰动，到处议论纷纷。

26. 颂扬

永垂不朽，万古流芳，
树碑立传，有口皆碑，
名垂千古，彪炳日月，
青史留名，交口称赞。

永垂不朽 yǒngchuí-bùxiǔ 垂：流传后世；朽：腐烂、磨灭。○指业绩、精神等永远流传，不会磨灭。

万古流芳 wàngǔ-liúfāng 万古：形容时间久远；流：流传；芳：香，引申指好名声。○好名声永远流传。

树碑立传 shùbēi-lìzhuàn 树：立；碑：石碑；立传：写传记。○原指把某人的事迹刻在石碑上或写成传记，以流传后代，加以颂扬。后多用来比喻树立个人威信，抬高个人声望。含贬义。

有口皆碑 yǒukǒu-jiēbēi 皆：都；碑：刻记着功业的石碑。○人的嘴都是记颂功业的碑。形容人人称颂。

名垂千古 míngchuí-qiāngǔ 名：名声；垂：流传；千古：千年，形容年代久远。○好名声永远流传。

彪炳日月 biāobǐng-rìyuè 彪炳：照

耀，指光辉映照。〇光辉映照，像日月一样长久不灭。形容功绩、成就、名誉等永存。

青史留名 qīngshǐ-liúmíng 青史：史书，古代用竹简记载历史，竹简色青，故名。〇在历史上留下好名声。

交口称赞 jiāokǒu-chēngzàn 交：一齐，同时；交口：众口同声。〇指众口同声地称赞。

27. 团结

其一

众擎易举，和衷共济，
群威群胆，群策群力，
万众一心，一心一意，
勠力同心，同心协力。

众擎易举 zhòngqíng-yìjǔ 擎：往上托；易：轻易，容易。〇许多人一起用力，就容易把东西举起来。比喻大家齐心协力就会很容易把事情办成。

和衷共济 hézhōng-gòngjì 衷：内心；和衷：指同心；共济：同一条船渡水。〇大家同心渡江过河。比喻同心协力，同舟共济，共渡难关。

群威群胆 qúnwēi-qúndǎn 形容大家团结一致所表现出来的群体力量和勇敢精神。

群策群力 qúncè-qúnlì 群：大家；策：谋划，主意。〇大家共同出主意，出力量。指发挥众人的智慧和力量。

万众一心 wànzhòng-yīxīn 千万人一条心。形容团结一致。

一心一意 yīxīn-yīyì 一个心眼儿，心思意念专一。指没有其他念头。

勠力同心 lùlì-tóngxīn 勠力：合力。〇指齐心合力，团结一致。

同心协力 tóngxīn-xiélì 心：思想；协：合。〇心往一处想，劲往一处使。

其二

患难与共，同气连枝，
精诚团结，同舟共济。

患难与共 huànnàn-yǔgòng 共同承受忧患与灾难。指彼此关系密切，利害一致。

同气连枝 tóngqì-liánzhī 比喻同胞的兄弟姐妹。

精诚团结 jīngchéng-tuánjié 精诚：真诚。〇真心诚意，团结一致。

同舟共济 tóngzhōu-gòngjì 舟：船；济：过河。〇同坐一条船过河。比喻在困难的环境中团结互助，共渡难关。

其三

兄弟阋墙，外御其侮，
同心同德，同仇敌忾。

兄弟阋墙，外御其侮 xiōngdì-xìqiáng, wàiyùqíwǔ 阋：不和，争吵；墙：墙内；御：抵御。○兄弟在家争吵，但能一致抵御外人的欺侮。比喻内部虽有争斗或不和，但能团结起来对付外来的侵略。

同心同德 tóngxīn-tóngdé 心、德：指思想认识；同德：为同一目标而努力。○思想认识完全一致。形容团结一心。

同仇敌忾 tóngchóu-díkài 全体一致地仇恨敌人。

其四

荣辱与共，携手并肩，
通力合作，合而为一。

荣辱与共 róngrǔ-yǔgòng 荣辱：光荣和耻辱；与共：在一起。○无论光荣还是耻辱，都在一起。形容在任何情况下都同心同德，共同奋斗。

携手并肩 xiéshǒu-bìngjiān 手拉着手，肩挨着肩。形容关系亲密，行动一致。

通力合作 tōnglì-hézuò 通力：共同出力。○指共同出力，一齐来做。

合而为一 hé'érwéiyī 合并在一起成为一体。

28. 报复

其一

以其人之道，还治其人之身，
光复旧物，报仇雪恨。

以其人之道，还治其人之身 yǐ qí rén zhī dào, huán zhì qí rén zhī shēn 其：那个；道：办法，方法；治：整治，对付。○用那个人对付别人的方法来对付那个人。

光复旧物 guāngfù-jiùwù 光复：恢复，收回；旧物：指旧日典章制度，引申指国家旧有基业。○收回失去的国土，恢复旧有的基业。

报仇雪恨 bàochóu-xuěhèn 报仇：采取行动来打击仇敌；雪：擦拭，引申为解除、洗刷；雪恨：解除怨恨。○采取报复行动打击仇敌以解除怨恨。

其二

以毒攻毒，请君入瓮，
以眼还眼，以牙还牙，
水火不容，公报私仇，
秋后算账，冰炭不容。

以毒攻毒 yǐ dú gōng dú 中医指用有毒性的药物来治疗毒疮等病。比喻利用坏人来制伏坏人。也比喻利用不良事物自身的特点、弊端反对不良事物。

请君入瓮 qǐng jūn rù wèng 瓮：一种能盛东西的陶器，腹部较大。○用某人整治别人的办法来整治他自己，以其人之道，还治其人之身。

以眼还眼，以牙还牙 yǐ yǎn huán yǎn, yǐ yá huán yá　你瞪眼我就瞪眼，你咬我我就咬你。比喻对方使用什么手段，就用相同的手段回击对方。指进行针锋相对的斗争。

水火不容 shuǐhuǒ-bùróng　容：容纳。○比喻根本对立的事物，不能相容。

公报私仇 gōngbàosīchóu　公：公事，公务。○借公事来报私人仇恨。

秋后算账 qiūhòu-suànzhàng　秋收后结算账目。比喻事后再对反对自己的一方进行清算或报复。

冰炭不容 bīngtàn-bùróng　冰和炭不能放在一起。比喻对立的人和事物不能相容。

29. 亲密

难兄难弟，同病相怜，
如影随形，亲密无间，
过从甚密，问寒问暖。

难兄难弟 nànxiōng-nàndì　指共患难或同处困境的人。

同病相怜 tóngbìng-xiānglián　怜：怜悯，同情。○因有同样不幸的遭遇而互相同情怜悯。

如影随形 rúyǐng-suíxíng　如同影子跟着形体一样。形容关系十分密切，无法分离。

亲密无间 qīnmì-wújiàn　间：间隙，缝隙。○形容关系非常亲密，毫无隔阂。

过从甚密 guòcóng-shènmì　过从：来往，交往。○指彼此往来频繁，关系密切。

问寒问暖 wènhán-wènnuǎn　寒、暖：这里指生活状况。○询问对方的生活状况。形容对别人的生活十分关心。

第十一章 人性

1. 诚信

其一

一诺千金，一言为定，
开诚布公，言行一致，
一言九鼎，君子协定。

一诺千金 yīnuò-qiānjīn 诺：诺言，许诺；千金：形容非常有价值。〇一句诺言有千金的分量。形容讲话极守信用。

一言为定 yīyánwéidìng 一言：一句话。〇指一句话就确定下来，不再更改。

开诚布公 kāichéng-bùgōng 开诚：敞开胸怀，显示诚意；布：宣布，陈述。〇揭示内心的想法，提出公正的见解。表示坦白无私，真诚相待，能诚恳坦率地说出自己的看法。

言行一致 yánxíng-yīzhì 言语和行为相符。指说的和做的一个样。

一言九鼎 yīyán-jiǔdǐng 九鼎：相传夏禹铸九鼎，象征九州，后为传世之宝。〇一句话抵得上九鼎重。形容言辞极有分量。

君子协定 jūnzǐ-xiédìng 基于互相信任而达成的口头承诺。

其二

一言既出，驷马难追，
开诚相见，言出法随。

一言既出，驷马难追 yīyán-jìchū，sìmǎ-nánzhuī 驷马：用四匹马同时拉一辆马车。〇一句话既然说出了口，套上四匹马拉的车也难以追回。形容话一说出口就无法追回。

开诚相见 kāi chéng xiāng jiàn 开诚：敞开胸怀，显示诚意。〇对人坦率真诚，显示出真心实意。

言出法随 yánchū-fǎsuí 言：指法令或命令；法：法律。〇话一说出口，法律随即颁布。指法令一经发布，随即实行。

2. 谨慎

战战兢兢，小心翼翼，

不敢越雷池一步，三思而行，
如临深渊，如履薄冰。

战战兢兢 zhànzhàn-jīngjīng　战战：恐惧发抖的样子；兢兢：小心谨慎的样子。○形容因心怀畏惧而小心谨慎的样子。也形容因害怕或寒冷而颤抖的样子。

小心翼翼 xiǎoxīn-yìyì　翼翼：恭敬谨慎的样子。○原形容恭敬严肃。后多形容行动非常小心，丝毫不敢疏忽大意。

不敢越雷池一步 bùgǎn yuè léichí yībù　越：跨过；雷池：湖名，在今安徽望江东南。○原意是不要越过雷池。现指人保守拘谨，不敢逾越一定的范围和界限。

三思而行 sānsī'érxíng　三：再三，表示多次；行：做。○反复考虑后再做，形容做事谨慎。

如临深渊,如履薄冰 rúlín-shēnyuān, rúlǚ-bóbīng　临：靠近；渊：深水潭；履：踩，践踏。○像处于深渊的边上，像踩在薄薄的冰上。形容处于危险境地时战战兢兢，小心谨慎的样子。

3. 仁义

以人为本，仁民爱物，
见义勇为，急公好义，
仗义疏财，义薄云天。

以人为本 yǐrénwéiběn　以：介词，将，把；本：根本。○指把保护百姓、维护百姓的利益作为根本。也指推进经济社会发展必须以人民的利益作为一切工作的出发点和落脚点，不断满足人们各方面的需要，以实现人的全面发展为目标。

仁民爱物 rénmín-àiwù　对人民有仁爱之心，推而广之，爱护其他事物。

见义勇为 jiànyì-yǒngwéi　义：正义；为：做。○指看见正义的事情就挺身而出，勇于去做。

急公好义 jígōng-hàoyì　急公：对大家的事情赶快帮着做；好：喜爱。○热心公益，好为义举。

仗义疏财 zhàngyì-shūcái　仗义：讲义气；疏：不看重。○讲义气，不看重钱财。指用自己的钱财帮助别人，很讲义气。

义薄云天 yìbó-yúntiān　薄：逼近，靠近；云天：高空。○正义之气直上高空。形容伸张正义的精神极其崇高。也形容人很讲义气。

4. 正义

义愤填膺，大义凛然，
疾恶如仇，义正词严，
慷慨解囊，仗义执言。

义愤填膺 yìfèn-tiányīng　义愤：对

不合理或非正义的事情深感愤怒；膺：胸。○指因遇到违反正义的事情而在心中激起愤怒。

大义凛然 dàyì-lǐnrán 凛然：令人敬畏的样子。○正义的气概令人敬畏。指为了正义的事业而显出不可侵犯的样子。

疾恶如仇 jí'è-rúchóu 疾：憎恨；恶：坏人坏事。○憎恨坏人坏事，如同憎恨仇敌一样。

义正词严 yìzhèng-cíyán 义：正当的理由；词：措辞。○理由正当充足，措辞严正有力。

慷慨解囊 kāngkǎi-jiěnáng 慷慨：不吝啬，豪爽；解囊：解开钱袋。○毫不吝啬地解开钱袋拿出钱来。指豪爽大方地在经济上帮助别人或者进行捐献。

仗义执言 zhàngyì-zhíyán 仗义：主持正义；执言：说公道话。○主持正义，说公道话。

5. 勤俭

克勤克俭，勤俭持家，
勤勤恳恳，吃苦耐劳，
勤能补拙，俭以养德，
修旧利废，艰苦朴素。

克勤克俭 kèqín-kèjiǎn 克：能。○能勤劳又能节俭。

勤俭持家 qínjiǎn-chíjiā 持：治理。○勤劳节俭地操持家务。

勤勤恳恳 qínqín-kěnkěn 勤勤：殷勤的样子；恳恳：诚恳的样子。○原形容对人对事热心诚恳。后多形容不怕辛劳，踏实肯干。

吃苦耐劳 chīkǔ-nàiláo 能经受艰苦和劳累。

勤能补拙 qínnéngbǔzhuō 勤奋可以弥补笨拙造成的不足。

俭以养德 jiǎnyǐyǎngdé 生活节俭，以此来培养优良品德。

修旧利废 xiūjiù-lìfèi 把破旧的修理好，把废置的利用起来。原指修诗书，兴礼乐。后指厉行节约，变废为宝。

艰苦朴素 jiānkǔ-pǔsù 吃苦耐劳，勤俭节约。

6. 谦虚

其一

谦谦君子，温文尔雅，
礼贤下士，握发吐哺。

谦谦君子 qiānqiān-jūnzǐ 谦谦：谦虚的样子；君子：指品德高尚的人。○形容君子态度谦虚，品行好。

温文尔雅 wēnwén-ěryǎ 温文：温和而有礼貌；尔雅：文雅。○举止文雅，态度温和。

礼贤下士 lǐxián-xiàshì 礼：以礼招待；贤：贤德之人；下：谦恭地居于其下；士：旧指有学问的人。○礼遇贤人，谦待有学问的人。

握发吐哺 wòfà-tǔbǔ 哺：咀嚼着的食物。○周公旦礼贤下士，不敢稍有怠慢，就是洗头或吃饭时，也立即停止，握着头发，或吐出口中食物，出来接待客人。形容招揽人才的殷切之情。

其二

谨言慎行，虚怀若谷，
戒骄戒躁，功成不居。

谨言慎行 jǐnyán-shènxíng 谨、慎：小心，慎重。○谨慎地说话，小心地做事。

虚怀若谷 xūhuái-ruògǔ 虚：谦虚；谷：山谷。○谦虚的胸怀像山谷一样深广。形容非常虚心，能够接纳别人的意见。

戒骄戒躁 jièjiāo-jièzào 戒：防备；躁：急躁。○防止骄傲和急躁情绪产生。

功成不居 gōngchéng-bùjū 居：占有。○原指任其自然存在，不占为己有。后来指立了功而不把功劳归于自己。

7. 优秀

其一

首屈一指，名列前茅，
独占鳌头，凤毛麟角。

首屈一指 shǒuqū-yīzhǐ 首：首先；曲：弯曲。○扳手指头计数时，首先弯大拇指。表示第一，居于首位。

名列前茅 míngliè-qiánmáo 名：名次；前茅：古时行军，用茅作为旌旗，持茅先行，如遇敌情，举茅报警，故称前茅。○指名次排列在前面。

独占鳌头 dúzhàn-áotóu 泛指居首位或第一名。

凤毛麟角 fèngmáo-línjiǎo 凤毛：凤凰的羽毛；麟角：麒麟的角。○比喻珍贵而稀有的人或事物。

其二

超凡入圣，麟凤龟龙，
略胜一筹，炉火纯青。

超凡入圣 chāofán-rùshèng 凡：指凡人，普通人。○超越平常人而达到圣人的境界。也指超过一般水平，达到登峰造极的境界。

麟凤龟龙 línfèng-guīlóng 麒麟、凤凰、乌龟和龙是传说中的四种灵物。比喻品德高尚的人或稀有珍贵的东西。

略胜一筹 lüèshèng-yīchóu 筹：筹码，用竹木等制成的记数用具。○相比起来略为高过一筹码。指两相比较，稍微强一点。

炉火纯青 lúhuǒ-chúnqīng 纯：纯粹。○相传旧时道家炼丹，炉中之火达到纯粹蓝色时，丹即炼成功了。

后用来比喻学问、技艺、品德等达到纯熟、完美的境界。

8. 杰出

其一

脱颖而出，不同凡响，
独一无二，盖世无双。

脱颖而出 tuōyǐng'érchū 颖：锥子的针体，上面是针尖。○指锥尖透过布囊显露出来，连锥子的针体也露出来。比喻才能完全显露出来。也作“颖脱而出”。

不同凡响 bùtóng-fánxiǎng 凡响：平凡的乐曲。○形容人或事物不平常或很出色，与众不同。多用于文艺作品。

独一无二 dúyī-wú'èr 只有这一个，没有相同的或可以与之相比的。

盖世无双 gàishì-wúshuāng 盖：压倒，超过；无双：独一无二。○指才能、技艺很高，在当世第一，没有人能比得上。

其二

全知全能，出人头地，
无出其右，登峰造极。
举世无双，顶天立地，
雄心壮志，独步一时。

全知全能 quánzhī-quánnéng 什么都知道，什么都能做。

出人头地 chūréntóudì 头地：一个头的距离。○指高人一等或超出一般人。

无出其右 wúchūqíyòu 出：超出；右：上，古代以右为尊。○指在某方面居领先地位，没有能超过他的。

登峰造极 dēngfēng-zàojí 登：上；峰：山顶；造：到达；极：顶点。○登到山峰绝顶。比喻学问、技艺等达到最高境界。

举世无双 jǔshì-wúshuāng 举：全。○全世界没有第二个。指独一无二。

顶天立地 dǐngtiān-lìdì 头顶苍天，脚踏大地。形容形象高大，气概豪迈。

雄心壮志 xióngxīn-zhuàngzhì 远大的理想，宏伟的抱负。

独步一时 dúbù-yīshí 独步：在某个领域超过所有人。○指在一个时期内独一无二，无与伦比。

其三

各有千秋，鬼斧神工，
苦心孤诣，赫赫有名。

各有千秋 gèyǒu-qiānqiū 千秋：千年。○各自有其可以长远流传的价值。指各有所长，各有特点。

鬼斧神工 guǐfǔ-shéngōng 形容建筑雕塑等技艺精巧高超。

苦心孤诣 kǔxīn-gūyì 苦心：刻苦

用心；孤诣：独到的境地。○指尽心钻研，达到别人所达不到的地步。也指为寻求解决问题的办法而费尽心思。

赫赫有名 hèhè-yǒumíng 赫赫：显耀、盛大的样子。○指名声很大。

其四

独具只眼，精明强干，

独当一面，高不可攀。

独具只眼 dújù-zhīyǎn 独具：特别具有。只眼：佛教中大自在天神的顶门眼，功能卓异，比喻独特的见解。○指具有别人没有的眼光和见解。

精明强干 jīngmíng-qiánggàn 精细明察，处事干练而有魄力，办事能力强。

独当一面 dúdāng-yīmiàn 指能单独担当重任或领导一个重要方面的工作。

高不可攀 gāobùkěpān 攀：攀登。○高得无法攀登。也指境界、地位等很高，别人难以达到。

其五

壮志凌云，鹤立鸡群，

独具匠心，一鸣惊人，

卓尔不群，神乎其神。

壮志凌云 zhuàngzhì-língyún 壮志：宏伟的志愿；凌云：直上云霄。○形容志向远大。

鹤立鸡群 hèlìjīqún 仙鹤站在鸡群中要高出许多。比喻人的仪表或才能出众，远远超过其他人。

独具匠心 dújù-jiàngxīn 匠心：巧妙的心思。○具有独特的构思和表现。

一鸣惊人 yīmíng-jīngrén 鸣：鸟叫。○比喻平时表现很平常，一旦行动起来却有惊人之举。

卓尔不群 zhuó'ěrbùqún 卓尔：挺拔特殊的样子；不群：与众不同。○指优秀卓越，异于常人。

神乎其神 shénhūqíshén 神：神妙；乎：语助词；其：代词，那样。○形容非常神秘奇妙。

9. 忠直

其一

忠心耿耿，赤胆忠心，

铁面无私，大义灭亲。

忠心耿耿 zhōngxīn-gěnggěng 耿耿：忠诚的样子。○形容非常忠诚。

赤胆忠心 chìdǎn-zhōngxīn 赤：忠诚。○非常忠诚，没有二心。

铁面无私 tiěmiàn-wúsī 铁面：比喻不畏权势，刚直无私。○形容公正严明，不讲私人情面，不畏权势。

大义灭亲 dàyì-mièqīn 亲：亲属。○为了维护正义，对违法犯罪的亲人也不徇私情，使之受到应有的惩处。

其二

公而忘私，碧血丹心。
刚正不阿，肝胆照人。
仰不愧天，俯不怍人。

公而忘私 gōng'érwàngsī 指一心为公，完全忘记私人利益。

碧血丹心 bìxuè-dānxīn 碧血：血化为碧绿色的玉；丹心：赤诚的心。○指为正义事业抛洒的血和献出的赤诚的忠心。

刚正不阿 gāngzhèng-bù'ē 阿：偏袒，迎合。○为人刚强正直，不偏袒逢迎。

肝胆照人 gāndǎn-zhàorén 把肝和胆拿出来给人看。形容用真诚的心对待别人。

仰不愧天,俯不怍人 yǎngbùkuìtiān，fǔbúzuòrén 愧、怍：惭愧。○仰望天，对天没有什么惭愧的事情；低下头想，没有对不起别人的事情。表示为人处世正派，问心无愧。

其三

不屈不挠，坚定不移，
肝脑涂地，在所不惜，
凛然正气，视死如归。

不屈不挠 bùqū-bùnáo 屈：屈服；挠：弯曲。○在困难或恶势力面前不屈服，不低头。

坚定不移 jiāndìng-bùyí 移：改变，变动。○指立场、观点、主张等坚定专一，毫不动摇。

肝脑涂地 gānnǎo-túdì 涂地：涂抹在地上。○形容人惨死的情景。表示竭尽忠诚，甘愿牺牲。也作“肝胆涂地”。

在所不惜 zàisuǒbùxī 不惜：不吝惜。○指在不利的情况下，决不吝惜自己的一切，愿意为对方付出。

凛然正气 lǐnrán-zhèngqì 严肃而使人敬畏的刚正气节。

视死如归 shìsǐ-rúguī 视：看待；归：回家。○把死看作像回家一样。形容不怕死。多指为了正义事业而勇于牺牲自己的生命。

其四

目不斜视，浩然正气，
临危不惧，深明大义。

目不斜视 mùbùxiéshì 不该看的事物不看。形容品行端正，遵守礼制。

浩然正气 hàorán-zhèngqì 浩然：盛大的样子。○正大崇高而刚正的气节。

临危不惧 línwēi-bùjù 临：遭遇，碰到；惧：畏惧。○指面临危险，毫不畏惧。

深明大义 shēnmíngdàyì 大义：大道理。○深切地明白为人处世的大道理。指人能识大体，顾大局。

10. 忠勇

其一

镇定自若，急中生智，
据理力争，不容置疑，
当仁不让，化险为夷。

镇定自若 zhèndìng-zìruò　自若：不变常态。○沉着不慌乱，保持常态。

急中生智 jízhōngshēngzhì　智：智谋。○在情况紧急时，忽然想出了好主意、好办法。

据理力争 jùlǐlìzhēng　依据道理尽力辩论或争取，以维护某种观点或利益。

不容置疑 bùróng-zhìyí　不容许有什么怀疑。

当仁不让 dāngrénbùràng　当：面对；仁：符合道义的事。○原指面对着仁，就是老师，自己也不能谦让。现指遇到应该做的事，就勇敢地承担起来，决不推让。

化险为夷 huàxiǎnwéiyí　险：危险，险阻；夷：平安，平坦。○化险阻为平坦。指转危为安。

其二

老成持重，力挽狂澜，
光明磊落，智勇双全，
理直气壮，理所当然。

老成持重 lǎochéng-chízhòng　老成：老练成熟；持重：办事谨慎。○形容阅历丰富，办事老练稳重。

力挽狂澜 lìwǎnkuánglán　挽：挽救；狂澜：势头很猛的大波浪。○指阻止异端邪说泛滥。后比喻竭尽全力挽救危险的局势。

光明磊落 guāngmíng-lěiluò　光明：指心地坦白；磊落：胸怀坦白。○光明正大，胸怀坦白。

智勇双全 zhìyǒng-shuāngquán　既有智谋，又勇敢善战，二者兼备。

理直气壮 lǐzhí-qìzhuàng　理直：理由正确而又充分；壮：旺盛。○道理正确充分，说话气势旺盛。也指因理由充足而态度严正。

理所当然 lǐsuǒdāngrán　当然：应当如此。○按道理上讲应当这样。

11. 勤劳

披星戴月，夙兴夜寐，
夙夜在公，鞠躬尽瘁，
起早贪黑，天道酬勤。

披星戴月 pīxīng-dàiyuè　身披星光，头顶月色。指夜间劳作或赶路，也指早出晚归。多形容辛苦劳碌。

夙兴夜寐 sùxīng-yèmèi　夙：早，早晨；兴：起，起来工作；寐：睡觉。○早起晚睡。形容勤奋辛劳。

夙夜在公 sùyèzàigōng　夙：早。○从早到晚都忙于公务。形容忠于职守，勤于政事。

鞠躬尽瘁 jūgōng-jìncuì 鞠躬：表示恭敬；尽瘁：竭尽劳苦。○表示小心谨慎，不辞劳苦，尽力而为。

起早贪黑 qǐzǎo-tānhēi 起得早，睡得晚。形容辛苦劳碌。也作“起早摸黑”。

天道酬勤 tiāndào-chóuqín 天道：天理；酬：酬报；勤：勤奋。○苍天会酬报勤奋的人。指下了苦功，就一定会有成果。

12. 平易

和颜悦色，平易近人，
诚心诚意，促膝谈心，
不骄不躁，不耻下问。

和颜悦色 héyán-yuèsè 和：和蔼；颜：脸面；悦：喜悦；色：脸色。○形容人态度和蔼亲切，面露喜悦。

平易近人 píngyì-jìnrén 平易：态度平和，容易相处。○指态度温和谦逊，使人容易接近。也指文字浅显，通俗易懂。

诚心诚意 chéngxīn-chéngyì 诚：真实，诚恳。○指心意诚恳，毫无虚伪。

促膝谈心 cùxī-tánxīn 促：靠近；促膝：膝与膝靠得很近。○指很亲密地挨在一起谈心里话。

不骄不躁 bùjiāo-bùzào 不骄傲，不浮躁。指为人谦虚谨慎。

不耻下问 bùchǐ-xiàwèn 不以向学识、地位不如自己或辈分比自己低的人请教为可耻。

13. 品行

洁身自好，严于律己，
冰清玉洁，傲雪凌霜。

洁身自好 jiéshēn-zìhào 自好：自爱。○保持自身清白，不与他人同流合污。也指只顾自己，怕惹是非。

严于律己 yányúlǜjǐ 律：约束。○严格地约束自己。指对自己要求很严。

冰清玉洁 bīngqīng-yùjié 如冰之清澈晶莹，如玉之洁白无瑕。形容人的操行清白（多指女子）。

傲雪凌霜 àoxuě-língshuāng 傲：蔑视；凌：压住。○傲视风雪，凌压冰霜。原形容松、柏等植物不畏寒冷。后多形容人身处险恶处境而无所畏惧。也作“傲雪欺霜”。

14. 顺从

其一

百依百顺，低三下四，
心甘情愿，低声下气。

百依百顺 bǎiyī-bǎishùn 依：依附；顺：顺从。○事事都顺从。形容一味地顺从。

低三下四 dīsān-xiàsì 形容卑贱，

低人一等。也形容没有骨气，卑躬屈膝讨好人的样子。

心甘情愿 xīngān-qíngyuàn　心甘：乐意。○心里完全愿意，没有一点勉强。多指自愿作出某种牺牲。也作“甘心情愿”。

低声下气 dīshēng-xiàqì　形容说话时恭顺小心的样子。

其二

身不由己，唯命是从，
马首是瞻，闻风而动。

身不由己 shēnbùyóujǐ　由：听从，顺从。○身体不能由自己做主。指行动不受自身支配。

唯命是从 wéimìngshìcóng　唯：只要；命：命令；是：复指代词，指代前面的“命”；从：听从，顺服。○只要是上级的命令就听从。表示绝对顺从。

马首是瞻 mǎshǒushìzhān　马首：马头；是：指示代词，复指“马首”；瞻：往前或向上看。○原指作战时士兵看着主将的马头来决定进退。后指服从别人指挥或乐于跟从。

闻风而动 wénfēng'érdòng　闻：听见；风：风声，消息。○听到风声或消息就立即行动起来。形容行动很快。也作“闻风而起”。

其三

招之即来，挥之即去，
人云亦云，心服口服。

招之即来，挥之即去 zhāozhījílái, huīzhījíqù　挥：挥手。○一招呼就来，一挥手就去。形容听从指挥调遣。也形容随意支配吩咐人。

人云亦云 rényúnyìyún　云：说；亦：也。○人家怎么说，自己也跟着怎么说。形容没有主见或创见，一味随声附和。

心服口服 xīnfú-kǒufú　服：信服。○心口如一地信服，即衷心信服。

其四

唯唯诺诺，言听计从，
听之任之，洗耳恭听。

唯唯诺诺 wéiwéi-nuònuò　唯、诺：答应的声音，表示服从。○形容一味顺从别人的意见，自己没有主见。

言听计从 yántīng-jìcóng　听：听从；从：依从。○说的话都相信，出的主意、献的计谋都采纳。表示对某个人十分信任。

听之任之 tīngzhī-rènzhī　任：随，任凭；之：代词，指代人或事物。○听凭人或事物自由发展而不加过问。

洗耳恭听 xǐ'ěrgōngtīng　客气话。表示恭敬专心地听对方讲话。

15. 清廉

一丝不苟，克己奉公，

身无长物；两袖清风，
一清如水，涓滴归公，
光明正大，弊绝风清。

一丝不苟 yīsī-bùgǒu 苟：苟且，马虎。○一点儿也不马虎。形容做事非常认真仔细。

克己奉公 kèjǐ-fènggōng 克己：克制自己的私欲，泛指约束自己；奉公：奉行公事。○严格要求自己，一心为公。

身无长物 shēnwúchángwù 长物：多余的东西。○除自身外再没有多余的东西。形容生活贫穷或俭朴。

两袖清风 liǎngxiù-qīngfēng 袖：衣袖。○袖中只有清风，别无所有。指为官清廉，没有不义的钱财。

一清如水 yīqīngrúshuǐ 形容为官十分清廉。

涓滴归公 juāndīguīgōng 涓滴：小水点，比喻极小或极少的东西。○非个人所应得的财物，虽然极少极微，都要缴公，自己绝不侵占。指不贪图私利。

光明正大 guāngmíng-zhèngdà 光明：指心地坦白；正大：行为正当、正派。○指言论明确而不偏颇。形容胸怀坦荡，言行正派。也指正式的或公开的。也作“正大光明”。

弊绝风清 bìjué-fēngqīng 弊：弊端；风清：风气清明。○弊端没有了，风气清正了。形容坏事绝迹，社会风气良好。也作“风清弊绝”。

16. 大度

宽宏大量，襟怀坦白，
捐弃前嫌，真心诚意。

宽宏大量 kuānhóng-dàliàng 宽宏：气量大。○形容待人宽厚，度量很大。也作“宽宏大度”。

襟怀坦白 jīnhuái-tǎnbái 襟怀：胸怀；坦白：心地纯洁。○形容心地纯洁、坦荡，光明正大。

捐弃前嫌 juānqì-qiánxián 抛弃旧有的嫌隙。

真心诚意 zhēnxīn-chéngyì 指真实、诚恳的心意。

17. 认真

其一

敬业乐群，精雕细刻，
丁是丁卯是卯，一是一二是二。

敬业乐群 jìngyè-lèqún 敬业：专心致志于学业或事业；乐：喜爱。○专心学习、工作，乐于与朋友相切磋。

精雕细刻 jīngdiāo-xìkè 精心细致地雕刻。多用于比喻，形容做事认真细致。

丁是丁，卯是卯 dīng shì dīng, mǎo

shì mǎo　丁：榫头；卯：卯眼。○榫头和卯眼的功用不同，不能互相替代，弄错了就安装不上。形容做事认真，毫不马虎。

一是一，二是二 yī shì yī，èr shì èr　一、二：确凿的数目，表示事情的本来情况。○一就是一，二就是二，根据事情的本来情况，该怎样就怎样。形容说话诚实，对事认真，毫不含糊。

其二

郑重其事，兢兢业业，
狮子搏兔，一丝不苟。

郑重其事 zhèngzhòngqíshì　郑重：严肃认真。○形容说话做事非常严肃认真。

兢兢业业 jīngjīng-yèyè　形容小心谨慎，勤恳认真。

狮子搏兔 shī · zi-bótù　搏：扑上去抓。○比喻做小事情也拿出全部力量认真对付，不掉以轻心。

一丝不苟 yīsī-bùgǒu　一点也不马虎。形容做事仔细认真。

18. 坚持

其一

精卫填海，百折不挠，
坚持不懈，不屈不挠，
义无反顾，在所不辞。

精卫填海 jīngwèi-tiánhǎi　精卫：古代神话中的鸟名。○精卫衔来木石，决心填平大海。比喻不畏艰难，不达目的不罢休的坚强意志。

百折不挠 bǎizhé-bùnáo　折：挫折；挠：弯曲。○不管经受多少挫折，绝不屈服。形容意志坚强。

坚持不懈 jiānchí-bùxiè　懈：松懈。○坚持到底，毫不松懈。

不屈不挠 bùqū-bùnáo　屈：屈服；挠：弯曲。○在困难或恶势力面前不屈服，不低头。

义无反顾 yìwúfǎngù　义：道义；反顾：向后看。○指为了正义而勇往直前，毫不犹豫。

在所不辞 zàisuǒbùcí　在：居于，处于。○不论处于什么情况，决不推辞。

其二

勇往直前，风雨无阻，
心无旁骛，白首不渝，
坚强不屈，矢志不渝。

勇往直前 yǒngwǎng-zhíqián　勇敢地一直向前进。形容不畏艰难险阻。

风雨无阻 fēngyǔ-wúzǔ　刮风下雨也不能阻挡。表示无论发生什么情况都不会改变既定的计划。

心无旁骛 xīnwúpángwù　骛：追求；旁骛：别有追求而不专心。○形容做事非常专心，别无追求。

白首不渝 báishǒu-bùyú　渝：改变。

○白头到老也不变。形容人一生忠诚坚定。

坚强不屈 jiānqiáng-bùqū 屈：屈服。○形容人坚韧刚强，不屈不挠。

矢志不渝 shǐzhì-bùyú 矢：同“誓”；渝：改变。○立下志愿决不改变。也作“矢志不移”。

19. 坚定

其一

根深蒂固，坚持不渝，
坚忍不拔，威武不屈，
艰苦卓绝，坚贞不屈，
坚如磐石，恪守不渝，
岿然不动，磐石之固，
一定不易，宁死不屈。

根深蒂固 gēnshēn-dìgù 蒂：植物的花或瓜果跟枝茎相连的部分。○比喻基础牢固，不可动摇。也作“根深柢固”。

坚持不渝 jiānchí-bùyú 渝：改变。○坚持到底，一点儿不改变。

坚忍不拔 jiānrěn-bùbá 拔：变易，动摇。○形容意志坚定，有毅力，毫不动摇。

威武不屈 wēiwǔ-bùqū 威武：权势，武力；屈：屈服。○不为权势武力所屈服。形容人有骨气，坚贞顽强。

艰苦卓绝 jiānkǔ-zhuójué 卓绝：超过一般，无可比拟。○形容情况极其艰难困苦，超越寻常。

坚贞不屈 jiānzhēn-bùqū 坚：坚定；贞：有节操。○形容坚守节操，绝不向恶势力屈服。

坚如磐石 jiānrúpánshí 磐石：巨石。○像巨大的石头那样坚固。形容非常坚固，不可动摇。

恪守不渝 kèshǒu-bùyú 恪：谨慎，恭敬；渝：改变。○严格信守某种信仰或规定，决不改变。

岿然不动 kuīrán-bùdòng 岿然：高峻屹立的样子。○像高山一样挺立着一动不动。形容高大坚固，不可动摇。

一定不易 yīdìng-bùyì 易：更改，改变。○原指一旦确定就不更改。后用来形容事理正确不可改动。也作“一定不移”。

宁死不屈 nìngsǐ-bùqū 宁：宁可，宁愿；屈：屈服。○宁愿死，也不愿屈服。

其二

面不改色，处变不惊，
十拿九稳，雷打不动，
专心一志，心无二用。

面不改色 miànbùgǎisè 面：脸；改：变。○脸上神色不变。形容遇到危险或其他意外情况时能沉住气，神态自若。

处变不惊 chǔbiàn-bùjīng 处：置身；变：变乱。○处在变乱之中，能沉着应付，一点儿也不惊慌。

十拿九稳 shíná-jiǔwěn 形容办事很有把握。

雷打不动 léidǎbùdòng 形容稳固坚定，不可动摇。也形容严守规矩、制度，决不随便改变。

专心一志 zhuānxīn-yīzhì 指心思、志趣专一无二。

心无二用 xīnwú'èryòng 指一心不能同时用于两件事情上。

20. 坚决

斩钉截铁，毅然决然，

一不做二不休，一刀两断。

斩钉截铁 zhǎndīng-jiétiě 斩：砍断；截：切断。○形容说话办事果断坚决、干净利落。

毅然决然 yìrán-juérán 毅然：坚定的样子；决然：果断的样子。○形容意志十分坚定果断，毫不犹豫。

一不做二不休 yī bù zuò èr bù xiū 要么不做，要么做到底。指事情既然已经开始了，就索性做到底。

一刀两断 yīdāo-liǎngduàn 一刀分成两部分。比喻坚决彻底地断绝关系。

21. 大胆

其一

浑身是胆，天不怕地不怕，

心高气傲，艺高人胆大。

浑身是胆 húnshēnshìdǎn 浑身：全身。○一身都是胆。形容胆量极大，无所畏惧。也作“一身是胆”。

天不怕地不怕 tiān bù pà dì bù pà 什么都不害怕。

心高气傲 xīngāo-qì'ào 气：指气势，气质。○指自视高人一等而态度傲慢。

艺高人胆大 yìgāo rén dǎndà 艺：技艺，技能。○技能高超的人，胆量自然就大。

其二

打家劫舍，狗胆包天，

好勇斗狠，胆大包天，

禽兽不如，色胆包天。

打家劫舍 dǎjiā-jiéshè 打、劫：强行夺取；舍：住的房屋。○指成群结伙强行进入别人家中抢夺财物。

狗胆包天 gǒudǎn-bāotiān 斥责人胆量太大，胡作非为。

好勇斗狠 hàoyǒng-dòuhěn 好勇：喜欢逞强暴；斗狠：好斗。○指生性暴虐，好逞一时的血气之勇，喜欢斗殴。

胆大包天 dǎndà-bāotiān 形容胆量极大。

禽兽不如 qínshòu-bùrú 连禽兽都不如。形容行为极端卑鄙恶劣。

色胆包天 sèdǎn-bāotiān 指贪恋女色，以致无法无天。

22. 负责

恪尽职守，各就各位，
各尽所能，各尽其职，
各负其责，各司其事。

恪尽职守 kèjìn-zhíshǒu 恪：谨慎而恭敬；尽：竭力完成；职守：职责。○谨慎认真地履行自己的职责。

各就各位 gèjiù-gèwèi 就：到。○指各人到自己的位置或岗位上。

各尽所能 gèjìnsuǒnéng 各自把能量全部释放出来。指每个人都尽自己的全力做事。

各尽其职 gèjìnqízhí 各自尽力做好自己的本职工作。

各负其责，各司其事 gè fù qí zé, gè sī qí shì 各：各自；司：掌管。○各自担负自己应承担的责任，各自掌管自己职权范围内的事。

23. 公正

其一

天公地道，光明正大，
论功行赏，奉公守法，
言出法随，信赏必罚。

天公地道 tiāngōng-dìdào 像天地那样公道。形容极为公平合理。

光明正大 guāngmíng-zhèngdà 光明：指心地坦白；正大：行为正当、正派。○指言论明确而不偏不颇。也形容胸怀坦荡，言行正派。

论功行赏 lùngōng-xíngshǎng 论：评定。○指衡量功绩大小分别给予奖赏。

奉公守法 fènggōng-shǒufǎ 奉：奉行；公：公务。○奉行公事，遵守法令。指办事守规矩，不违法徇私。

言出法随 yánchū-fǎsuí 言：指法令或命令；法：法律。○话一说出口，法律随即颁布。指法令一经发布，随即实行。

信赏必罚 xìnshǎng-bìfá 信：确实；必：一定。○有功劳的一定奖赏，有罪过的一定惩罚。指赏罚分明。

其二

任人唯贤，不偏不倚，
持平之论，大公无私，
持之有故，铁面无私。

任人唯贤 rènrén-wéixián 唯：只；贤：有才德的人。○用人只选择德才兼备的人。

不偏不倚 bùpiān-bùyǐ 偏、倚：不

正。〇原指儒家的中庸之道。后形容公正，不偏向任何一方。也形容正中目标，准确无误。

持平之论 chípíngzhīlùn 持平：保持公平，没有偏向。〇指公正合理的议论或意见。

大公无私 dàgōng-wúsī 公：公正。〇形容公正无私，不徇私情。

持之有故 chízhī-yǒugù 持：主张；故：依据。〇所持的见解或主张有依据。

铁面无私 tiěmiàn-wúsī 铁面：比喻不畏权势，刚直无私。〇形容公正严明，不讲私人情面，不畏权势。

其三

拾金不昧，以身作则，
不徇私情，锄强扶弱。
赏罚分明，公廉正直。

拾金不昧 shíjīn-bùmèi 金：原指金钱，后泛指贵重物品；昧：隐藏。〇拾到钱财主动还给失主或交出来，而不隐藏起来据为己有。

以身作则 yǐshēn-zuòzé 身：自身；则：规范，榜样。〇用自身的实际行动给大家做出榜样。

不徇私情 bùxùnsīqíng 徇：曲从；私情：私人的交情。〇不为了私人的交情而做违法的事。指秉公办事。

锄强扶弱 chúqiáng-fúruò 锄：铲除；扶：援助。〇铲除强暴，援助弱小。

赏罚分明 shǎngfá-fēnmíng 分明：清楚明白。〇指赏罚清楚，公正明白。

公廉正直 gōnglián-zhèngzhí 指做官公平正直，廉明无私。

其四

问心无愧，舍己为公，
不愧屋漏，廉洁奉公，
公事公办，先公后私，
说一不二，是非分明，
先人后己，公私分明。

问心无愧 wènxīn-wúkuì 问心：问自己。〇扪心自问，没有感到惭愧的地方。指为人处世尽到责任或未曾做过亏心事而心安理得。

舍己为公 shějǐ-wèigōng 舍：放弃。〇为了公众的利益而牺牲个人的利益。

不愧屋漏 bùkuì-wūlòu 屋漏：古代指室内西北角安放神主牌位的地方，常用小帽帐遮住，泛指别人看不见的地方。〇指在别人看不见的地方，也不做亏心事。表示心地光明磊落。

廉洁奉公 liánjié-fènggōng 奉公：奉行公事。〇指为官清正廉洁，不贪污，不受贿，忠诚地履行公职。

公事公办 gōngshì-gōngbàn 指公事按规定的制度去办，毫不讲私人情面。有时表示借口制度而不加通融。

先公后私 xiāngōng-hòusī 先办公事，后办私事。指把公事放在第一位。

说一不二 shuōyī-bù'èr 形容说话算数，说到做到。也指说什么就是什么，没有人敢违背。

是非分明 shìfēi-fēnmíng 明：清楚。○能清楚地分辨正确与错误。

先人后己 xiānrén-hòujǐ 指遇事先为别人着想，然后才考虑自己。

公私分明 gōngsīfēnmíng 公家的利益和私人的利益完全区别开。

24. 慈悲

惜老怜贫，乐善好施，
爱老慈幼，扶危济困，
扶老携幼，敬老怜贫，
好生之德，大慈大悲。

惜老怜贫 xīlǎo-liánpín 惜：爱惜；怜：哀怜，同情。○爱护老人，同情穷人。

乐善好施 lèshàn-hàoshī 乐：好，喜欢；施：施舍。○乐于做好事，喜欢施舍财物给人。

爱老慈幼 àilǎo-cíyòu 慈：慈爱，疼爱。○尊敬老人，疼爱幼儿。

扶危济困 fúwēi-jìkùn 扶：帮助；济：周济。○扶助有危难的人，救济困苦的人。也作“扶危救困”“济困扶危”。

扶老携幼 fúlǎo-xiéyòu 携：带领，拉着。○扶着老人，领着小孩。形容很多人成群结队而行。

敬老怜贫 jìnglǎo-liánpín 尊敬年老的人，怜悯贫穷的人。也作“敬老恤贫”。

好生之德 hàoshēngzhīdé 好生：爱惜生灵，不随意杀生；德：美德。○指爱惜生命，不嗜杀戮的美德。

大慈大悲 dàcí-dàbēi 佛教用语，爱一切众生为大慈，拯救一切受苦受难的众生为大悲。泛指人心肠好，乐善好施。

25. 宽厚

宽大为怀，宽宏大量，
宽洪海量，宽仁大度，
宽仁厚德，宽以待人，
人至察则无徒,水至清则无鱼。

宽大为怀 kuāndàwéihuái 宽大：对人宽宏大量；怀：胸怀。○指对待犯错误的人非常宽容。

宽宏大量 kuānhóng-dàliàng 形容人心胸宽阔，度量大。

宽洪海量 kuānhóng-hǎiliàng 形容待人宽厚，度量大。

宽仁大度 kuānrén-dàdù 指待人宽厚仁爱，度量大。

宽仁厚德 kuānrén-hòudé 指待人宽厚仁爱，品德高尚。

宽以待人 kuānyǐdàirén 指以宽厚的态度对待他人。

人至察则无徒 rén zhì chá zé wú

tú 察：洞察；无徒：指没有交往的人。○对人过于苛求的人，没有人愿意和他交往。指做人不能太挑剔。

水至清则无鱼 shuǐ zhì qīng zé wú yú 清：清澈。○水太清澈了，鱼就不能藏身存活。比喻对人对事过于苛察精明，就没有朋友。也指对人或事物不可求全责备。也作“水清无鱼”。

26. 蛮横

其一

倚官仗势，横行无忌，
肆无忌惮，惹是生非，
作奸犯科，无所不为。

倚官仗势 yǐguān-zhàngshì 凭借权势，欺压别人。

横行无忌 héngxíng-wújì 横行：行动蛮横，仗势干坏事；无忌：肆无忌惮。○到处胡作非为，无所顾忌。

肆无忌惮 sìwújìdàn 肆：放肆；忌：顾忌；惮：畏惧。○非常放肆，毫无顾忌和畏惧。多形容坏人明目张胆地大干坏事。

惹是生非 rěshì-shēngfēi 惹：招引。○招惹是非，引起争端或纠纷。

作奸犯科 zuòjiān-fànkē 作奸：做坏事；犯科：触犯法律条文。○指为非作歹，违法乱纪。

无所不为 wúsuǒ-bùwéi 为：做。○没有不干的事情。指任何坏事都干得出来。

其二

横行霸道，蛮横无理，
欺行霸市，为所欲为，
有恃无恐，无事生非。
虎入羊群，仗势欺人。

横行霸道 héngxíng-bàdào 横行：行动蛮横，仗势胡作非为；霸道：蛮不讲理。○指胡作非为，蛮不讲理。

蛮横无理 mánhèng-wúlǐ 态度蛮横，不讲道理。

欺行霸市 qīháng-bàshì 行：同行；霸：称霸。○欺压同行，称霸市场。形容蛮横经商。

为所欲为 wéisuǒyùwéi 为：做；欲：想要。○原指做自己想做的事。后指任凭自己的意愿，想干什么就干什么。

有恃无恐 yǒushì-wúkǒng 恃：倚仗，依靠；恐：恐惧，顾忌。○因有所倚仗而无所畏惧。

无事生非 wúshì-shēngfēi 非：纠纷，是非。○本来没有事，却故意制造纠纷。

虎入羊群 hǔrùyángqún 老虎跑进羊群。比喻强者冲入弱者中间，任意施威。

仗势欺人 zhàngshì-qīrén　仗：倚仗。○依仗权势欺压人。

27. 小手小脚

谨小慎微，局促不安，
小手小脚，思前想后，
七上八下，张皇失措，
画地为牢，缄口不言。

谨小慎微 jǐnxiǎo-shènwēi　谨、慎：小心，慎重；小、微：细小。○指以非常谨慎的态度对待细小问题。也指对细小的事情过于小心，不敢放手去做。

局促不安 júcù-bù'ān　局促：拘束。○形容举止拘束不自然，内心不安。

小手小脚 xiǎoshǒu-xiǎojiǎo　形容人做事没有魄力，没有胆识。也形容人举止不大方。

思前想后 sīqián-xiǎnghòu　形容反复思虑。

七上八下 qīshàng-bāxià　形容心神不定或无所适从。

张皇失措 zhānghuáng-shīcuò　张皇：慌张；失措：举止失去常态。○形容慌慌张张，不知所措。

画地为牢 huàdìwéiláo　牢：牢狱。○在地上画个圈当作牢狱。比喻局限在指定范围内活动。

缄口不言 jiānkǒu-bùyán　缄：封。○闭口不说话。指人言语谨慎，不敢说或不愿意说。也作“缄默不言”。

28. 固执

悍然不顾，固执己见，
胶柱鼓瑟，一成不变，
拒谏饰非，故步自封。

悍然不顾 hànrán-bùgù　悍然：蛮横的样子。○指肆意妄为，不顾一切。

固执己见 gùzhí-jǐjiàn　固：顽固；执：坚持。○固执地坚持自己的意见，不加改变。

胶柱鼓瑟 jiāozhù-gǔsè　柱：瑟上调音用的短木；鼓：弹奏；瑟：古代乐器。○用胶把瑟上调音的柱粘住，无法调整瑟的音调进行弹奏。比喻固执拘泥，不知变通。也作“胶柱调瑟”。

一成不变 yīchéngbùbiàn　成：制定，形成。○原指刑法一经制定，便不可改变。后指事物一经形成就不再改变。也形容墨守成规。

拒谏饰非 jùjiàn-shìfēi　谏：劝告，古时指规劝君主；饰：掩饰，遮掩；非：错误。○拒绝别人劝告，掩饰自己的错误。

故步自封 gùbù-zìfēng　比喻安于现状，不求进步。

29. 脱离实际

其一

四体不勤，五谷不分，

不辨菽麦，不着边际。

四体不勤，五谷不分 sìtǐ-bùqín, wǔgǔ-bùfēn 四体：指手脚四肢；不勤：不劳动。○指不亲身参加生产劳动，分不清稻、麦等谷物。

不辨菽麦 bùbiàn-shūmài 辨：辨别；菽：豆类作物。○分辨不清豆子和麦子。原形容愚昧无知。后多形容脱离生产实践，缺乏实际知识。

不着边际 bùzhuó-biānjì 着：接触；边际：边界，边缘。○挨不着边儿。多指泛泛空谈，不切实际或离题太远。

其二

隔靴搔痒，纸上谈兵，
牵强附会，生拉硬扯。
纸上空谈，无的放矢。

隔靴搔痒 géxuē-sāoyǎng 搔：用指甲抓。○隔着鞋子搔脚上的痒处。比喻说话、作文不中肯，不贴切，未抓住要点。也比喻做事不切实际，徒劳无功。

纸上谈兵 zhǐshàng-tánbīng 比喻空谈理论，不能解决实际问题。也比喻只是空谈，不能成为现实的事物。

牵强附会 qiānqiǎng-fùhuì 牵强：勉强；附会：把没关系的事情说成有关系。○指勉强把本不相关或关联不大的事物扯在一起，混为一谈。

生拉硬扯 shēnglā-yìngchě 指把没有关系的事物硬拉在一起。也指使人勉强听从自己。

纸上空谈 zhǐshàng-kōngtán 指空发议论，不切实际

无的放矢 wúdì-fàngshǐ 的：靶心；矢：箭。○没有目标乱放箭。比喻说话、做事没有明确目的或不切合实际。

其三

象牙之塔，闭门造车，
向壁虚造，空中楼阁。

象牙之塔 xiàngyázhītǎ 原是十九世纪法国文艺批评家圣佩韦批评同时代消极浪漫主义诗人维尼的话。后泛指“为艺术而艺术”的文艺家脱离社会现实，热衷于表现个人主观幻想的小天地。

闭门造车 bìmén-zàochē 关起门来造车子。原指只要按照同一规格，关起门来造的车子也能适用。后比喻不管客观实际，只凭主观想象办事。

向壁虚造 xiàngbì-xūzào 对着墙壁，凭空想象。原表示对鲁恭王从孔子故居墙壁中发现的古文经书的怀疑。后比喻凭空臆造。

空中楼阁 kōngzhōng-lóugé 悬在半空中的楼阁。比喻脱离实际，没有基础或虚构的事物。

30. 悭吝

一毛不拔，小家子气，
敝帚自珍，锱铢必较，
小肚鸡肠，斤斤计较。

一毛不拔 yīmáobùbá　原指连一根毛也不肯拔下来帮助他人。后形容极端吝啬自私。

小家子气 xiǎojiā · ziqì　小家子：指地位低微的人家。○形容人的行动、举止等不大方或格局拘束、呆板。也泛指小气。

敝帚自珍 bìzhǒu-zìzhēn　敝帚：破旧的扫帚。○家里的破扫帚，自己却看得很宝贵。比喻对自己的东西十分珍惜。

锱铢必较 zīzhū-bìjiào　锱：一两的四分之一；铢：一两的二十四分之一；锱铢：泛指很小的数量；较：计较。○很少的钱，很小的事情也要计较。指办事认真，一丝不苟。也形容小气，吝啬。

小肚鸡肠 xiǎodù-jīcháng　比喻气量狭小，不能容忍他人或只计较小事，不顾全大局。

斤斤计较 jīnjīn-jìjiào　斤斤：形容明察，引申为苛细琐屑。○形容过分计较琐碎的小事或无足轻重的利益。

31. 傲慢

自命不凡，趾高气扬，
好为人师，目无尊长，
心高气傲，傲睨自若。

自命不凡 zìmìng-bùfán　自以为具有不凡的才干。形容自高自大，自以为了不起。

趾高气扬 zhǐgāo-qìyáng　趾：这里指脚；扬：高举，向上。○走路时脚抬得很高，神气十足。形容骄傲自大、得意忘形的样子。

好为人师 hàowéirénshī　好：喜欢；为：做。○喜欢做别人的老师。形容不谦虚，喜欢以教育者的身份自居。

目无尊长 mùwúzūnzhǎng　尊长：指地位、辈分高的人。○不把上级和长辈放在眼里。形容傲慢无礼。

心高气傲 xīngāo-qì'ào　气：指神气。○心气高傲。指自视高人一等而傲气溢于言表。

傲睨自若 àonì-zìruò　傲睨：傲慢地斜着眼睛看。○形容高傲自大，目空一切。

32. 骄傲

其一

居功自傲，忘乎所以，
目空一切，自鸣得意。

居功自傲 jūgōng-zì'ào　居功：认为事情取得成功，是自己的功劳；傲：骄傲，轻慢。○自以为有功劳而骄傲自大。

忘乎所以 wànghūsuǒyǐ　所以：指事情的始末情由。○因过分的兴奋或得意，竟忘记了事情的始末情由。

目空一切 mùkōngyīqiè　一切都不放在眼里。形容极端狂妄自大，什么都看不起。

自鸣得意 zìmíng-déyì　鸣：表示，以为。○自己表示称心如意，自以为了不起。

其二

自我陶醉，妄自尊大，
孤芳自赏，自高自大。
自吹自擂，夜郎自大，
自欺欺人，自卖自夸。

自我陶醉 zìwǒ-táozuì　陶醉：很满足地沉迷于某种感受或境界中。○形容过分地自我欣赏。

妄自尊大 wàngzì-zūndà　妄：不合理地，无根据地；尊：高贵；大：指认为了不起。○狂妄地自以为了不起。

孤芳自赏 gūfāng-zìshǎng　孤芳：一枝独秀的香花。○把自己看作独秀的香花来自我欣赏。自命清高，自我欣赏或自命不凡。

自高自大 zìgāo-zìdà　自以为了不起，高人一等。

自吹自擂 zìchuī-zìléi　吹：吹喇叭；擂：打鼓。○自己吹喇叭，自己打鼓。比喻自我吹嘘。

夜郎自大 yèláng-zìdà　夜郎：汉代位于我国西南部的一个小国；自大：自高自大、狂妄。○指人无知，妄自尊大。

自欺欺人 zìqī-qīrén　既欺骗自己，也欺骗别人。指用自己都难以相信的话或事欺骗别人。

自卖自夸 zìmài-zìkuā　自己卖什么就夸什么好。泛指自我吹嘘。

其三

称孤道寡，刚愎自用，
大言不惭，独断专行，
盛气凌人，一意孤行，
神气十足，师心自用。

称孤道寡 chēnggū-dàoguǎ　孤、寡：古代帝王自称“孤”或“寡人”。○指自封为王。后多比喻狂妄地以权威自居，或在某地称霸一方。

刚愎自用 gāngbì-zìyòng　刚：倔强；愎：固执；自用：自以为是。○固执任性，听不进任何意见或劝告。

大言不惭 dàyán-bùcán　大言：说大话；惭：羞惭。○说大话而不感到难为情。

独断专行 dúduàn-zhuānxíng　独断：独自决断，专断；专行：独自进行。○行事不考虑别人的意见，只按照自己的意思去办。

盛气凌人 shèngqì-língrén　盛气：骄傲蛮横的气势；凌：欺凌，侵犯。

〇形容傲慢骄横，气势逼人。

一意孤行 yīyì-gūxíng　指不听别人的意见，固执地按自己的主张办事。

神气十足 shénqì-shízú　形容非常得意而摆出一副了不起的架势。

师心自用 shīxīn-zìyòng　师心：以自己的心意为师，即只相信自己；自用：自以为是。〇按照自己的心思任意行事。形容人固执己见，自以为是。

其四

出言不逊，不可一世，
旁若无人，言过其实。

出言不逊 chūyán-bùxùn　逊：恭顺。〇说话傲慢不客气。

不可一世 bùkě-yīshì　可：认可，赞许；一世：一代。〇自认为当代没有人能比得上自己，不认可所有的人。形容人狂妄自大，目中无人。

旁若无人 pángruòwúrén　若：好像。〇身旁好像没有人。形容自行其是，不被他人左右。也形容态度自然，不受拘束。也形容高傲，目中无人。

言过其实 yánguòqíshí　过：超过；实：实际。〇原指言语浮夸，超过自己的实际能力。后多指说话夸大，与实际情况不符。

其五

自作聪明，恃才傲物，
盛名之下，其实难副。
骄傲使人落后，
谦虚使人进步，
满招损，谦受益。

自作聪明 zìzuòcōngmíng　自以为聪明而擅作主张，草率行事。

恃才傲物 shìcái-àowù　恃：依仗；物：指别人，公众。〇依仗自己的才能，瞧不起别人。

盛名之下，其实难副 shèngmíng-zhīxià, qíshí-nánfù　盛名：很大的名气；实：实际情况；副：相称。〇名声很大，却跟实际情况不符合。指名不副实。

满招损，谦受益 mǎn zhāo sǔn, qiān shòu yì　招：招致。〇指骄傲自满使人受到损害，谦虚使人得到益处。

33. 失信

轻诺寡信，食言而肥，
信口开河，自食其言，
人而无信，不知其可，
信口雌黄，背信弃义。

轻诺寡信 qīngnuò-guǎxìn　诺：答应，许诺；寡：少。〇轻易许下诺言的，很少守信用。

食言而肥 shíyán'érféi　食言：指说话不算数。〇因为把自己说出口的话又吃进去而长得肥胖。指为占便宜而说话不算数，不信守诺言。

信口开河 xìnkǒu-kāihé 信：任凭、听任。〇没有根据，不负责任地随口乱说。

自食其言 zìshí-qíyán 指不守信用，说了话不算数。

人而无信，不知其可 rén'érwúxìn, bùzhīqíkě 信：信用。〇做人不讲信用，不知道怎么行得通。指做人不能不讲信用。

信口雌黄 xìnkǒu-cíhuáng 信：听任；雌黄：一种可用作颜料的黄赤色矿物，古时写字用黄纸，写错了就用雌黄涂抹修改。〇比喻不顾事实，随口乱说或蓄意诬陷。

背信弃义 bèixìn-qìyì 信：信用；义：道义。〇违背信用，抛弃道义。指不守信用和道义。

34. 鲁莽

其一

以卵击石，暴虎冯河，
横冲直撞，鲁莽灭裂，
有勇无谋，身败名裂。

以卵击石 yǐluǎn-jīshí 卵：蛋。〇用鸡蛋碰石头。比喻不估量自己的实力，自取灭亡。

暴虎冯河 bàohǔ-pínghé 暴虎：空手搏虎；冯河：徒步过河。〇比喻有勇无谋，鲁莽冒险。

横冲直撞 héngchōng-zhízhuàng 肆意乱冲乱撞，无人敢拦阻。

鲁莽灭裂 lǔmǎng-mièliè 鲁莽：粗鲁，莽撞；灭裂：轻率，草率。〇指做事莽撞草率，不负责任。

有勇无谋 yǒuyǒng-wúmóu 只有勇气，没有谋略。指只会蛮干，不会运用心智。

身败名裂 shēnbài-mínglie 败：毁坏；裂：破裂，破损。〇地位丧失，名誉扫地。指做坏事的人终将遭到彻底失败。

其二

不知利害，轻举妄动，
赤手空拳，匹夫之勇。

不知利害 bùzhī-lìhài 原指不知道事情对自己有利还是有害。后形容处事莽撞，轻举妄动。

轻举妄动 qīngjǔ-wàngdòng 轻：轻率；妄：任意。〇指未经深思熟虑，轻率地采取行动。

赤手空拳 chìshǒu-kōngquán 赤手：空手。〇指作战或搏斗时手中没有任何武器。也比喻两手空空，毫无凭借。

匹夫之勇 pǐfūzhīyǒng 匹夫：古代指平民中的男子，后泛指普通百姓。〇指不用智谋，单凭个人的勇气。

35. 凶残

其一

人面兽心，暴戾恣睢，
张牙舞爪，恣意妄为，
杀人放火，胆大妄为，
杀人如麻，人人自危。

人面兽心 rénmiàn-shòuxīn 面貌虽是人，但内心却像野兽一样。原形容人野蛮，不开化。后形容人心肠狠毒，卑鄙凶残。

暴戾恣睢 bàolì-zìsuī 暴戾：残暴乖张；恣睢：胡作非为。○凶狠残暴，为非作歹。

张牙舞爪 zhāngyá-wǔzhǎo 张：显露，张开。○原形容野兽凶猛的样子。后形容坏人穷凶极恶的样子。

恣意妄为 zìyì-wàngwéi 恣意：任意；妄为：胡作非为。○指任意地做坏事。

杀人放火 shārén-fànghuǒ 形容行凶作恶，无法无天。

胆大妄为 dǎndà-wàngwéi 妄为：胡作非为。○肆无忌惮地胡作非为。

杀人如麻 shārén-rúmá 如麻：像乱麻一样多得数不清。○杀死的人多得像乱麻。形容杀人极多。

人人自危 rénrén-zìwēi 所有的人都感到自己有危险而恐怖不安。多指局势紧张恐怖。

其二

杀人不见血，灭绝人性，
杀人不眨眼，嗜杀成性。

杀人不见血 shārén bù jiàn xiě 杀人不露一点血迹。形容害人的手段阴险毒辣，不露一点痕迹。

灭绝人性 mièjué-rénxìng 灭绝：完全丧失。○完全失去了人的理性。形容极端残忍，没有人性，像野兽一样。

杀人不眨眼 shārén bù zhǎ yǎn 杀人时眼睛都不眨一下。形容凶狠残暴，嗜杀成性。

嗜杀成性 shìshāchéngxìng 嗜：爱好；性：习性。○爱好杀人成了习性。形容极端凶残。

其三

斩草除根，寸草不留，
釜底抽薪，鸡犬不留，
滥杀无辜，伤天害理。

斩草除根 zhǎncǎo-chúgēn 斩：砍断。○清除野草，必须连根拔掉。比喻彻底清除祸根，不留后患。

寸草不留 cùncǎo-bùliú 寸草：小草。○连一根小草都不留下。形容完全除尽。

釜底抽薪 fǔdǐ-chōuxīn 釜：锅；薪：柴。○从锅底下抽出柴火。比喻从根本上解决问题。

鸡犬不留 jīquǎn-bùliú 连鸡狗都不留下。形容斩尽杀绝。

滥杀无辜 lànshāwúgū 乱杀清白无罪的人。

伤天害理 shāngtiān-hàilǐ 伤、害：损害；天：天道；理：伦理。○旧指有伤阴德天理。后指凶狠残忍，丧尽天良。

36. 不理智

其一

因小失大，意气用事，
优柔寡断，因噎废食，
臭味相投，引狼入室。

因小失大 yīnxiǎo-shīdà 小：小利；失大：坏了大事。○指为了小的利益造成大的损失。也指因疏忽了某些小事而误了大事。

意气用事 yìqì-yòngshì 意气：主观偏激的情绪；用事：办事。○凭情绪好坏办事。指缺乏理智，只凭一时感情冲动处理问题。

优柔寡断 yōuróu-guǎduàn 优柔：犹豫不决；寡：少。○指临事犹豫不决，没有决断。

因噎废食 yīnyē-fèishí 噎：食物堵塞住喉咙；废：停止。○因为吃饭卡住喉咙，索性就不再吃。比喻因偶然受到一次挫折，就把该做的事也停止不做了。

臭味相投 chòuwèi-xiāngtóu 比喻令人厌恶的作风或爱好、趣味等互相投合。

引狼入室 yǐnláng-rùshì 引：招引。○把狼招引到屋里。比喻把坏人招引到内部来，招来祸患。

其二

倚老卖老，为老不尊，
文过饰非，以力服人。

倚老卖老 yǐlǎo-màilǎo 倚：仗恃。○倚仗年纪大，摆老资格，不尊重别人。

为老不尊 wéilǎo-bùzūn 不尊：行为轻浮、不检点。○指人老而行为轻浮、不检点。

文过饰非 wénguò-shìfēi 文、饰：掩饰；过、非：过错，错误。○指以各种理由或借口掩饰过失、错误。

以力服人 yǐlì-fúrén 力：武力，强力。○用强制的方法使人服从。

其三

养虎遗患，后患无穷，
放虎归山，贻害无穷。

养虎遗患 yǎnghǔ-yíhuàn 遗：留下；患：祸患。○留着老虎不除掉，就会成为祸患。比喻纵容敌人或坏人，结果给自己留下后患。

后患无穷 hòuhuàn-wúqióng 患：灾祸，忧患；穷：穷尽。〇以后的祸患没完没了。

放虎归山 fànghǔ-guīshān 把老虎放回山林。比喻放走敌人，留下后患。

贻害无穷 yíhài-wúqióng 贻：留下；穷：尽。〇遗留无穷尽的祸害。

37. 浮夸

夸夸其谈，哗众取宠，
巧言令色，华而不实，
好大喜功，夸大其词，
添枝加叶，不实之词，
大而无当，过甚其词，
绣花枕头，秀而不实。

夸夸其谈 kuākuā-qítán 说话或写文章浮夸，滔滔不绝，不切实际。也作“夸夸而谈”。

哗众取宠 huázhòng-qǔchǒng 哗：喧哗；哗众：使众人兴奋地喧闹起来；取：得到；宠：喜欢。〇故意卖弄言辞、才能，以取悦大众。

巧言令色 qiǎoyán-lìngsè 巧言：动听的话；令色：讨好人的表情。〇用花言巧语和媚态去讨好人。

华而不实 huá'érbùshí 华：开花；实：结果子。〇只开花不结果。比喻外表好看却没有实际内容。

好大喜功 hàodà-xǐgōng 好：爱。〇不管条件是否许可，一心想做大事立大功。

夸大其词 kuādà-qící 词：说话、诗文中的语句。〇指说话、写文章时用语夸张，或把情况说得超过了实际。

添枝加叶 tiānzhī-jiāyè 在树干上添上些枝叶。比喻为了夸张渲染而夸大事实，或在原有事实的基础上编造、增添细节。

大而无当 dà'érwúdàng 当：底，边际。〇原指言辞夸大无边。后多指东西大得无法使用。

过甚其词 guòshènqící 过甚：很过分；词：说话、诗文中的语句。〇指说话、写文章时话说得过分，超出实际情况。

绣花枕头 xiùhuā zhěn'tou 枕头外面绣着花（里面却装着稻草壳）。比喻徒有其表而并无真才实学的人。

秀而不实 xiù'érbùshí 秀：禾类吐穗开花。〇植物开花而不结实。比喻人虽有才能而终无结果。也比喻人短寿，才高而未能尽天年。也比喻只学到一些皮毛而无所成就。

38. 自卑

自甘堕落，自暴自弃，
相形见绌，自惭形秽。

自甘堕落 zìgān-duòluò 堕落：思想、行为等往坏里变。〇自己甘愿堕落。指不可救药。

自暴自弃 zìbào-zìqì　自暴：糟蹋自己；自弃：鄙弃自己。〇自己轻视并糟蹋自己，不自爱，甘于落后。

相形见绌 xiāngxíng-jiànchù　形：对照，比较；见：显现；绌：不够，不足。〇跟同类的人或事物相比较，显出不足。

自惭形秽 zìcán-xínghuì　形秽：容貌丑，形象不好，引申为有缺点或不足。〇原指自己容貌不如别人而感到羞愧。后泛指因不如别人而感到惭愧。

39. 虚浮

其一

志大才疏，好高骛远，
好逸恶劳，好大喜功，
好吃懒做，才疏学浅。

志大才疏 zhìdà-cáishū　志：志向，抱负；疏：空虚。〇指志向远大却缺少才干。

好高骛远 hàogāo-wùyuǎn　好：喜欢；骛：马快跑，引申为追求。〇比喻不切实际地追求过高、过远的目标。

好逸恶劳 hàoyì-wùláo　好：喜爱；逸：安乐，安逸；恶：讨厌。〇喜欢安逸，贪图享受，不喜欢劳动。

好吃懒做 hàochī-lǎnzuò　好：喜爱。〇贪图吃喝，懒得做事。指人又馋又懒。

才疏学浅 cáishū-xuéqiǎn　疏：空疏；浅：肤浅。〇才能不高，学问肤浅。多用为自谦之辞。

其二

名存实亡，名不副实，
空头支票，有名无实，
密云不雨，口惠而实不至。

名存实亡 míngcún-shíwáng　名义上还存在，实际上已经消亡。

名不副实 míngbùfùshí　名：名声；副：相称，一致。〇名称或名声与实际不相符合。多指有名无实。

空头支票 kōngtóu-zhīpiào　支票：向银行支取款项的票据。〇原指因票面金额超过存款余额或透支限额而不能生效的支票。现比喻不能兑现的承诺。

有名无实 yǒumíng-wúshí　指徒有虚名，并无实际内容。

密云不雨 mìyún-bùyǔ　阴云密布而没有下雨。比喻事情虽酝酿已久，但尚未发生。

口惠而实不至 kǒu huì ér shí bù zhì　口：口头；惠：实惠，好处；实：实际；至：到。〇口头上许诺给人好处，而实际上却并不兑现。

其三

空话连篇，空空如也，

空穴来风，空中楼阁。

空话连篇 kōnghuà-liánpiān　写文章或说话，全是大话、套话，没有具体内容。

空空如也 kōngkōngrúyě　空空：同“洞洞”，诚恳，虚心；如：表示“……的样子”。○原形容诚恳、虚心的样子。现指什么也没有。有时也指一无所知。

空穴来风 kōngxué-láifēng　空穴：门户的洞隙。○原指事情不会凭空而来，必有其因。后指消息和传言毫无根据。

空中楼阁 kōngzhōng-lóugé　建筑在半空中的楼阁，即海市蜃楼。比喻脱离实际的理论、计划或虚构的事物。

40. 油滑

其一

逢场作戏，见风使舵，
八面玲珑，油嘴滑舌。

逢场作戏 féngchǎng-zuòxì　逢：遇到；场：演出的场地。○原指艺人遇到适合的场所就进行表演。后指碰上某种场合随便敷衍应付。

见风使舵 jiànfēng-shǐduò　看风向掌舵。比喻随机应变，看情势办事。也作“看风转舵”。

八面玲珑 bāmiàn-línglóng　八面：泛指各方；玲珑：敞亮通明的样子。○原指窗户多，通明敞亮。现形容为人处世圆滑，待人接物周到。

油嘴滑舌 yóuzuǐ-huáshé　形容说话油滑轻浮。

其二

看人行事，强颜欢笑，
看人眉睫，油腔滑调，
嫌贫爱富，油头滑脑。

看人行事 kànrén-xíngshì　指依据对方身份高低采取不同的方式来处理事情。

强颜欢笑 qiǎngyán-huānxiào　强颜：脸上勉强露出。○勉强装出一副高兴的样子。

看人眉睫 kànrén-méijié　看他人脸色行事。

油腔滑调 yóuqiāng-huádiào　形容说话轻浮，不诚恳，不严肃。

嫌贫爱富 xiánpín-àifù　嫌：嫌弃。○嫌弃贫穷而喜爱富有。旧指对人的好恶取舍只以贫富为准。

油头滑脑 yóutóu-huánǎo　形容人轻浮，狡猾，不诚实。

41. 欺诈

心口不一，叶公好龙，
一纸空文，言不由衷，

虚与委蛇，欺三瞒四。

心口不一 xīnkǒu-bùyī 嘴里说的和心里想的不一样。形容为人虚伪、奸诈。

叶公好龙 yègōng-hàolóng 叶公：春秋时楚国贵族；好：喜欢。〇叶公口头上说喜欢龙，但见到真龙后却吓得面如土色，拔腿就跑。比喻表面上喜欢某种事物，实际上并不真正喜欢。

一纸空文 yīzhǐ-kōngwén 空文：空头文书，比喻有名无实不起作用的东西。〇一张不能兑现的空头文书。指只是写在纸面上而不能兑现的东西。多指不能兑现的条约、合同、规定、计划等。

言不由衷 yánbùyóuzhōng 由：从；衷：内心。〇说的话不是发自内心。指心口不一。

虚与委蛇 xūyǔwēiyí 虚：假；委蛇：敷衍。〇指内心没有诚意，只是表面敷衍应付。

欺三瞒四 qīsān-mánsì 指用各种手段欺骗隐瞒。

42. 罪恶

其一

狼心狗肺，为虎作伥，
助纣为虐，丧心病狂，
穷凶极恶，丧尽天良。

狼心狗肺 lángxīn-gǒufèi 形容心肠像狼和狗一样狠毒、凶残。

为虎作伥 wèihǔ-zuòchāng 为：替，给；伥：伥鬼。〇迷信传说被老虎吃掉的人，死后叫伥鬼，跟着老虎，诱人给老虎吃。比喻做恶人的帮凶。

助纣为虐 zhùzhòu-wéinüè 纣：商朝最后一个君主，是有名的暴君；虐：残暴，歹毒。〇比喻帮助恶人干坏事。也作“助桀为虐”。

丧心病狂 sàngxīn-bìngkuáng 丧失理智，像发了疯似的。形容言行极其荒谬或为人残忍可恶。

穷凶极恶 qióngxiōng-jí’è 穷：极端；极：达到顶点。〇形容极端凶恶残暴。

丧尽天良 sàngjìn-tiānliáng 天良：良心。〇把良心都丢了。形容极其凶残歹毒。

其二

为渊驱鱼，为丛驱雀，
以怨报德，认贼作父，
滔天大罪，奴颜媚骨，
欲壑难填，贪心不足。

为渊驱鱼，为丛驱雀 wèiyuān-qūyú, wèicóng-qūquè 渊：深渊，水潭；丛：丛林，树林；驱：驱赶。〇替深潭赶来了鱼儿，替丛林赶来了鸟群。水獭想抓住鱼儿，却把鱼群赶进深潭里去了；老鹰想捉住麻雀，却把麻雀赶到森林里去了。比喻对百姓实施残暴统治，必然迫使百姓倒向敌方。也比喻如果不善于团结人，就会把朋友逼到敌人那边去。

以怨报德 yǐyuàn-bàodé 报：回报；德：恩惠，好处。○用怨恨回报别人给予的恩惠。

认贼作父 rènzéizuòfù 贼：奸贼，仇敌。○把仇敌当作自己的父亲。比喻甘心投靠敌人。

滔天大罪 tāotiān-dàzuì 滔天：漫天。○指极大的罪行。

奴颜媚骨 núyán-mèigǔ 媚骨：献媚逢迎的性格。○一张奴才相，一副谄媚样。形容没有骨气，谄媚逢迎的奴才相。

欲壑难填 yùhè-nántián 欲：欲望；壑：深谷，水沟。○欲望像沟壑一样难以填满。形容贪婪的欲望太大，不能满足。

贪心不足 tānxīn-bùzú 贪欲之心永远不满足。

其三

贪生怕死，奴颜婢膝，
心术不正，卖国求荣。

贪生怕死 tānshēng-pàsǐ 贪恋生存，害怕死亡。多指在危急关头为了活命而畏缩不前，不敢挺身而出。

奴颜婢膝 núyán-bìxī 奴：奴才，指男奴；婢：婢女。○像奴才那样谄颜逢迎，像婢女那样卑躬屈膝。形容卑躬屈膝，巴结讨好的样子。

心术不正 xīnshù-bùzhèng 心术：坏的心思。○指居心不良，为人不正派。

卖国求荣 màiguó-qiúróng 出卖国家的利益，以谋取个人的荣华富贵。

其四

恶贯满盈，罄竹难书，
罪大恶极，死有余辜。

恶贯满盈 èguàn-mǎnyíng 贯：穿铜钱的绳子；盈：满。○罪恶多得像穿钱一般，能够穿满一根绳子。形容作恶极多，已到末日。

罄竹难书 qìngzhú-nánshū 罄：尽，完；竹：竹简，古人用以写字的东西；书：写。○把竹子用完都写不完。形容罪行很多，难以写完。

罪大恶极 zuìdà-èjí 极：尽，达到极点。○指罪恶大到了极点。

死有余辜 sǐyǒuyúgū 余：多余；辜：罪恶。○形容罪大恶极，即使处以死刑也不能抵偿他的罪行。

其五

罪恶滔天，无恶不作，
罪恶昭彰，十恶不赦，
罪该万死，罪有应得。

罪恶滔天 zuì'è-tāotiān 滔天：波涛极大，充满天空，形容罪恶、灾祸极大。○形容罪恶极大。

无恶不作 wú'è-bùzuò 恶：坏事。○没有什么坏事不做的。指做尽了坏事。

罪恶昭彰 zuì'è-zhāozhāng 罪恶：严重犯罪或作恶的行为；昭彰：明显，显著。○罪恶十分显著，有目共睹。也作"罪恶昭著"。

十恶不赦 shí'è-bùshè 十恶：封建时代指谋反、谋大逆、谋叛、谋恶逆、不道、大不敬、不孝、不睦、不义、内乱十种罪行，为不可赦免的罪；赦：饶恕，赦免。○形容罪大恶极，不可饶恕。

罪该万死 zuìgāiwànsǐ 万死：处一万次死刑。○按其罪恶应该处死多次。形容罪恶极大。也作"罪当万死"。

罪有应得 zuìyǒuyīngdé 罪：刑罚。○所受的惩罚是应该的。形容罚当其罪，没有被冤枉。

其六

作恶多端，忘恩负义，
罪魁祸首，为虎傅翼。

作恶多端 zuò'è-duōduān 作恶：指做坏事；端：项目，方面。○指做了很多坏事。

忘恩负义 wàng'ēn-fùyì 恩：恩惠；负：违背，背弃；义：情谊，恩谊。○忘却恩德，背弃情谊。忘记别人对自己的好处，做出背信弃义对不起别人的事。

罪魁祸首 zuìkuí-huòshǒu 魁：首，头目。○指作恶犯罪的首要分子，或坏事的根子。

为虎傅翼 wèihǔ-fùyì 为：给，替；傅：添加；翼：翅膀。○给老虎加上翅膀。比喻做坏人的帮凶或助长坏人的声势。

其七

沐猴而冠，卖身投靠，
残民害理，恩将仇报，
祸国殃民，害人害己。

沐猴而冠 mùhóu'érguàn 沐猴：猕猴；冠：戴帽子。○猴子穿衣戴帽，究竟不是真人。比喻虚有其表，形同傀儡。常用来讽刺投靠恶势力窃取权位的人。

卖身投靠 màishēn-tóukào 出卖自身，投靠有权有势的人。多指不讲道德，丧失人格，甘心充当权贵或恶势力的工具或帮凶。

残民害理 cánmín-hàilǐ 残害百姓，违背天理。指所作所为残忍不义。

恩将仇报 ēnjiāngchóubào 用仇恨报答别人给予的恩惠。指人忘恩负义。

祸国殃民 huòguó-yāngmín 祸：使受祸殃，使遭殃。○危害国家，使人民遭殃。

害人害己 hàirénhàijǐ 既伤害别人也伤害自己。

43. 愚笨

笨嘴拙舌，呆头呆脑，
傻里傻气，笨手笨脚，
冥顽不灵，愚昧无知。

笨嘴拙舌 bènzuǐ-zhuōshé　拙：笨拙，不灵巧。○形容人口才不好，不善于讲话。也作“笨嘴笨舌”。

呆头呆脑 dāitóu-dāinǎo　形容言行迟钝的样子。

傻里傻气 shǎlishǎqì　形容愚蠢、糊涂的样子。

笨手笨脚 bènshǒu-bènjiǎo　形容人动作粗笨，不灵巧。

冥顽不灵 míngwán-bùlíng　冥顽：昏庸顽钝；不灵：不聪明。○愚笨昏庸，顽固不化。也作“冥顽不化”。

愚昧无知 yúmèi-wúzhī　愚：不聪明；昧：糊涂，不明事理。○愚笨糊涂，没有知识。

44. 冷漠

视而不见，听而不闻，
听之任之，漠不关心，
漠然置之，不闻不问。

视而不见 shì'érbùjiàn　尽管在看，却没有看见。形容不重视，不在意。也指不加理会，只当没看见。

听而不闻 tīng'érbùwén　闻：听见。○听了，却没有听进去。比喻不重视，不放在心上。

听之任之 tīngzhī-rènzhī　任：随，任凭，听凭。○听凭人或事物自由发展而不加过问。

漠不关心 mòbùguānxīn　漠：冷漠，冷淡。○形容对人或事物感情冷漠，态度冷淡，毫不关心。

漠然置之 mòrán-zhìzhī　漠然：冷淡，不关心的样子；置：放置，搁着。○形容对人或对事不关心，听之任之。

不闻不问 bùwén-bùwèn　不打听也不过问。指对事情不关心。

45. 贪腐

其一

贪赃枉法，赃污狼藉，
蜕化变质，贪墨不法，
化公为私，据为己有，
卖官鬻爵，簠簋不饰。

贪赃枉法 tānzāng-wǎngfǎ　赃：赃物；枉：歪曲，破坏。○贪污受贿，破坏法纪。

赃污狼藉 zāngwū-lángjí　指贪污受贿，名声极坏。

蜕化变质 tuìhuà-biànzhì　蜕化：昆虫等脱皮后改变形态。○指好人腐化堕落为坏人。

贪墨不法 tānmò-bùfǎ　贪图财利，

不遵守法律。

化公为私 huàgōngwéisī 指以不法手段侵吞公物。

据为己有 jùwéijǐyǒu 据：占据。○把不属于自己的东西占为自己所有。

卖官鬻爵 màiguān-yùjué 指当权者出卖官职、爵位，搜刮钱财。

簠簋不饰 fǔguǐ-bùshì 指为官不清廉。

其二

贪官污吏，任人唯亲，
徇私舞弊，见钱眼开，
贪得无厌，贪贿无艺，
羊狠狼贪，中饱私囊。

贪官污吏 tānguān-wūlì 泛指各种贪赃枉法、贪财纳贿的官吏。

任人唯亲 rènrén-wéiqīn 任：任用；唯：只。○用人只考虑关系的亲疏，不问才德如何。

徇私舞弊 xùnsī-wǔbì 徇：屈从；舞：舞弄，玩花招；弊：指坏事。○为了私利，弄虚作假，做违法乱纪的事。

见钱眼开 jiànqián-yǎnkāi 看到钱财眼睛就睁大了。形容人贪婪爱财。

贪得无厌 tāndé-wúyàn 厌：通“餍”，满足。○得了还想得，贪心永远不满足。

贪贿无艺 tānhuìwúyì 艺：限度。○指贪婪的欲望没有限度。

羊狠狼贪 yánghěn-lángtān 像羊和狼那样凶狠、贪婪。

中饱私囊 zhōngbǎo-sīnáng 中饱：从经手的钱财中渔利。○将经手的钱财装入腰包。指经手公款时，从中使自己得利。

46. 荒淫

其一

荒淫无耻，荒淫无度，
骄奢淫逸，穷奢极欲，
寡廉鲜耻，宴安鸩毒。

荒淫无耻 huāngyín-wúchǐ 荒淫：贪恋酒色。○指生活糜烂，不知羞耻。

荒淫无度 huāngyín-wúdù 度：节制，限度。○非常荒淫，生活放纵而无节制。

骄奢淫逸 jiāoshē-yínyì 骄：骄横；奢：奢侈；淫：荒淫；逸：安逸，放荡。○原指四种恶习。后形容骄横奢侈、荒淫无度的生活。

穷奢极欲 qióngshē-jíyù 穷：极；奢：奢侈；欲：欲望。○指极度奢侈腐化，尽情挥霍享受。

寡廉鲜耻 guǎlián-xiǎnchǐ 寡、鲜：少；廉：廉洁；耻：羞耻。○没有操守，不知廉耻。

宴安鸩毒 yàn'ān-zhèndú 宴安：逸乐；鸩：传说是一种有剧毒的鸟，用其羽毛泡酒，能致人死命。○贪图享乐，犹如饮毒酒自杀。

其二

恣情纵欲，纸醉金迷，
养尊处优，醉生梦死。

恣情纵欲 zìqíng-zòngyù 指毫无顾忌地放纵自己的欲望。

纸醉金迷 zhǐzuì-jīnmí 原指被金光闪闪的东西迷惑住了。形容生活奢侈豪华。

养尊处优 yǎngzūn-chǔyōu 养：指生活；尊：尊贵；处：居于，处在；优：优裕。○指生活环境优裕，地位尊贵。含贬义。

醉生梦死 zuìshēng-mèngsǐ 像喝醉酒和做梦一样，糊里糊涂混日子。指颓废、浑浑噩噩地生活。

47. 奸诈

其一

老谋深算，利欲熏心，
老奸巨猾，包藏祸心，
奸回不轨，别有用心。

老谋深算 lǎomóu-shēnsuàn 周密谋划，打算深远。指深谋远虑，办事干练。

利欲熏心 lìyù-xūnxīn 利欲：名利的欲望；熏心：比喻迷惑。○追求名利的欲望迷住了心窍。

老奸巨猾 lǎojiān-jùhuá 猾：狡猾，奸诈。○阅历很深而又极其狡猾奸诈。

包藏祸心 bāocáng-huòxīn 祸心：害人之心。○心里暗藏害人的主意。

奸回不轨 jiānhuíbùguǐ 指奸邪不守法度。

别有用心 biéyǒu-yòngxīn 用心：居心，打算。○心中另有打算。指心里藏着坏主意或不可告人的企图。

其二

诡计多端，借刀杀人，
不择手段，嫁祸于人，
居心叵测，不可告人。

诡计多端 guǐjì-duōduān 诡：狡诈；端：头绪。○狡诈的主意很多。

借刀杀人 jièdāo-shārén 比喻自己不出面，借别人的手去害人。

不择手段 bùzé-shǒuduàn 择：选择。○为了达到目的，什么手段都使得出来。

嫁祸于人 jiàhuòyúrén 嫁：转移；祸：祸害，泛指不好的事；于：给。○指把自己的祸事、罪名、损失、负担等转嫁给别人。

居心叵测 jūxīn-pǒcè 居心：存心；叵：不可；测：推测。○心存险恶，难以推测。

不可告人 bùkě-gàorén 告：告诉。○不可以告诉别人。多指见不得人或险恶用心不愿让人知道。

48. 奸邪

其一

结党营私，狼狈为奸，
两面三刀，猫鼠同眠。
幸灾乐祸，袖手旁观，
虚情假意，以售其奸。

结党营私 jiédǎng-yíngsī 营：谋求。○结成小集团，谋求私利，干坏事。

狼狈为奸 lángbèi-wéijiān 狼狈：传说狈是与狼同类的野兽，因前腿短，要趴在狼身上才能行动。○狼同狈常一起出外伤害牲畜。比喻两个或两群坏人互相勾结干坏事。

两面三刀 liǎngmiàn-sāndāo 比喻阴险狡猾，耍两面手法，当面一套，背后一套，甚至在暗地里使手段害人。

猫鼠同眠 māoshǔ-tóngmián 眠：睡。○猫同老鼠睡在一起。比喻官吏失职，纵容下属干坏事或上下串通一气干坏事。

幸灾乐祸 xìngzāi-lèhuò 幸：庆幸，高兴；乐：快活。○指见到别人遭受灾祸反而感到庆幸、高兴。

袖手旁观 xiùshǒu-pángguān 把手缩在袖子里在一旁观看。比喻置身事外，不参与、不过问或不帮助。

虚情假意 xūqíng-jiǎyì 虚假的情意。

以售其奸 yǐshòuqíjiān 售：兜售；奸：邪恶，诈伪。○以此来兜售他的奸计。

其二

鬼蜮伎俩，口是心非，
尔虞我诈，排斥异己，
苟合取容，表里不一。

鬼蜮伎俩 guǐyù-jìliǎng 蜮：传说中在水里暗中含沙射人的怪物；伎俩：手段，花招。○指用心险恶、暗中害人的卑劣手段。

口是心非 kǒushì-xīnfēi 嘴里说的是一套，心里想的却是另一套。指心口不一致。

尔虞我诈 ěryú-wǒzhà 尔：你；虞、诈：欺骗。○互相欺骗，彼此玩弄手段。

排斥异己 páichì-yìjǐ 异己：与自己不合的人。○打击、排挤与自己意见不同或不属于本派系的人。

苟合取容 gǒuhé-qǔróng 苟合：无原则地附和；取容：讨好别人以求自己安身。○苟且迎合他人的心意，以取得容身之地。

表里不一 biǎolǐ-bùyī 表：指外表；里：指内心。○内心和外表不一样。外表和内心不一致。

49. 软弱

大敌当前，缩头缩脑，
虚张声势，临阵脱逃。

俯首听命，丧权辱国。

大敌当前 dàdí-dāngqián　大敌：强敌；当前：在面前。○强大的敌人逼到眼前。形容形势严峻。

缩头缩脑 suōtóu-suōnǎo　形容畏缩不前或胆小怕事。

虚张声势 xūzhāng-shēngshì　虚：假；张：张扬，夸大。○制造声势强大的假象，吓唬或迷惑对方。

临阵脱逃 línzhèn-tuōtáo　临阵：临到上阵时。○临到上阵打仗时，却脱身逃跑。比喻事到临头或遇到困难时退缩逃避。

俯首听命 fǔshǒu-tīngmìng　听：顺从；命：命令。○低着头听从命令。形容驯服地听人管教。

丧权辱国 sàngquán-rǔguó　丧：丧失；辱：使受辱。○丧失国家主权，使国家蒙受耻辱。

50. 自私

私心杂念，损人利己，
蝇头微利，私心自用。

私心杂念 sīxīn-zániàn　指为个人或小集团的利益着想和打算。

损人利己 sǔnrén-lìjǐ　损：损害；利：使得到好处。○损害别人，使自己得利。

蝇头微利 yíngtóu-wēilì　指微不足道的小利。也作“蝇头小利”。

私心自用 sīxīn-zìyòng　指只凭自己的心愿办事。

51. 不负责任

眼高手低，粗枝大叶，
心不在焉，敷衍塞责，
玩忽职守，罪责难逃。

眼高手低 yǎngāo-shǒudī　自己要求的眼界高，而能力很低。

粗枝大叶 cūzhī-dàyè　粗壮的枝干，阔大的叶片。形容做事粗糙；不细致；不周密。

心不在焉 xīnbùzàiyān　焉：代词，相当于“于此”。○心思不在这里。指思想不集中。

敷衍塞责 fūyǎn-sèzé　敷衍：做事不负责或待人不恳切，表面上应付；塞责：对应承担的责任敷衍了事。○指不认真负责，只表面应付，搪塞责任。

玩忽职守 wánhū-zhíshǒu　玩：轻视；忽：忽略；职守：职责。○不严肃认真地对待自己的本职工作。

罪责难逃 zuìzénántáo　对所犯罪行应负的责任，一定要加以追究，难以逃脱。

52. 苟且

苟且偷安，大大咧咧，
不识大体，得过且过，

悬而未决，不务正业。

苟且偷安 gǒuqiě-tōu’ān　苟且：得过且过。○指只图眼前的安逸，得过且过，不考虑后果。

大大咧咧 dàdaliēliē　形容马虎随便。

不识大体 bùshí-dàtǐ　识：知道，懂得；大体：与大局有关的重要道理。○指不懂得关系到大局的道理。

得过且过 déguò-qiěguò　且：暂且，苟且。能过得下去，就姑且这样过下去。○指不求进取，苟且应付。也指敷衍了事，不负责任。

悬而未决 xuán’érwèijué　悬：挂起来；决：解决。○一直搁置着，没有解决。

不务正业 bùwùzhèngyè　务：从事；正业：正当的职业。○指不从事正当的职业。也指不做好本职工作，而去搞其他跟正业无关的事情。

53. 轻狂

恣意妄为，不逞之徒，
心血来潮，心中无数，
不成体统，不识时务，
痴心妄想，随心所欲，
心猿意马，游戏人生。

恣意妄为 zìyì-wàngwéi　恣意：任意；妄为：胡作非为。○指任意地做坏事。

不逞之徒 bùchěngzhītú　不逞：不得志。○指欲望没得到满足而为非作歹的人。

心血来潮 xīnxuè-láicháo　来潮：潮水上涨。○心里的血像到来的潮水。指心中一时冲动，突然产生某种念头。

心中无数 xīnzhōng-wúshù　数：数目，指掌握的实际情况。○指对情况和问题不了解，心中没底。也作“胸中无数”。

不成体统 bùchéng-tǐtǒng　体统：规矩，格式。○指言行越轨，不合于一般的社会行为准则。

不识时务 bùshí-shíwù　时务：客观形势和社会潮流。○指不认识当前的形势或时代潮流。也指待人接物不得体。

痴心妄想 chīxīn-wàngxiǎng　痴心：心思沉迷于某人或某事；妄：荒诞，不合理。○指一心想着不可能实现的事情。也指虚妄荒唐的想法。

随心所欲 suíxīnsuǒyù　随：听任；欲：希望，想要。○任凭自己的心意，想干什么就干什么。

心猿意马 xīnyuán-yìmǎ　心意像跳动的猿猴和善跑的骏马一样无常而善变。原为佛教用语。形容心思不定，变化无常，难以控制。

游戏人生 yóuxì-rénshēng　把人生当作游戏。指玩世不恭，以极不严肃、认真的态度对待人生。

54. 张扬

甚嚣尘上，一呼百诺，
鸣锣开道，鸡犬不宁，
气势汹汹，鼓噪一时，
轻举妄动，树大招风。

甚嚣尘上 shènxiāo-chénshàng 甚：很；嚣：喧哗。○人声喧闹，尘土飞扬。原指军中忙于战备的状况。后形容议论纷纷。现多形容某种论调嚣张。

一呼百诺 yīhū-bǎinuò 诺：答应。○一个人呼唤，百人应答。形容权势很盛。

鸣锣开道 míngluó-kāidào 原指旧时官吏外出，差役在前面敲锣开路，喝令行人回避让路。后比喻为某种事物的出现制造舆论或开辟道路。

鸡犬不宁 jīquǎn-bùníng 宁：安宁。○指受到很厉害的骚扰，连鸡犬都不得安宁。

气势汹汹 qìshìxiōngxiōng 汹汹：声势盛大的样子。○形容来势凶猛。

鼓噪一时 gǔzào-yīshí 鼓噪：古代指出战时擂鼓呐喊，以壮声势，今泛指喧嚷；一时：一个时期。○指喧嚷了一个时期。比喻某人某事一时间在人们中间引起一种非常强烈的反应。

轻举妄动 qīngjǔ-wàngdòng 轻：轻率；妄：任意。○指未经深思熟虑，轻率地采取行动。

树大招风 shùdà-zhāofēng 树木高大，便容易招来风的袭击。比喻人名气大了就容易惹人注目或招来麻烦、嫉恨。

55. 忘本

其一

兔死狗烹，过河拆桥，
鸟尽弓藏，恩将仇报。

兔死狗烹 tùsǐ-gǒupēng 烹：烧煮。○野兔捕杀光了，猎狗就被煮来吃了。比喻事情成功后，出过力的人被抛弃或被杀害。

过河拆桥 guòhé-chāiqiáo 自己过了河，就把桥拆掉。比喻达到目的以后，就把帮助过自己的人抛弃了。

鸟尽弓藏 niǎojìn-gōngcáng 飞鸟猎尽了，就把弓存放起来不用了。比喻事情成功以后，出过力的人就被抛弃了。

恩将仇报 ēnjiāngchóubào 用仇恨报答别人给予的恩惠。指人忘恩负义。

其二

得鱼忘筌，卸磨杀驴，
无源之水，无本之木。

得鱼忘筌 déyú-wàngquán 筌：捕鱼用的竹器。○原指捕到了鱼，就忘记了捕鱼的工具。比喻事情成功以后便忘掉赖以取得成功的手段和工具。

卸磨杀驴 xièmò-shālǘ　把刚拉完磨的驴子卸下来杀掉。比喻事成之后，就把曾出过力的人抛弃或除掉。

无源之水 wúyuánzhīshuǐ　没有源头的流水。比喻没有基础的事物。

无本之木 wúběnzhīmù　没有根的树木。比喻没有基础的事物。

其三

皮之不存，毛将焉附？
崇洋媚外，数典忘祖。
不宁唯是，里通外国，
不以为耻，反以为荣。

皮之不存，毛将焉附 pízhībùcún, máojiāngyānfù　焉：哪里；附：附着。〇皮都没有了，毛在哪里长呢？比喻事物失去了借以生存的基础，就不能存在。

崇洋媚外 chóngyáng-mèiwài　崇：崇拜；媚：巴结、讨好。〇崇拜洋人，向外国献媚。指丧失民族自尊心，巴结外国，向外国人献媚讨好。

数典忘祖 shǔdiǎn-wàngzǔ　数：数说，列举；典：史册，指礼制和史事的文字记载。〇谈论礼制掌故时，把祖先的职守都忘记了。比喻忘本或对本国历史无知。

不宁唯是 bùnìngwéishì　宁：助词，无实义；唯：只是；是：这样。〇不仅如此。

里通外国 lǐtōng-wàiguó　暗中勾结外国人，进行叛国的活动。

不以为耻，反以为荣 bùyǐwéichǐ, fǎnyǐwéiróng　不认为是耻辱，反而认为是光荣。

第十二章 感觉 心志

1. 豪迈

其一

昂首阔步，慷慨激昂，
意气风发，斗志昂扬。

昂首阔步 ángshǒu-kuòbù 昂首：仰着头。○仰着头大踏步向前走。形容精神振奋，意气昂扬。

慷慨激昂 kāngkǎi-jī'áng 慷慨：情绪激动；激昂：振奋昂扬。○形容情绪激动，精神振奋，充满正气。也作“激昂慷慨”。

意气风发 yìqì-fēngfā 意气：志向和气概；风发：像风一样迅速猛烈地兴起。○形容精神振奋，气概豪迈。

斗志昂扬 dòuzhì-ángyáng 昂扬：情绪高涨。○形容斗志旺盛，情绪高昂。

其二

高屋建瓴，叱咤风云，
气冲霄汉，风卷残云。

高屋建瓴 gāowū-jiànlíng 建：倾倒；瓴：盛水的瓶。○在高屋脊上往下倾倒瓶里的水。形容居高临下、不可阻挡的形势。

叱咤风云 chìzhà-fēngyún 叱咤：怒喝。○一声怒喝，就能使风云变色。形容威力声势极大。

气冲霄汉 qìchōngxiāohàn 气：气概，精神；霄汉：云霄和天河，指天空极高处。○形容豪气或怒气极盛。

风卷残云 fēngjuǎn-cányún 残云：残余的云。○大风把残云卷走。比喻一下子把残存的东西消灭干净或击溃。也比喻很快把食物吃个精光。

其三

四海为家，超然物外，
志在四方，豪情逸致。

四海为家 sìhǎiwéijiā 四海：指全国各地，天下；为：当作。○原指帝王拥有全国，一统天下。后指人居无定所，四处漂泊。

超然物外 chāorán-wùwài　超然：不站在对立各方的任何一方；物：这里指客观世界。○超脱于尘事之外。指置身事外。

志在四方 zhìzàisìfāng　四方：指天下。○指有远大志向和理想，不局守在一个地方，愿意远行以建功立业。

豪情逸致 háoqíng-yìzhì　豪迈的情怀，超逸的情趣。

其四

气冲牛斗，淡泊明志，
大气磅礴，豪情壮志。

气冲牛斗 qìchōng-niúdǒu　牛、斗：二十八宿的牛宿和斗宿，泛指星空。○形容气势旺盛，直冲星空。也形容怒气极盛。

淡泊明志 dànbó-míngzhì　淡泊：不追求名利；明志：表明心志。○不追名逐利，甘心过宁静俭朴的生活，以显示自己的志向情趣。

大气磅礴 dàqì-pángbó　磅礴：广大无边的样子。○形容气势宏大。多用于形容写作、书法等方面。

豪情壮志 háoqíng-zhuàngzhì　远大、豪迈的志向与情怀。

2. 领悟

只可意会，不可言传，
心领神会，心照不宣。

只可意会，不可言传 zhǐkě-yìhuì, bùkě-yánchuán　意会：不经直接说明而了解；传：表达。○只能用心去体会，无法用言语表达。指道理深奥或情况微妙，难以说明或不便说明。

心领神会 xīnlǐng-shénhuì　心、神：指思想深处；领：明白；会：理解，领会。○指不用提示或明说，内心便已深刻地理解和领会了对方的意思。

心照不宣 xīnzhào-bùxuān　照：知道；宣：公开说出。○指彼此心里明白，不公开说出来。

3. 决心

其一

精卫填海，愚公移山，
地老天荒，海枯石烂，
坚贞不渝，一寸丹心。

精卫填海 jīngwèi-tiánhǎi　精卫：古代神话中的鸟名。○精卫衔来木石，决心填平大海。比喻不畏艰难，不达目的不罢休的坚强意志。

愚公移山 yúgōng-yíshān　比喻做事有坚定的信念和顽强的毅力，无论多么困难的事，都能克服而达到目的。

地老天荒 dìlǎo-tiānhuāng　形容经历的时间久远。

海枯石烂 hǎikū-shílàn　海枯：海水干涸；石烂：石头化作尘土。○海水干涸，石头腐烂。形容经历极长的时间。多用于盟誓，表示意志坚决、永久不变。

坚贞不渝 jiānzhēn-bùyú　坚：坚定；贞：有节操；渝：改变。○形容坚守节操，绝不向恶势力屈服。

一寸丹心 yīcùn-dānxīn　丹心：赤诚之心。○一片赤诚之心。

其二

不达目的不罢休，
行百里者半九十，
不见棺材不落泪，
不到黄河心不死。

行百里者半九十 xíng bǎilǐ zhě bàn jiǔshí　行程有一百里，走九十里只能算是走了一半。原比喻事情越接近成功越困难。后用来勉励人做事要坚持到底。也作“行百里者，半于九十”。

不见棺材不落泪 bù jiàn guāncai bù luò lèi　比喻不见到事情的结局决不罢休。

不到黄河心不死 bù dào Huáng Hé xīn bù sǐ　比喻不达目的决不罢休。也比喻不到实在无路可走的境地是不肯死心的。

4. 得意

其一

喜气洋洋，扬眉吐气，
心想事成，春风得意，
如愿以偿，如鱼得水。

喜气洋洋 xǐqì-yángyáng　形容非常喜悦得意的样子。

扬眉吐气 yángméi-tǔqì　扬眉：扬起眉头；吐气：吐出闷气、怨气。○形容摆脱了长期受压抑的困境之后的舒畅心情和神态。

心想事成 xīnxiǎng-shìchéng　指愿望和理想都成为现实。

春风得意 chūnfēng-déyì　在春风的吹拂中感到称心如意。原指考中进士后得意的心情。现形容功成名就或事情如愿以偿十分得意的样子。

如愿以偿 rúyuànyǐcháng　偿：满足。○像所希望的那样得到满足，指愿望得以实现。

如鱼得水 rúyúdéshuǐ　好像鱼得到水一样。原指君臣之间非常投合。后形容得到了与自己投合的人或适合自己发展的环境。

其二

大喜过望，称心如意，
得意扬扬，津津有味，
枯木逢春，尽如人意，

心满意足，自鸣得意。

大喜过望 dàxǐ-guòwàng 过：超过；望：希望。○所得超过了自己原来的希望，因而感到很高兴。

称心如意 chènxīn-rúyì 称：合适；如：符合。○非常合乎心意。

得意扬扬 déyì-yángyáng 扬扬：得意的样子。○形容称心如意而十分高兴得意。

津津有味 jīnjīn-yǒuwèi 津津：兴趣浓厚的样子。○形容很有滋味或对事物趣味很浓。

枯木逢春 kūmù-féngchūn 枯树到了春天，恢复了生命力。比喻垂危的病人或濒于绝境的人或事物重获生机。

尽如人意 jìnrú-rényì 尽：全，都；如：依照，符合。○指完全符合人的心意。多用于否定形式。

心满意足 xīnmǎn-yìzú 意：心愿。○指称心如意。

自鸣得意 zìmíng-déyì 鸣：表示，以为。○自己表示称心如意。形容竭力炫耀自己，得意扬扬。

5. 看见

其一

耳闻目睹，司空见惯，

面面相觑，屡见不鲜，

先睹为快，百闻不如一见，

面目一新，另眼相看。

耳闻目睹 ěrwén-mùdǔ 闻：听见；睹：看见。○亲耳听到，亲眼看到。

司空见惯 sīkōng-jiànguàn 司空：古代官名。○经常看到，不足为奇。指某事物或现象看惯了，就不觉得奇怪了。

面面相觑 miànmiàn-xiāngqù 觑：看。○你看我，我看你，都不知如何是好。

屡见不鲜 lǚjiàn-bùxiān 屡：多次；鲜：新奇。○经常见到，并不新鲜。

先睹为快 xiāndǔ-wéikuài 睹：看；快：快乐。○以先看到为快乐。形容急切盼望看到。

百闻不如一见 bǎi wén bù rú yī jiàn 闻：听到。○听得再多，也不如亲自看见一次。表示耳闻不如眼见更可靠或印象更深刻。

面目一新 miànmù-yīxīn 完全改变了面貌，呈现出崭新的面目。含褒义。

另眼相看 lìngyǎn-xiāngkàn 用另一种的眼光来看待。指对人用不同于一般的眼光看待。也指不被重视的人得到重视。

其二

显而易见，大饱眼福；

眼见为实，丑态百出，

丑态毕露，不堪入目。

显而易见 xiǎn'éryìjiàn 形容事情、道理非常明显，很容易看清楚。

大饱眼福 dàbǎoyǎnfú 大饱：充分满足；眼福：能看到珍奇或美好的事物的福分。○使眼福得到充分的满足。指充分领略、欣赏到珍奇或美好的事物。

眼见为实 yǎnjiànwéishí 亲眼见到的才是真实的。

丑态百出 chǒutài-bǎichū 丑态：令人厌恶的举动或样子；百：形容数量多。○形形色色的丑恶姿态都表现出来了。

丑态毕露 chǒutài-bìlù 丑陋的样子完全暴露出来。

不堪入目 bùkān-rùmù 堪：忍受。○形容形象或文字等粗俗下流，使人无法看下去。

6. 牵挂

魂牵梦萦，牵肠挂肚，
心心念念，朝思暮想。

魂牵梦萦 húnqiān-mèngyíng 在梦魂中还牵挂萦绕着。形容思念深切。

牵肠挂肚 qiāncháng-guàdù 形容心中非常惦念，放心不下。

心心念念 xīnxīn-niànniàn 指一心一意，念念不忘。

朝思暮想 zhāosī-mùxiǎng 早晨晚上都在想念。形容思念殷切。

7. 高兴

其一

眉飞色舞，喜笑颜开，
兴高采烈，喜出望外，
笑容可掬，笑逐颜开。

眉飞色舞 méifēi-sèwǔ 色：神色，脸色。○形容喜悦或得意的神情。

喜笑颜开 xǐxiào-yánkāi 颜：脸色；开：舒展。○形容心中愉快，满面笑容。

兴高采烈 xìnggāo-cǎiliè 兴：兴致；采：精神；烈：强烈，旺盛。○原指文章旨趣很高，文辞犀利。后多形容兴致高，情绪热烈。

喜出望外 xǐchūwàngwài 望：希望，意料。○因遇到意外的好事而高兴。

笑容可掬 xiàoróng-kějū 掬：双手捧起来。○笑容露出来，好像可以用手捧住。形容笑容满面。

笑逐颜开 xiàozhú-yánkāi 逐：驱使；颜：面容；开：舒展开来。○笑得使面容舒展开来。形容人非常愉快的样子。

其二

喜形于色，满面春风，
踌躇满志，喜不自胜，
欢蹦乱跳，欢声雷动。

喜形于色 xǐxíngyúsè 形：表露；于：介词，在；色：脸色，神色。○内心的喜悦从脸上流露出来。

满面春风 mǎnmiàn-chūnfēng 春风拂面，温暖宜人。形容春天美好的景色。也指人脸上呈现出愉悦和蔼的表情。形容人心情愉快，满脸笑容。

踌躇满志 chóuchú-mǎnzhì 踌躇：得意的样子；满：满足；志：意志。○形容对自己取得的成绩心满意足，洋洋自得。

喜不自胜 xǐbùzìshèng 胜：能承受。○喜欢到自己不能承受的地步。形容欢喜到了极点。

欢蹦乱跳 huānbèng-luàntiào 形容高兴欢乐到极点。也形容健康活泼的样子。

欢声雷动 huānshēng-léidòng 欢呼声像打雷般的响。形容场面非常热烈欢快。

其三

欢呼雀跃，心花怒放，
奔走相告，欣喜若狂，
不亦乐乎，不可名状。

欢呼雀跃 huānhū-quèyuè 雀跃：像雀一样跳跃着。○跳起来欢呼。形容欢乐的情景。

心花怒放 xīnhuā-nùfàng 怒放：盛开。○心里高兴得像花朵盛开。形容高兴到了极点。

奔走相告 bēnzǒu-xiānggào 走：快跑。○奔跑着互相转告。

欣喜若狂 xīnxǐruòkuáng 欣喜：快乐，高兴；狂：失常。○欣喜得发了狂，失去控制。形容高兴到了极点。

不亦乐乎 bùyìlèhū 亦：也；乎：表示疑问的语气，相当于“吗”。○不也是很快乐吗？形容十分高兴。也形容情况令人满意。

不可名状 bùkě-míngzhuàng 名：说出；状：描绘。○不能够用语言形容。

其四

拍手称快，乔迁之喜，
眉开眼笑，谢天谢地，
前仰后合，乐不可支。

拍手称快 pāishǒu-chēngkuài 称：叫，说；快：痛快。○拍着手大喊痛快。形容正义得到伸张或仇恨公愤得以消除时心情痛快的样子。

乔迁之喜 qiáoqiānzhīxǐ 乔：乔木，高大的树木；乔迁：指鸟儿飞离幽谷，迁到高大的乔木上筑巢。○多用于祝贺人迁居到好地方或官职升迁。

眉开眼笑 méikāi-yǎnxiào 眉头舒展，眼含笑意。形容高兴、愉快的样子。

谢天谢地 xiètiān-xièdì 古人认为事情顺利是因为天地神灵的保佑，所以要感谢天地神灵。现在用于表示历经苦难或挫折后庆幸满意的事情。表示目的达到或困难解除后庆幸满意的心情。

前仰后合 qiányǎng-hòuhé 身体大幅度前后晃动。多形容大笑、困倦、酒醉时站立不稳的样子。

乐不可支 lèbùkězhī 支：支撑，支持。○快乐到不能撑持的地步。形容快乐到极点。

其五

欢欣鼓舞，欢天喜地，
高枕无忧，心旷神怡。

欢欣鼓舞 huānxīn-gǔwǔ 欢欣：快乐而兴奋；鼓舞：振奋。○形容非常欣喜、振奋。

欢天喜地 huāntiān-xǐdì 形容非常欢喜。

高枕无忧 gāozhěn-wúyōu 把枕头垫高，无忧无虑地睡觉。形容无所忧虑。

心旷神怡 xīnkuàng-shényí 旷：开朗，空阔；怡：愉快。○心境开阔，精神愉快。

8. 思念

其一

物是人非，人去楼空，
人亡物在，痛不欲生。

物是人非 wùshì-rénfēi 景物依旧而人的情况不同了。多用来表示对故人的思念或对世事变化的感叹。

人去楼空 rénqù-lóukōng 去：离开；楼：泛指住屋。○人已离去，屋子空空。用以表达面对故居怀念故人的情绪。

人亡物在 rénwáng-wùzài 亡：死亡。○人已去世，遗物还在。指见到死者遗物引起的怀念和感慨之情。

痛不欲生 tòngbùyùshēng 痛：悲痛。○悲伤、痛苦到不想活下去。形容悲痛到极点。

其二

睹物思人，茫然自失，
心驰神往，若有所思。

睹物思人 dǔwù-sīrén 睹：看见。○看见某件东西，就想起与之相关的某个人。

茫然自失 mángrán-zìshī 茫然：失意的样子；自失：自我迷失。○心神恍惚，自我迷失。形容迷惘、不知所为的心态。

心驰神往 xīnchí-shénwǎng 驰：奔驰，向往；往：去。○形容一心向往或思慕至极。

若有所思 ruòyǒusuǒsī 好像在思考什么。形容沉思不语的样子。

其三

辗转反侧，思绪万千，
抚今追昔，藕断丝连，
一日三秋，浮想联翩。

辗转反侧 zhǎnzhuǎn-fǎncè 辗转：身体翻来覆去；反侧：反覆。〇翻来覆去，睡不着觉。形容心里有所思念或心事重重。

思绪万千 sīxù-wànqiān 思绪：思想的头绪。〇形容想法很多。

抚今追昔 fǔjīn-zhuīxī 抚：摸，接触，引申为看到；追：追忆。〇触及当前景物而回想往昔。

藕断丝连 ǒuduàn-sīlián 藕已断开，藕丝还牵连着。比喻表面上关系已断绝，而实际上仍有牵连。多指男女情意未绝，难以割舍。

一日三秋 yīrì-sānqiū 三秋：三个秋天，指三年。〇一日不见如隔三年那样漫长。形容对人思念之切。

浮想联翩 fúxiǎng-liánpiān 浮想：飘浮不定的想象；联翩：鸟飞的样子，比喻连续不断。〇形容许许多多的想象接连不断地涌现出来。

9. 平静

心平气和，平心静气，
不动声色，行若无事。

心平气和 xīnpíng-qìhé 心情平静，态度温和。不感情用事。

平心静气 píngxīn-jìngqì 心情平和，态度冷静，不感情用事。

不动声色 bùdòng-shēngsè 声色：说话的声音和表情。〇在紧急情况下，不让内心活动通过语气和表情流露出来。形容非常镇静。也形容轻而易举，不费力气。

行若无事 xíngruòwúshì 行：行动；若：好像。〇好像没有这么一回事。指人在紧要关头，态度镇静，毫不慌张。有时也指对坏人坏事听之任之，毫无反应。

10. 明白

其一

了如指掌，彰明较著，
触类旁通，不言而喻，
尽人皆知，历历在目，
判若天渊，一清二楚。

了如指掌 liǎorúzhǐzhǎng 了：明白，了解；指掌：指着手掌。〇对情况的了解，就像把自己手掌上的东西指给别人看那样清楚。形容对事物了解得极为清楚。

彰明较著 zhāngmíng-jiàozhù 指极其明显，容易看清。也作“彰明昭著”。

触类旁通 chùlèi-pángtōng 触：接触；旁通：通晓。〇掌握了某一事物的知识，就可以推知同类中的其他事物。

不言而喻 bùyán'éryù 言：说明，解释；喻：明白，懂得。〇不用说明就能明白。形容事理很明显。

尽人皆知 jìnrén-jiēzhī 尽：全部，所有。〇所有人都知道。

历历在目 lìlì-zàimù 历历：清楚、分明的样子。〇指远处的物体或某种景象清清楚楚地出现在眼前。也指往事重现在眼前。

判若天渊 pànruòtiānyuān 判：区别明显；渊：深水。〇像天空和深渊一样有明显的区别。形容高下相差悬殊。

一清二楚 yīqīng-èrchǔ 非常清楚。

其二

判若鸿沟，泾渭分明，
了然于心，旁观者清。
洞烛其奸，黑白分明，
寸步不让，壁垒分明。

判若鸿沟 pànruòhónggōu 判：区别明显；鸿沟：战国时开凿的一条运河名，故道在今河南境内，秦末楚汉相争时曾以鸿沟作为双方军事对峙的分界线，东面是楚，西面是汉，后用以比喻明显的界线。〇形容界限分明，区别显著。

泾渭分明 jīngwèi-fēnmíng 泾河水清，渭河水浑，两河在陕西境内合流。一清一浊，分得很清楚。比喻两者明显不同。

了然于心 liǎorányúxīn 了然：清楚，明白。〇指心中有数，了解得非常清楚。也作“了然于胸”。

旁观者清 pángguānzhěqīng 指对同一事物，局外人比当局者看得更清楚、更全面。常与“当局者迷”连用。

洞烛其奸 dòngzhúqíjiān 洞：透彻，深入；烛：照亮；奸：奸邪，诈伪。〇形容目光敏锐，能看透对方的阴谋诡计。

黑白分明 hēibái-fēnmíng 黑色和白色分得很清。指是非、善恶界限很清楚。

寸步不让 cùnbùbùràng 寸步：指很小的距离。〇连很小的地方也不让给别人。形容丝毫不肯让步、妥协。

壁垒分明 bìlěi-fēnmíng 壁垒：古代军营周围的防御建筑物，泛指防御工事。〇形容对立的双方界限划得很清楚。

其三

茅塞顿开，昭然若揭，
家喻户晓，洞若观火。

茅塞顿开 máosè-dùnkāi 茅塞：知识不足，思想不通，好像心眼被茅草堵塞了一样；顿：立刻，一下子。〇一下子心里开了窍。形容豁然领悟了某个道理。

昭然若揭 zhāorán-ruòjiē 昭然：非常明显的样子；揭：高举。〇指真相和本质暴露无遗。

家喻户晓 jiāyù-hùxiǎo 喻：明白；晓：知道。〇家家户户都知道。也作“家传户晓”。

洞若观火 dòngruòguānhuǒ 洞：透彻。〇形容观察事物明白透彻，像看火一样。

11. 激动

群情鼎沸，激动人心，
热血沸腾，情不自禁，
热泪盈眶，不能自已，
心潮澎湃，感慨激昂。

群情鼎沸 qúnqíng-dǐngfèi 指众人的情绪非常激动，就像鼎中的水煮沸了一样。

激动人心 jīdòng-rénxīn 使人的内心非常激动，不能平静。

热血沸腾 rèxuè-fèiténg 形容情绪激昂高涨。

情不自禁 qíngbù-zìjīn 禁：控制。〇指情绪激动，无法控制自己。也作“情不自已”。

热泪盈眶 rèlèi-yíngkuàng 盈：充满；眶：眼眶，眼圈。〇激动得眼泪充满了眼眶。形容心情非常激动。

不能自已 bùnéng-zìyǐ 已：停止。〇自己无法停止。多表示不能控制自己的感情。

心潮澎湃 xīncháo-péngpài 形容心情非常激动，不能平静。

感慨激昂 gǎnkǎi-jī'áng 指情绪激动，精神昂扬。

12. 见仁见智

仁者见仁，智者见智，
各有千秋，各执一词。
自圆其说，各抒己见，
各有所长，各持己见。

仁者见仁，智者见智 rénzhě-jiànrén, zhìzhě-jiànzhì 指对同一个问题，不同的人因角度不同而理解、看法不同。

各有千秋 gèyǒu-qiānqiū 千秋：千年，指长久的价值。〇各自有其可以长远流传的价值。指各有所长，各有特点。

各执一词 gèzhí-yīcí 执：坚持。〇各人坚持各人的说法。

自圆其说 zìyuán-qíshuō 圆：使圆满，使周全。〇把自己的论点或谎话讲得周全，使之没有破绽。

各抒己见 gèshū-jǐjiàn 抒：发表。〇各人发表自己的意见。

各有所长 gèyǒu-suǒcháng 各有各的长处。

各持己见 gèchí-jǐjiàn 持：坚持。〇各人坚持自己的意见。

13. 直接

其一

直截了当，开门见山，
心直口快，一针见血。

直截了当 zhíjié-liǎodàng　直截：不拐弯子。○形容干脆爽快，不绕弯子。也作“直捷了当”。

开门见山 kāimén-jiànshān　比喻说话、写文章一开头就直截了当地步入正题。

心直口快 xīnzhí-kǒukuài　直：直爽。○性情直爽，心里有什么就说什么。也作“心直嘴快”。

一针见血 yīzhēn-jiànxiě　比喻说话、写文章言辞直截、简要，能说中问题的实质，切中要害。

其二

径情直遂，单刀直入，
和盘托出，立竿见影。

径情直遂 jìngqíng-zhísuì　径情：任情，随意；遂：成功。○指随着自己的意愿行事，很顺利地达到目的。

单刀直入 dāndāo-zhírù　原为佛教用语，指认定目标，勇猛进取。后比喻说话、做文章、做事直截了当，不绕弯子。

和盘托出 hépán-tuōchū　和：连同。○连盘子带东西一齐端了出来。比喻将事实或意见全部说出来，毫无保留。

立竿见影 lìgān-jiànyǐng　在太阳底下，竖起一枝竹竿，立刻可以见到它的影子。比喻效果显著迅速。

14. 忍耐

忍气吞声，丢卒保车，
委曲求全，忍辱负重，
相忍为国，忍辱含垢，
唾面自干，逆来顺受。

忍气吞声 rěnqì-tūnshēng　忍气：受了气不发作；吞声：不敢出声。○受了气有顾忌不敢发泄、强制忍耐。

丢卒保车 diūzú-bǎojū　象棋战术用语，为了保住车而丢弃卒。比喻牺牲次要的，保住主要的。

委曲求全 wěiqū-qiúquán　委曲：曲意迁就；全：保全。○指忍受委屈，勉强迁就，以求事成。也指为了顾全大局而做出让步。

相忍为国 xiāngrěnwèiguó　为了国家、民族的利益而忍让，做出一定的让步。

忍辱含垢 rěnrǔ-hángòu　垢：耻辱。○忍受耻辱。

唾面自干 tuòmiàn-zìgān　唾面：他人将唾液吐在自己脸上；自干：让其自然消失。○指受了侮辱却极度忍耐，也不反抗。

逆来顺受 nìlái-shùnshòu　逆：不顺；

顺：顺从；受：忍受。○对不利的境遇或悖理的事情持顺从容忍的态度。

15. 忧虑

其一

人无远虑，必有近忧，
忧心忡忡，瞻前顾后，
后继无人，后顾之忧。

人无远虑，必有近忧 rénwúyuǎnlǜ, bìyǒujìnyōu 虑：考虑；忧：忧愁。○人做事不作长远打算，眼前就会有不称心的事情发生。指人做事应该有长远的考虑。

忧心忡忡 yōuxīn-chōngchōng 忡忡：忧愁不安的样子。○形容心事重重，忧虑不安。

瞻前顾后 zhānqián-gùhòu 瞻：向前看；顾：向后看。○看看前面，又回头看看后面。形容谨慎做事，周密考虑。也形容顾虑太多，处理事情犹豫不决。

后继无人 hòujì-wúrén 继：继承。○指前人开创的事业没有后人来继承。也作“后继乏人”。

后顾之忧 hòugùzhīyōu 后顾：回头向后看；忧：忧虑，发愁。○放心不下，担心后方或家里发生问题。

其二

痛心疾首，后悔莫及，
心如刀割，心如死灰。

痛心疾首 tòngxīn-jíshǒu 疾：痛；首：头。○心也痛，头也痛。形容悲愤到极点。

后悔莫及 hòuhuǐ-mòjí 指事后懊悔已经来不及了。

心如刀割 xīnrúdāogē 心里就好像刀割一样。形容内心痛苦至极。也作“心如刀绞”。

心如死灰 xīnrúsǐhuī 死灰：已冷却的灰烬。○原指心境淡漠，毫无情感。现也形容意志消沉，态度冷漠到极点。

16. 失望

其一

企足而待，大失所望，
愤世嫉俗，恨铁不成钢。

企足而待 qǐzú'érdài 企足：踮起脚后跟。○踮起脚后跟等待。形容急切盼望之情。

大失所望 dàshī-suǒwàng 所望：寄予的希望。○原来抱有的希望全落空了。

愤世嫉俗 fènshì-jísú 愤：恨；世、俗：指当时的社会现状；嫉：仇恨。

〇憎恨社会的不平等，厌恶不合理的旧习俗。

恨铁不成钢 hèn tiě bù chéng gāng 恨：遗憾，抱怨。〇恨铁炼不成钢。比喻因所期望的人不成材、不长进而感到焦急和不满。

其二

万念俱灰，拂袖而去，
惘然若失，死不瞑目。

万念俱灰 wànniàn-jùhuī 俱：都；灰：消沉，沮丧。〇一切念头和打算都已破灭。形容极端灰心失望的心情。

拂袖而去 fúxiù'érqù 拂袖：甩袖子。〇把袖子一甩就走了。形容很生气地离开。

惘然若失 wǎngrán-ruòshī 惘然：失意的样子；若：好像。〇心里惆怅失意，像丢了什么似的。

死不瞑目 sǐbùmíngmù 瞑目：闭眼。死了也不闭眼。〇指人临死时还有事放心不下。多指死不甘心。

17. 恨

其一

新仇旧恨，怀恨在心，
咬牙切齿，血海深仇。

新仇旧恨 xīnchóu-jiùhèn 新的怨仇与旧日的积恨。形容仇恨很深，不共戴天。

咬牙切齿 yǎoyá-qièchǐ 切齿：咬紧牙齿，形容痛恨。〇形容极端仇视。

血海深仇 xuèhǎi-shēnchóu 血海：流血成海。〇指亲人被杀而引起的深仇大恨。

其二

横眉冷对，恨之入骨，
深仇大恨，横眉怒目，
食肉寝皮，投畀豺虎。

横眉冷对 héngméi-lěngduì 横眉：耸眉。〇耸起眉毛，冷眼相对。形容怒视的样子。

恨之入骨 hènzhīrùgǔ 之：代词，指所恨的人或事物。〇形容痛恨到极点。也作“恨入骨髓”。

深仇大恨 shēnchóu-dàhèn 极深极大的仇恨。

横眉怒目 héngméi-nùmù 横眉：怒目而视的样子。〇眉毛横着，眼冒怒火。形容十分愤怒或态度凶狠的表情。

食肉寝皮 shíròu-qǐnpí 割他的肉吃，剥他的皮当褥子。形容对仇敌的极端痛恨。

投畀豺虎 tóubì-cháihǔ 畀：给予。〇把他扔给豺狼老虎去吃。表示对坏人的憎恨。

18. 怒

其一

怒发冲冠，怒不可遏，
怒火中烧，怒形于色。

怒发冲冠 nùfà-chōngguān　冠：帽子。○愤怒得头发竖起，把帽子都顶起来了。形容愤怒到了极点。

怒不可遏 nùbùkě'è　遏：抑制。○愤怒到无法抑制的地步。形容极其愤怒。

怒火中烧 nùhuǒ-zhōngshāo　中：心中。○愤怒的火焰在心中燃烧。形容心中怀有极大的愤怒。

怒形于色 nùxíngyúsè　形：显露；色：脸色。○内心的愤怒显露在脸上。

其二

拍案而起，怒气冲天，
火冒三丈，七窍生烟。

拍案而起 pāi'àn'érqǐ　案：几案，桌子。○一拍桌子，猛地站起来。形容愤怒至极，起而抗争。

怒气冲天 nùqì-chōngtiān　愤怒的情绪直冲上天。形容愤怒到了极点。

火冒三丈 huǒmào-sānzhàng　冒：往上升。○形容十分生气、愤怒的样子。

七窍生烟 qīqiào-shēngyān　七窍：两耳、两目、两鼻孔、一口；生烟：快冒火了。○好像眼耳口鼻都要冒出火来。形容愤怒到极点。

19. 悲伤

其一

悲欢离合，生离死别，
长歌当哭，涕泗滂沱，
如泣如诉，缠绵悱恻，
悲愤填膺，悲痛欲绝。

悲欢离合 bēihuān-líhé　悲哀和欢乐，离散和团聚。泛指生活中的各种心情和遭遇。

生离死别 shēnglí-sǐbié　生离：活着分离，很难再见；死别：永久分别，到死不能再见。○指很难再见的离别或永久的分离。

长歌当哭 chánggē-dàngkū　长歌：长声歌吟；当：当作。○用放声歌吟或书写诗文来代替痛哭，借以抒发内心的悲痛。

涕泗滂沱 tìsì-pāngtuó　涕：眼泪；泗：鼻涕；滂沱：雨下得很大的样子。○眼泪鼻涕流得像下大雨一样。形容哭得非常伤心。

如泣如诉 rúqì-rúsù　好像在哭泣，又好像在诉说。形容声音悲切凄婉。

缠绵悱恻 chánmián-fěicè　缠绵：心情郁闷，纠缠不已，不能排遣；悱恻：内心悲苦。○形容心情悲哀痛苦，无法解脱。也指诗文、音乐哀婉凄切。

悲愤填膺 bēifèn-tiányīng 填：充满；膺：胸膛。〇悲痛和愤怒充满胸膛。

悲痛欲绝 bēitòngyùjué 欲：将要；绝：气绝，指断气。〇悲痛得将要断气了。形容悲哀至极。

其二

披麻戴孝，肝肠寸断，
乱箭攒心，感慨万千，
捶胸顿足，呼天抢地，
扼腕长叹，节哀顺变。

披麻戴孝 pīmá-dàixiào 麻：麻制的丧服；孝：孝服或孝帽。〇身穿粗麻布衣服，腰系麻绳，头戴孝帽。指旧时子孙为去世的父母、祖父母或臣下为去世的君主守孝。

肝肠寸断 gāncháng-cùnduàn 肝肠断裂成许多小段。形容极其悲痛。

乱箭攒心 luànjiàn-cuánxīn 攒：指攒射，集中射箭。〇乱箭一齐射在心上。比喻人的内心非常痛苦。

感慨万千 gǎnkǎi-wànqiān 感慨：有所感触而慨叹；万千：万种千种，形容很多。〇感触很多而不胜慨叹。

捶胸顿足 chuíxiōng-dùnzú 捶：敲打；顿足：跺脚。〇捶打胸部，跺着双脚。形容非常懊丧或悲痛。也作“捶胸顿脚”“顿足捶胸”。

呼天抢地 hūtiān-qiāngdì 抢地：用头撞地。〇悲痛地大声向苍天呼号，用头撞地。形容极度悲伤。

扼腕长叹 èwàn-chángtàn 扼：握住，抓住。〇紧握手腕，深深叹息。形容情绪十分激动或表示非常惋惜。

节哀顺变 jié'āi-shùnbiàn 指节制悲哀，顺应变故。用于吊唁慰问。

其三

喟然长叹，悲从中来，
死去活来，呼天号地，
泣不成声，痛哭流涕，
柔肠寸断，痛入骨髓，
悲不自胜，万箭攒心。

喟然长叹 kuìrán-chángtàn 喟然：叹气的样子；长叹：深深地叹息。〇形容因感慨而深深地叹气。

悲从中来 bēicóngzhōnglái 悲伤从内心发出来。

死去活来 sǐqù-huólái 晕死过去，又苏醒过来。形容备受折磨或极度悲哀、惊恐。

呼天号地 hūtiān-háodì 大声呼叫天地。形容极为冤屈、怨恨或痛苦。

泣不成声 qìbùchéngshēng 泣：低声哭。〇低声哭泣，哭得噎住出不来声音。形容极其悲伤或激动。

痛哭流涕 tòngkū-liútì 涕：眼泪。〇形容伤心到了极点，流着眼泪大哭。

柔肠寸断 róucháng-cùnduàn 柔软的心肠一寸寸断裂。形容极度伤心。

痛入骨髓 tòngrùgǔsuǐ 痛楚深入到

骨髓里。形容极度伤心或怨恨。也作“痛彻骨髓”。

悲不自胜 bēibùzìshèng 悲伤得自己都禁受不住。形容非常悲伤。

万箭攒心 wànjiàn-cuánxīn 攒：聚集。○仿佛一万支箭攒射到心头。形容内心痛苦至极。也作“万箭穿心”。

20. 遗憾

其一

子欲养而亲不待，抱恨终天。
英雄无用武之地，怀才不遇。

子欲养而亲不待 zǐ yù yǎng ér qīn bù dài 指父母已去世，子女要尽孝心，也没有可能了。

抱恨终天 bàohèn-zhōngtiān 抱：存在心里；恨：悔恨，遗憾；终天：一辈子。○一辈子都怀着悔恨。常指因父母去世而一辈子都感到悲痛。也作“抱恨终身”。

英雄无用武之地 yīngxióng wú yòngwǔ zhī dì 用武之地：用兵之地，宜于作战的地方。○英雄没有领兵打仗的地方。比喻有本领无处施展。

怀才不遇 huáicái-bùyù 怀才：具有才能；遇：际遇，机会。○怀有才能而未能得到施展的机会。指因受冷遇而不得志。

其二

半路出家，班门弄斧，
梦寐以求，求之不得，
贻笑大方，咎由自取。

半路出家 bànlù-chūjiā 出家：当和尚或尼姑、道士。○比喻中途改行从事某种非本行的工作。

班门弄斧 bānmén-nòngfǔ 班：鲁班，我国古代著名木匠。○在鲁班门前舞弄斧头。比喻在行家面前卖弄本领。

梦寐以求 mèngmèiyǐqiú 寐：睡。○睡梦中都在寻找、追求。形容愿望非常迫切。

求之不得 qiúzhī-bùdé 得：得到。○求都求不到。指想要的得不到。也形容十分急切地想得到。

贻笑大方 yíxiào-dàfāng 贻笑：见笑；大方：指学识广博的人。○比喻所做的事，让专家、内行见笑。

咎由自取 jiùyóuzìqǔ 咎：罪过，灾祸，过失。○罪过或灾祸由自己招致。形容人自作自受。

21. 怀疑

杯弓蛇影，半信半疑，
疑惑不解，将信将疑，
疑神疑鬼，形迹可疑。

杯弓蛇影 bēigōng-shéyǐng 误将映在酒杯中的弓影当成蛇。比喻疑神疑鬼，自相惊扰。

半信半疑 bànxìn-bànyí 一半相信，一半怀疑。即信疑参半，不能完全肯定。

疑惑不解 yíhuò-bùjiě 心存疑虑而不理解。

将信将疑 jiāngxìn-jiāngyí 将：又，且。○既有些相信，又有些怀疑。

疑神疑鬼 yíshén-yíguǐ 怀疑这个，怀疑那个。形容人多疑。

形迹可疑 xíngjì-kěyí 行动、举止和神情令人怀疑。

22. 害怕

其一

大惊失色，不寒而栗，
瞠目结舌，胆战心惊，
重足而立，侧目而视，
望而却步，心有余悸。

大惊失色 dàjīng-shīsè 失色：脸色失去本色。○大吃一惊，变了脸色。形容非常惊恐。

不寒而栗 bùhán'érlì 栗：战栗，战抖。○不寒冷而发抖。形容极其害怕、恐惧。

瞠目结舌 chēngmù-jiéshé 瞠：瞪着眼；结舌：舌头不能活动。○瞪着眼睛说不出话来。形容发窘或惊呆的样子。

胆战心惊 dǎnzhàn-xīnjīng 战：发抖；惊：惊慌。○心里害怕得打战。形容极其惊慌害怕。

重足而立，侧目而视 chóngzú'érlì, cèmù'érshì 重足：两脚并拢；侧：斜着。○并脚站着，不敢前行；斜眼偷看，不敢正视。形容十分恐惧的样子。

望而却步 wàng'érquèbù 却步：不敢前进，向后退。○形容遇到危险、困难或力所不及的事就往后退缩。

心有余悸 xīnyǒuyújì 悸：因害怕而心跳。○指危险或灾难虽然过去，但内心深处仍有很大的恐惧感。

其二

芒刺在背，惶恐不安，
破胆寒心，忐忑不安，
胆小如鼠，如坐针毡，
魂不附体，毛骨悚然，
诚惶诚恐，人心惶惶，
惊弓之鸟，魂飞魄散。

芒刺在背 mángcì-zàibèi 芒刺：草木果实外壳上的细刺。○好像有芒刺扎背一样。形容极度不安。

惶恐不安 huángkǒng-bù'ān 惶恐：惊慌害怕。○指惊慌害怕，心神不宁。

破胆寒心 pòdǎn-hánxīn　破：破碎。○指胆战心惊。形容非常恐惧害怕。

忐忑不安 tǎntè-bù'ān　忐忑：心神不定。○形容心神非常不安。

胆小如鼠 dǎnxiǎorúshǔ　胆子小得像老鼠。形容胆小怕事。

如坐针毡 rúzuòzhēnzhān　像坐在插了针的毡子上。形容心神不定，坐立不安。

魂不附体 húnbùfùtǐ　魂：灵魂；附：依附。○迷信说法，人身上附着三魂七魄，一旦魂魄离开躯体，人就失去知觉。指灵魂脱离了肉体。形容惊恐、惧怕万分而举动失常。

毛骨悚然 máogǔ-sǒngrán　骨：指脊梁骨；悚然：害怕的样子。○毛发竖起，脊梁骨发冷。形容非常恐惧。

诚惶诚恐 chénghuáng-chéngkǒng　诚：实在；惶：害怕；恐：畏惧。○臣子对君王忠诚、敬畏而惶恐不安。原为臣子给帝王的奏章中常用的套语。后多形容极端谨慎小心，以至于害怕不安。

人心惶惶 rénxīn-huánghuáng　惶惶：恐惧不安。○形容人们提心吊胆，惊惶不安。

惊弓之鸟 jīnggōngzhīniǎo　受过箭伤，闻弓弦声而惊堕的鸟。比喻受过惊吓，碰到一点动静就害怕惊慌的人。

魂飞魄散 húnfēi-pòsàn　魂飞了，魄也散了。指离死不远了。也形容惊恐万状，不知如何是好。

其三

前怕狼后怕虎，畏缩不前，
望而生畏，打退堂鼓，
提心吊胆，心惊肉跳，
战战兢兢，谈虎色变。

前怕狼后怕虎 qián pà láng hòu pà hǔ　害怕前面遇上狼，后面遇上虎。形容办事顾虑重重，畏缩不前。

畏缩不前 wèisuō-bùqián　畏：怕。○惧怕退缩，不敢向前。也作“畏葸不前”。

望而生畏 wàng'érshēngwèi　畏：害怕。○看见了就害怕。

打退堂鼓 dǎtuìtánggǔ　古时官员退堂时要击鼓，表示停止办公或审案结束。比喻跟人共同做事半途退出或遇到困难而退缩不前。

提心吊胆 tíxīn-diàodǎn　形容非常担心害怕。也作“悬心吊胆”。

心惊肉跳 xīnjīng-ròutiào　形容内心十分恐惧不安，或因预感有灾祸临身而极其担心忧愁。

战战兢兢 zhànzhàn-jīngjīng　战战：恐惧发抖的样子；兢兢：小心谨慎的样子。○形容因心怀戒惧而小心谨慎的样子。也形容因害怕或寒冷而战抖的样子。

谈虎色变 tánhǔ-sèbiàn　色：脸色。○原指曾被虎咬过的人才真正知道虎的厉害。后指一提到可怕的事物或人，就情绪紧张起来，连脸色都变了。

其四

缩手缩脚，闻风丧胆，
心胆俱裂，心惊胆战，
畏首畏尾，惴惴不安。

缩手缩脚 suōshǒu-suōjiǎo 因寒冷或恐惧四肢不能舒展的样子。多形容胆小，不敢放手干事。

闻风丧胆 wénfēng-sàngdǎn 风：风声，消息；丧胆：吓破胆。〇听到风声，就吓破了胆。形容惧怕至极。

心胆俱裂 xīndǎn-jùliè 心和胆都碎裂了。形容极度悲愤或恐惧。

心惊胆战 xīnjīng-dǎnzhàn 惊：惊慌。〇心里害怕得打战。形容极其惊慌害怕。

畏首畏尾 wèishǒu-wèiwěi 畏：怕。〇前也怕，后也怕。形容瞻前顾后，疑虑重重，胆小怕事。

惴惴不安 zhuìzhuì-bù'ān 惴惴：忧愁恐惧的样子。〇形容因担心、害怕而感到不安。

23. 羞愧

无地自容，汗颜无地，
羞愧难当，愧悔无地，
羞愧满面，受之有愧。

无地自容 wúdì-zìróng 容：容纳。〇没有地方可以容身。形容羞愧到极点。

汗颜无地 hànyán-wúdì 汗颜：脸上出汗；无地：无地自容。〇形容羞愧得脸上出汗，无地自容。

羞愧难当 xiūkuì-nándāng 当：承受。〇羞愧得难以承受。形容十分羞愧。

愧悔无地 kuìhuǐ-wúdì 形容羞愧悔恨至极。

羞愧满面 xiūkuì-mǎnmiàn 满脸都是羞愧的表情。形容非常羞愧。

受之有愧 shòuzhīyǒukuì 接受某种奖赏或荣誉，心里觉得惭愧。常用作自谦之辞。

24. 愁

垂头丧气，愁眉不展，
闷闷不乐，愁眉苦脸，
没精打采，郁郁寡欢，
愁云惨雾，多愁善感，
愁眉锁眼，杞人忧天。

垂头丧气 chuítóu-sàngqì 垂头：耷拉着脑袋；丧气：沮丧，情绪低落。〇低着头，情绪低落。形容失败或受挫折后精神沮丧的样子。

愁眉不展 chóuméi-bùzhǎn 展：舒展。〇心里发愁，双眉紧锁。形容心事重重的样子。

闷闷不乐 mènmèn-bùlè 闷闷：心情抑郁不快的样子。〇心中烦闷，不快活。

愁眉苦脸 chóuméi-kǔliǎn 皱着眉头，哭丧着脸。形容愁苦的样子。

没精打采 méijīng-dǎcǎi 采：精神。〇形容没有精神、提不起劲的样子。

郁郁寡欢 yùyù-guǎhuān 郁郁：苦闷的样子；寡：少。〇心里发愁，苦闷，不愉快。

愁云惨雾 chóuyún-cǎnwù 悲愁似云，凄惨似雾。形容极端悲愁凄惨的景象和气氛。

多愁善感 duōchóu-shàngǎn 善：容易。〇老是发愁，容易伤感。形容人感情脆弱，容易忧愁或感伤。

愁眉锁眼 chóuméi-suǒyǎn 锁：紧皱。〇形容忧愁苦闷，紧皱眉头的样子。

杞人忧天 qǐrén-yōutiān 杞：周代诸侯国名。〇杞国有个人老是担心天会塌下来。借指为不必要的事忧虑。

25. 不安

其一

心乱如麻，坐立不安，

心惊肉跳，心慌意乱。

心乱如麻 xīnluànrúmá 思绪烦乱像一团乱麻。也作“心绪如麻”。

坐立不安 zuòlì-bù'ān 坐也不好，站也不好。形容焦灼不安。

心惊肉跳 xīnjīng-ròutiào 形容内心十分恐惧不安，或因预感有灾祸临身而极其担心忧愁。也作“心惊肉战”。

心慌意乱 xīnhuāng-yìluàn 心里慌乱，思绪纷乱，没有主意。

其二

六神无主，寝食不安，

惊慌失措，夜不成眠。

六神无主 liùshén-wúzhǔ 六神：古时指主宰心、肺、肝、肾、脾、胆六脏的神，泛指心神。〇形容心慌意乱，拿不定主意。

寝食不安 qǐnshí-bù'ān 寝：睡觉；食：吃饭。〇睡不好觉，吃不好饭。形容心烦意乱，焦灼忧虑。

惊慌失措 jīnghuāng-shīcuò 失措：不知道怎么办。〇形容害怕慌张，而举止失去常态，不知如何是好。

夜不成眠 yèbùchéngmián 眠：睡眠。〇夜里睡不着觉。也作“夜不成寐”。

其三

惊恐万状，惊魂未定，

坐卧不安，心神不定。

神不守舍，心烦意乱，

卧不安席，六神不安。

惊恐万状 jīngkǒng-wànzhuàng 惊恐：惊慌恐惧；万状：各种样子，形容程度深。〇形容害怕恐惧到了极点。

惊魂未定 jīnghún-wèidìng 惊慌的魂魄仍未安定下来。形容受到惊吓后心情尚未平静下来。也作“惊魂不定”。

坐卧不安 zuòwò-bù'ān 卧：睡。○坐不稳，睡不宁。形容心神非常不安。也作“坐卧不宁”。

心神不定 xīnshén-bùdìng 定：安定。○精神恍惚而不安定。也作“心神不宁”。

神不守舍 shénbùshǒushè 舍：房舍，这里指人的躯体。○精神不在身躯里。形容精神不集中，心神不定。

心烦意乱 xīnfán-yìluàn 形容心情烦躁或烦闷，思绪杂乱。

卧不安席 wòbù'ānxí 卧：躺下；席：床铺。○不能安安稳稳地睡在床铺上。形容心中有事，忧虑得睡觉也不安稳。

六神不安 liùshén-bù'ān 六神：古时指主宰心、肺、肝、肾、脾、胆六脏的神，泛指心神。○形容人心绪慌乱或心神不安宁。

26. 意外

其一

意想不到，晴天霹雳，
不期而然，始料不及。

意想不到 yìxiǎngbùdào 意想：料想。○没有料想到。指十分意外。

晴天霹雳 qíngtiān-pīlì 霹雳：响雷。○晴天打起了响雷，比喻突然发生的令人震惊的事件。

不期而然 bùqī'érrán 期：料想；然：如此。○没有料想会是这样，竟然这样了。表示出乎意料。

始料不及 shǐliàobùjí 料：料想；及：到。○指当初没有料想到。

其二

不速之客，节外生枝，
不期而会，鬼使神差，
不期而遇，匪夷所思。

不速之客 bùsùzhīkè 速：邀请。○指未经邀请而突然来的客人。

节外生枝 jiéwài-shēngzhī 枝节上又生出新的杈枝。比喻在原有的问题以外又生出了新的问题。

不期而会 bùqī'érhuì 事先没有约定而意外地相逢。

鬼使神差 guǐshǐ-shénchāi 使、差：支使，派遣。○好像暗中有什么鬼神的力量在指使一样。形容做事不由自主或事出意外。

不期而遇 būqī'éryù 事先没有约定而意外地相遇。

匪夷所思 fěiyísuǒsī 匪：非，不是；夷：平常。○指事情、思想、行为等出乎意料，不是平常所能想象得到的。

27. 厌恶

侧目而视，疾首蹙额，
咬牙切齿，深恶痛绝，
老鼠过街，人人喊打。

侧目而视 cèmù'érshì 侧：斜。〇斜着眼睛看人，不敢正视。形容心存敬畏或憎恨等的神情。

疾首蹙额 jíshǒu-cù'é 疾首：头痛，比喻非常怨恨；蹙额：皱眉头。〇形容愁苦或厌恶痛恨的样子。

咬牙切齿 yǎoyá-qièchǐ 形容极端痛恨或愤怒。

深恶痛绝 shēnwù-tòngjué 恶：憎恶；痛：痛恨；绝：极，最。〇指极端地厌恶与痛恨。

老鼠过街，人人喊打 lǎoshǔ guò jiē, rén rén hǎn dǎ 形容害人的人或事物一出现，就受到群众一致的痛恨谴责。

28. 猜度

以小人之心，度君子之腹，
以蠡测海，以己度人，
己所不欲，勿施于人。

以小人之心，度君子之腹 yǐ xiǎorén zhī xīn, duó jūnzǐ zhī fù 小人：指人格卑劣的人；度：揣测；君子：指才德出众的人。〇用卑劣的心理去推测品格高尚者的襟怀。

以蠡测海 yǐlícèhǎi 蠡：盛水的瓢。〇用瓢来测量海。比喻见闻浅陋，对事物的观察了解狭窄片面。

以己度人 yǐjǐduórén 度：揣测。〇用自己的不好的想法去猜度别人。含贬义。

己所不欲，勿施于人 jǐsuǒbùyù, wùshīyúrén 自己所不愿意的，不要施加给别人。

29. 不重视

其一

置之度外，不闻不问，
熟视无睹，置若罔闻，
袖手旁观，掉以轻心，
无动于衷，漠不关心。

置之度外 zhìzhīdùwài 之：代词，它，指“置”的对象。度：考虑所及的范围。〇放在考虑的范围之外。多指不把个人的生死得失放在心上。

不闻不问 bùwén-bùwèn 闻：听。〇不听也不问。指对有关的事情不关心不过问。也作“不问不闻”。

熟视无睹 shúshì-wúdǔ 熟视：细看，经常看到；无睹：没有看见。〇看惯了就像没有看见一样。形容对某事不关心，不重视，不予过问。

置若罔闻 zhìruòwǎngwén 置：放，指放在一边；若：好像；罔：没有，无。○放在一边，好像没有听见一样。指不予理会。

袖手旁观 xiùshǒu-pángguān 把手缩在袖子里在一旁观看。指置身事外，不参与、不过问或不帮助。

掉以轻心 diàoyǐqīngxīn 掉：摇动，指摇动笔杆，即动笔；轻：轻率。○原指采取轻率的漫不经心的态度进行写作，后指对不该忽视的事物采取轻率的漫不经心的态度。多用于否定。

无动于衷 wúdòngyúzhōng 衷：内心。○内心毫无触动。指对外界应该关心注意的事情毫不关心，毫不在意。

漠不关心 mòbùguānxīn 漠：冷漠，冷淡。○形容对人或事物感情冷漠，态度冷淡，毫不关心。

其二

视同儿戏，一笑置之，
置之脑后，弃如敝屣。

视同儿戏 shìtóng-érxì 把事情看成小孩子玩耍一样。形容做事极不严肃极不认真。

一笑置之 yīxiào-zhìzhī 置：放、搁。○笑一笑，就把它放在一边。表示不当一回事，不予理会。

置之脑后 zhìzhīnǎohòu 置：放；脑后：指记忆之外。○指不放在心上。

弃如敝屣 qìrúbìxǐ 敝屣：破旧的鞋子。○像扔破鞋子那样把它扔了。形容毫不可惜。

30. 轻视

其一

人微言轻，不足挂齿，
轻于鸿毛，嗤之以鼻。

人微言轻 rénwēi-yánqīng 微：低微；轻：不被看重。○指人的地位低微，言论或主张不被重视。

不足挂齿 bùzúguàchǐ 足：值得；挂齿：放在嘴上说，指谈及。○指微不足道，不值得一提。

轻于鸿毛 qīngyúhóngmáo 鸿毛：大雁的羽毛。○比大雁的羽毛还轻。形容分量极轻或毫无价值。

嗤之以鼻 chīzhīyǐbí 嗤：讥笑。○用鼻子发出冷笑的声音。表示轻蔑，看不起。

其二

付之一笑，不在话下，
视如草芥，不屑一顾。

付之一笑 fùzhīyīxiào 用一笑来对付或回答。表示不值得认真理会。

不在话下 bùzàihuàxià 原为旧时小说、剧本中的套语，表示故事告一段落，暂搁一边，转入别的情节。后指事情轻微不值得说，或事属当然，用不着说。

视如草芥 shìrúcǎojiè 芥：小草；草芥：比喻最轻微的、没有价值的东西。〇如同草芥一样看待。形容极其轻视。

不屑一顾 bùxiè-yīgù 不屑：不值得；一顾：一看。〇不值得一看，表示轻视，看不起。

31. 敌视

骨肉相残，势不两立，
煮豆燃萁，相煎何急？
视如寇仇，置之死地，
眼钉肉刺，恨之入骨。

骨肉相残 gǔròu-xiāngcán 残：残杀。〇比喻亲人互相残杀。

势不两立 shìbùliǎnglì 势：情势；两立：双方并立。〇指敌对的双方不能同时存在下去，矛盾极其尖锐。

煮豆燃萁 zhǔdòu-ránqí 萁：豆的秸秆。〇锅里煮着豆子，锅底下烧着豆秸。原比喻兄弟间骨肉相残。后泛指自己人互相迫害。

相煎何急 xiāngjiān-héjí 煎：煮。〇煮得为什么那么急。比喻兄弟之间或内部自己人之间互相争斗、残杀。

视如寇仇 shìrúkòuchóu 寇仇：仇敌。〇像对仇敌一样看待。形容仇恨非常深。

置之死地 zhìzhīsǐdì 置：放，搁。〇形容为人歹毒凶狠，把人置于死地。

眼钉肉刺 yǎndīng-ròucì 比喻极其厌恶痛恨的人。

恨之入骨 hènzhīrùgǔ 形容痛恨到极点。

第十三章　情势

1. 进步

其一

百尺竿头，更进一步，
奋发图强，力争上游。

百尺竿头，更进一步 bǎichǐ-gāntóu, gèngjìn-yībù　百尺竿头：百尺高的桅杆或杂技长竿的顶端，比喻事业或学业极高的境界。○原为佛家用语，比喻修行即使达到很高的境界，也要继续努力。后比喻不满足于已取得的成绩，而应继续努力，更上一层楼。

奋发图强 fènfā-túqiáng　振作精神，努力自强。

力争上游 lìzhēng-shàngyóu　力：努力；争：争取；上游：江河发源地及附近地区，比喻先进地位。○指努力奋斗，争取先进。

其二

不甘示弱，奋起直追，
逆水行舟，不进则退。

不甘示弱 bùgān-shìruò　甘：甘心，甘愿；示：显示。○指不甘心显得比别人弱或差。

奋起直追 fènqǐ-zhízhuī　指在落后的状态下振作起来，紧追上去。

逆水行舟，不进则退 nìshuǐ-xíngzhōu, bùjìnzétuì　迎着水流划船，如不努力推进，就会被流水冲着后退。比喻学习或做事就像逆水行舟，如果不努力就会后退。

其三

一马当先，如虎添翼，
不甘后人，自强不息，
与时俱进，只争朝夕。

一马当先 yīmǎ-dāngxiān　原指作战时策马冲锋在前。后指率先，领先。

如虎添翼 rúhǔtiānyì　像老虎添上翅膀。形容强者得到了有力的帮助而变得更加强大。也作"如虎傅翼""如虎生翼"。

不甘后人 bùgān-hòurén　甘：甘心，

情愿。○不甘心落在别人后面。

自强不息 zìqiáng-bùxī　自强：自己努力向上；息：停止。○自己努力图强，永不懈怠。

与时俱进 yǔshí-jùjìn　时：时间；与：随着；俱：一起。○与时间一起前进。指不断进取，永不停滞。

只争朝夕 zhǐzhēngzhāoxī　朝夕：一朝一夕，形容时间短促。○力争以最短的时间达到目的。

2. 天真

童言无忌，天真无邪，
无忧无虑，天真烂漫。

童言无忌 tóngyán-wújì　童言：小孩子说话；忌：忌讳。○指小孩子说话不必忌讳，即使说不吉利的话也没有关系。

天真无邪 tiānzhēn-wúxié　无邪：非常纯洁，没有不正当的念头。○指心地善良纯洁。

无忧无虑 wúyōu-wúlǜ　忧：忧愁；虑：担心，顾虑。○没有一点儿忧愁和顾虑。形容心情舒畅。

天真烂漫 tiānzhēn-lànmàn　烂漫：坦率自然的样子。○指心地单纯，不虚伪做作。

3. 和气

一团和气，和气生财，
左右逢源，广结人脉，
和蔼可亲，人见人爱。

一团和气 yītuán-héqì　一团：一片。○一片祥和之气。原指待人和气。后多指态度温和而不讲原则。

和气生财 héqì-shēngcái　和气：态度温和。○指待人和善，经商能招财进宝。

左右逢源 zuǒyòu-féngyuán　逢：遇到；源：水源。○各方面都遇到水源。原意是做学问功夫到家后，能从容应对各种难题。后多形容做事得心应手，非常顺利。也形容为人圆滑，善于投机。

广结人脉 guǎngjiérénmài　人脉：建立在亲情、友情、人情及一定利益基础上的亲戚朋友关系。○指广泛结交朋友，以便得到更多的机会、利益和便利。

和蔼可亲 hé'ǎi-kěqīn　和蔼：和善。○态度温和，使人愿意接近。

人见人爱 rénjiàn-rén'ài　人人见了都很喜爱。指人漂亮可爱或事物深受欢迎。

4. 富有

其一

万贯家财，富可敌国，
富甲一方，兴家立业。

万贯家财 wànguàn-jiācái 贯：古代铜钱用绳子穿，一千个为一贯。○上万贯铜钱的家财。形容财产多，十分富有。

富可敌国 fùkědíguó 敌：匹敌。○拥有的财富可与国家的资财相匹敌。形容非常富有。

富甲一方 fùjiǎyīfāng 甲：居第一位。○拥有的钱财在地方上居第一位。

兴家立业 xīngjiā-lìyè 创立事业，使家庭兴旺发达。

其二

财大气粗，一本万利，
腰缠万贯，颐指气使。

财大气粗 cáidà-qìcū 指钱财多，气派大。也形容仗着钱多而气势凌人。

一本万利 yīběn-wànlì 本：本钱；利：利润。○形容投入很少的本钱可以赚取很大的利润。

腰缠万贯 yāochánwànguàn 贯：古代铜钱用绳子穿起来，一千个叫一贯。○腰上缠绕着一万贯钱。形容极其富有。

颐指气使 yízhǐ-qìshǐ 颐：腮帮子；颐指：用面部表情示意，指挥别人；气使：用神情气色指使人。○用面部表情神态和出气发声来指使人。形容有权势的人对待别人的傲慢神气。

5. 仪态不凡

言谈举止，不同凡响，
英姿焕发，落落大方，
衣冠楚楚，英姿飒爽，
峨冠博带，神采飞扬，
人高马大，一表人才，
光彩照人，仪表堂堂。

言谈举止 yántán-jǔzhǐ 言谈：说话；举止：行动。○指人的言语和行动。

不同凡响 bùtóng-fánxiǎng 凡响：平凡的乐曲。○形容人或事物不平常或很出色，与众不同。多用于文艺作品。

英姿焕发 yīngzī-huànfā 英姿：英俊威武的风姿；焕发：光彩四射。○形容英俊威武，神采四溢。也作“英姿勃发”。

落落大方 luòluò-dàfāng 落落：潇洒，开朗。○形容举止仪态潇洒自然，毫不拘谨。

衣冠楚楚 yīguān-chǔchǔ 衣冠：衣服帽子；楚楚：鲜明的样子。○形容穿戴整齐华美。

英姿飒爽 yīngzī-sàshuǎng 英姿：英俊威武的风姿；飒爽：豪迈而矫健。○形容英武矫健、神采飞扬的风姿。也作“飒爽英姿”。

峨冠博带 éguān-bódài 峨：高；博：宽。○头戴高高的帽子，腰系宽大的衣带。

神采飞扬 shéncǎi-fēiyáng 神采：显露出的神情和风采。○指表现出的精神振奋向上，充满活力。

人高马大 réngāo-mǎdà 形容人十分高大魁梧。

一表人才 yībiǎo-réncái 表：仪表。○形容相貌英俊，风度潇洒。

光彩照人 guāngcǎi-zhàorén 形容人或事物十分美好或艺术成就辉煌，令人注目。

仪表堂堂 yíbiǎo-tángtáng 仪表：外表，风度；堂堂：庄重大方的样子。○形容人相貌端庄，风度庄重大方。

6. 真实

其一

朴实无华，表里如一，
名不虚传，心口如一，
不折不扣，脚踏实地，
千真万确，确凿不移。

朴实无华 pǔshí-wúhuá 俭朴而不浮华。

表里如一 biǎolǐ-rúyī 表：指外表；里：指内心。○外表和内心一样，思想和言行一致。

名不虚传 míngbùxūchuán 流传开来的名声一点不假，不是空有虚名。

心口如一 xīnkǒu-rúyī 心里想的和嘴上说的一致。形容为人诚实、正直。

不折不扣 bùzhé-bùkòu 折、扣：商品按原标价削减若干成。○原指按定价出售，一点儿不减价。现表示完全、十足。

脚踏实地 jiǎotà-shídì 把脚稳稳地踩在地上。比喻做事不浮夸，认真踏实。

千真万确 qiānzhēn-wànquè 确：真实。○情况非常确实，不容置疑。

确凿不移 quèzáo-bùyí 确凿：确切无误；移：变动，更动。○确切而不可变动。形容证据、事实等真实可靠，无可怀疑。

其二

眼见为实，耳听为虚，
货真价实，真凭实据。

眼见为实，耳听为虚 yǎnjiànwéishí，ěrtīngwéixū 亲眼见到的才是真实的，听来的传闻是靠不住的。

货真价实 huòzhēn-jiàshí 货物有质量保证，不是冒牌的，价钱也是实在的。原为商人、厂家招揽生意的常用语。现也指实实在在，没有虚假。

真凭实据 zhēnpíng-shíjù 真实确凿的凭据。

其三

去伪存真，去芜存菁，
事实胜于雄辩，

真金不怕火炼。

去伪存真 qùwěi-cúnzhēn 去除虚假的，留存真实的。

去芜存菁 qùwú-cúnjīng 去：除去，除掉；芜：芜杂；菁：精华。○除去芜杂的部分，保留其精华。

事实胜于雄辩 shìshí shèng yú xióngbiàn 雄辩：有力的辩论。○指事实比强有力的辩论更有说服力。

真金不怕火炼 zhēnjīnbùpàhuǒliàn 真金虽经火炼，本色不变。比喻意志坚定的人或正确的事物，经得起任何考验。

7. 有才能

其一

超尘拔俗，超凡入圣，
超群绝伦，超凡脱俗。

超尘拔俗 chāochén-bású 超、拔：超出；尘、俗：一般人。○形容人的品德、修养、见解高出一般人，不同凡响。

超凡入圣 chāofán-rùshèng 凡：普通人；圣：圣人。○超过常人而达到圣人的境界。指超脱凡尘，入道成仙。也形容学识、道德、修养达到了登峰造极的境界。

超群绝伦 chāoqún-juélún 绝：无法相比；伦：同类。○超出众人，没有人能比得上。形容才德出类拔萃。

超凡脱俗 chāofán-tuōsú 凡：一般，普通；俗：世俗。○超出一般，脱离世俗。形容与众不同，非常特别。

其二

一技之长，拿手好戏，
行家里手，多才多艺，
行行出状元，出人头地。

一技之长 yījìzhīcháng 技：技能，本领；长：擅长，专长。○指有某种专业或技艺方面的特长。

拿手好戏 náshǒu hǎoxì 拿手：最擅长。○原指演员最擅长的剧目。后比喻最擅长的本领。

行家里手 hángjiā-lǐshǒu 行家：精通某种业务的人；里手：内行人。○指非常内行的人。

多才多艺 duōcái-duōyì 具有多种才能和技艺。

行行出状元 háng háng chū zhuàng yuán 状元：古代科举殿试第一名，泛指某一行业或职业中最杰出的人才。○职业不分贵贱，都能出现杰出人才。

出人头地 chūrén-tóudì 头地：一个头的距离。○指高人一等或超出一般人。

其三

力能扛鼎，高材疾足，

履险如夷，高视阔步，
如履平地，举重若轻。

力能扛鼎 lìnénggāngdǐng 扛：以两手举重物；鼎：三足两耳的青铜器，古时烹煮食物时用。〇形容体力过人。

高材疾足 gāocái-jízú 疾：迅捷。〇指才能杰出，办事敏捷。也作“高材捷足”。

履险如夷 lǚxiǎnrúyí 履：行走；险：险要的地方；夷：平地。〇指走险路像走平地一样。形容身处险境而毫不畏惧。

高视阔步 gāoshì-kuòbù 高视：眼睛向上看；阔步：迈大步。〇形容气度不凡或态度傲慢。

如履平地 rúlǚpíngdì 履：走。〇如同走在平地上一样。形容在危险的地方能走得很平稳。也形容很容易，毫无阻碍。

举重若轻 jǔzhòngruòqīng 举起重东西就像举轻物那样容易。比喻能轻松愉快地胜任繁重的工作或处理极其困难的事务。

8. 精干

短小精悍，精明强干，
通情达理，计出万全，
胜任愉快，通权达变，
便宜行事，功德圆满，
匡时济世，不负众望，
选贤任能，宁缺毋滥。

短小精悍 duǎnxiǎo-jīnghàn 形容人身材矮小而精明强干。也形容文章、发言简短而有力。

精明强干 jīngmíng-qiánggàn 精细明察，处事干练而有魄力。形容人办事能力强。也作“精明能干”。

通情达理 tōngqíng-dálǐ 通、达：认识透彻；情、理：指人的通常心理和事情的一般道理。〇通晓人情事理。指说话做事合情合理。

计出万全 jìchūwànquán 万全：非常周密安全。〇形容十分周密稳妥，万无一失。

胜任愉快 shèngrèn-yúkuài 胜任：指能力足以担任。〇有能力担当某项工作，并能圆满愉快地完成任务。

通权达变 tōngquán-dábiàn 通：懂得；权：变通；达：通晓，懂得；达变：懂得变通。〇根据实际情况，不拘泥常规，而采取适合实际需要的变通办法。

便宜行事 biànyí-xíngshì 便宜：方便。〇经过特许，根据当时当地情况，自己决定适当的处理办法，不必请示。也作“便宜从事”。

功德圆满 gōngdé-yuánmǎn 功德：原指念佛、诵经等法事，后指功业与德行。〇原为佛家用语，指念佛、诵经等法事完满结束。后泛指事情圆满结束。

匡时济世 kuāngshí-jìshì 匡：纠正；济：救助。○挽救动荡的局势，使其转危为安，救助世人。

不负众望 bùfùzhòngwàng 负：辜负；望：期望。○不辜负众人的期望。

选贤任能 xuǎnxián-rènnéng 贤：贤能的人；能：有才干的人。○选取贤能，任用有才干的人。

宁缺毋滥 nìngquē-wùlàn 宁：宁可；宁愿；滥：过度，没有节制。○宁可缺少，也不要不顾质量凑数。

9. 全面

其一

求全责备，面面俱到，
一应俱全，无所不包。
统筹兼顾，百无一漏，
公私兼顾，兼容并包。

求全责备 qiúquán-zébèi 责：要求；备：完备。○指对人或事物很苛刻，要求完美无缺。

面面俱到 miànmiàn-jùdào 俱：全，都。○指说话、做事或写文章时各方面都照顾得很周到，没有遗漏。也指说话、做事或写文章时抓不住重点。

一应俱全 yīyīng-jùquán 一应：全部，所有一切。○一切都齐全。指该有的都有了。

无所不包 wúsuǒbùbāo 没有什么不被包括在内的。形容包含的内容非常丰富。

统筹兼顾 tǒngchóu-jiāngù 统筹：全盘统一筹划；兼顾：同时照顾各方面。○指从全局出发，统一筹划，照顾到各方的利益。

百无一漏 bǎiwúyīlòu 干一百件事，没有一件疏失。形容有完全把握，从不失手。

公私兼顾 gōngsī-jiāngù 既照顾到公家利益，又照顾到私人利益。

兼容并包 jiānróng-bìngbāo 容：容纳；包：包含。○指对各种不同的人、学术、思想等都包容在内。

其二

文治武功，并行不悖，
取长补短，不可偏废，
失之毫厘，谬以千里。

文治武功 wénzhì-wǔgōng 文治：指施行政教的业绩；武功：指从事战争的功绩。○指施行政教和从事征战的功绩。旧时多用来称颂帝王或重臣。

并行不悖 bìngxíng-bùbèi 悖：违反，违背。○指同时并进，不相冲突。

取长补短 qǔcháng-bǔduǎn 吸取他人的长处，弥补自己的短处。也指在同类事物中吸取这个的长处来弥补那个的短处。

不可偏废 bùkě-piānfèi 偏废：因重

视一方，而忽视另一方。○不能因强调一个方面，而忽视另一个方面。

差之毫厘，谬以千里 chāzhīháolí, miùyǐqiānlǐ　差、谬：错误；毫、厘：长度计量单位，十毫为一厘。○开始时有一点小小的错误，其结果可能造成大错。

其三

兼听则明，偏信则暗，
偏听偏信，计穷智短。

兼听则明，偏信则暗 jiāntīngzémíng, piānxìnzé'àn　能听取多方面的意见，就能明辨是非，做出正确的判断；只听信单方面的意见，就会糊涂失察。也作“兼听则明”。

偏听偏信 piāntīng-piānxìn　偏：不全面。○片面地听了一方面的话就信以为真。多指处理事情的态度不公正。

计穷智短 jìqióng-zhìduǎn　指想不出办法，才智也不够用。

10. 有备

不时之需，有备无患，
常备不懈，防患未然，
未雨绸缪，防微杜渐，
曲突徙薪，防微虑远。

不时之需 bùshízhīxū　不时：随时。○随时都会出现的需要。

有备无患 yǒubèi-wúhuàn　患：祸患，灾难。○指事先有准备才可以避免祸患。

常备不懈 chángbèi-bùxiè　备：防范，准备；懈：懈怠，放松。○对于外敌入侵或自然灾害等经常防范或做好准备，毫不松懈。

防患未然 fánghuàn-wèirán　患：灾祸；然：这样，如此；未然：没有这样，指未成为事实。○在事故、灾害尚未发生之前，就加以防备。

未雨绸缪 wèiyǔ-chóumóu　绸缪：缠缚，引申指修缮。○趁着天没下雨，先修缮房屋门窗。比喻事先做准备工作。

防微杜渐 fángwēi-dùjiàn　防：防止；微：微小；杜：杜绝；渐：苗头，征兆。○在不良现象或错误思想刚冒头时，就加以防止，不让其发展下去。

曲突徙薪 qūtū-xǐxīn　曲：使弯曲；突：烟囱；徙：迁移。○使烟囱弯曲，并把薪柴搬走，不要靠近炉灶，以免引起火灾。比喻事先采取措施，防止灾祸。

防微虑远 fángwēilǜyuǎn　在错误或坏事刚露苗头时，就加以防范，并考虑长远之计。

11. 正确

其一

不二法门，不易之论，
名正言顺，一锤定音。

不二法门 bù'èr-fǎmén 不二：佛教指不是相对的两个极端，即无彼此之分的一实之理；法门：修行入道的门径。○原为佛教用语，指离开相对的两个极端，直接入道。后比喻独一无二的门径、方法。

不易之论 bùyìzhīlùn 易：更改。○指不可更改的言论。

名正言顺 míngzhèng-yánshùn 名：名义，名分；正：正当；顺：合理，顺当。○原指名分正当说话做事就理由充分，有依据。后指名义正当，道理也说得通。

一锤定音 yīchuídìngyīn 原指锣在制造过程中，以最后一锤确定其音色。现比喻一句话或关键性的一个动作就把事情定了下来。

其二

头头是道，纲举目张，
善自为谋，屡试不爽，
以往鉴来，以柔克刚，
言必有中，顺理成章。

头头是道 tóutóushìdào 原为佛家用语，指道无所不在。后形容说话、做事很有条理。

纲举目张 gāngjǔ-mùzhāng 纲：网上的大绳；目：网眼。○原指提起网上的大绳，网眼就全部张开。比喻只要抓住事物的主要环节就能带动一切。也比喻文章中心明晰，条理分明。

善自为谋 shànzìwéimóu 善：善于；谋：谋划，打算。○善于为自己谋划打算。

屡试不爽 lǚshì-bùshuǎng 屡：多次；不爽：没有差错。○进行了多次试验都未出差错。

以往鉴来 yǐwǎng-jiànlái 往：过去；鉴：审察。○用过去的经验和教训作为今后办事的借鉴。

以柔克刚 yǐróu-kègāng 用软的柔和的去制伏硬的刚强的。比喻避开锋芒，用温和手段取胜。

言必有中 yánbìyǒuzhòng 中：正好对上。○话都说到点子上。形容说话切中要害，有的放矢。

顺理成章 shùnlǐ-chéngzhāng 理：条理；章：章法。○指写作文只要遵循理路就能顺利完成。后指说话、做事合乎情理。

其三

心明眼亮，鉴往知来，
盖棺论定，概莫能外。

心明眼亮 xīnmíng-yǎnliàng 明：明

白；亮：开朗，清楚。〇心里明白，眼睛也很亮。指对问题看得很明白，能明辨是非。

鉴往知来 jiànwǎng-zhīlái 鉴：观察。〇考察过去，可以推知未来。

盖棺论定 gàiguān-lùndìng 盖棺：盖上棺材盖；论：评论，下结论。〇指人的功过是非，要等到生命完结后才能做出结论。

概莫能外 gàimònéngwài 概：一律，一概；莫：不；外：除外。〇一概不能除外。指全都在所指范围之内，无一例外。

其四

流水不腐，户枢不蠹，
水可载舟，亦可覆舟。

流水不腐，户枢不蠹 liúshuǐ-bùfǔ, hùshū-bùdù 户枢：门的转轴；蠹：虫蛀。〇流动的水不会腐臭，转动的门轴不会被虫蛀。比喻经常运动的事物不易受侵蚀，人经常运动可以强身。

水可载舟，亦可覆舟 shuǐkězàizhōu, yìkěfùzhōu 载：负荷，承受；覆：翻转。〇民众就如同水一样，可以承载君主这条船，也可以使船倾覆。也比喻事物用之得当则有利，反之必有弊害。古时用以告诫君主要居安思危。

其五

千虑一得，至理名言，
颠扑不破，金玉良言。

千虑一得 qiānlǜ-yīdé 虑：思考，谋划；得：得当，正确。〇即使是愚笨者或者平庸的人，在千百次的思考中，也总会有正确的时候。多作自谦之辞。

至理名言 zhìlǐ-míngyán 至理：最正确的道理；名言：精辟的有价值的言论。〇最正确，最有价值的话。

颠扑不破 diānpū-bùpò 颠：摔倒；扑：敲打。〇无论怎么摔打都不破。比喻理论、学说等永远不会被推翻。

金玉良言 jīnyù-liángyán 金、玉：黄金和美玉。〇指像黄金、美玉一样的宝贵的意见或有益的劝告。

其六

殊途同归，有的放矢，
微言大义，言之成理。

殊途同归 shūtú-tóngguī 殊：不同；途：道路；归：归宿，结局。〇经不同道路达到同一目的地。比喻采取不同的方法可以得到相同的结果。

有的放矢 yǒudì-fàngshǐ 的：箭靶；矢：箭。〇对准箭靶射箭。比喻说话、行动目标明确或有针对性。

微言大义 wēiyán-dàyì 微：精微，精深。〇精微的言辞，深刻的道理。

言之成理 yánzhīchénglǐ 指言论、文章讲得有道理。

12. 适当

对号入座，眼明手快，
量体裁衣，迎刃而解。

对号入座 duìhào-rùzuò 按照号码坐在自己的座位上。比喻读者将文章或作品中的人物形象与自己相联系，加以对照比较，从中找出相似之处。

眼明手快 yǎnmíng-shǒukuài 看得准，下手快。形容眼光敏锐，动作利索。

量体裁衣 liàngtǐ-cáiyī 量：估量，不读 liáng。○按身材裁剪衣服。比喻根据实际情况来制定具体措施。

迎刃而解 yíngrèn'érjiě 迎刃：迎向刀锋；解：分开。○竹子劈开头几节后，下面一段就会迎着刀锋顺势裂开。比喻主要的问题解决了，其他有关的问题就容易得到解决。

13. 熟练

其一

庖丁解牛，得心应手，
轻车熟路，游刃有余，
熟能生巧，运用自如。

庖丁解牛 páodīng-jiěniú 庖丁：厨工，一说名字叫丁的厨师；解：分解，肢解。○比喻技术纯熟高超，做起事来得心应手。

得心应手 déxīn-yìngshǒu 得：得到；应：配合。○心里怎么想，手就能怎么做。形容技艺纯熟，心手相应。

轻车熟路 qīngchē-shúlù 轻车：负载轻便的车。○驾着轻便的车走熟路。比喻对事情熟悉，做起来很省力。

游刃有余 yóurèn-yǒuyú 游刃：运转刀刃；余：余地。○形容技术熟练、经验丰富，解决问题毫不费力。

熟能生巧 shúnéngshēngqiǎo 熟练了，就能掌握技巧或找到窍门。

运用自如 yùnyòng-zìrú 自如：随心所欲。○指运用得十分熟练自然。

其二

运用之妙，存乎一心，
耳熟能详，如数家珍。

运用之妙，存乎一心 yùnyòngzhīmiào, cúnhūyīxīn 存乎：在于；心：思考。○运用的巧妙、灵活，全在于认真细心地体会琢磨。指高超的指挥作战艺术。

耳熟能详 ěrshúnéngxiáng 听多了，就能详尽地说出来。

如数家珍 rúshǔjiāzhēn 数：计数；家珍：家中收藏的珍宝。○好像数点自己收藏的珍宝那样清楚。形容对所讲述的事物非常熟悉。

14. 容易

其一

轻而易举，措置裕如，
驾轻就熟，探囊取物。

轻而易举 qīng'éryìjǔ　东西轻，容易举起。形容事情办起来容易，不费力。

措置裕如 cuòzhì-yùrú　措置：处置，处理；裕如：从容自如。○处理事情从容自如。

驾轻就熟 jiàqīng-jiùshú　驾：赶马车；轻：轻车；就：走上；熟：熟路。○驾驶着轻便的车子，走上熟悉的道路。比喻对所办的事情熟悉，办起来顺手。

探囊取物 tànnáng-qǔwù　囊：口袋。○手伸到口袋里取东西。比喻能够轻而易举地办好某件事情。

其二

一蹴而就，垂手而得，
易如反掌，唾手可得，
举手之劳，触手可及。

一蹴而就 yīcù'érjiù　蹴：踏；就：成功。○踏一步就可以成功。形容事情轻而易举，一做就能达到目的或获得成功。

垂手可得 chuíshǒu-kědé　垂：下垂。○不动手就可以得到。形容得来毫不费力。

易如反掌 yìrúfǎnzhǎng　反掌：把手翻过来。○容易得像翻手掌一样。形容事情非常容易办到。

唾手可得 tuòshǒu-kědé　唾手：往手上吐唾沫。○往手上吐口唾沫，就能得到。形容极容易得到。

举手之劳 jǔshǒuzhīláo　像举一举手那样简单。形容极其容易，毫不费力。

触手可及 chùshǒukějí　触手：用手接触；及：达到。○一伸手就可以触到。

15. 着急

其一

燃眉之急，急如星火，
急不可待，迫在眉睫，
毛手毛脚，风风火火。

燃眉之急 ránméizhījí　像火烧眉毛那样紧急。形容情势非常急迫。

急如星火 jírúxīnghuǒ　星火：流星的光焰。○急得像流星的光闪过。形容情势急迫或事情急着要办。也形容行动急速。

急不可待 jíbùkědài　急：急迫。○急迫得不能再等待。形容心情急切或情况紧急。也作“急不可耐”。

迫在眉睫 pòzàiméijié 迫：近；眉睫：眉毛和睫毛，指眼前。○指事情已临近眼前，非常紧迫。

毛手毛脚 máoshǒu-máojiǎo 形容做事粗心大意，手忙脚乱。

风风火火 fēngfēng-huǒhuǒ 形容急急忙忙、冒冒失失的样子。也形容很活跃、有干劲的样子。

其二

坐以待旦，五内如焚，
火烧眉毛，手忙脚乱，
火急火燎，食不下咽，
十万火急，刻不容缓。

坐以待旦 zuòyǐdàidàn 旦：天亮。○坐着等待天亮。形容迫切希望做事，十分勤勉。也形容因心中烦躁或其他原因而无法入睡。

五内如焚 wǔnèi-rúfén 五内：五脏，指心、肝、脾、肺、肾五种器官。○五脏都好像焚烧起来一样。形容十分焦急忧伤。

火烧眉毛 huǒshāo-méimáo 火烧到了眉毛。形容情势非常紧迫。

手忙脚乱 shǒumáng-jiǎoluàn 形容动作慌乱，做事没有条理。

火急火燎 huǒjí-huǒliǎo 形容心情像火烧一样急迫。

食不下咽 shíbùxiàyàn 食物在口中却难以咽下去。形容忧心忡忡或哀伤过度而不思饮食。

十万火急 shíwàn-huǒjí 形容事情紧急到了极点，刻不容缓。旧时急递文书常标此语。今多用于军令、公文、电报等。

刻不容缓 kèbùrónghuǎn 刻：指短暂的时间；缓：延缓、拖延。○片刻也不容耽搁。形容情势或事情非常紧迫。

16. 悲惨

其一

惨绝人寰，凄风苦雨，
声泪俱下，惨不忍闻，
满目疮痍，惨不忍睹。

惨绝人寰 cǎnjuérénhuán 绝：穷、尽；人寰：人间。○人世间再没有比这更凄惨的了。形容悲惨到极点。

凄风苦雨 qīfēng-kǔyǔ 凄风：寒冷的风；苦雨：久下成灾的雨。○形容恶劣的风雨天气。也比喻悲惨凄凉的境遇。

声泪俱下 shēnglèi-jùxià 俱：都，同时。○一边说一边哭。形容极其悲恸或激动。

惨不忍闻 cǎnbùrěnwén 闻：听。○悲惨得不忍听下去。

满目疮痍 mǎnmù-chuāngyí 形容到处都是破败荒凉的景象。

惨不忍睹 cǎnbùrěndǔ 睹：看。○悲惨得令人不忍看。

其二

头破血流，坐吃山空，
鸡飞蛋打，屁滚尿流，
白首空归，两手空空，
老之将至，老大无成。

头破血流 tóupò-xuèliú　头被打破，血流了出来。形容受伤严重。也比喻遭到惨败或受到严重打击。

坐吃山空 zuòchī-shānkōng　只消费不生产，即使有堆积如山的财物也会耗尽。

鸡飞蛋打 jīfēi-dàndǎ　鸡飞走了，蛋也打破了。形容两头落空，一无所得。

屁滚尿流 pìgǔn-niàoliú　形容人因极度惊恐而慌乱不堪的狼狈样子。

白首空归 báishǒu-kōngguī　头发都白了，仍空手而归。指人到年老仍毫无成就。

两手空空 liǎngshǒu-kōngkōng　空空：什么也没有。○两只手什么都没有。多指没有钱财。

老之将至 lǎozhījiāngzhì　至：到，来。○快要老了。多用于自称衰老。

老大无成 lǎodàwúchéng　成：成就。○年纪大了还未做出成就。

17. 失败

其一

功亏一篑，功败垂成，
前功尽弃，一事无成，
走投无路，日暮途穷，
墙倒众人推，树倒猢狲散。

功亏一篑 gōngkuīyīkuì　亏：欠缺；篑：盛土的筐。○原指筑九仞高的土山，因差一筐土未能完成。比喻做事因差最后的努力而前功尽弃。含惋惜之意。

功败垂成 gōngbàichuíchéng　垂：将要。○事情在即将成功的时候却失败了。含惋惜之意。

前功尽弃 qiángōng-jìnqì　功：功劳，努力；尽：完全；弃：丢掉。○以前的努力完全白费。

一事无成 yīshìwúchéng　一件事也没有做成。指事业上毫无成就。

走投无路 zǒutóuwúlù　投：投奔。○无路可走，没有地方可以投奔。形容处境艰难，无路可走。

日暮途穷 rìmù-túqióng　暮：傍晚；途：路；穷：穷尽，完了。○天已晚，路走到尽头了。比喻陷入困境。

墙倒众人推 qiáng dǎo zhòng rén tuī　墙快倒了，大家还要来推一把。比喻人一旦失势或遇到挫折，众人就会乘机责难或攻击。

树倒猢狲散 shù dǎo húsūn sàn　猢狲：猴子。○树一倒，树上的猴子便纷纷散开。比喻为首的人或所依靠的势力一旦垮台或灭亡，原先依附的人便会一哄而散，再也成不了气候。含贬义。

其二

重蹈覆辙，倾家荡产，
大势已去，土崩瓦解。

重蹈覆辙 chóngdǎo-fùzhé 蹈：踏；覆：翻，倒；辙：车轮碾过的痕迹。○又走上翻车的老路。比喻没有吸取教训，重犯前人或过去的错误。

倾家荡产 qīngjiā-dàngchǎn 倾：倒出；荡：弄光。○全部家产被弄得精光。

大势已去 dàshìyǐqù 大势：整个局势。○有利形势已经丧失。形容败局已无可挽回。

土崩瓦解 tǔbēng-wǎjiě 像土崩塌，像瓦碎裂。形容彻底垮台或溃败。

其三

焦头烂额，内外交困，
丧权辱国，一败涂地，
江河日下，日薄西山。

焦头烂额 jiāotóu-làn'é 头部和额部烧伤严重。形容遭受重创或伤势惨重的样子。也形容处境狼狈和窘迫的样子。

内外交困 nèiwài-jiāokùn 交：同时，一并。○指内部和外部同时处于困境之中。

丧权辱国 sàngquán-rǔguó 丧：丧失；辱：使受辱。○丧失国家主权，使国家蒙受耻辱。

一败涂地 yībài-túdì 涂地：肝脑涂地。○形容失败得一塌糊涂或坏到不可收拾的地步。

江河日下 jiānghé-rìxià 江河的水日夜往下游流。比喻事物日趋衰落，一天不如一天。

日薄西山 rìbóxīshān 薄：迫近。○太阳快要落山。指黄昏时分。比喻人到老年或事物衰微接近灭亡。

18. 无能

其一

力不从心，拈轻怕重，
不识抬举，嫉贤妒能，
不修边幅，玩世不恭，
放荡不羁，百无一能。

力不从心 lìbùcóngxīn 从：依从。○内心想做，但力量达不到而无法去做。

拈轻怕重 niānqīng-pàzhòng 拈：用手指拿。○指做事只挑容易的，不愿干繁重艰苦的，对工作缺乏责任感。

不识抬举 bùshí-táiju 识：认识、理解；抬举：赏识、器重。○指不懂得或不珍视别人对自己的好意。

嫉贤妒能 jíxián-dùnéng 嫉：嫉妒。○对品德、才能比自己强的人心怀嫉妒和怨恨。也作“妒贤嫉能”。

不修边幅 bùxiū-biānfú　边幅：布帛的边缘，比喻人的衣着、容貌、仪表。○指不注意衣着、容貌的整洁。

玩世不恭 wánshì-bùgōng　玩：轻视；玩世：以消极、游戏的态度对待世事；不恭：不严肃。○原指轻视或嘲弄当时的礼法。后指对世事采取轻慢而不严肃的态度。

放荡不羁 fàngdàng-bùjī　放荡：放任自己或行为不检点；羁：约束。○行为放纵，不受约束。

百无一能 bǎiwú-yīnéng　一百件事中没有一件是擅长的。表示什么也不会。常用于自谦。

其二

擅离职守，有始无终，
半途而废，百无一用，
酒囊饭袋，一事无成。

擅离职守 shànlízhíshǒu　擅：自作主张；职守：工作岗位。○不遵守纪律，未经准许，擅自离开工作岗位。

有始无终 yǒushǐ-wúzhōng　有开头，没有结尾。指做事有头无尾，半途而废。

半途而废 bàntú'érfèi　指事情没做完就停止了，不能坚持到底。

百无一用 bǎiwú-yīyòng　百样之中没有一样是有用的。形容毫无用处。

酒囊饭袋 jiǔnáng-fàndài　囊：口袋。○比喻只会吃饭喝酒不会做事的无用之人。

一事无成 yīshì-wúchéng　一件事也没有做成。指事业上毫无成就。

19. 低能

其一

少不更事，操之过急，
粗心大意，蜻蜓点水，
不懂装懂，装模作样。
故作姿态，附庸风雅。

少不更事 shàobùgēngshì　少：年纪轻；更事：经历世事。○指年纪轻，经历的事情不多。也作“少不经事”。

操之过急 cāozhīguòjí　操：做，从事。○处理事情过于急躁。

粗心大意 cūxīn-dàyì　指做事很不细心，很马虎。

蜻蜓点水 qīngtíng-diǎnshuǐ　蜻蜓在水上飞行时，用尾尖轻触水面，一掠而过。比喻做事肤浅，很不深入。

装模作样 zhuāngmú-zuòyàng　模、样：姿态，样子。○故意做作，装出某种样子。

故作姿态 gùzuòzītài　故：故意；作：装；姿态：姿势，样子。○故意装出某种样子。形容故意做作。

附庸风雅 fùyōng-fēngyǎ　附庸：依傍，追随；风雅：原指《诗经》中的《国风》《大雅》《小雅》，后泛指文学艺术修养。〇指本来缺乏文艺修养的人，装模作样地扮出斯文儒雅的样子。

其二

漫不经心，浅尝辄止，
一曝十寒，偶一为之。

漫不经心 mànbùjīngxīn　漫：随便；经心：在意。〇指行为随随便便，什么都不放在心上。

浅尝辄止 qiǎncháng-zhézhǐ　浅：稍微，略微；尝：尝试；辄：立即，就。〇稍微尝试一下就中止了。指做事不深入，不能坚持。

一曝十寒 yīpù-shíhán　一：一天；曝：晒。〇晒一天，冻十天。即使是最容易生长的植物，晒一天，冻十天，也不能生长。比喻学习、工作没有恒心。

偶一为之 ǒuyīwéizhī　偶：偶尔；为：做。〇偶尔才做一次。

其三

弄巧成拙，大煞风景，
隔靴搔痒，浮光掠影，
胸无点墨，黔驴技穷。

弄巧成拙 nòngqiǎochéngzhuō　巧：灵巧；拙：笨拙。〇本想取巧，结果做了蠢事。

大煞风景 dàshāfēngjǐng　煞：通“杀”，削弱，损伤。〇大大地损坏了美好的景致。比喻很令人扫兴。也作“大杀风景”“杀风景”。

隔靴搔痒 géxuē-sāoyǎng　搔：用指甲抓。〇隔着鞋子搔脚上的痒。比喻说话、作文不中肯，不贴切，未抓住要点。也比喻做事不切实际，徒劳无功。

浮光掠影 fúguāng-lüèyǐng　浮光：水面上的反光；掠影：一闪而过的影子。〇形容观察粗略，印象不深。

胸无点墨 xiōngwúdiǎnmò　肚子里没有一点墨水。形容文化水平很低或没有文化。

黔驴技穷 qiánlǘ-jìqióng　黔：今贵州一带；技：技能；穷：尽。〇比喻极其有限的一点本领已经用完了。

其四

挂一漏万，零敲碎打，
不三不四，非驴非马，
老牛破车，不伦不类。

挂一漏万 guàyī-lòuwàn　形容列举不全，遗漏较多。

零敲碎打 língqiāo-suìdǎ　指以零碎散乱、断断续续的方式进行工作或处理事情。也作“零打碎敲”。

不三不四 bùsān-bùsì　不像这个也不像那个，不伦不类。指不像样子或不正派。

非驴非马 fēilǘ-fēimǎ　形容事物不伦不类。

老牛破车 lǎoniú-pòchē　老牛拉着破车，行走缓慢。形容人做事效率低，速度慢。

不伦不类 bùlún-bùlèi　伦：同类。○不像这一类，也不像那一类。形容不合规范，不成样子。

20. 迟缓

其一

不慌不忙，慢条斯理，
鹅行鸭步，有气无力。

不慌不忙 bùhuāng-bùmáng　不慌张也不匆忙。形容从容镇定。

慢条斯理 màntiáo-sīlǐ　指说话、做事不慌不忙，慢慢腾腾的。

鹅行鸭步 éxíng-yābù　形容步履迟缓而摇摆。也作"鸭行鹅步"。

有气无力 yǒuqì-wúlì　形容身体虚弱，没有力气。也形容精神不振作。也作"有气没力"。

其二

犹豫不决，趑趄不前，
捉摸不定，左顾右盼。

犹豫不决 yóuyù-bùjué　犹豫：迟疑。○拿不定主意，下不了决心。也作"犹豫不定"。

趑趄不前 zījū-bùqián　趑趄：不断徘徊，欲进不前的样子。○形容遇事畏缩不前。

捉摸不定 zhuōmō-bùdìng　猜测无结果而不能决定。也作"捉摸不透"。

左顾右盼 zuǒgù-yòupàn　顾、盼：看。○左看看，右看看。形容得意或犹豫等神态。

21. 荒诞

其一

颠倒黑白，离经叛道，
荒谬绝伦，大逆不道。

颠倒黑白 diāndǎo-hēibái　把黑的说成白的，把白的说成黑的。比喻故意歪曲事实，混淆是非。

离经叛道 líjīng-pàndào　离：背离，不遵守；经：指儒家的思想传统。○原指背离、违反儒家经典和道德教条。后指背离占主导地位的思想准则和行为规范。

荒谬绝伦 huāngmiù-juélún　荒谬：极其荒唐错误；绝伦：无可类比。○荒唐错误达到了极点。

大逆不道 dànì-bùdào　逆：叛逆；不道：不合道德标准和宗法观念。○原为封建统治者对反抗的人所加的重大罪名。现指罪孽深重、严重破坏固有秩序的行为。

其二

抱薪救火，盲人摸象，
削足适履，剜肉补疮。

抱薪救火 bàoxīn-jiùhuǒ 薪：木柴。○抱着柴薪救火。比喻用错误的方法去消除灾祸，结果反而使灾祸蔓延。

盲人摸象 mángrén-mōxiàng 比喻看问题带有主观性、片面性，以偏概全。

削足适履 xuēzú-shìlǚ 削：用刀切；履：鞋子。○把脚趾削下以迁就鞋子的尺寸。比喻无原则地迁就、凑合，或不顾客观实际而生搬硬套。也作"削趾适履"。

剜肉补疮 wānròu-bǔchuāng 剜：挖。○比喻只顾眼前利益，不顾后果而采用有害的手段来救急。

其三

差之毫厘，谬以千里，
拔苗助长，扬汤止沸。

差之毫厘，谬以千里 chāzhīháolí, miùyǐqiānlǐ 差、谬：错误；毫、厘：长度计量单位，十毫为一厘。○开始时有一点小小的错误，其结果可能造成大错。

拔苗助长 bámiáo-zhùzhǎng 把苗拔起来，想帮助苗快长。比喻违反事物发展的客观规律，急于求成，结果事与愿违，反而把事情弄坏。

扬汤止沸 yángtāng-zhǐfèi 把开水从锅中舀出来，再倒回去，以阻止锅中的水沸腾。比喻不能从根本上解决问题的办法。

其四

竭泽而渔，杀鸡取卵，
贪小失大，焚林而田，
白日见鬼，舍近求远。

竭泽而渔 jiézé'éryú 竭：弄尽；泽：池、湖或水积聚的地方；渔：捕鱼。○抽干湖中或池中的水捕鱼。比喻只顾眼前利益，不做长远打算。也比喻残酷榨取，不留余地。

杀鸡取卵 shājī-qǔluǎn 卵：蛋。○为了得到蛋，不惜杀掉鸡。比喻贪图眼前的一点好处，不惜损害长远利益。

贪小失大 tānxiǎo-shīdà 指因为贪图小利，而损害根本利益。

焚林而田 fénlín'értián 田：同"畋"，打猎。○烧毁树林猎取野兽。比喻贪图眼前利益，不留余地，不顾长远利益。

白日见鬼 báirì-jiànguǐ 大白天看见了鬼。比喻遇上荒诞离奇或意想不到的事。

舍近求远 shějìn-qiúyuǎn 舍：舍弃。○舍弃近的，追求远的。指做事走弯路或不切实际。

其五

颠倒是非，背道而驰，
大谬不然，本末倒置，
荒诞不经，咄咄怪事。

颠倒是非 diāndǎo-shìfēi　是：对；非：不对。○故意把对的说成错的，把错的说成对的。

背道而驰 bèidào'érchí　背：逆向；驰：奔跑。○朝相反方向奔跑。比喻彼此方向不同，目的相反。也比喻背离正确的目标，朝错误的方向走。

大谬不然 dàmiù-bùrán　谬：错误；然：如此，这样。○指大错特错，与实际情况完全不符。

本末倒置 běnmò-dàozhì　本：树根；末：树梢；置：放置。○比喻主次、轻重的位置完全颠倒。

荒诞不经 huāngdàn-bùjīng　荒诞：荒唐离奇；不经：不合常理。○指荒谬离奇，不合情理。

咄咄怪事 duōduō-guàishì　咄咄：叹词，表示惊讶。○指令人感到惊讶或难以理解的怪事。

其六

问道于盲，似是而非，
大惑不解，荒诞无稽，
舍本逐末，不可思议，
张冠李戴，饮鸩止渴。

问道于盲 wèndàoyúmáng　盲：瞎子。○向瞎子问路。比喻向根本不懂或一无所知的人请教。

似是而非 sìshì'érfēi　似：似乎，好像；是：对；非：不对。○好像是对的，其实是不对的。

大惑不解 dàhuò-bùjiě　惑：疑惑；解：明白。○指感到非常迷惑，很不理解。

荒诞无稽 huāngdàn-wújī　荒诞：荒唐离奇。○荒唐离奇，无法查证。指没有一点儿根据。

舍本逐末 shěběn-zhúmò　舍：舍弃；本：树根，指根本；逐：追求；末：树梢，指枝节。○我国古代以农为本，以手工业、商业为末。原指弃农耕、重工商。后指放弃根本而追求枝节。也指做事不从根本的、主要的地方下手，而只在细枝末节上用力气。

不可思议 bùkě-sīyì　思议：想象，理解。○原为佛教用语，指言语思维不能达到的神秘境界。后指对事物、情况、言行等难以想象，不可理解。

张冠李戴 zhāngguān-lǐdài　冠：帽子。○姓张的帽子被戴在姓李的头上。比喻弄错了事实或对象。

饮鸩止渴 yǐnzhèn-zhǐkě　鸩：毒酒，以鸩羽浸制，饮之立死。○喝毒酒解渴。比喻采取极有害的方法来救急，不计后果。

22. 糊涂

其一

浑浑噩噩，不知所以，
一塌糊涂，一头雾水，
筑室道谋，火中取栗。

浑浑噩噩 húnhún-è'è　浑浑：浑厚的样子，后表示糊涂的样子；噩噩：严肃的样子，后表示愚昧无知的样子。○形容糊里糊涂，不明事理的样子。

不知所以 bùzhī-suǒyǐ　所以：指事情的始末情由、缘故。○不明白为什么会是这样。

一塌糊涂 yītāhútú　形容乱或坏得不可收拾或非常糟糕。

一头雾水 yītóu-wùshuǐ　一头：满头；雾水：雾气。○形容糊里糊涂，摸不着头脑。

筑室道谋 zhùshì-dàomóu　道谋：同过路的人商量。○准备盖房子而与过路的人商量如何盖，过路的人意见不一致，所以房子盖不起来。比喻自己毫无主见，盲目征询意见，结果一事无成。

火中取栗 huǒzhōngqǔlì　比喻冒危险给别人出力，自己没得到一点好处。

其二

一窍不通，一无所知，
雾里看花，隐约其辞。

一窍不通 yīqiào-bùtōng　窍：洞，孔，指心窍。○没有一窍是贯通的。原指心有七窍而一窍也不通，所以人的品性恶劣。后指什么也不懂。

一无所知 yīwúsuǒzhī　一：一概，完全。○什么也不知道。

雾里看花 wùlǐkànhuā　老眼昏花，看不清楚。形容对事情看不真切，只有模糊的印象。

隐约其辞 yǐnyuēqící　隐约：依稀，不清楚。○指说话躲躲闪闪绕弯子，或语意含糊不明，不肯说出实际情况。

其三

不可理喻，刻舟求剑，
如堕烟海，若明若暗，
一叶障目，不见泰山，
进退失据，以偏概全，
五里雾中，真伪莫辨，
以其昏昏，使人昭昭，
不置可否，漆黑一团。

不可理喻 bùkě-lǐyù　喻：使明白。○不能够用道理来使明白。形容愚顽固执，不听别人劝告。

刻舟求剑 kèzhōu-qiújiàn　比喻办事刻板拘泥而不知变通。

如堕烟海 rúduòyānhǎi　仿佛掉进云烟雾海中。形容对事情很茫然很困惑，不得要领，摸不着头绪或辨不清方向。

若明若暗 ruòmíng-ruò'àn　好像明亮，又好像昏暗。指光线模糊不清。形容情况不清，观点不明确、态度不明朗。

一叶障目，不见泰山 yīyè-zhàngmù, bùjiàn-TàiShān　障：遮挡。○被一片树叶遮住眼睛，连泰山都看不见。比喻被局部或暂时的现象迷惑，看不清全局或事物的本质。

进退失据 jìntuìshījù　前进或后退都失去依据。形容进退两难，处境窘迫。

以偏概全 yǐpiāngàiquán　偏：指局部；全：指全局或整体。○指片面地用局部现象推论整体，得出错误的结论。

五里雾中 wǔlǐwùzhōng　比喻认识不清楚，难以辨别是非真伪的境地。

真伪莫辨 zhēnwěi-mòbiàn　伪：假；莫：不。○分辨不清真假。也作"真假难辨"。

以其昏昏，使人昭昭 yǐ qí hūn hūn, shǐ rén zhāo zhāo　昏昏：模糊，糊涂；昭昭：明白。○自己还糊里糊涂，却要去教别人明白事理。

不置可否 bùzhì-kěfǒu　置：安放，这里指表示；可：行；否：不行。○既不说行，也不说不行。指不明确表态。

漆黑一团 qīhēi-yītuán　形容社会黑暗，没有一点光明。也形容对事情一无所知。

其四

焚琴煮鹤，对牛弹琴，
一知半解，不知所云。
断章取义，颂古非今，
只见树木，不见森林。

焚琴煮鹤 fénqínzhǔhè　焚：烧。○把琴当柴烧，把鹤煮了吃。比喻糟蹋美好的事物。

对牛弹琴 duìniú-tánqín　弹琴给牛听。比喻对不明事理的人或外行讲高深的道理。

一知半解 yīzhī-bànjiě　知道的不多，理解肤浅。

不知所云 bùzhī-suǒyún　云：说。○不知道说的是什么。指说话颠三倒四、语言混乱，让人听不懂。

断章取义 duànzhāng-qǔyì　引用书籍文章或他人的话时，不顾原意而仅孤立摘取其中的一句或一段。

颂古非今 sònggǔ-fēijīn　颂：歌颂；非：非难，否定；今：当今，当代。○指赞美古代的，非难或否定当代的。

只见树木，不见森林 zhǐjiàn shùmù, bùjiàn sēnlín　比喻看问题片面，只看到局部，看不到整体或全局。

其五

是非不分，先入为主，
与狐谋皮，买椟还珠。

是非不分 shìfēi-bùfēn 是非：正确和错误；分：分辨。〇不能分辨正确和错误。

先入为主 xiānrùwéizhǔ 先听进去的话或先获得的印象往往成为自己的主见，以后遇到的不同意见就不容易接受。

与狐谋皮 yǔhú-móupí 想做一件皮衣而同狐狸商量要用它的皮。比喻所谋求的事有害于对方的切身利益，事情不可能办成。

买椟还珠 mǎidú-huánzhū 椟：木匣。〇买下了盒子，却把盒中的珍珠退给卖家。比喻没有眼光，不识货，取舍失当。

23. 落后

其一

甘居人后，步人后尘，
先我着鞭，望尘莫及，
瞠乎其后，急流勇退，
少壮不努力，老大徒伤悲。

甘居人后 gānjū-rénhòu 甘愿处在别人的后面。

步人后尘 bùrénhòuchén 步：踏着；后尘：人走路时脚后扬起的尘土。〇跟在别人后面走。比喻追随或模仿别人。

先我着鞭 xiānwǒzhuóbiān 着鞭：催马加鞭。〇催马加鞭，在我之先。比喻被他人抢先一步。

望尘莫及 wàngchénmòjí 形容远远落在后面。

瞠乎其后 chēnghūqíhòu 瞠：瞪着眼睛；乎：同“于”，在；其：代词，他。〇在别人后面干瞪着眼而追赶不上。形容远远落在后面。

急流勇退 jíliú-yǒngtuì 在急流中果断地回船退却。比喻做官的人在得意时为了避祸而及早抽身。也比喻在顺利、得意而情况复杂时果断地引退。

少壮不努力，老大徒伤悲 shàozhuàng bù nǔlì, lǎo dà tú shāngbēi 少壮：年轻力壮；老大：年岁大了；徒：白白地。〇年轻时不奋发努力，到了年老时无所作为，悲伤也没有用了。

其二

甘拜下风，裹足不前，
一落千丈，名落孙山，
一蹶不振，望洋兴叹，
依然故我，甘居下流。

甘拜下风 gānbài-xiàfēng 甘：情愿，乐意；拜：行礼；下风：风向的下方，指劣势地位。〇甘心居于下位。表示真心佩服，自认不如对方。

裹足不前 guǒzú-bùqián 裹：把东西包起来。〇脚像被裹住似的停步不前。多指人顾虑多，不敢前进。

一落千丈 yīluò-qiānzhàng 本指琴声忽然由高音下降为低音。后用以形容境况、地位、声誉、势力、成绩等急剧下落。

名落孙山 míngluò-sūnshān 孙山：宋朝人，应试中举，排名最末。○指考试失利，榜上无名。

一蹶不振 yījué-bùzhèn 蹶：跌倒；振：振作。○跌倒了再也爬不起来。比喻失利后就再也不能振作起来。

望洋兴叹 wàngyáng-xīngtàn 望洋：仰望的样子；兴叹：发出感叹。○指在伟大的事物面前感叹自己的渺小。后指要做一件事，由于力量不够或缺乏条件而感到无可奈何。

依然故我 yīrán-gùwǒ 故：旧。○依旧是旧日的老样子。指和以前相比没有变化或进步。

甘居下流 gānjū-xiàliú 甘愿处在低下的地位。

24. 落寞

其一

壮志未酬，首鼠两端，
打退堂鼓，徘徊不前，
故态复萌，愁眉锁眼。

壮志未酬 zhuàngzhì-wèichóu 壮志：宏伟的志愿；酬：实现。○宏伟的志愿没有实现。

首鼠两端 shǒushǔ-liǎngduān 首鼠：踌躇，迟疑不决；两端：两头。○指犹豫不决，瞻前顾后。也作“首施两端”。

打退堂鼓 dǎtuìtánggǔ 古时官员退堂时要击鼓，表示停止办公或审案结束。比喻跟人共同做事半途退出或遇到困难而退缩不前。

徘徊不前 páihuái-bùqián 徘徊：在原地来回地走。○只在一个地方来回走。指犹豫不决，不想前进。

故态复萌 gùtài-fùméng 故态：老脾气，老样子；萌：发生。○老样子又恢复了。指坏习惯、老毛病收敛一段时间后又发生了。

愁眉锁眼 chóu méi suǒ yǎn 锁：指紧皱眉头。○形容忧愁苦闷，紧皱眉头的样子。

其二

冷冷清清，门可罗雀，
无能为力，强弩之末，
受制于人，束手无策，
百感交集，落落寡合。

冷冷清清 lěnglěng-qīngqīng 形容冷落凄凉。

门可罗雀 ménkěluóquè 罗：捕鸟的网，这里指张网捕雀。○可在门前张网捕雀。形容门前冷落、宾客来往稀少或生意清淡。

无能为力 wúnéngwéilì 为力：使劲。○使不上劲，不能施展力量。

多指力量用不上或没有力量去做某件事或解决某个问题。

强弩之末 qiángnǔzhīmò　弩：古代一种利用机械力量发射箭矢的强弓；末：末了。○即使强弓射出的箭，到了最后也没有力量。比喻原来强大的力量已经衰弱，不再有威力了。

受制于人 shòuzhìyúrén　制：控制。○受到别人的控制。

束手无策 shùshǒu-wúcè　束：捆住；策：办法。○手被捆住，无法应付。形容遇到问题没有解决的办法。

百感交集 bǎigǎn-jiāojí　感：情感、感想；交：交互；集：聚拢。○各种感想交织在一起。形容无比感慨。

落落寡合 luòluò-guǎhé　落落：不随和的样子；寡：少。○原指见解高超，不被一般人理解。后指为人孤僻，不易合群。

25. 萍水相逢

咫尺天涯，萍水相逢，
称兄道弟，素昧平生，
素不相识，虚与委蛇，
左思右想，无所适从。

咫尺天涯 zhǐchǐ-tiānyá　咫：古代称八寸；咫尺：比喻距离很近。○形容虽然相距很近，却像在天边，极难见面。

萍水相逢 píngshuǐ-xiāngféng　萍：浮萍。○像浮萍随水漂泊，偶尔聚集在一起。比喻素不相识的人偶然相遇。

称兄道弟 chēngxiōng-dàodì　朋友之间以兄弟相称，表示关系亲密。

素昧平生 sùmèi-píngshēng　素：平素，向来；昧：不了解。平生：平素，往常。○指一向不了解，不相识。

素不相识 sùbùxiāngshí　素：平素，向来。○向来不认识。

虚与委蛇 xūyǔ-wēi yí　虚：假；委蛇：敷衍。○内心没有诚意，只是表面敷衍应酬。

左思右想 zuǒsī-yòuxiǎng　想来想去，反复考虑。

无所适从 wúsuǒshìcóng　适：到，往；从：随从，顺从。○不知听从哪一个好，指不知道该怎么办。

26. 受挫

一波未平，一波又起，
含垢忍辱，威风扫地，
无言以对，推三阻四，
授人以柄，贻人口实。

一波未平，一波又起 yībō-wèipíng，yībō-yòuqǐ　一个波浪还未平息，另一个波浪又涌起。原比喻诗文写得生动，波澜起伏。后比喻波折多，一个问题还未解决，另一个问题又出现了。形容事情进展不顺，波折很多。

含垢忍辱 hángòu-rěnrǔ 垢：耻辱。〇指忍受耻辱。也作“含垢忍耻”。

威风扫地 wēifēng-sǎodì 扫地：完全丧失。〇令人畏服的声势、气派完全丧失。

无言以对 wúyányǐduì 无言：没有话；以：连词，而；对：回答。〇没有话来回答。

推三阻四 tuīsān-zǔsì 用各种借口推托、阻挠。

授人以柄 shòurényǐbǐng 授：给予；柄：剑柄，引申为权柄。〇把剑柄交给别人。比喻把权力交给别人。也比喻让人抓住把柄，使自己处于被动地位。

贻人口实 yírénkǒushí 贻：遗留；口实：话柄。〇指做事、说话不小心，给人留下话柄。也作“授人口实”。

27. 娇生惯养

纨绔子弟，掌上明珠，
娇生惯养，养尊处优，
锦衣玉食，肥马轻裘，
四体不勤，五谷不分，
不务正业，斗鸡走犬，
金玉其外，败絮其中，
忤逆不孝，不肖子孙。

纨绔子弟 wánkù-zǐdì 指游手好闲、不务正业的富家子弟。

掌上明珠 zhǎngshàng-míngzhū 比喻受父母宠爱的子女。

娇生惯养 jiāoshēng-guànyǎng 娇：爱怜过甚；惯：纵容，姑息。〇从小被宠爱，被纵容，受到父母的溺爱。

养尊处优 yǎngzūn-chǔyōu 处在尊贵的地位，过着优裕的生活。

锦衣玉食 jǐnyī-yùshí 穿华美的衣服，吃珍贵的食物。形容富裕奢华的生活。

肥马轻裘 féimǎ-qīngqiú 形容富裕阔绰的生活。

四体不勤，五谷不分 sìtǐ-bùqín, wǔgǔ-bùfēn 指不参加生产劳动，分不清五谷。

不务正业 bùwùzhèngyè 不从事正当的职业。

斗鸡走犬 dòujī-zǒuquǎn 指沉醉于游乐之中，不务正业。

金玉其外，败絮其中 jīnyù-qíwài, bàixù-qízhōng 形容人或事物空有美好的外表，而本质却很低劣。

忤逆不孝 wǔnì-bùxiào 指对父母不孝顺。

不肖子孙 bùxiào-zǐsūn 指不能继承祖先事业的、没有出息的子孙。

28. 不及

力不胜任，望尘莫及，
杯水车薪，鞭长莫及，
天外有天，人外有人，
力不从心，不可企及。

力不胜任 lìbùshèngrèn 胜：能够承受；胜任：能担当得起。○能力有限，担负不起责任。

望尘莫及 wàngchén-mòjí 莫：不；及：赶上。○远远望见前面人马带起的尘土，而赶不上。形容远远落后，相距甚远。

杯水车薪 bēishuǐ-chēxīn 薪：柴草。○一杯水救不了一车着了火的柴草。比喻力量太小，无济于事，解决不了问题。

鞭长莫及 biāncháng-mòjí 及：达。○原意是鞭子虽长，也不能打在马腹上。后指力量达不到。

天外有天，人外有人 tiān wài yǒu tiān, rén wài yǒu rén 指某一境界之外还另有境界，能人之外还有能人。多用来表示人的眼界和能力总有局限，总有比自己更强的。

力不从心 lìbùcóngxīn 从：依从。○内心想做，但力量达不到而无法去做。

不可企及 bùkěqǐjí 企：踮起脚后跟向前望；及：赶上；企及：盼望达到，希望赶上。○指不可能赶上。

29. 过分

屡次三番，变本加厉，
于今为烈，莫此为甚，
是可忍，孰不可忍。

屡次三番 lǚcì-sānfān 屡：多次；番：回，次。○指次数很多。

变本加厉 biànběn-jiālì 本：本来的；加：更加；厉：猛烈。○原指比原来的更深一层。后指情况变得比原来更加严重。

于今为烈 yújīnwéiliè 于：到；烈：猛烈。○不好的事情过去就有，现在发展得更加厉害。

莫此为甚 mòcǐwéishèn 莫：没有什么；甚：厉害、超过。○没有什么比这更严重了。表示程度严重到极点。

是可忍，孰不可忍 shì kě rěn, shú bù kě rěn 是：这个；孰：什么。○如果这样的事情都可以容忍，还有什么事情不可以容忍呢？表示绝对无法容忍。

30. 马虎

敷衍塞责，草草了事，
挂一漏万，敷衍了事，
麻痹大意，颠三倒四，
心不在焉，丢三落四，
大而化之，不了了之。

敷衍塞责 fūyǎn-sèzé 敷衍：做事不负责或待人不恳切，表面上应付；塞责：对应承担的责任敷衍了事。○办事不认真负责，搪塞应付。

草草了事 cǎocǎo-liǎoshì 草草：草率，马虎；了事：了结。○匆忙地敷衍了事。

挂一漏万 guàyī-lòuwàn 挂：列举；漏：遗漏。○提到的少，漏掉的很多。形容列举不全，遗漏很多。

敷衍了事 fūyǎn-liǎoshì 敷衍：马虎，不认真；了：了结。○做事马虎，草草了结，只应付一下来搪塞责任。

麻痹大意 mábì-dàyì 麻痹：肢体某一部分丧失知觉。○对事情疏忽轻视，失去警觉。

颠三倒四 diānsān-dǎosì 形容说话做事错乱，没有条理。

心不在焉 xīnbùzàiyān 焉：代词，相当于“于此”。○心思不在这里。指思想不集中。

丢三落四 diūsān-làsì 落：遗漏。○经常遗漏东西。形容人非常健忘或不细心，说话或做事遗漏很多。

大而化之 dà'érhuàzhī 原指将完美的品德发扬光大以化育万民。也指对精神、学说等发扬光大。后指做事不认真负责，不细心。

不了了之 bùliǎoliǎozhī 了：了结，结束。○应该做完的事情没有做完，搁置起来不去过问，就算完事。

31. 叫苦

首当其冲，苦不堪言，
雪上加霜，叫苦连天，
饥寒交迫，贫病交加，
刀山火海，风口浪尖，
风吹雨打，风刀霜剑，
叫苦不迭，乞哀告怜。

首当其冲 shǒudāng-qíchōng 首：最先，最早；当：对着，面对；冲：交通要道，要冲。○处在要冲地位，最先遭遇灾难或受到攻击。

苦不堪言 kǔbùkānyán 堪：能。○痛苦到无法用语言来表达的地步。

雪上加霜 xuěshàngjiāshuāng 下雪又遇上霜降。指接连遭受灾祸，使受害程度加深。

叫苦连天 jiàokǔ-liántiān 不住声地叫苦。

饥寒交迫 jīhán-jiāopò 交：一齐，同时。○饥饿寒冷同时袭来。形容无衣无食，生活极端贫困。

贫病交加 pínbìng-jiāojiā 交：一齐，同时。○贫困和疾病一齐加在身上。

刀山火海 dāoshān-huǒhǎi 比喻极其危险、残酷的境地。

风口浪尖 fēngkǒu-làngjiān 比喻最激烈、最艰险的地方或时候。

风吹雨打 fēngchuī-yǔdǎ 指遭受风雨摧残。比喻人遭受磨难挫折。

风刀霜剑 fēng dāo shuāng jiàn 寒风像尖刀，严霜如利剑。形容气候非常寒冷。也比喻形势人情险恶。

叫苦不迭 jiàokǔ-bùdié 不迭：不停止。○连声叫苦。

乞哀告怜 qǐ'āigàolián 乞：乞求，乞讨；哀：怜悯；告：请求。○乞求别人的怜悯和帮助。

32. 无闻

凡夫俗子，默默无闻，
不求闻达，湮没无闻。
名不见经传，无声无息。

凡夫俗子 fánfū-súzǐ　凡：平凡；俗：平庸。○佛教指尘世中的普发通人。泛指平凡庸俗的人。

默默无闻 mòmò-wúwén　默默：无声无息，无人知道。○形容没有名声，不为世人所注意。

不求闻达 bùqiú-wéndá　闻：有名望；达：显贵。○不追求有名望和显达。

湮没无闻 yānmò-wúwén　湮：埋没；无闻：没有人知道。○指名声、事迹被埋没，不为人所知。

名不见经传 míng bù jiàn jīngzhuàn　经传：儒家典籍经与传的统称，此指重要典籍。○名字不曾在典籍上见到过。指人非常平凡，没有知名度。

无声无息 wúshēng-wúxī　声：声音；息：气息。○没有声音，没有气息。形容很寂静，不为人知，没有什么影响。

33. 孤独

其一

单枪匹马，孤军深入，
孤掌难鸣，孤苦伶仃。

单枪匹马 dānqiāng-pǐmǎ　单独一个人持枪骑马上阵。泛指无人协助，单独行动。

孤军深入 gūjūn-shēnrù　孤立无援的军队深入敌区作战。

孤掌难鸣 gūzhǎng-nánmíng　一个巴掌拍不响。比喻力量单薄，难以成事。

孤苦伶仃 gūkǔ-língdīng　伶仃：孤独，无依靠。○孤单困苦，无依无靠。

其二

独木不成林，一木难支，
茕茕孑立，形单影只，
形影相吊，向隅而泣。

独木不成林 dú mù bù chéng lín　木：树。○一棵树成不了森林。比喻个人力量有限，无法支撑全局或办成大事。

一木难支 yīmù-nánzhī　支：支持，支撑。○一根木头难以支撑大厦。比喻面临崩溃之势，不是一人之力所能挽救的。也比喻艰巨的事业不是一人所能胜任的。

茕茕孑立 qióngqióng-jiélì　茕茕：孤独无靠的样子；孑立：孤立。○形容孤苦伶仃，无依无靠。

形单影只 xíngdān-yǐngzhī　形：身体；只：单独。○只有孤零零的身体和影子。形容孤独，没有伴侣。

形影相吊 xíngyǐng-xiāngdiào　吊：

慰问。○只有自己的身体和影子相互慰藉。形容孤单，没有依靠。

向隅而泣 xiàngyú'érqì 向：对着；隅：墙角；泣：低声哭泣。○朝着墙角哭泣。形容孤独绝望。

其三

离群索居，孑然一身，
无牵无挂，举目无亲。

离群索居 líqún-suǒjū 索：单独，孤单。○离开同伴，孤独生活。

孑然一身 jiérán-yīshēn 孑然：孤单的样子。○孤零零的一个人。

无牵无挂 wúqiān-wúguà 牵：牵扯；挂：挂念。○指没有拖累和挂念。

举目无亲 jǔmù-wúqīn 放眼望去，没有一个亲人。指单身在外，人地生疏。

34. 盲目

蚍蜉撼树，不自量力，
螳臂当车，自以为是，
不明真相，盲人瞎马，
绠短汲深，自讨苦吃，
心血来潮，一厢情愿。

蚍蜉撼树 pífú-hànshù 蚍蜉：大蚂蚁；撼：摇动。○蚂蚁想摇动树木。比喻不自量力。

不自量力 bùzìliànglì 量：估量。○不能正确估量自己的力量而去干力不能及的事。指过高地估计自己。也作“自不量力”。

螳臂当车 tángbì-dāngchē 比喻不自量力。

自以为是 zìyǐwéishì 是：正确。○认为自己是正确的。形容人主观，不虚心。

不明真相 bùmíng-zhēnxiàng 明：知道，了解。○不了解事情的真实情况。

盲人瞎马 mángrén-xiāmǎ 比喻盲目行动，处境危险。

绠短汲深 gěngduǎn-jíshēn 绠：打水用的绳子；汲：打水。○吊桶的绳子很短，却要从深井里打水。比喻能力不够，难以胜任。

自讨苦吃 zìtǎokǔchī 苦：苦头。○指本来没事，自己给自己找麻烦。

心血来潮 xīnxuè-láicháo 来潮：潮水上涨。○指心中一时冲动，对某人或某事突然产生某种念头。

一厢情愿 yī xiāng qíng yuàn 一厢：一边，指单方面。○仅依照单方面的意愿行事，而不考虑对方的意见及客观条件如何。

35. 无聊

饱食终日，无所用心，
百无聊赖，充耳不闻，
穷极无聊，死气沉沉。

饱食终日，无所用心 bǎoshí-zhōngrì, wúsuǒyòngxīn 终日：整天。○整天吃饱了饭，什么事也不考虑。形容某些人贪图安逸或没有进取心。

百无聊赖 bǎiwúliáolài 聊赖：依靠，寄托。○指思想感情没有寄托，精神空虚。

充耳不闻 chōng'ěr-bùwén 充：塞住。○塞住耳朵不听。形容故意不听别人的意见。也形容对某些事漠不关心。

穷极无聊 qióngjíwúliáo 穷：困窘；无聊：无所依托。○指困窘到极点，无所依托。也形容精神空虚，无所事事。

死气沉沉 sǐqì-chénchén 形容气氛沉闷，毫无生气。

36. 粗劣

其一

粗枝大叶，不学无术，
粗制滥造，不稂不莠，
生搬硬套，苗而不秀，
不三不四，不郎不秀。

粗枝大叶 cūzhī-dàyè 粗壮的枝干，阔大的叶片。形容做事粗糙，不细致、不周密。

不学无术 bùxué-wúshù 学：学识，学问；术：技能方法。○原指没有学问，因而没有好办法。现指既没有学问，也没有本领。

粗制滥造 cūzhì-lànzào 粗：粗劣；滥：过多，无节制。○指产品很粗糙，质量低劣。也指工作马虎草率，不负责任。

不稂不莠 bùláng-bùyǒu 稂：狼尾草；莠：狗尾草，稂、莠都是对禾苗有害的杂草。○原指经过精耕细作，田里没有什么杂草。后比喻人没出息，不成器。

生搬硬套 shēngbān-yìngtào 指不从实际情况出发，生硬地套用别人的方法、经验、模式等。

苗而不秀 miáo'érbùxiù 原以禾苗不吐穗结实，哀悼人早逝。后比喻人资质虽好，但终无结果。

不三不四 bùsānbùsì 形容不伦不类，不像样子。也形容行为不端，不正派。

不郎不秀 bùláng-bùxiù 郎、秀：元明时代官僚、贵族的子弟称为"秀"，平民的子弟称为"郎"。○指不成材或没有出息。

其二

一筹莫展，捉襟见肘，
等而下之，银样镴枪头，
画虎不成反类狗，附赘悬疣。

一筹莫展 yīchóu-mòzhǎn 筹：算筹，引申为筹划，办法；展：施展。

○一点计策也施展不出来，一点办法也没有。

捉襟见肘 zhuōjīn-jiànzhǒu　拉一拉衣襟，就露出胳膊肘。形容衣服破烂。比喻处境困难，应付不过来。

等而下之 děng'érxiàzhī　等：等级。○居于这一等级之下。指跟某一事物比较起来更差。

银样镴枪头 yínyàng làqiāngtóu　镴：锡铅合金，即焊锡，白色，质地很软。○表面像银质，实际上是焊锡做的枪头。比喻徒有其表、中看不中用的人或事物。

画虎不成反类狗 huàhǔ bùchéng fǎn lèigǒu　类：好像，类似。○画虎不成，反倒像狗。比喻好高骛远，模仿不成，反倒把事情弄得不伦不类，让人家笑话。

附赘悬疣 fùzhuì-xuányóu　赘：皮肤上长的瘤子；疣：即瘊子。○比喻多余而无用的东西。

其三

成事不足，败事有余，
鬼鬼祟祟，劣迹昭著，
屡教不改，左支右绌，
不登大雅之堂，于事无补。

成事不足，败事有余 chéngshì-bùzú, bàishì-yǒuyú　成事：把事情办好；不足：不能；败事：把事情搞糟。○不但不能把事情办好，反而把事情搞砸了。指人办事没有能力。

鬼鬼祟祟 guǐguǐ-suìsuì　祟：鬼怪或鬼怪祸人。○形容行为诡秘，怕被人发现的样子。多指人暗中捣乱，或行动不光明正大。

劣迹昭著 lièjì-zhāozhù　劣迹：恶劣的行径；昭著：明显。○丑恶的行径极其明显。

屡教不改 lǚjiào-bùgǎi　屡：多次。○进行多次教育，但仍然不悔改。

左支右绌 zuǒzhī-yòuchù　支：支撑；绌：不足。○左边支出，右边就显不足；应付了这边，那边又有问题。指能力不足，以致穷于应付。

不登大雅之堂 bù dēng dàyǎ zhī táng　不能进入高雅的场所。指作品粗俗。多用于谦称自己的作品。

于事无补 yúshìwúbǔ　补：裨益，好处。○指某种言行对于解决问题没有帮助。

37. 淆乱

其一

漏洞百出，驴唇不对马嘴，
不攻自破，风马牛不相及，
方枘圆凿，事与愿违。

漏洞百出 lòudòngbǎichū　指说话、作文、办事不周全，破绽很多。

驴唇不对马嘴 lǘchún bùduì mǎzuǐ　比喻答非所问，文不对题。也比喻前后矛盾，两不相符。

不攻自破 bùgōngzìpò 不用别人攻击就自己溃败。多形容谬论或谣言漏洞太多，经不起批驳。

风马牛不相及 fēngmǎniúbùxiāngjí 比喻事物之间毫不相干。

方枘圆凿 fāngruì-yuánzáo 枘：榫头；凿：榫眼。○方形的榫头插不进圆形的榫眼。比喻格格不入，不相投合。也作“圆凿方枘”。

事与愿违 shìyǔyuànwéi 违：相反，违背。○事情的发生、发展与主观愿望相违背。

其二

骑马找马，缘木求鱼，
出尔反尔，言而无信。

骑马找马 qímǎ-zhǎomǎ 比喻东西就在自己身边，却还到处去找。也比喻已有工作岗位，又去寻找更好的工作。

缘木求鱼 yuánmù-qiúyú 缘：攀缘；缘木：爬树。○爬上树去找鱼。比喻方向或方法不对，徒劳无功。

出尔反尔 chū'ěrfǎn'ěr 尔：你。○原意是你怎样对别人，别人就怎样对你。现指言行前后自相矛盾，反复无常。

言而无信 yán'érwúxìn 信：信用。○说话不算数，没有信用。

38. 艰难

其一

颠沛流离，步履维艰，
寸步难行，度日如年。

颠沛流离 diānpèi-liúlí 颠沛：跌倒，比喻穷困，受挫折；流离：离开本土流落他乡。○形容生活困苦而到处流浪。

步履维艰 bùlǚ-wéijiān 步履：行走；维：助词，无义；艰：困难。○指行走十分困难。也作“步履艰难”。

寸步难行 cùnbù-nánxíng 寸步：很短的距离。○形容走路非常困难。也比喻处境艰难。也作“寸步难移”。

度日如年 dùrì-rúnián 度：过。○过一天像过一年那样长。形容日子难熬。

其二

积弊如山，积重难返，
赴汤蹈火，攻坚克难。

积弊如山 jībì-rúshān 积弊：积久相沿的弊病。○积累下来的弊端像山一样。指因长期得不到治理，积弊很多。

积重难返 jīzhòng-nánfǎn 积：积习；重：程度深；返：返回，指回到正道上来。○积习深重，难以改变。多指长期形成的恶习、弊端已经发展到难以革除的地步。

赴汤蹈火 fùtāng-dǎohuǒ　汤：烧开的水；蹈：踩。〇跳入沸水，脚踏烈火。比喻不避任何艰险。

攻坚克难 gōngjiān-kènán　攻坚：强攻顽敌及其坚固的防御工事；克难：攻克难关。〇比喻集中力量解决很难解决的重大问题。

其三

酸甜苦辣，千辛万苦，
山穷水尽，千钧重负，
打入冷宫，进退维谷。

酸甜苦辣 suāntián-kǔlà　指各种滋味。比喻人生种种遭遇。

千辛万苦 qiānxīn-wànkǔ　指许许多多、各种各样的艰难困苦。

山穷水尽 shānqióng-shuǐjìn　穷：尽，完。〇山和水都到了尽头，已无路可走。比喻陷入绝境。

千钧重负 qiānjūn-zhòngfù　钧：古代重量单位，一钧为三十斤。〇比喻沉重的负担或重大的责任。

打入冷宫 dǎrùlěnggōng　传统戏曲、小说中帝王把不喜欢的后妃软禁起来，被发落到冷落宫院居住。比喻把不喜欢的人或东西闲置一旁，不予理睬。

进退维谷 jìntuì-wéigǔ　维：虚词，相当于"是"；谷：山谷，比喻困境。〇前进和后退都难以摆脱困境。形容进退两难。

其四

刀山火海，内忧外患，
力挽狂澜，排除万难。

刀山火海 dāoshān-huǒhǎi　比喻极其危险、残酷的境地。

内忧外患 nèiyōu-wàihuàn　内外都有忧患。多指国家内部的变乱和来自国外的侵犯；也泛指由内部纠纷和外部压力造成的困难局面。

力挽狂澜 lìwǎnkuánglán　挽：挽救；狂澜：势头很猛的大波浪。〇指阻止异端邪说泛滥。也比喻竭尽全力挽救危险的局势。

排除万难 páichú-wànnán　万难：指各种困难。〇排除重重障碍，克服一切困难。

39. 困难

其一

大海捞针，水中捞月，
众口难调，艰难竭蹶。

大海捞针 dàhǎi-lāozhēn　在大海里捞一根针。指无从寻觅，或事情很难办成。含有枉费力气之意。也作"海底捞针"。

水中捞月 shuǐzhōnglāoyuè　到水中捞月影。比喻白费力气，做根本做不到的事。

众口难调 zhòngkǒu-nántiáo　口：口

味。○原意是各人的口味不同，很难做出一种饭菜使所有的人都感到好吃。后比喻各人的意见不一，很难协调。

艰难竭蹶 jiānnán-jiéjué　竭蹶：力气耗尽而倒下。○走路艰难，跌跌撞撞。形容生活极其艰苦，难以维持。

其二

山高路险，风雨交加，
覆水难收，骑虎难下。

山高路险 shāngāo-lùxiǎn　形容路途充满艰难险阻。

风雨交加 fēngyǔ-jiāojiā　交加：同时出现。○风和雨一齐袭来。形容天气十分恶劣。也比喻几种灾难同时降临。

覆水难收 fùshuǐ-nánshōu　覆水：倒在地上的水。○比喻事情已成定局，到了无法挽回的地步。多用于夫妻关系破裂。

骑虎难下 qí hǔ nán xià　骑在老虎背上想下又不能下来。比喻做事中途遇到困难，进退两难，迫于形势而不得不干下去。

其三

苦不堪言，艰难险阻，
苦不聊生，艰难困苦。

苦不堪言 kǔbùkānyán　堪：能。○痛苦到无法用语言来表达的地步。

艰难险阻 jiānnán-xiǎnzǔ　指在前进的过程中所遇到的困难、危险、障碍、挫折等。

苦不聊生 kǔbùliáoshēng　形容生活极端困苦。

艰难困苦 jiānnán-kùnkǔ　处境艰难，生活困苦。

40. 不当之举

其一

平地风波，有加无已，
自作自受，不合时宜，
平白无故，满腹狐疑。

平地风波 píngdì-fēngbō　平地上起风浪。比喻突然发生纠纷或变故。

有加无已 yǒujiāwúyǐ　已：停止。○不断增加，没有停止。

自作自受 zìzuò-zìshòu　受：承受。○自己做错了事，自己承担后果。

不合时宜 bùhé-shíyí　合：符合；时宜：当代的需要和风尚。○不符合时代潮流或需要。

平白无故 píngbái-wúgù　平白：凭空；故：缘故。○指无缘无故。

满腹狐疑 mǎnfù-húyí　一肚子怀疑。形容疑虑很多，弄不明白。

其二

不分青红皂白，穿凿附会，

轻重倒置，罚不当罪，
夜郎自大，有过之而无不及。

不分青红皂白 bùfēn qīnghóng zàobái　青：蓝色；皂：黑色。〇指不分是非曲直或不问情由。

穿凿附会 chuānzáo-fùhuì　穿凿：硬要牵强地解释讲不通的事理；附会：把不相联系的事物说成有联系。〇指生拉硬扯，强作解释。

轻重倒置 qīngzhòng-dàozhì　置：放置。〇把重要的和不重要的、主要的和次要的颠倒了位置。

罚不当罪 fábùdāngzuì　所受惩罚与所犯罪行不相当。多指处罚过重。

夜郎自大 yèláng-zìdà　夜郎：汉代位于我国西南部的一个小国。〇指妄自尊大。

有过之而无不及 yǒu guò zhī ér wú bù jí　过：超过；不及：不如。〇相比之下，只有超过而没有赶不上的。也作“有过之无不及”。

其三

一手包办，越俎代庖，
自作主张，尾大不掉。

一手包办 yīshǒu-bāobàn　一个人把持，不让别人插手。

越俎代庖 yuèzǔ-dàipáo　越；超过；俎：古代祭祀时盛牲品的器具；庖：厨师。〇掌管祭祀的人放下礼器去替厨师做饭。比喻超越职权范围办事或包办代替。

自作主张 zìzuò-zhǔzhāng　自：自己；作：做主；主张：对于如何行动所持的见解。〇指不向上级请示、不跟别人商量，擅自作决定或采取行动。

尾大不掉 wěidàbùdiào　掉：用力摆动。〇尾巴太大，无法摆动。比喻部属的势力过大，无法驾驭。也比喻机构庞大臃肿，指挥调度不灵。

其四

曲高和寡，自作聪明，
政出多门，无所适从，
自行其是，包打天下，
喜怒无常，自作多情。

曲高和寡 qǔgāo-hèguǎ　曲：曲调；和：跟着别人唱；寡：少。〇乐曲的格调越高，能跟着唱的人就越少。原指知音难得。现比喻言论或作品不通俗，不能为多数人理解接受。

自作聪明 zìzuò-cōngmíng　自以为聪明而草率行动。

政出多门 zhèngchūduōmén　政：政令。〇指国家权力分散，不能集中。也比喻拿主意的人多。

无所适从 wúsuǒshìcóng　适：到，往；从：随从，顺从。〇不知听从哪一个好。指不知道该怎么办。

自行其是 zìxíng-qíshì　是：正确。

○自己按照自己认为正确的想法做，不管别人的意见，也不管符合不符合规章制度、客观情况。

包打天下 bāodǎtiānxià 包揽打天下的重任。泛指个人或少数人包办一切，不让别人插手。

喜怒无常 xǐnù-wúcháng 无常：变化不定。○一会儿欢喜，一会儿发怒，情绪变化不定。指人的性情多变，难以捉摸。

自作多情 zìzuò-duōqíng 自认为对方对自己有意而做出很喜爱对方的表示。

第十四章　状态

1. 事业发达

来日方长，百端待举，
自力更生，独立自主，
各得其所，各尽所能，
长盛不衰，如火如荼。

来日方长 láirì-fāngcháng　来日：未来的日子；方：正。○未来的日子还很长。表示今后的时间还很长，或事有可为。

百端待举 bǎiduān-dàijǔ　百端：各种项目；举：兴办。○很多大事都等待着办理。

自力更生 zìlì-gēngshēng　自力：靠自己的力量；更生：重新获得生命，比喻重新兴旺起来。○指依靠自己的力量办好事情。

独立自主 dúlì-zìzhǔ　自己做主，不依赖别人。多指国家或政党维护主权，不受其他势力的控制或支配。

各得其所 gèdé-qísuǒ　指每个人或每一事物都得到适当的安置。

各尽所能 gèjìnsuǒnéng　每个人都充分发挥自己的才能。

长盛不衰 chángshèng-bùshuāi　长久兴旺而不衰败。

如火如荼 rúhuǒ-rútú　荼：茅草、芦苇等开的白花。○像火那样红，像茅草、芦苇花那样白。原形容军容盛大。后形容气势旺盛或气氛热烈。

2. 平安

平安无事，安然无恙，
化险为夷，转危为安。

平安无事 píng'ān-wúshì　平平安安，没有发生什么事故。

安然无恙 ānrán-wúyàng　安然：平安；恙：疾病，也借指灾祸。○人平平安安，没有疾病或事故。也指事物没有受到损害。

化险为夷 huàxiǎnwéiyí　险：险阻；夷：平坦。○化险阻为平坦。指转危为安。

转危为安 zhuǎnwēiwéi'ān　危急转为平安。

3. 吉利

其一

吉星高照，万事亨通，
事半功倍，一路顺风，
一帆风顺，马到成功。

吉星高照 jíxīng-gāozhào 吉星：指福、禄、寿三星。○吉祥的星高高照耀，诸事吉利顺遂。比喻好运当头。

万事亨通 wànshì-hēngtōng 亨：顺利；通：通达。○一切事情都很顺利通达。

事半功倍 shìbàn-gōngbèi 事：措施。○形容费力小，收效大。

一路顺风 yīlù-shùnfēng 一路：沿途。○一路都是顺风。比喻旅途平安或办事顺利。常用作临别赠言。

一帆风顺 yīfān-fēngshùn 船挂满帆，一路顺风行驶。形容非常顺利，毫无挫折。

马到成功 mǎdàochénggōng 形容战斗迅速取胜。也形容事情顺利，一做就办成了或取得了胜利。

其二

吉日良辰，万事大吉，
旱涝保收，逢凶化吉，
趋利避害，旱苗得雨，
极乐世界，吉祥如意，
吉人天相，天官赐福，
黄道吉日，万事如意。

吉日良辰 jírì-liángchén 吉：吉利；辰：时辰。○指好日子，好时辰。多指祭神或结婚等喜庆日子。

万事大吉 wànshì-dàjí 吉：吉利，顺利。○指一切都圆满顺利，不会再遇到麻烦。

旱涝保收 hànlào-bǎoshōu 不管发生旱灾还是涝灾，农田不受影响，都能保证收成。比喻无论出现什么风险，当事人的利益都不受影响。

逢凶化吉 féngxiōng-huàjí 逢：遇到；凶：不幸。○指遇到凶险、危难而能转化为吉祥顺利。

趋利避害 qūlì-bìhài 趋：趋向；避：躲避。○趋向有利的，避开有害的。

旱苗得雨 hànmiáodéyǔ 旱苗：受旱的禾苗。○久旱的禾苗喜逢甘露滋润。比喻在危难中得到及时救助。

极乐世界 jílè shìjiè 佛教指阿弥陀佛所居的国土，没有苦恼，只有光明、洁净和快乐，被视为乐土或净土。后借指幸福美满的地方。

吉祥如意 jíxiáng-rúyì 祥：祥瑞。○一切事情都美满称心。多用为祝颂语。

吉人天相 jírén-tiānxiàng 吉人：好人，善人；相：保佑。○好人自有天助。多用作对别人患病或遇到困难、不幸的安慰语。

天官赐福 tiānguān-cìfú 天官：道

教奉天、地、水为三神，叫三官，天官是三官之一。○旧时用来祈福消灾的吉利话。泛指上天赐福。

黄道吉日 huángdào-jírì　黄道：地球一年绕太阳一周，人们把它看成是太阳在天空中移动一圈，并把太阳移动的轨迹称为黄道。○旧时星相家说，青龙、明堂、金匮、天德、玉堂、司命等六辰是吉神，六辰当值的那一天，叫黄道吉日，诸事皆宜。泛指好日子。

万事如意 wànshì-rúyì　如意：符合心意。○一切事情都顺心。多用于向他人祝颂。

4. 热闹

其一

络绎不绝，门庭若市，
接二连三，联翩而至。

络绎不绝 luòyì-bùjué　络绎：往来不断，前后相接。○形容人马车船来来往往，接连不断。

门庭若市 méntíng-ruòshì　庭：院子；若：好像；市：集市，市场。○门口和庭院像市场一样。形容来的人很多，非常热闹。

接二连三 jiē'èr-liánsān　一个接着一个。形容接连不断。

联翩而至 liánpiān'érzhì　联翩：连续不断的样子。○接连不断地来到。形容来的人多而不间断。

其二

摩肩接踵，纷至沓来，
人欢马叫，人山人海，
车水马龙，熙来攘往，
川流不息，接踵而来。

摩肩接踵 mójiān-jiēzhǒng　踵：脚跟。○肩碰肩，脚碰脚。形容人多拥挤的样子。

纷至沓来 fēnzhì-tàlái　纷：繁多；沓：多而重复。○形容连续不断地到来。

人欢马叫 rénhuān-mǎjiào　人群欢呼，马匹嘶叫。形容热闹欢腾的景象。

人山人海 rénshān-rénhǎi　人群如山似海一般。形容聚集的人很多。

车水马龙 chēshuǐ-mǎlóng　车辆像流水一样，马像游龙一样。形容车马往来不绝，非常繁华热闹。

熙来攘往 xīlái-rǎngwǎng　熙：和乐；攘：纷乱。○熙熙而来，攘攘而往。形容人来人往，热闹而又拥挤。

川流不息 chuānliú-bùxī　川：河流；息：停止。○像河水那样流个不停。形容车马、行人、船只等往来连续不断。

接踵而来 jiēzhǒng'érlái　踵：脚后跟；接踵：后面的人脚尖接着前面人的脚跟。○形容人接连不断地到来或事情连续不断地发生。也作“接踵而至”。

其三

人声鼎沸，熙熙攘攘，
欢声雷动，万人空巷。

人声鼎沸 rénshēng-dǐngfèi　鼎：古代一种煮东西的器物，圆形的三足两耳，方形的四足两耳，多用青铜制成。○人声如同鼎中的水烧开了一样。形容人声喧闹嘈杂。

熙熙攘攘 xīxī-rǎngrǎng　熙熙：和乐的样子；攘攘：纷乱的样子。○形容人来人往，喧闹纷杂。

欢声雷动 huānshēng-léidòng　欢呼声像打雷一样。形容场面非常热烈欢快。也作“欢声如雷”。

万人空巷 wànrén-kōngxiàng　空巷：里弄和小街道空荡荡的。○指家家户户的人都从巷子里走出来，聚集某处。多形容某件事情哄动一时或者欢迎、庆祝等活动盛况空前。

5. 繁忙

东奔西走，忙忙碌碌，
目不交睫，席不暇暖。

东奔西走 dōngbēn-xīzǒu　形容为了生计或其他事情而四处奔忙。也作“东奔西跑”。

忙忙碌碌 mángmáng-lùlù　形容事情多，不得闲的样子。

目不交睫 mùbùjiāojié　交睫：上下眼毛相合，即闭目。○指不能合眼入睡。多形容有心事而长夜不眠，或忙得没有休息时间。

席不暇暖 xíbùxiánuǎn　席：座位；暇：空闲。○座位来不及坐热就起来了。形容工作非常忙碌。

6. 安静

鸦雀无声，万籁俱寂，
夜深人静，悄无声息。

鸦雀无声 yāquè-wúshēng　连乌鸦和麻雀的叫声都没有。形容自然环境非常寂静。也形容人们缄口不言，默不作声。

万籁俱寂 wànlài-jùjì　籁：从孔穴里发出的声音；万籁：自然界万物发出的各种声音；寂：静。○一点声音都没有了。形容非常寂静。

夜深人静 yèshēn-rénjìng　午夜过后，万籁俱寂。

悄无声息 qiǎowúshēngxī　静悄悄的，听不到一点声音和气息。形容十分寂静。

7. 景象

其一

流光溢彩，美轮美奂，
异彩纷呈，气象万千。
多姿多彩，万家灯火，
奇光异彩，热火朝天，

灯火辉煌，国泰民安。

流光溢彩 liúguāng-yìcǎi　溢：充满而流出。○光彩流动闪烁，明亮艳丽。形容形象美好，光彩照人。

美轮美奂 měilún-měihuàn　轮：古代圆形谷仓，借指高大；奂：众多。○形容房屋高大华丽而众多。现也形容景色、装饰等非常美好。

异彩纷呈 yìcǎi-fēnchéng　奇异的光彩纷纷呈现。也形容新奇的事物纷纷涌现。

气象万千 qìxiàng-wànqiān　气象：景象，情景。○形容景色和事物丰富多彩，千变万化。

多姿多彩 duōzī-duōcǎi　指形状和色彩多种多样，十分丰富。

万家灯火 wànjiā-dēnghuǒ　黄昏上灯的时候，家家户户都点上灯。形容城市夜晚灯火通明的景象。

奇光异彩 qíguāng-yìcǎi　奇：奇特，奇异。○奇特美妙的光亮和色彩。

热火朝天 rèhuǒ-cháotiān　形容气氛热烈，情绪高涨。

灯火辉煌 dēnghuǒ-huīhuáng　灯火光辉灿烂。形容夜晚灯火通明，一片热闹景象。

国泰民安 guótài-mín'ān　泰：安定、安乐。○国家太平，人民安乐。形容社会安定，人民生活安乐舒适。

其二

花团锦簇，耳目一新，
火树银花，焕然一新。

花团锦簇 huātuán-jǐncù　锦：有彩色花纹的丝织品；簇：聚集。○像花朵、锦绣汇聚在一起。形容五彩缤纷、十分华丽的景象。

耳目一新 ěrmù-yīxīn　听到的、看到的跟以前大不相同，感到很新鲜。

火树银花 huǒshù-yínhuā　火树：缀满灯彩的树；银花：放射银白色光芒的焰火。○像一棵棵燃起红火的树，像一簇簇银光闪闪的花。形容绚丽灿烂的灯光和焰火。

焕然一新 huànrán-yīxīn　焕然：有光彩的样子。○一改旧貌，呈现全新的面貌或气象。

8. 繁多

其一

千丝万缕，不可胜数，
千头万绪，不胜枚举，
五花八门，雨后春笋，
包罗万象，举不胜举，
取之不尽，用之不竭，
应有尽有，绰绰有余。

千丝万缕 qiānsī-wànlǚ　缕：线。○千根丝，万条线。形容感情或思绪纷繁细密。也形容彼此间的关系十分密切，难以割断。

不可胜数 bùkě-shèngshǔ 胜：尽。○数也数不过来。形容极多。

千头万绪 qiāntóu-wànxù 形容事物纷繁复杂，头绪很多。

不胜枚举 bùshèng-méijǔ 胜：尽；枚：量词，个；举：列举。○无法一个一个全列举出来。形容数量极多。

五花八门 wǔhuā-bāmén 原指五行阵和八卦阵，为古代战术中变化多端的两种阵势。后形容事物变幻莫测或花样繁多。

雨后春笋 yǔhòu-chūnsǔn 笋：竹子的细芽。○春雨后，竹笋旺盛地生长起来。比喻新生事物大量涌现，蓬勃发展。

包罗万象 bāoluó-wànxiàng 罗：网罗；万象：宇宙间一切景象，指形形色色的事物。○形容内容丰富，应有尽有。

举不胜举 jǔbùshèngjǔ 胜：尽。○列举不完。形容数量极多。

取之不尽，用之不竭 qǔ zhī bù jìn, yòng zhī bù jié 尽、竭：完。○取不尽，用不完。形容多而丰富。

应有尽有 yīngyǒu-jìnyǒu 应该有的全都有了。形容非常齐全。

绰绰有余 chuòchuò-yǒuyú 绰绰：宽裕的样子。○形容很宽裕，用不完。

其二

车载斗量，擢发难数，
森罗万象，恒河沙数，
漫山遍野，比比皆是，
林林总总，数不胜数。

车载斗量 chēzài-dǒuliáng 载：装载。○用车装，用斗量。形容数量极多。

擢发难数 zhuófà-nánshǔ 擢：拔。○指拔下全部头发来也难以数清。形容罪行多得数不过来。

森罗万象 sēnluó-wànxiàng 森：众多；罗：陈列；万象：各种事物和现象。○指宇宙间森然罗列的各种现象。形容包含的内容极为丰富。

恒河沙数 hénghé-shāshù 像恒河里的沙子那样难以计数。形容数量极多。

漫山遍野 mànshān-biànyě 漫：充满；遍：遍布。○遍布整个山岭和原野。形容数量多。也指整个山野。

比比皆是 bǐbǐjiēshì 比比：处处；皆：都，全。○到处都是。形容为数很多。

林林总总 línlín-zǒngzǒng 林林：众多的样子；总总：众多而杂乱的样子。○形容事物纷繁众多。

数不胜数 shǔbùshèngshǔ 数：计算；胜：尽。○数也数不完。形容数量极多。

其三

形形色色，触目皆是，
遍地开花，俯拾即是。

形形色色 xíngxíng-sèsè　原指形成某种形体，生出某种颜色。现形容事物种类繁多，各色各样。

触目皆是 chùmù-jiēshì　触目：目光所及；皆：都。○眼睛看到的都是。形容极多。

遍地开花 biàndì-kāihuā　形容好的事物到处涌现或普遍发展。

俯拾即是 fǔshí-jíshì　俯：低头，弯腰；即：就。○只要弯腰就能拾到。形容数量多，极容易得到。

其四

鳞次栉比，成千上万，
铺天盖地，多多益善。

鳞次栉比 líncì-zhìbǐ　鳞：鱼鳞；次：按次序排列；栉：梳子和篦子的总称；比：排列。○像鱼鳞、篦齿一样密密地排列着。形容建筑物等密集，排列整齐。

成千上万 chéngqiān-shàngwàn　成：上，达到。○积成千，达到万。形容数量非常多。

铺天盖地 pūtiān-gàidì　充满了整个天地。形容数量极大，到处都是。也作“遮天盖地”。

多多益善 duōduō-yìshàn　益：更加。○指越多越好。

其五

四面八方，纷至沓来，
源源不断，蜂拥而来，
无穷无尽，不可胜数，
多如牛毛，不计其数。

四面八方 sìmiàn-bāfāng　指各处或各方。

纷至沓来 fēnzhì-tàlái　纷：繁多；沓：多而重复。○形容连续不断地到来。

源源不断 yuányuán-bùduàn　源源：水流不断的样子。○形容滚滚而来，连续不断。

蜂拥而来 fēngyōng'érlái　蜂拥：像一窝蜂似的一拥而来。○形容很多人乱哄哄地朝一个方向聚拢。

无穷无尽 wúqióng-wújìn　穷、尽：完了。○没有穷尽，没有止境，没有限度。形容非常之多。

不可胜数 bùkě-shèngshǔ　胜：尽。○数也数不过来，形容极多。

多如牛毛 duōrúniúmáo　形容非常之多。

不计其数 bùjìqíshù　没办法计算数目。形容数量极多。

9. 珍贵

其一

奇珍异宝，吉光片羽，
璞玉浑金，奇货可居。

奇珍异宝 qízhēn-yìbǎo　异：奇异。

○奇异罕见的珍宝。

吉光片羽 jíguāng-piànyǔ　吉光：古代传说中的神兽，它的毛入水不沉，遇火不焦；片羽：一小块毛皮。○传说用吉光毛皮做成裘，入水不沉，遇火不焦。比喻残存的珍贵文物。

璞玉浑金 púyù-húnjīn　璞玉：未经琢磨的玉；浑金：未经冶炼的金。○比喻人或事物天然浑朴的美质。也比喻人纯朴美好的品质。也作"浑金璞玉"。

奇货可居 qíhuò-kějū　奇货：稀少的货物；居：囤积。○指把珍奇的货物囤积起来，等待高价出售。也比喻把自己的某种专长或成就当作资本以博取功名财利。含贬义。

其二

天造地设，物华天宝，
物以稀为贵，奉为至宝。
独一无二，无价之宝，
亘古未有，如获至宝，
精妙绝伦，稀世之宝。

天造地设 tiānzào-dìshè　造：创造；设：设置。○指事物巧妙，自然形成而合乎理想。

物华天宝 wùhuá-tiānbǎo　万物的精华，天上的宝物。指极其珍贵的物品。

物以稀为贵 wù yǐ xī wéi guì　以：因为；稀：稀少。○东西因稀少而显得珍贵。

奉为至宝 fèngwéizhìbǎo　奉：尊重，崇奉；至宝：最珍贵的宝物。○指把某物当作最珍贵的宝物。

独一无二 dúyī-wú'èr　只有这一个，没有相同的或可以与之相比的。

无价之宝 wújiàzhībǎo　无法估量价值的宝物。指极珍贵的东西。

亘古未有 gèngǔwèiyǒu　从古至今都未曾有过。

如获至宝 rúhuòzhìbǎo　获：得到；至：极，最。○好像得到了最珍贵的宝物一样。形容对所得的物或人非常珍视喜爱。

精妙绝伦 jīngmiào-juélún　伦：类比。○精致美妙，无与伦比。

稀世之宝 xīshìzhībǎo　稀世：世上少有。○指罕见的珍宝或极珍贵稀罕的东西。

10. 完美

白璧无瑕，尽善尽美，
价值连城，十全十美，
完美无缺，浑然一体，
叹为观止，无与伦比。

白璧无瑕 báibì-wúxiá　比喻人或事物十分完美，没有丝毫缺点。

尽善尽美 jìnshàn-jìnměi　尽：达到极限。○极其完善，极其美好。指事物达到完美无缺的地步。

价值连城 jiàzhí-liánchéng　连城：

连成一片的许多城。○形容物品极其有价值。

十全十美 shíquán-shíměi　各个方面都很完美，毫无欠缺。

完美无缺 wánměi-wúquē　完善美好，毫无缺点。

浑然一体 húnrán-yītǐ　浑然：完整不可分割。○融合成一个整体。

叹为观止 tànwéiguānzhǐ　叹：赞叹；观止：所见的事物非常美好，其他事物不必再看了。○称赞所见的事物好到了极点。

无与伦比 wúyǔ-lúnbǐ　伦比：类比。○人或事物非常完美，没有可以跟它相比的。

11. 尚可

其一

明效大验，行之有效，
事半功倍，卓有成效，
大醇小疵，歪打正着。

明效大验 míngxiào-dàyàn　明：明显；效、验：效果，效验。○指明白可见、非常显著而巨大的效验。

行之有效 xíngzhīyǒuxiào　之：代词，它，指办法和措施等；效：成效，效果。○实施起来很有成效。指某种方法或措施已经实行过，证明很有效用。

事半功倍 shìbàn-gōngbèi　事：措施；事半：措施只有别人的一半；功倍：功效加倍。○指做事得法，费力小，收效大。

卓有成效 zhuóyǒu-chéngxiào　卓：卓越，不平凡。○指成绩或效果等很突出。

大醇小疵 dàchún-xiǎocī　醇：酒味纯厚，引申为纯正；疵：毛病。○大体上完美，只是个别小地方有些毛病。

歪打正着 wāidǎ-zhèngzháo　比喻方法本来不对头，却意外地得到满意的结果。

其二

瑕不掩瑜，差强人意，
尺短寸长，无伤大雅。

瑕不掩瑜 xiábùyǎnyú　瑕：玉上的斑点，比喻缺点；掩：掩盖；瑜：玉的光泽，比喻优点。○玉上的斑点掩盖不了它的光泽。比喻缺点掩盖不了优点，或者虽有缺点，但无损于整体的完美。

差强人意 chāqiáng-rényì　差：稍微；强：振奋。○还算能振奋人们的意志。大体上还能让人满意。

尺短寸长 chǐduǎn-cùncháng　短：不足；长：有余。○比喻人或事物各有长处，也各有短处，彼此都有可取之处。

无伤大雅 wúshāng-dàyǎ　伤：妨碍，损害；雅：正，正当。○指对事物的整体或主要方面没有什么妨害。

12. 惊心动魄

见所未见，闻所未闻，
不可磨灭，刻骨铭心，
惊涛骇浪，波澜壮阔，
山崩地裂，触目惊心。

惊心动魄 jīngxīn-dòngpò　原指作品文辞优美，使人感受极深，震动极大。形容事情扣人心弦或令人震惊。

见所未见 jiànsuǒwèijiàn　看到从前从没见过的。形容十分罕见。

闻所未闻 wénsuǒwèiwén　闻：听到。○听到从来所没听说过的事。形容事物新奇罕见。

不可磨灭 bùkě-mómiè　磨灭：逐渐消失。○不会随着岁月流逝而消失。指功绩、印象、事迹、思想等永远存留在人们的记忆中。

刻骨铭心 kègǔ-míngxīn　铭：在石头或金属器物上刻字。○像镂刻在骨头和心上。形容感受深切，永远不忘。

惊涛骇浪 jīngtāo-hàilàng　涛：大波浪；骇：使人震惊。○凶猛可怕的波涛。比喻激烈的斗争或险恶的环境。

波澜壮阔 bōlán-zhuàngkuò　澜：波浪。○水势浩渺广阔。形容声势浩大，规模宏伟。

山崩地裂 shānbēng-dìliè　山崩塌，地裂开。形容自然界的巨大变化或声音巨大。

触目惊心 chùmù-jīngxīn　触目：目光接触到的。○看到某种严重的情况后内心感到震惊。

13. 差别

其一

大相径庭，厚此薄彼，
千差万别，因人而异，
天壤之别，判若云泥。

大相径庭 dàxiāng-jìngtíng　径：门外的小路；庭：厅堂前的院子。○形容彼此相差极远或截然不同。

厚此薄彼 hòucǐ-bóbǐ　厚：重视，礼遇；薄：轻视，冷遇。○重视或优待这个，而轻视或怠慢那个。指待人接物不一视同仁。

千差万别 qiānchā-wànbié　指事物的类别多，差别大。

因人而异 yīnrén'éryì　根据对象不同采取不同的措施对待。

天壤之别 tiānrǎngzhībié　天：天上；壤：地下。○天上和地下的差别。形容差别极大。也作“天渊之别”。

判若云泥 pànruòyúnní　判：差别明显。○差别明显，像一个是天上的云，一个是地下的泥。形容高低好坏的差异极为明显。

其二

相形失色，小巫见大巫，
相形见绌，自惭形秽，
参差不齐，良莠不一。

相形失色 xiāngxíng-shīsè 形：对照；失色：失去光彩，显得逊色。○相比之下，显得相差很远。

小巫见大巫 xiǎowū jiàn dàwū 巫：旧时替人祈祷求神的人。○原指小巫师见到大巫师，就觉得自己的法术不如大巫师高明，便弃而不为了。后比喻相比之下，一个远远比不上另一个。

相形见绌 xiāngxíng-jiànchù 绌：缺陷，不足。○相比之下，显出另一方的不足。

自惭形秽 zìcán-xínghuì 指因为自己长相丑陋而感到惭愧。也泛指自己觉得不如别人而感到惭愧。

参差不齐 cēncī-bùqí 参差：长短、高低、大小不一样。○形容不一致，有差别。

良莠不一 liángyǒu-bùyī 指好人、坏人混杂在一起。

14. 不重要

其一

无足轻重，雕虫小技，
不过尔尔，无关宏旨，
不痛不痒，无济于事。

无足轻重 wúzú-qīngzhòng 足：足以。○不足以影响事物的轻重。形容无关紧要，不值得重视。

雕虫小技 diāochóng-xiǎojì 雕：雕刻；虫：指鸟虫书，古汉字的一种字体。○比喻微不足道的技艺。

不过尔尔 bùguò-ěr'ěr 尔：前一个指这样，后一个同“耳”，罢了。○不过如此罢了。指没有什么了不起的。

无关宏旨 wúguān-hóngzhǐ 宏：大；旨：意义，目的，宗旨。○与主要的意思、宗旨、内容无关。指意义不大或关系不大。

不痛不痒 bùtòng-bùyǎng 既不痛，也不痒。比喻议论、批评等不中肯，没有触及要害，不解决问题。

无济于事 wújìyúshì 济：救助、帮助。○对事情没有帮助，解决不了什么问题。

其二

无关紧要，权宜之计，
不急之务，从长计议，
食之无味，弃之可惜，
顺水人情，无关大局。

无关紧要 wúguān-jǐnyào 紧要：重要之处或重要的事情。○与重要的事情没有关系。表示不重要，不影响大局。

权宜之计 quányízhījì 权宜：暂时适宜，变通；计：办法。○指为了应付某种情况而暂时采取的变通办法。也作“权宜之策”。

不急之务 bùjízhīwù 指目前并不着急办理的事情。

从长计议 cóngchángjìyì 多用些时间来商量、考虑，不必急于做出决定。也指从长远考虑问题。

食之无味，弃之可惜 shízhīwúwèi, qìzhīkěxī 吃起它来没有滋味，丢掉了它又觉得可惜。指东西用处不大，但又舍不得丢掉。

顺水人情 shùnshuǐ-rénqíng 顺便做的人情。指不费力的人情，或顺便给人带来的好处。

无关大局 wúguān-dàjú 关：关联，牵扯；大局：整个的局面或形势。○对全局没有什么影响或关系，表示关系不大或不重要。

15. 危险

其一

城门失火，殃及池鱼，
不堪设想，视为畏途，
厝火积薪，釜底游鱼，
人无远虑，必有近忧，
风雨飘摇，不绝如缕，
羊落虎口，危机四伏。

城门失火，殃及池鱼 chéngmén-shīhuǒ, yāngjí-chíyú 殃：祸害；池：护城河。○城门失火，众人用护城河里的水救火，水被舀干了，河里的鱼也干死了。比喻无缘无故受到连累，遭受祸害。

不堪设想 bùkān-shèxiǎng 堪：能够。○不能够想象将来的情况。指事情将会发展到很坏或很危险的地步。

视为畏途 shìwéiwèitú 视为：看作；畏途：可怕危险的路途。○把某个地方、某个领域或某个事物看得很危险，以致不敢涉足。

厝火积薪 cuòhuǒ-jīxīn 厝：同“措”，放置。○把火放在堆积的柴草下面。比喻隐藏着很大的危险。

釜底游鱼 fǔdǐ-yóuyú 釜：锅。○在锅里游动着的鱼。比喻处境非常危险或面临死亡的人。

人无远虑，必有近忧 rénwúyuǎnlǜ, bìyǒujìnyōu 虑：考虑；忧：忧愁。○人没有长远打算，眼前就会有不称心的事情发生。

风雨飘摇 fēngyǔ-piāoyáo 飘摇：飘荡。○原指树上的鸟窝在风雨中飘荡摇摆。后形容社会局势动荡不安。

不绝如缕 bùjué-rúlǚ 绝：断；缕：细线。○像线一样连着，似断非断。形容形势十分危急。也形容声音微弱而悠长。

羊落虎口 yángluòhǔkǒu 羊落到老虎嘴里。比喻落入险境。也作“羊入虎口”。

危机四伏 wēijī-sìfú 伏：潜伏。〇到处都潜伏着危险。

其二

虎口拔牙，悬崖勒马，
山高路险，盲人瞎马。
危如累卵，千钧一发，
刻不容缓，间不容发。

虎口拔牙 hǔkǒu-báyá 比喻冒极大的危险去做某件事。

悬崖勒马 xuányá-lèmǎ 悬崖：高而陡的山崖；勒马：收住缰绳，使马止步。〇在陡峭的山崖边上及时收缰绳，使马止步。比喻到了极危险的边缘及时醒悟。

山高路险 shāngāo-lùxiǎn 形容路途充满艰难险阻。

盲人瞎马 mángrén-xiāmǎ 比喻盲目行动，处境危险。

危如累卵 wēirúlěiluǎn 累：堆垒；卵：蛋。〇形容形势非常危险，如同堆垒起来的蛋一样，随时都有倒塌打碎的可能。也作“危于累卵”。

千钧一发 qiānjūn-yīfà 钧：古代重量单位，一钧为三十斤；发：头发。〇千钧重物系在一根头发上。形容情况万分危急。也作“一发千钧”。

刻不容缓 kèbùrónghuǎn 刻：指短暂的时间；缓：延缓，拖延。〇片刻也不容耽搁。形容情势或事情非常紧迫。

间不容发 jiānbùróngfà 距离极近，中间容不下一根头发。形容时间紧迫，情势危急。

其三

累卵之危，倒悬之急，
命若悬丝，危在旦夕，
险象环生，岌岌可危。

累卵之危 lěiluǎnzhīwēi 累：重叠；卵：鸡蛋。〇堆叠鸡蛋容易滑落打破，是十分危险的。比喻极不稳定的危险形势。

倒悬之急 dàoxuánzhījí 倒悬：头朝下、脚朝上悬挂着。〇指极其危急困难的境地。也作“倒悬之危”。

命若悬丝 mìngruòxuánsī 性命就像悬在一根细丝上。形容生命垂危或处境十分危险。

危在旦夕 wēizàidànxī 旦夕：早晚之间，借指极短的时间。〇危险就在眼前。

险象环生 xiǎnxiàng-huánshēng 环生：像连环串一个接一个地发生。〇比喻不断有危险的情况发生，情况为危急。也作“险象丛生”。

岌岌可危 jíjí-kěwēi 岌岌：十分危险的样子。〇指局势或处境十分危急。

16. 颜色

其一

万紫千红，五颜六色，
五彩缤纷，五光十色。

万紫千红 wànzǐ-qiānhóng　形容百花盛开，绚丽多彩的景象。也比喻事物、景象丰富多彩，繁荣兴盛。

五颜六色 wǔyán-liùsè　形容色彩繁多。

五彩缤纷 wǔcǎi-bīnfēn　五彩：各种颜色；缤纷：繁多交错的样子。○形容色彩繁多艳丽。

五光十色 wǔguāng-shísè　光：光泽；色：色彩；五、十：表示多。○形容色彩鲜艳，花样繁多。

其二

花红柳绿，姹紫嫣红，
流光溢彩，交相辉映。

花红柳绿 huāhóng-liǔlǜ　花儿鲜红，柳丝碧绿。形容春天美丽的自然景色。

姹紫嫣红 chàzǐ-yānhóng　姹：美丽；嫣：娇艳。○形容花朵万紫千红，十分娇艳。

流光溢彩 liúguāng-yìcǎi　溢：充满而流出。○形容光彩流动闪烁，明亮艳丽。

交相辉映 jiāoxiāng-huīyìng　各种光亮、色彩相互映照。

其三

斑驳陆离，光彩夺目，
光怪陆离，璀璨夺目，
绚丽多彩，赏心悦目。

斑驳陆离 bānbó-lùlí　斑驳：色彩杂乱；陆离：色彩繁杂的样子。○形容色彩错杂纷繁。

光彩夺目 guāngcǎi-duómù　夺目：耀眼。○形容颜色和光泽鲜艳耀目。

光怪陆离 guāng guài lù lí　光怪：光彩奇异；陆离：色彩繁杂的样子。○形容形象奇特，色彩斑斓。

璀璨夺目 cuǐcàn-duómù　璀璨：形容珠玉等光亮鲜明。○光辉灿烂，十分耀眼。

绚丽多彩 xuànlì-duōcǎi　灿烂艳丽，色彩丰富，形态各异。

赏心悦目 shǎngxīn-yuèmù　赏心：使心情欢畅；悦目：看了舒服。○指美好的景物让人看了心情愉悦。也作“爽心悦目”。

17. 声响

其一

此起彼伏，人声鼎沸，
沸沸扬扬，惊天动地，
声如洪钟，声色俱厉。

此起彼伏 cǐqǐ-bǐfú　此：这里；彼：那里；伏：落下去。○这边起来了，那边又落下去了。形容接连不断地出现。

人声鼎沸 rénshēng-dǐngfèi　鼎：古代一种煮东西的器物，圆形的三足两耳，方形的四足两耳，多用青铜制成。○人声像鼎中的水烧开了一样。形容人声喧闹嘈杂。

沸沸扬扬 fèifèi-yángyáng　沸沸：水烧开后翻滚的样子；扬扬：升腾的样子。○原指水烧开后气泡翻滚蒸发。后形容议论纷纷，嘈杂吵闹。

惊天动地 jīngtiān-dòngdì　惊：惊动；动：震动。○形容声音极其响亮。也形容声势浩大或影响巨大。

声如洪钟 shēngrúhóngzhōng　洪钟：大钟。○声音如同敲击大钟那样洪亮。形容说话或歌唱底气足，声音洪亮。

声色俱厉 shēngsè-jùlì　声色：声音和表情。○指说话时声音和表情都很严厉。

其二

声嘶力竭，鬼哭狼嚎，
不堪入耳，南腔北调，
沸反盈天，哄堂大笑。

声嘶力竭 shēngsī-lìjié　嘶：哑；竭：尽。○声音嘶哑，气力用尽。形容竭力呼号叫喊。

鬼哭狼嚎 guǐkū-lángháo　嚎：大声喊。○形容哭叫声非常凄厉。

不堪入耳 bùkān-rù'ěr　堪：忍受。○形容言语粗俗下流，使人听不下去。

南腔北调 nánqiāng-běidiào　南方的声腔，北方的语调。形容说话口音不纯，掺杂各地方言。

沸反盈天 fèifǎn-yíngtiān　沸反：像开水一样沸腾翻滚；盈：充满。○形容人声喧闹，乱成一片。

哄堂大笑 hōngtáng-dàxiào　哄：好多人同时大笑的声音。○形容满屋子的人同时大笑。

18. 稀少

其一

绝无仅有，东鳞西爪，
寥寥无几，一鳞半爪。

绝无仅有 juéwújǐnyǒu　绝无：几乎是没有。○数量少到几乎没有，有也只是很个别的。形容极其少有。

东鳞西爪 dōnglín-xīzhǎo　原指画龙时，龙在云中，东露一片鳞，西露一只爪，不见龙的全身。比喻事物零碎不全。

寥寥无几 liáoliáo-wújǐ　寥寥：形容数量少。○非常稀少，没有几个。

一鳞半爪 yīlín-bànzhǎo　原指神龙在云中，时而露出鳞爪，使人难以窥其全貌。后比喻零星片断的事物。

其二

寥若晨星，空前绝后，
一丝一毫，屈指可数，
无独有偶，百年不遇。

寥若晨星 liáoruòchénxīng 寥：稀疏。○稀疏得像早晨的星星。形容数量稀少。

空前绝后 kōngqián-juéhòu 以前不曾有过，以后也不会再有。形容超绝古今，独一无二。

一丝一毫 yīsī-yīháo 丝、毫：十丝为一毫，十毫为一厘。○形容极少或极小。

屈指可数 qūzhǐ-kěshǔ 屈：弯曲。○扳着手指头就可以数得过来。形容极少。

无独有偶 wúdú-yǒuǒu 独：一个；偶：一双，一对。○虽然罕见，但是不只一个，还有一个可配对。表示人或事物不只这一个，还有类似的。

百年不遇 bǎinián-bùyù 很多年也碰不上。形容很少见或很不容易遇到。

19. 分裂

其一

同床异梦，心口不一，
三心二意，分崩离析，
群龙无首，若即若离，
离心离德，貌合神离，
不欢而散，不即不离，
各自为政，各行其是，
井水不犯河水，党同伐异。

同床异梦 tóngchuáng-yìmèng 异：不同。○虽然同睡在一张床上，却各做各的梦。比喻虽然共同生活或表面上共做一件事，但各有各的打算。

心口不一 xīnkǒu-bùyī 嘴里说的和心里想的不一样。形容为人虚伪奸诈。

三心二意 sānxīn-èryì 形容犹犹豫豫，拿不定主意或者意志不坚定。

分崩离析 fēnbēng-líxī 崩：倒塌崩裂；析：散开。○形容国家或集体四分五裂，崩溃瓦解。

群龙无首 qúnlóng-wúshǒu 首：头，领头的人。○一群龙没有带头的。比喻人多却没有为首的。

若即若离 ruòjí-ruòlí 若：好像；即：接近。○好像靠近，又好像离开。形容彼此既有关联，又有距离，让人捉摸不定。

离心离德 líxīn-lídé 心：思想；德：信念。○形容人心涣散，思想不统一，行动不一致。

貌合神离 màohé-shénlí 貌：外表；神：内心。○表面上关系密切，实际上想法不一，各怀心计。

不欢而散 bùhuān'érsàn 散：离开，

分手。○指很不愉快地分手。

不即不离 bùjí-bùlí　即：接近；离：疏远，离开。○指人的关系或对人所持的态度，不太接近也不太疏远。

各自为政 gèzìwéizhèng　为政：处理政事，泛指办事。○每个人都按自己的主张办事，不顾全局，相互不配合。

各行其是 gèxíng-qíshì　各：各自；行：做，办；是：对的。○各人按照自己认为对的去做。指思想不统一，行动不一致。

井水不犯河水 jǐngshuǐ bù fàn héshuǐ　比喻互不相犯。

党同伐异 dǎng tóng fá yì　党：偏袒；伐：讨伐，攻击。○指对同派的人偏袒维护，对异派的人就大肆攻击排斥。

其二

两虎相斗，自相残杀，
亲痛仇快，一盘散沙，
两败俱伤，玉石俱焚。

两虎相斗 liǎnghǔxiāngdòu　比喻两个强者相争。

自相残杀 zìxiāng-cánshā　残：伤害。○指自己内部互相残杀。

亲痛仇快 qīntòng-chóukuài　痛：痛心；快：高兴。○亲人痛心，仇敌高兴。

一盘散沙 yīpán-sǎnshā　一盘黏合不到一块的沙子。比喻人心涣散，力量分散，不能团结一致。

两败俱伤 liǎngbài-jùshāng　俱：都。○指争斗的双方都受到损伤，谁也没得到好处。

玉石俱焚 yùshí-jùfén　比喻好的坏的一起毁坏。

其三

二三其德，四分五裂，
分道扬镳，以邻为壑，
同室操戈，鱼死网破。

二三其德 èrsānqídé　二三：不专一；德：操守，心志。○三心二意，没有坚定的操守。

四分五裂 sìfēn-wǔliè　分裂成很多块。形容不完整，不集中，不团结，不统一。

分道扬镳 fēndào-yángbiāo　道：路；镳：马嚼子；扬镳：驱马前进。○骑马分路而行。比喻志趣、目标不同，各干各的。

以邻为壑 yǐlínwéihè　壑：深沟。○把邻国当作排泄本国洪水的沟壑。比喻把自己的困难或祸害转嫁给别人。

同室操戈 tóngshì-cāogē　同室：一家，指自己人；操：拿起；戈：古代一种兵器。○自家人动刀枪。指兄弟间自相残杀。也泛指内部斗争。

鱼死网破 yúsǐ-wǎngpò　网里的鱼拼死挣扎，最后鱼也死了，网也破了。比喻斗争双方同归于尽。

20. 贫穷

其一

家徒四壁，鹑衣百结，
家贫如洗，饥寒交迫。

家徒四壁 jiātúsìbì　徒：仅、只。○家里空空，只有四面墙壁。形容家境贫寒，一无所有。

鹑衣百结 chúnyī-bǎijié　鹑：鹌鹑，尾巴秃、毛色花；鹑衣：指又破又烂补丁多得像鹌鹑一样的衣服；百结：指补丁很多。○形容衣服破烂不堪。

家贫如洗 jiāpín-rúxǐ　家里穷得像被大水冲过一样，一无所有。形容家境极端贫穷。

饥寒交迫 jīhán-jiāopò　交：一齐，同时。○饥饿、寒冷同时袭来。形容无衣无食，生活极端贫困。

其二

室如悬磬，食不果腹，
囊中羞涩，饥肠辘辘。

室如悬磬 shìrúxuánqìng　悬：挂；磬：古代一种用石或玉制的乐器，悬挂在架上供敲击。○屋子里像挂着的石磬一样，空荡荡的。原指国库空虚。后用来形容家境贫寒。

食不果腹 shíbùguǒfù　果：饱。○食物填不饱肚子。指缺吃少穿，生活困苦。

囊中羞涩 nángzhōng-xiūsè　囊：口袋，这里指钱袋。○形容经济困难，手头拮据。

饥肠辘辘 jīcháng-lùlù　辘辘：车行声，这里指肠鸣声。○饿了时肚子发出咕咕的声音。形容极端饥饿之状。

其三

贫病交迫，巧妇难为无米之炊，
上无片瓦，下无立锥之地，
啼饥号寒，一贫如洗，
不名一钱，衣不蔽体，
进退两难，居大不易。

贫病交迫 pínbìng-jiāopò　交：一齐，同时；迫：逼，压。○贫困和疾病一齐压在身上。

巧妇难为无米之炊 qiǎofù nán wéi wú mǐ zhī chuī　炊：做饭。○再能干的主妇，没有米也做不出饭来。比喻缺少必要的条件，才能无从施展，事情就不可能办成。

上无片瓦，下无立锥之地 shàng wú piàn wǎ, xià wú lì zhuī zhī dì　形容一无所有，贫困到极点。

啼饥号寒 tíjī-háohán　啼：哭；号：叫。○哭诉饿，喊叫冷。指因饥饿寒冷而啼哭呼叫。

一贫如洗 yīpín-rúxǐ　穷得像被大水冲洗过似的。形容十分贫穷，一无所有。

不名一钱 bùmíng-yīqián　名：占有。○一个钱也没有。形容极其穷困。

衣不蔽体 yībùbìtǐ　蔽：遮蔽。○衣裳破烂得遮盖不住身体。形容生活贫困。

进退两难 jìntuì-liǎngnán　进不好，退也不好。形容处境困难。

居大不易 jūdàbùyì　大：很。○指生活很不容易。

21. 逆境

其一

好景不长，多事之秋，
人为刀俎，我为鱼肉，
失魂落魄，动辄得咎，
蓬首垢面，明珠暗投，
狼狈不堪，不堪回首。

好景不长 hǎojǐng-bùcháng　景：光景，局面。○好光景不长久。指好的局面或形势很快就结束了。

多事之秋 duōshìzhīqiū　事：变故；秋：时期。○指事情变化很多的时期。多指社会不安定。

人为刀俎，我为鱼肉 rénwéidāozǔ, wǒwéiyúròu　刀俎：切肉的刀和案板。○别人是刀和案板，自己却是放在案板上被宰割的鱼和肉。比喻生杀大权掌握在他人手里，自己则处于被宰割的地位。

失魂落魄 shīhún-luòpò　形容惊慌失措或心神不宁。

动辄得咎 dòngzhé-déjiù　辄：就；咎：罪责。○动不动就受到指责或惩罚。指处境不佳或经验不足，因而常招来责难。

蓬首垢面 péngshǒu-gòumiàn　头发蓬乱，满脸污垢。形容不修边幅或外表不整洁的样子。

明珠暗投 míngzhū-àntóu　原指把闪闪发光的珍珠无端向行人投掷，行人以为你不怀好意而拔剑相对。后比喻珍贵的东西落错了地方，得不到珍爱。也比喻有才能的人没有得到重用或者好人误入歧途。

狼狈不堪 lángbèi-bùkān　狼狈：困顿窘迫的样子；堪：忍受。○困顿窘迫，简直难以忍受。形容处境十分困难。

不堪回首 bùkān-huíshǒu　堪：能，可；回首：回头，引申为回忆。○不忍心回忆过去痛苦的事情。形容境遇发生变化后对往事的感慨。

其二

劫后余生，奇耻大辱，
上天无路，入地无门，
饥不择食，慌不择路，
丧家之犬，涸辙之鲋，
泰山压顶，风雪载途。

劫后余生 jiéhòu-yúshēng 劫：指灾难。〇经历劫难后幸存下来的生命。

奇耻大辱 qíchǐ-dàrǔ 奇：少有的，异常的。〇指极大的耻辱。

上天无路，入地无门 shàngtiān-wúlù, rùdì-wúmén 形容走投无路，陷入极度困窘的境地。

饥不择食 jībùzéshí 择：挑拣。〇饿急了时不挑拣食物。比喻情急或迫切需要时顾不上细加选择。

慌不择路 huāngbùzélù 势急心慌，顾不上选择道路。

丧家之犬 sàngjiāzhīquǎn 原指有丧事人家的狗，因主人忙于丧事而得不到喂养，比喻沦落不得志的人。后指无家可归的狗。比喻失掉存身之所，无处投奔的人。

涸辙之鲋 hézhézhīfù 涸辙：干涸了的车辙；鲋：鲫鱼。〇水干了的车辙沟里的小鱼。比喻处境危急，急待别人援助。也作“涸辙之鱼”。

泰山压顶 tàishān-yādǐng 泰山压在头上。形容压力极大或重大的打击突然降临。

风雪载途 fēngxuě-zàitú 载途：充满道路。〇寒风大雪充满道路。形容气候恶劣，天气严寒。也比喻恶劣的生活环境。

22. 封闭

其一

陈词滥调，明日黄花，
孤陋寡闻，习焉不察。

陈词滥调 chéncí-làndiào 陈：陈腐；滥：空泛不合实际。〇没有新意的言辞，不切实际的论调。

明日黄花 míngrì-huánghuā 明日：指重阳节后的那一天；黄花：指菊花。〇古人多看重于重阳节赏菊，过了节令再赏菊就没有兴味。比喻过时的失去价值的事物。

孤陋寡闻 gūlòu-guǎwén 陋：见闻少，知识浅薄；寡：少。〇指学识疏浅，见闻不广。

习焉不察 xíyān-bùchá 习惯于某些事物，就察觉不出其中的问题。

其二

闭关自守，抱残守缺，
闭目塞听，闭关锁国。

闭关自守 bìguān-zìshǒu 封闭关口，并加以防守。指不与别国往来。也泛指因循守旧，不与外界接触。

抱残守缺 bàocán-shǒuquē 抱：守住不放。〇抱着残破陈旧的事物不放。形容因循守旧，不肯接受新事物。

闭目塞听 bìmù-sètīng 塞：堵塞。〇闭上眼睛，堵塞住耳朵。形容对外界事物不了解，不接触。

闭关锁国 bìguān-suǒguó 闭：封闭。〇封闭关口，封锁国境。指不同外界或外国来往。

其三

陈陈相因，隔年皇历，
江河日下，国运衰微，
百孔千疮，支离破碎，
每况愈下，难以为继。

陈陈相因 chénchén-xiāngyīn　陈：旧；因：沿袭。○原意为仓库里陈粮上堆放陈粮。后指因袭老一套，毫无创新。

隔年皇历 génián-huánglì　皇历：历书。○隔了一年或多年的历书。比喻过时的事物或陈旧无用的经验。

江河日下 jiānghé-rìxià　江河的水日夜往下游流。比喻事物日趋衰落，一天不如一天。

百孔千疮 bǎikǒng-qiānchuāng　到处是孔洞和疮口。形容毛病很多，问题严重。

支离破碎 zhīlí-pòsuì　支离：分散、残缺。○形容零散破碎，不成整体。

每况愈下 měikuàng-yùxià　况：因对比而明显；愈：更，越。○原指越踩猪的脚胫，越能看出猪的肥瘦来。比喻越从基层考察，越能了解真实情况。后指情况越来越坏。也作“每下愈况”。

难以为继 nányǐwéijì　继：继续。○指难以维持下去。

23. 消亡

其一

冰消瓦解，烟消云散，
电光石火，过眼云烟，
杳如黄鹤，昙花一现，
化为乌有，毁于一旦。

冰消瓦解 bīngxiāo-wǎjiě　消：消融；解：破裂。○像冰一般融化，像瓦一样破碎。比喻完全消失或彻底崩溃。

烟消云散 yānxiāo-yúnsàn　像烟雾和云气一样消散。比喻事物、情绪等消失得无影无踪。

电光石火 diànguāng-shíhuǒ　闪电和燧石的火光。比喻事物转瞬即逝。也形容速度特别快。

过眼云烟 guòyǎn-yúnyān　如同在眼前一掠而过的云烟。原比喻不值得看重的身外之物。后比喻一掠而过、不留痕迹或容易忽视的事物。也作“过眼烟云”。

杳如黄鹤 yǎorúhuánghè　杳：远得不见踪影；黄鹤：传说中仙人所乘的鹤。○形容毫无踪影，下落不明。

昙花一现 tánhuā-yīxiàn　昙花：即优昙钵花，一种开放时间很短的白色大花。○原比喻事物难得出现。后比喻人或事物刚一出现就很快消失。

化为乌有 huàwéiwūyǒu　乌有：虚幻，不存在。○变得什么都没有了。

形容全部丧失或落空。

毁于一旦 huǐyúyīdàn 于：在；一旦：一天。〇在一天之内就毁灭了。指来之不易的东西在短时间内遭到毁灭或破坏。

其二

一笔勾销，荡然无存，
呜呼哀哉，寿终正寝。

一笔勾销 yībǐ-gōuxiāo 勾销：抹掉。〇把账一笔抹掉。泛指把以前的事情全部了断，不再计较。

荡然无存 dàngrán-wúcún 荡然：原有的东西完全消失。〇形容完全消失，一点儿也不存在了。

呜呼哀哉 wūhū-āizāi 呜呼：叹词；哉：语气助词。〇旧时祭文中常用的悲叹词，表示对死者的哀痛。现借指死亡或事物的完结。含有诙谐或讽刺的意味。

寿终正寝 shòuzhōng-zhèngqǐn 寿终：寿数已尽，自然死亡；正寝：旧式住宅的正房。〇 指年老时安然死于家中，有别于夭折、横死或客死。也比喻事物消亡。含讽刺意味。

其三

涣然冰释，一干二净，
一笔抹杀，无影无踪，
脱缰之马，断线风筝。

涣然冰释 huànrán-bīngshì 涣然：流散的样子；冰释：冰块消融。〇形容内心的疑惑、误会等一下子全部消除。

一干二净 yīgān-èrjìng 干干净净。形容一点儿也不剩。也形容整洁。

一笔抹杀 yībǐ-mǒshā 抹杀：涂抹掉。〇画一笔，全部抹掉。比喻轻率地全盘否定成绩、优点等。

无影无踪 wúyǐng-wúzōng 踪：踪迹。〇一点影子、一点踪迹也没有了。形容完全消失或不知去向。

脱缰之马 tuōjiāngzhīmǎ 挣脱了缰绳的马。比喻脱离了羁绊的人或事物。

断线风筝 duànxiàn-fēngzhēng 比喻一去不回或失去联系的人或物。

其四

未老先衰，行将就木，
一命呜呼，万劫不复。

未老先衰 wèilǎo-xiānshuāi 指人的年纪还没有老就显出衰弱之态。也指由于精神或体力负担过重而导致过早衰老。

行将就木 xíngjiāng-jiùmù 行将：即将，就要；就木：进入棺木。〇快要进棺材了。指人很老了，已经接近死亡。

一命呜呼 yīmìng-wūhū 一命：一个人的生命；呜呼：旧时祭文中常用的悲叹词，表示对死者的哀痛，后作为死亡的代称。〇指人死了。

含讽刺或诙谐的意味。

万劫不复 wànjié-bùfù　万劫：万世，指极长的时间。○永远不能恢复。

24. 紧张

紧锣密鼓，剑拔弩张，
一触即发，屏气敛息，
山雨欲来风满楼，
黑云压城城欲摧。

紧锣密鼓 jǐnluó-mìgǔ　锣鼓点敲得很紧很密。中国传统戏曲中，常敲击锣鼓为人物或剧情配乐。比喻事前紧张地进行准备工作。

剑拔弩张 jiànbá-nǔzhāng　弩：古代用扳机射箭的弓；张：张开。○剑出鞘，弩张开。原形容书法或诗文雄健。现多形容形势紧张，一触即发。

一触即发 yīchù-jífā　触：碰；即：就。○原指箭在弦上，张弓待发。后形容事态紧张，马上就要发生严重的事情。

屏气敛息 bǐngqì-liǎnxī　暂时止住了呼吸。形容心情紧张或注意力过于集中的情状。

山雨欲来风满楼 shān yǔ yù lái fēng mǎn lóu　欲：将要。○山雨将要来临之前，满楼都是呼啸的风。比喻重大事件发生前的紧张气氛。

黑云压城城欲摧 hēi yún yā chéng chéng yù cuī　摧：毁坏。○黑云压在城墙上，好像要把城压垮似的。原形容战争气氛紧张。现多比喻恶势力一时气焰嚣张，造成紧张的局面。

25. 后果

费力不讨好，事倍功半，
徒劳无功，明知故犯，
朝三暮四，徒劳往返，
自毁长城，适得其反，
藏污纳垢，谬种流传。

费力不讨好 fèilì bù tǎohǎo　指白费气力，没有取得成效或没有得到好的评价，反而带来坏的影响。

事倍功半 shìbèi-gōngbàn　事：措施；功：功效。○形容花费的力气大而收效小。

徒劳无功 túláo-wúgōng　徒：徒然，白白地。○指白费力气，没有成效。

明知故犯 míngzhīgùfàn　明知不对，却还故意去做或有意识去违反。

朝三暮四 zhāosān-mùsì　原指善于使用手段捉弄、欺骗别人。形容变化不定，反复无常。

徒劳往返 túláo-wǎngfǎn　徒劳：白白地耗费力气。○白费力气，一来一回。指耗费力气跑来跑去，却没有任何收益。

自毁长城 zìhuǐchángchéng　毁：毁坏，摧毁；长城：比喻坚强雄厚的力量（多指武装力量），或自我保护的屏障。○比喻自行摧毁自己的雄厚力量或坚固屏障。

适得其反 shìdé-qífǎn　适：恰好，正好。○恰好得到与愿望相反的结果。指结果与预期的相反。

藏污纳垢 cángwū-nàgòu　垢、污：肮脏的东西；纳：容纳。○包藏肮脏的东西。比喻隐藏包庇坏人坏事。

谬种流传 miùzhǒng-liúchuán　谬种：指荒谬错误的理论学派等。○荒谬错误的东西传开来或传下去。

26. 怪异

其一

大千世界，千奇百怪，
奇装异服，稀奇古怪，
奇形怪状，大惊小怪，
无奇不有，一反常态。

大千世界 dàqiān-shìjiè　指包罗万象、广大无边的世界。

千奇百怪 qiānqí-bǎiguài　形容事物或现象稀奇古怪，各种各样。

奇装异服 qízhuāng-yìfú　式样奇特、与众不同的服饰。多含贬义。

稀奇古怪 xīqí-gǔguài　事物很少见，奇异怪诞，与一般事物不同。

奇形怪状 qíxíng-guàizhuàng　形状稀奇古怪，装饰或姿态与众不同。

大惊小怪 dàjīng-xiǎoguài　对不足为奇的事情过分敏感和惊讶。

无奇不有 wúqí-bùyǒu　什么稀奇古怪的事都有。

一反常态 yīfǎn-chángtài　反：反过来。○指完全改变了平常的态度。

其二

蜀犬吠日，前所未闻，
前所未有，前无古人，
少见多怪，骇人听闻。

蜀犬吠日 shǔquǎn-fèirì　蜀：四川的别称；吠：狗叫。○四川地方多雾，那里的狗不常见到日光，每逢雾消日出，就叫唤起来。比喻少见多怪。

前所未闻 qiánsuǒwèiwén　以前从来没有听说过。

前所未有 qiánsuǒwèiyǒu　以前从来没有过。

前无古人 qiánwúgǔrén　以前从未有过的、具有开创性的。

少见多怪 shǎojiàn-duōguài　见识少，遇到不常见的事物就觉得奇怪。多用于嘲讽人见闻浅薄。

骇人听闻 hàiréntīngwén　骇：惊吓，震惊。○使人听了感到非常震惊。

27. 子虚乌有

海市蜃楼，黄粱一梦，
虚无缥缈，徒有虚名，

仙山琼阁，空中楼阁，
镜花水月，梦幻泡影，
想入非非，南柯一梦，
世外桃源，白日做梦。

子虚乌有 zǐxū-wūyǒu 子虚：非真实；乌有：没有这回事。○指虚构的、假设的、不存在的事情。

海市蜃楼 hǎishì-shènlóu 蜃：大蛤蜊。传说蜃能吐气，形成楼台景观，叫蜃楼，也叫海市。○原指海边或沙漠中，由于光线的折射，空中或地面出现的虚幻的楼台城郭。后比喻虚无缥缈的事物。

黄粱一梦 huángliáng-yīmèng 黄粱：小米。○在煮好一锅小米饭的时间内做了一个美梦。比喻不切实际的幻想或难以实现的愿望。

虚无缥缈 xūwú-piāomiǎo 虚无：空虚；缥缈：隐隐约约若有若无的样子。○形容空虚渺茫，难以捉摸。

徒有虚名 túyǒu-xūmíng 徒：仅仅，只是。○指空有名声、名望，名不副实。也作“徒有其名”。

仙山琼阁 xiānshān-qiónggé 传说中神仙居住的地方。现在也比喻虚无缥缈的美妙幻境。

空中楼阁 kōngzhōng-lóugé 悬在半空中的楼阁。比喻脱离实际、没有基础或虚构的事物。

镜花水月 jìnghuā-shuǐyuè 镜中之花，水中之月。原指诗中灵动而不可捉摸的意境。后比喻虚幻不实的景象。也作“水月镜花”。

梦幻泡影 mènghuàn-pàoyǐng 比喻空虚容易破灭的幻想。

想入非非 xiǎngrù-fēifēi 原指意念进入离奇变幻的玄妙境界。现指脱离实际，胡思乱想。

南柯一梦 nánkē-yīmèng 比喻得失无常，人生如梦。

世外桃源 shìwài-táoyuán 原指一个与世隔绝，不遭战祸的安乐而美好的地方。后指超脱现实的、环境幽美的理想地方。

白日做梦 báirì-zuòmèng 大白天做梦。比喻幻想实现根本不能实现的事情。

28. 杂乱

翻箱倒柜，面目全非，
七零八落，参差不齐，
横七竖八，杂乱无章，
乱七八糟，杯盘狼藉。

翻箱倒柜 fānxiāng-dǎoguì 倒：腾挪。○把箱柜都翻转过来。形容彻底搜查。

面目全非 miànmù-quánfēi 非：不一样。○改变得失去了原来的面貌。形容事物（向坏的方向）变化很大。

七零八落 qīlíng-bāluò 形容零零散散的样子。也形容残破、衰败的样子。

参差不齐 cēncī-bùqí　参差：长短、高低、大小不一致。○形容不一致，有差别。

横七竖八 héngqī-shùbā　有的横着，有的竖着。形容纵横错陈，杂乱无章的样子。

杂乱无章 záluàn-wúzhāng　章：条理。○指很乱，没有条理。

乱七八糟 luànqī-bāzāo　形容没有条理和秩序，极端混乱的样子。

杯盘狼藉 bēipán-lángjí　狼藉：杂乱的样子。○形容宴会后桌面杂乱的样子。

29. 流行

趋之若鹜，风靡一时，
供不应求，风行一时，
东施效颦，盛极一时。

趋之若鹜 qūzhīruòwù　趋：追逐，投靠；鹜：野鸭。○像野鸭子一样成群地跑过去。形容很多人争相追逐或趋附。含贬义。

风靡一时 fēngmǐ-yīshí　靡：倒下。○草木一时间全部随风倒下。形容一个事物在一个时期非常盛行。也作“风行一时”。

供不应求 gōngbùyìngqiú　应：满足；求：需求。○指供应不能满足需求。

风行一时 fēngxíng-yīshí　形容在某一时期普遍流行。

东施效颦 dōngshī-xiàopín　颦：皱眉头。○东施仿效西施皱着眉头，反而更丑陋。比喻盲目模仿他人，反而更显出自己的缺点。

盛极一时 shèngjíyīshí　盛：兴旺。○形容一时特别兴盛或流行。

成语音序索引

C

D

J

M

N

O

P

R

X